26 DOSSIERS QUI DÉFIENT LA RAISON

AUX ÉDITIONS ALBIN MICHEL

Instinct mortel
70 histoires vraies

Les Génies de l'arnaque
80 chefs-d'œuvre de l'escroquerie

Instant crucial
Les stupéfiants rendez-vous du hasard

Tragédies à la une
La Belle Époque des assassins, par Alain Monestier

Possession
L'étrange destin des choses

Issue fatale
75 histoires inexorables

Le Carrefour des angoisses
Les Aventuriers du XXe siècle, t. 1
60 récits où la vie ne tient qu'à un fil

Ils ont vu l'au-delà
Les Aventuriers du XXe siècle, t. 2
60 histoires vraies et pourtant incroyables

Journées d'enfer
Les Aventuriers du XXe siècle, t. 3
60 récits des tréfonds de l'horreur
au sommet du sacrifice

L'Enfant criminel

Les Amants diaboliques

(suite page 461)

PIERRE BELLEMARE
Grégory Frank

26 DOSSIERS QUI DÉFIENT LA RAISON

Documentation Evelyne Perriard et Gaëtane Barben

Albin Michel

La métamorphose de Fulgence Pitralon

La rédaction de ce premier texte nous a posé un rare embarras. Nous tenions à vous faire connaître cet épisode parce que nous l'avons vécu de près et qu'il a été, en quelque sorte, à l'origine du livre que vous tenez en main.

Nous avons pour principe dans tous nos récits, vous le savez, de changer les noms de personnes ou de lieux, pour d'évidentes raisons de respect et de discrétion. Or, dans la singulière énigme que voici, ce sont justement les noms et les prénoms qui tiennent un rôle essentiel. Avec leurs sonorités, leurs évocations, ils en sont le cœur, peut-être même la clef! Et, qui plus est, l'aventure nous a été confiée par un personnage fort connu. D'où le problème...

Nous avons donc modifié ces noms, tout en essayant de conserver leur esprit d'origine. De ce fait, il se peut que votre imagination vous permette, malgré tout, d'identifier l'acteur central. Auquel cas, si vous racontez cette histoire à votre tour, ayez l'obligeance de préserver à notre ami son anonymat.

L'important, c'est que l'étonnant bouleversement qu'il nous a relaté puisse survenir à n'importe qui d'entre nous.

– Et si je vous affirmais – sous la foi de ma seule bonne foi – que j'ai vu, de mes yeux vu, un homme (un être humain comme vous et moi) *se métamorphoser*? Changer totalement son apparence... Non par un déguisement ou un travestissement de son aspect, mais par une transformation biologique intégrale !

Sûre d'elle et de son effet, la voix de basson de notre visiteur, ce timbre si caractéristique, emplit notre bureau. Avec sa carrure, il fait paraître presque petit le canapé. Voici une bonne heure qu'il s'y est installé, très détendu, sirotant notre meilleur scotch. Nous avons sorti la vieille réserve et les gobelets de cristal pour accueillir cet hôte.

Il est pourtant venu en voisin et en copain. Mais malgré notre habitude, à la radio et à la télé, de côtoyer des célébrités, nous ne pouvons nous empêcher d'être impressionnés à chaque fois qu'il pénètre ici : il émane de lui quelque chose à la fois d'imposant et de touchant, surtout d'infiniment attirant… Est-ce cela que l'on nomme « charisme » ? Est-ce l'aura du talent ?

Ne vous moquez pas : si vous étiez à notre place, votre trouble serait tout aussi incontrôlable. Parions d'ailleurs que vous en avez déjà ressenti les effets sans vous trouver dans la même pièce… Que le personnage vous ait séduit, agacé, effrayé parfois, nous en sommes sûrs : il a, un jour ou l'autre, installé son emprise sur vous ! Car vous le connaissez. Vous ne pouvez pas ne pas le connaître. Son image et son parler si personnel ont fait le tour du monde.

Certes, il ne brille pas à l'inatteignable firmament des monstres sacrés, aux côtés des George Clooney, Clint Eastwood, Michael Douglas et autres Jack Nicholson… Mais dans notre modeste cinéma français, il est ce que l'on désigne comme une valeur sûre. *Bankable*, selon le terme anglo-saxon et gracieux adopté par les fabricants de films… C'est-à-dire un nom sur lequel on peut convaincre des investisseurs et monter une production.

Vous voilà déjà en train de chercher ? Ne vous creusez pas trop : l'essentiel vient ensuite ! Mais si vous tenez absolument, ne serait-ce que pour la clarté du récit, à lui attribuer une identité, nous allons bien lui en trouver une. Disons… Guillaume Capitan ! Cela fait assez légendaire, comme il a su le devenir pour son public. Et cela donne une assez bonne image du gaillard.

Depuis une heure, donc, Guillaume nous tient sous le charme. Il est arrivé impromptu, après un petit toc-toc discret. Il a glissé son nez de renard dans l'entrebâillement :

– Je dérange ? Si je tombe mal, fichez-moi dehors, mes enfants, hein ?

Il ne dérangeait pas. Un type tenu par un tel emploi du temps et qui trouve un moment pour venir vous surprendre ne dérange jamais. Il était sur Paris pour quelques jours, entre conférences de presse et plateaux d'émissions people. Il assurait la promotion d'un film sortant le mercredi suivant. Ce que nous appelons le « service après-vente ». Nous lui avons, selon la tradition, servi le « mot de la chance », en cinq lettres. Puis nous avons échangé des nouvelles du métier. Avait-il des projets ? Oui, et plus tôt trop que pas assez. Il a enchaîné en douceur :

– À propos, mes poussins, j'ai lu le scénario que vous m'aviez envoyé...

– Alors ?

– Alors... Comment vous expliquer ça ? L'idée est excellente... excellente... Mais ce n'est pas du tout pour moi...

Nous savions ce que cache ce genre d'enrobage :

– En somme, c'est mauvais ?

– En somme... oui. Autant le dire carrément : exécrable ! Vous ne m'en voulez pas, hein ?

Ah, ce simple petit mot dont il a su faire sa marque personnelle ! Ce « hein » suspendu sur un point d'interrogation ! Il le glisse dans tous ses dialogues, à l'écran ou sur la scène. Ce « hein » a le don de tout faire passer ! Bien sûr qu'après, on ne peut pas en vouloir au bonhomme ! On lui pardonne ses jugements les plus tranchants. On a envie de l'en remercier. D'autant plus que son flair s'est rarement démenti... Sa gentillesse coutumière reprend vite le dessus, et, pour adoucir l'amertume de la pilule, il nous aiguille très vite vers du positif :

– Vos bouquins, j'ai vu, ça marche du tonnerre ! Qu'est-ce que vous avez sous le coude pour le prochain ? Si je ne suis pas indiscret...

– En fait, tu nous trouves en pleine hésitation : depuis des années, nous avons rassemblé des histoires bizarres, que nous ne nous décidons pas à publier...

– Vous avez dit « bizarres », cousin ?

– Oui, des affaires auxquelles on a pu trouver une résolution satisfaisante pour la logique, voire scientifique, mais où subsiste néanmoins, envers et contre tout, un vide, une inconnue… Un paramètre qui demeure flottant, non élucidé, qui bouscule toutes les explications. Et qui, en fin de compte, nous replonge dans l'inconnu…

Guillaume cligne de l'œil :

– Des dossiers qui défient quelque peu la raison ?

Des dossiers qui défient la raison !

Pile le titre qui nous manquait ! Et nous qui n'avons cessé d'en aligner puis de les raturer aussitôt : tout ce que nous trouvions contenait des mots dont nous ne voulions surtout pas, des mots archi-courus comme « étrange », « mystère », « impossible », « incroyable… ». Voilà que ce vif-argent vient de mettre dans le mille, et d'une seule réplique !

– J'aurai hâte de voir ça en librairie, mes enfants !

– Nous aussi, maintenant !

– Et qu'est-ce donc alors qui vous fait hésiter ?

– Eh bien… Nous avons lancé nos documentalistes sur toutes les pistes. Ils nous ont déniché des maisons hantées par dizaines. Des ovni, il en pleut de partout. La voyance nous arrive en abondance… Mais la plupart du temps, il s'agit de faits rapportés par des tiers.

– Je vois : l'homme qui a vu l'homme qui a vu l'ours et qu'a pas eu peur ?

– À peu près, oui… Et dans les rares cas où l'on parvient à rencontrer les vrais protagonistes…

– … Circulez, il n'y a plus rien à voir, je parie ?

– Il ne leur reste que leurs souvenirs, et aucune trace tangible. Nous ne sommes pas comme saint Thomas, mais avoue que c'est frustrant !

– Et avec votre renommée et votre réseau relationnel, personne ne vous propose une démonstration *de visu* ?

– Oh, que si ! Des dames à grosses lunettes vous invitent dans leur salon obscur, et voici des apparitions sur demande ! Des individus qui se prétendent « étudiés par des scientifiques américains » vous font passer leur carte de visite où fleurissent des titres forçant le respect et la mention de diplômes émis par des instituts aux initiales complexes. Si vous vous laissez embobiner, vous vous retrouvez dans un « laboratoire », devant un type maigrelet portant nœud papillon. Il relève ses manches pour bien montrer « rien dans les mains, rien dans les poches ». Il plisse le front, devient rouge de concentration, et voilà des mines de crayon qui se transforment en diamants, des billes qui se déplacent sur une plaque de verre, des petites cuillers qui se tordent...

– ... De rire, probablement ?

– Ces paranormaux-là sont les plus pathétiques : ce sont des truqueurs plus ou moins habiles ! Caractéristique commune : ils commencent tous par vous assurer qu'ils usent de leurs talents presque contraints et forcés. C'est bien parce que c'est vous qu'ils vont vous montrer, vu qu'ils n'ont rien à vendre. En fait, ils ont tous un petit business et ils sont désespérément à l'affût du moindre écho médiatique !

– Bref, si les « faramineux pouvoirs de l'esprit sur la matière » existent... ils se cachent bigrement bien !

– Tu résumes à merveille notre perplexité...

– ... Laquelle vous conduit, si j'ai bien saisi, à remettre en question la publication de votre ouvrage, qui recèle pourtant quelques trésors ?

– Depuis plusieurs années, oui !

Guillaume se trémousse sur le canapé. Capitan malmenant le capiton... Il se pince le bout du nez, toussote... Inhabituel chez ce monument de zénitude... Et c'est là qu'il finit par lâcher :

– Et si je vous affirmais – sous la foi de ma seule bonne foi – que j'ai vu, de mes yeux vu, un homme (un être humain comme vous et moi) *se métamorphoser* ?

– ... ?

– Changer totalement son apparence...

– Un travesti ?

– Que nenni ! Pas de bistouri, ni d'injections hormonales brésiliennes ! Je vous parle d'une transformation biologique intégrale et spontanée ! Cette créature a modifié – je peux en témoigner – la *constitution* même de sa structure, jusqu'au tréfonds de ses cellules !

Là, évidemment, nous sommes scotchés : Guillaume, pour autant que nous le connaissions, représente l'archétype de la solidité mentale, le parangon du rationalisme ! Le degré zéro de la crédulité ! Et s'il existe au monde quelqu'un qui n'a rien à vendre, ni rien à prouver pour se faire apprécier, c'est bien lui !

– Heu... il nous semble avoir entendu « transformation de la structure cellulaire » ?

– Voui !

– Tu veux dire... un truc genre loup-garou ?

Capitan laisse exploser un rire gargantuesque.

– Je veux dire exactement ce que j'ai dit ! À ma connaissance, la lycanthropie fait partie de l'attirail des contes de fées, dûment complété ces dernières années par quelques trucages cinématographiques ! Dont certains étaient, je vous le concède, assez réussis ! Mais ce à quoi j'ai assisté fut beaucoup plus impressionnant. Car cela ne ressemblait en rien à du Grand Guignol ou à des effets spéciaux hollywoodiens, avec des craquements sinistres et de la bave verdâtre ! Tout ce folklore ne nous interpelle pas vraiment : on garde toujours la conscience que c'est du spectacle. Non, le phénomène s'est déroulé à l'échelle humaine. Et c'est beaucoup plus dérangeant, plus déroutant... Parce que cela survient au beau milieu du quotidien, de l'ordinaire !

– Tu as pourtant bien parlé de *métamorphose* ?

– Très précisément... Le préfixe « méta » nous vient du grec et désigne un changement, avec la notion de dépassement. *Morphê*, la forme. Au sens littéral : un être passant de sa forme première à une forme supérieure, qui le dépasse totalement. Et ceci par des moyens que ni la médecine ni d'autres sciences n'ont pu expliquer à ce jour !

Une étincelle de malice dans l'œil gauche, si fugace qu'elle nous échappe presque. Et il hausse les épaules, fataliste :

– Maintenant, mes enfants... si ma petite histoire doit s'écraser contre le mur de votre scepticisme... je la remets dans ma poche, mon mouchoir par-dessus, je finis l'excellent nectar dont vous m'abreuvez et je me tire, hein ?

Quel cabot, celui-là ! Est-il nécessaire de le préciser : nous l'en prions à genoux, il reste. Nous remplissons jusqu'à l'ultime bord son verre, et bientôt la basse veloutée de sa voix nous entraîne aux limites de la raison. Écoutez-le : il nous bâtit une saga, toute une époque qui défile (la vôtre peut-être) autour d'un curieux, d'un très curieux et très minuscule bonhomme.

On ne choisit pas son nom : c'est un héritage qui nous échoit après d'incommensurables péripéties, dont nos parents eux-mêmes ne sont que les protagonistes passagers. Par contre, ils portent une plus grande responsabilité dans la sélection de notre prénom, et dans l'allure que l'ensemble nom-prénom prendra aux yeux du monde.

Vous conviendrez donc avec moi que, en plein XXe siècle, inscrire à l'état civil un nouveau-né sous l'identité de Aristote, Fulgence, Gaston... ce n'était pas faire un cadeau à ce malheureux poupon ! Surtout que son nom de famille sonnait déjà bizarrement : Pitralon.

Les Pitralon étaient établis, depuis de nombreuses générations, dans une campagne indécise, entre la Champagne pouilleuse et les Ardennes, contrée de climat continental, aux étés parfois torrides, aux hivers toujours mordants... Bien que cette plaine crayeuse fasse partie du Bassin parisien, on s'y sentait encore loin de la capitale, à la fin des années 1930. Nombre de villageois n'étaient jamais « montés » à Paris, et cela n'étonnait personne. La mer et la montagne faisaient aussi partie du monde lointain : on n'en voyait que les images sur le calendrier des Postes-Télégraphe-Téléphone... La franche gaîté n'était donc pas au rendez-vous.

D'autant moins que les bruits des bottes germaniques se faisaient à nouveau entendre. La frontière n'était qu'à quelques portées de canon, et le souvenir des hécatombes de la Grande Guerre restait vivace : pas une semaine ne s'écoulait sans que le soc d'une charrue ne bute sinistrement contre un obus à fleur de terre. Dans chaque village, le poste de garde-champêtre était tenu par un unijambiste ou un manchot. Celui qui venait crier les nouvelles du bourg devant la ferme des Pitralon avait morflé pour deux : il trottait sur un pilon de bois et battait le tambour d'un seul bras.

Sur le marbre du monument aux morts de la commune, deux Pitralon avaient, hélas, leur place : Fulgence et Gaston. Ce qui nous amène doucement vers notre nouveau-né.

La génération Pitralon du début de siècle avait compté trois garçons : Gaston, Fulgence et l'aîné, Fernand. Seul, ce dernier revint de la Grande Boucherie. Avec les poumons et les yeux à peine rongés par le gaz moutarde. Un veinard, le Fernand, comme on disait dans le pays. En fait, avec l'accent du cru, cela donnait « eul Fernand »...

Avant de partir la fleur au fusil, eul Fernand avait eu trois filles. « N'avait eu que trois filles » serait plus juste : pas de garçon, c'était presque comme pas d'enfant... Heureusement, au cours de sa seule permission, il parvint à engrosser Suzanne, son épouse. Au retour de l'hôpital, bandeau sur un œil, il pleura de l'autre en serrant un petit Ernest de trois ans.

Nous voilà donc, fin des années 1930, avec un Ernest Pitralon, dit « eul Nénesse ». Seul héritier mâle, il est bien obligé de reprendre la ferme, mais il traîne un regret secret : ce n'est pas cette culture-là qu'il aurait aimé poursuivre, mais la Culture majuscule, celle de l'homme qu'il admire le plus, son fringant maître d'école, M. Robillard. Alors, en épousant Clémence, sa promise, Ernest se fait un serment : puisque le destin l'a obligé à rester paysan, c'est son fils à lui qui sera instituteur ! Il lui faut donc un fils.

L'affaire est menée rondement (si j'ose ce jeu de mots facile) : Clémence est enceinte dès les semaines qui suivent la noce. Le bébé verra le jour bien avant le premier anniversaire de mariage.

Ses prénoms sont d'ores et déjà choisis. « Choisis » n'est d'ailleurs pas le terme adéquat : « dictés » aurait été plus exact. Voici la scène : dès que la grossesse de Clémence est certaine, Ernest court vers l'écurie, où son père Fernand vérifie le ferrage d'un percheron.

– P'pa, faut que je te dise quelque chose !

– Ben, t'attendras eul souper !

À la table du soir, le pater familias sort son Opinel, le frappe sur le bord du plateau de chêne pour en ouvrir la lame. Il trace la croix sur la miche de pain, coupe une tranche épaisse qu'il émiette dans la soupe. Du menton, il fait signe à Ernest que le moment est venu de parler. Le Nénesse, timide, effleure le ventre encore plat de la Clémence.

– Je crois bien que c'est pour novembre…

Le Fernand lape trois cuillerées avant de statuer.

– Si c'est une fille, tu l'appelleras Corinne. Un gars, ce sera Gaston et Fulgence, en respect de mes défunts frères. Pour faire la nique aux Boches.

Une telle décision ne se discute pas. Or, quelle mouche va piquer le Nénesse, ce garçon pourtant respectueux ? Le bébé arrive. On pourrait même croire qu'il sent combien son papa est pressé de l'accueillir : il quitte le giron maternel avec presque deux mois d'avance. Ernest Pitralon passe dare-dare à la mairie déclarer son fiston nouveau venu. Devant le secrétaire qui s'apprête à calligraphier dans le registre des naissances, le jeune père annonce bien les prénoms prévus, mais il ajoute dans un élan :

– Non, attends ! En premier, mets-y… Aristote !

Qu'est-ce donc qui passe par la tête du Nénesse ? Un souvenir cuisant. À treize ans, l'année avant le certificat d'études, il avait dû se présenter, le nez baissé, devant le maître d'école et lui annoncer qu'il s'arrêtait là. Il obéissait à Fernand. Il renonçait à entrer dans l'enseignement. M. Robillard avait soupiré :

– Dommage… J'eusse aimé que tu devinsses un disciple d'Aristote…

Ernest avait consulté le *Larousse*. Il y avait appris que ce philosophe avait fondé le Lycée. D'où sa folle inspiration. Une sorte de conjuration, pour casser le sort, pour porter ce fils vers les hauteurs ? La plume Sergent-Major du secrétaire de mairie hésite au bord de l'encrier.

– Aristote ? Ça existe, ça ?

– 'Videmment ! C'est un Grec. Il est dans le dictionnaire. Écris, je te dis !

– Comme tu voudras… Ça prend-y un H ?

Entre Fernand et Nénesse, une telle transgression pourrait cristalliser en conflit irréversible. Mais les esprits sont occupés par d'autres soucis, autrement plus graves : si cela se trouve, la nature aveugle va mettre tout le monde d'accord, de la plus triste manière qui soit.

L'accouchement a eu lieu dans la maison. D'abord parce que c'est la coutume, ensuite parce que Clémence s'est mise à perdre les eaux en plein milieu de la lessive de septembre. Personne ne s'y attendait. À sept mois et quelques, vous imaginez ?

Rappelez-vous que cette époque, pourtant si proche de la nôtre, était un monde radicalement différent. Dans les classes populaires et la paysannerie, un enfant mort-né restait chose banale. Parmi ceux nés vivants, dans bien des régions de la France profonde, plus d'un sur dix n'atteindrait pas l'adolescence !

Pour un grand prématuré comme le bébé Pitralon, le pronostic est pessimiste. La sage-femme a appelé le médecin à la rescousse. L'homme de l'art a ausculté la minuscule chose rosâtre pondue par Clémence. Puis il a trituré sa barbichette.

– Il faut le garder bien au chaud. Et attendre…

On attend. Première nuit… Des pleurs, en fin de matinée… La sage-femme dit que c'est plutôt bon signe… On peine à glisser quelques gouttes entre les lèvres trop bleues… Une journée entière…

– Eh, je crois bien… Mais oui : il pisse ! Il a pissé, bonguieu !

C'est grand-père Fernand qui clame cette découverte. Et qui gueule à travers la cour :

– Viens donc, Nénesse ! Ton brimborion, il a pissé ! Il va tenir eul coup, moi je te le dis !

Il tient. Entouré de soins attentifs, le « mal parti » se dépatouille pour exister. Voulez-vous vous faire une idée de ses premières années ? Prenez un guide pratique sur l'éducation des enfants, ouvrez-le au chapitre « Maladies infantiles » : c'est bien simple, il les attrape toutes ! Pas un rot de travers, un gratouillis, une éruption, une pelade, une quinte, une diarrhée ne manquent à sa liste… Pas de mois ni de semaine sans un larmoiement, un raclement, un étouffement ou une habile combinaison du tout ! De l'effrayante pâleur au cramoisi le plus dramatique, en passant par un verdâtre fort seyant, il parcourt en Technicolor toute la palette des symptômes ! Quand la nature fleurit, il halète. Qu'une graminée se loge sous sa liquette, il enfle en un urticaire géant. Quand l'hiver montre le bout de son nez, le gamin fait éclater le thermomètre. Le duvet des volailles le fait suffoquer, les animaux à poil font jaillir son eczéma. Vingt fois, ses parents croiront le perdre. Cent fois, quelqu'un le ramènera dans ses bras, pantelant et grelottant.

Pour le nourrir, casse-tête : il régurgite les laitages, les légumes lui donnent la diarrhée, les viandes le constipent, la pâte reste en boule dans son estomac. Quant aux œufs, il lui suffit d'en regarder un pour avoir les yeux jaunes…

C'est sa taille qui devient préoccupante. Dès sa troisième année, la différence avec la normale saute aux yeux : tout chez lui est grêle, chétif. Quand on lui fait sa toilette, on a peur de le casser. Le médecin tripote toujours sa barbichette, puis finit par conclure, fataliste :

— Il est rachitique, que voulez-vous… Essayez de lui donner de l'huile de foie de morue…

Seule la tête du gamin semble suivre un développement correct. Et c'est elle qui, par contraste, paraît disproportionnée. Fort heureusement, elle contient, cette tête, une intelligence tout à fait satisfaisante. Vive, même. Le « brimborion » se montre curieux de tout, acquiert un vocabulaire précoce et un goût prononcé pour la seule activité qui ne menace pas de le briser en miettes : la lecture. À cinq ans, il déchiffre la plupart des articles de la gazette, à voix haute, à la grande satisfaction de grand-père Fernand dont la vue décline rapidement. Séquelles probables du nuage d'ypérite écopé dans les tranchées. Le journal annonce d'ailleurs des nouvelles pessimistes sur la politique de monsieur le chancelier Hitler…

— Petiot, ça va encore péter, moi j'te l'dis ! D'ici peu, on aura à nouveau les Doryphores su'l'paletot !

En attendant que ça pète, la vie du malingre s'organise comme celle de la plupart des gosses de sa génération. À quelques subtiles différences près, néanmoins…

Par exemple, il n'a pas de prénom. Ou, du moins, à trop en avoir, il n'en entend jamais aucun. « Aristote », pas question : Fernand a interdit purement et simplement l'usage sous son toit de ce prénom félon. Jusqu'à son dernier souffle, il utilisera « petiot » pour appeler son petit-fils, et « eul brimborion » quand il parlera de lui à des tiers. Définition académique de « brimborion » : « petit objet sans valeur »... Tout un programme. Reste « Gaston », comme le président Doumergue, ou « Fulgence », comme Bienvenüe, l'inventeur du métropolitain... Cela fleure encore bon la respectabilité et le XIXe siècle. Mais dans l'esprit des parents, cela ne correspond sans doute pas à leur fragile rejeton. Ils vont procéder par évitement : Nénesse biaisera avec « fiston » ou « mon gars », Clémence optera pour « mon chéri » ou « mon loupiot ». Grand-mère Suzanne ne dit rien : elle se contente de lui passer la main dans ses cheveux trop fins, en souriant tristement.

À l'école communale, curieusement, l'identité inhabituelle de Pitralon, Aristote, Fulgence, Gaston ne pose pas de problème : à cette époque, il est d'usage d'utiliser le patronyme. Le maître fait l'appel :
— Auberjonois ?
— Présent !
— Bouvier ?
— Présent !
— Blassel ?
Bériot, Caudron, Calmel, Danjou... rien que des noms bien français. Pitralon en fait partie, et prête beaucoup moins à la rigolade que les quelques saugrenus du genre Bréczinski ou Schilovitch qui commencent à apparaître. Entre eux, les élèves s'interpellent aussi par leur nom de famille :
— Legrand, prête-moi ton rapporteur !
— Gendrot, tu fais rien qu'à oublier tes affaires ! La prochaine fois, tu seras cafté !

Souvent, on ne connaît même pas le prénom de ses condisciples : à la balle au prisonnier, on joue dans le camp de Ponsard et de Duneton (et contre Bréczinski et Schilovitch, bien sûr). Par contre, la tradition impose les surnoms, de préférence basés sur les défauts de l'intéressé. Et cruels. En matière de cruauté, les enfants sont doués.

Voyez donc le tableau : nous sommes dans une atmosphère style *La Guerre des boutons*. Les écoliers sont obligés au port de la blouse, de la pèlerine, du béret et des godillots. Tenue déjà peu faite pour avantager l'esthétique. Mais lorsqu'elle vient se plaquer sur un petit rien du tout comme Aristote, Fulgence, Gaston, genoux cagneux et mollets filiformes dépassant à peine des culottes courtes, c'est carrément de la provocation !

– Pitralon-le-champignon !

Dès le premier jour, le ton est donné. Il ne fera que monter. Au soir, les parents questionnent évidemment :

– Et qui il y a, dans ta classe ?

Quand on cite Pitralon, ils ont un regard entendu.

– Ah oui... celui à la Clémence... le *prématuré*...

L'expression semble recouvrir quelque secret d'adultes, un peu scabreux. Les enfants n'ont donc rien de plus pressé que d'en demander le sens. Et, dès le lendemain, sous le préau :

– Pitralon-l'avorton-l'embryon-le brimborion !

Viendront s'y adjoindre « demi-portion » et autres impitoyables sobriquets. Assortis de quotidiennes brimades : le béret de Gaston séjournera plus souvent dans une flaque de boue que sur sa grosse tête, son cartable ira sans cesse se percher dans les nids des corneilles. Son quatre-heures nourrira les « normaux » : un embryon, ça bouffe pas !

Aristote commence à croire que c'est ça, la vie : la joie pour certains, pour les autres une longue suite de chagrins. La preuve : grand-père Fernand a cassé sa pipe. Et, comme il l'avait prédit, « ça a pété » : le vent apporte les grondements des obusiers, les Verts-de-gris sont partout, le village s'est à nouveau vidé de ses hommes.

– Va falloir mettre une rallonge au monument aux morts !

Par chance, le Nénesse n'y sera pas inscrit. Néanmoins, il a été embarqué en Bavière. Pour une fois, il n'a pas tiré le plus mauvais numéro : dans une coquette exploitation agricole, il remplace le fermier, parti, lui, sur le front russe. Ernest sera loin pendant quatre ans. Ce qui, ô miracle, n'empêche pas Aristote Fulgence de voir arriver une petite sœur !

L'opération du Saint-Esprit ? Gageons que celui-ci a reçu l'active collaboration de M. Robillard. L'instituteur a été promu directeur d'école, par ancienneté. Son âge lui a évité d'aller au feu, mais n'a pas éteint *tous* les feux : en l'absence du chef de famille, Mme Pitralon et son fils ont besoin d'un soutien viril. Surtout la maman.

À son retour, Ernest se montrera étrangement clément envers sa Clémence. Faut-il chercher une raison à tout ? En voici une, qui vaut ce qu'elle vaut : à la cessation des hostilités, d'autres prisonniers rentrèrent au pays, alors que le Nénesse fut « retenu » outre-Rhin plusieurs mois de plus. Et il se murmura qu'en vérité, c'est lui qui s'y attardait avec un peu de complaisance : l'époux teuton de la fermière était porté disparu à Stalingrad et le brave Français l'aurait remplacé avec zèle, contribuant au repeuplement de l'Allemagne... Aristote, Fulgence, Gaston se trouverait donc demi-frère d'un petit Fritz, ou Hans, ou Karl bavarois ? Toujours est-il que, grâce à une mutuelle indulgence sur les « dommages collatéraux » du conflit mondial, le foyer des Pitralon reste paisible et équilibré.

Le passage de M. Robillard dans sa vie procure à Gaston un double bonheur. D'une part, cette sœur cadette, Yvette, qu'il adore : enfin quelqu'un de plus petit que lui sur qui veiller ! De plus, l'instituteur a encouragé le goût du garçon pour les belles choses : il lui a montré et commenté des reproductions de tableaux. Pas comme les vues du calendrier des Postes : des chefs-d'œuvre du génie humain.

— C'est vrai qu'il y a des gens qui ont des peintures comme ça sur leurs murs ?

— Oui, Aristote. Des gens fort riches.

— Mais alors... ça veut dire que moi, j'en verrai jamais en vrai ?

— Si... Et même les plus beaux : ils sont dans les musées !

— C'est quoi ?

— Des palais immenses, avec des tableaux tous plus magnifiques les uns que les autres, à perte de vue... Bien plus que tes yeux n'en pourront regarder... Et des sculptures, aussi...

— Et moi, j'aurai le droit d'entrer dans ces palais ?

— Comme si tu étais chez toi.

— Alors, il faudra que j'enlève la poussière ?

Par les livres aussi, M. Robillard a ouvert des horizons insoupçonnés : il possède des rayonnages entiers de romans. De pièces de théâtre aussi. Elles arrivent comme une révélation pour Fulgence, Gaston : il en retient spontanément des passages entiers, qu'il récite avec une facilité déconcertante. Ainsi, malgré ce corps débile, il peut s'incarner en roi ou en guerrier, en amant tragique ou en valet exubérant ? Ce plaisir qu'il y ressent lui donne des sensations incomparables, qui vont s'imprimer à jamais.

Les années 1950… Robillard épaule Ernest dans son ambition : faire accéder Aristote à un autre milieu social. Le brimborion va être envoyé au collège, à Chaumont. Vu la distance, il y sera pensionnaire la semaine. Il va donc connaître à nouveau les joyeusetés de la camaraderie quand on est le plus faible : désigné d'office pour les bizutages, genre bitocirage et franchissement de la porte du dortoir, où le seau hygiénique est posé en équilibre.

Convenons qu'il est devenu un adolescent fort laid : toujours dix centimètres de moins que le plus petit de sa promotion, les dents qui se chevauchent faute de place dans la mâchoire.

Ses gambettes sous-développées lui valent d'être dispensé de gym et, pour ses condisciples, il devient « Pitracourt », « Ventre à terre », « Rase-mottes », « l'Homoncule », « Sourinette », ou, plus subtil, « Bougri » (le Rat bougri)…

Dans les fiches d'orientation, il indique qu'il se destine à l'enseignement. Ses professeurs, bien placés pour savoir à quoi tient l'autorité sur une classe, prévoient pour lui de grosses déceptions, avec un tel physique.

La fatalité va, une fois de plus, faire bifurquer tous ses projets. Observez maintenant l'enchaînement des circonstances.

Le service militaire étant alors obligatoire, si l'on veut poursuivre des études, on doit auparavant avoir introduit une demande de sursis. Elle n'est d'ailleurs pas acceptée dans tous les cas : la France a besoin de soldats, prise qu'elle est entre la guerre d'Indochine, le maintien de ses colonies africaines et les premiers indices d'un remous en Algérie. Les dossiers des éventuels sursitaires sont triés sur la base des résultats scolaires, du sérieux dans les études. La recommandation d'un enseignant peut peser dans la balance. Yves Robillard a naturellement proposé de s'en charger : outre sa propre autorité de directeur d'école, il ira recueillir pour Aristote le soutien des professeurs du collège.

Hélas, un infarctus le tue net. Les formalités restent en plan. Ernest, qui n'y connaît pas grand-chose, est en train, de son côté, de se débattre avec des crédits impayés, suite à deux mauvaises récoltes successives. Il laisse passer le délai légal : la demande de sursis n'est pas introduite. Consternation, donc, lorsque, en pleine préparation du bac, le fiston reçoit sa convocation au conseil de révision. Il a beau crier à l'injustice auprès de son père, il est trop tard.

– Y a pas à tortiller, mon gars… Sinon tu seras comme déserteur, et c'est entre deux gendarmes que tu partiras !

Erreur de l'administration ? La caserne de Saint-Dizier se trouve submergée par la vague d'appelés qui se présentent ce jour-là. Ni les locaux ni la tambouille ne seront suffisants. Vu le nombre de médecins militaires, il faudrait deux semaines pour écluser cet afflux ! L'armée doit, en toute situation, savoir faire face : elle mobilise une cinquantaine de camions bâchés. On y enfourne des paquets de futurs troufions, regroupés en fonction de leur lieu d'origine. En route pour une destination inconnue.

Par le jeu des décalages départementaux, le site le plus proche disposant d'infrastructures adéquates et momentanément vacantes, c'est le fort de Vincennes, à Paris. Voici donc les conscrits piétinant sur le dallage froid des longs couloirs. Par ordre alphabétique et tout nus : comme dans bien des peuplades, c'est encore la tenue coutumière pour cette cérémonie initiatique du passage à l'état d'adulte.

La plupart des jouvenceaux, épaules rentrées, gardent les mains en coquille devant la bistouquette. D'autres, sûrs de la supériorité de leurs attributs virils, exhibent musculature et pilosité. Le brimborion, lui, c'est sa personne tout entière qu'il aimerait dissimuler : sa peau couleur papier mâché ne présente pas l'ombre d'un poil, même de moustache !

Les plaisanteries salaces fusent. Les anciens camarades de l'école primaire se retrouvent. Beaucoup travaillent déjà aux champs ou à l'usine, sont devenus fumeurs, buveurs : des hommes, des vrais, quoi ! Certains sont fiancés, quelques-uns mariés.

Tous se vantent hautement de leurs exploits amoureux. Et chambrent grassement Pitralon-l'embryon : chez lui, tout est resté de la même taille qu'à la communale !

Là-bas, en tête de file, devant une porte vitrée, un adjudant régule les admissions. Le rituel est immuable. Un garçon sort de la visite, exultant de fierté :

– Hé, les mecs ! Bon pour le service !

On lui beugle en chœur :

– Bon pour les filles !

L'adjudant rugit plus fort :

– Au suivant ! Caudron, André, Louis !

Applaudissements. Vivats d'encouragement. Sauf... sauf quand le « juteux » annonce :

– Pitralon, Aristote, Ful... Fulgan... ?

Hésitation. Reprise.

– ... Aristote, Fulgence, Gaston !

Explosion : c'est la première fois que l'on entend l'identité complète de l'avorton ! Les nudistes trépignent, pliés en deux ! Les gueulantes de l'adjudant ne calment pas la tempête, qui dure encore tandis que le susnommé fait son entrée devant la commission.

Derrière une table, trois médecins, blouse blanche ouverte sur des rangées de décorations. Un seconde classe en kaki fait passer le conscrit à la toise et sur la bascule. Vous devinez la suite ? Aristote Fulgence repart au long du couloir sous les bourrades, les croche-pieds et les sifflets.

Le tampon officiel a marqué sa fiche d'un sigle infamant : RD 2, réformé définitif deuxième échelon. Le statut des infirmes ou des dingues. L'humiliation absolue, qui rejaillit sur les familles. La tare officiellement reconnue, qui vous interdit aussi d'accéder à la plupart des administrations...

Aristote croise de gros garçons, effondrés en pleurs sur des bancs, ou qui cognent contre le mur leur boule rasée à zéro, déjà prête pour le képi : eux aussi ont été « recalés »... Ils ne s'en remettront pas : comment oser rentrer au pays et regarder les gens en face, quand on a été classé « sous-homme » ?

Or, notre RD 2, lui, sifflote ! Il se sent léger, heureux comme il ne l'a pas été depuis longtemps. Il vient d'échapper à sa plus grosse hantise : revêtir un uniforme et tenir une arme. Une arme, c'est fait pour supprimer des êtres humains. S'il y a bien une notion que M. Robillard lui a inculquée, c'est la valeur irremplaçable de la vie. « Si même une vie comme la mienne a du prix, pense Aristote, celle des autres est un trésor... »

Aussitôt rhabillé, il a demandé un billet de sortie. Puisque la Patrie n'a plus besoin de sa présence, à quoi bon moisir entre les sinistres murailles et attendre d'être ramené vers sa province dans le convoi des gros bœufs ? Il dispose d'un peu d'argent de poche, il rentrera par le chemin de fer. Et puis, une idée le taraude : puisque le voici à Paris, il peut tenir une promesse faite à son instituteur. La matinée se termine à peine, il a le temps d'aller dans un musée.

Au-dessus de la bouche du métro, dans un cadre 1900, le plan indique, sur la ligne nord-sud, à quelques stations à peine, un nom à l'aura quasi-divine : Louvre. Une demi-heure plus tard, il pénètre dans le palais. Transi. Tremblant. Si transporté qu'il ne prend pas vraiment conscience de ce qu'il approche enfin... « Bien plus que tes yeux n'en pourront regarder », avait dit M. Robillard.

Sonnerie. Les gardiens à casquette bleue se lèvent de leur banquette :

– Fermeture ! Veuillez regagner la sortie, messieurs-dames ! Toi aussi, petit gars !

Déjà ? Mais c'est impossible ! Il n'a encore rien vu ! Toutes ces galeries, tous ces niveaux. Il faudrait une existence entière... Un triste trajet en métro le conduit à la gare de l'Est. Il y a un train à 21 h 34. Aristote se souvient qu'il n'a rien mangé ni bu depuis la tranche de pain et l'acide café servis aux bidasses.

Sous les néons d'une brasserie Terminus, il déguste un jambon-beurre, sur le zinc. Arrosé d'un demi pression. Il se sent tellement bizarre qu'il ne se rend même pas compte que cette nourriture, d'ordinaire impensable, passe comme une lettre à la poste. Quelque chose le turlupine. Un autre nom, qu'il a entendu prononcer à la ferme. Par un ami de son père, un maraîcher, Robert Claval... Il se lançait dans une grosse affaire, sur Paris, dans un quartier... Ce nom, Aristote l'a lu sur une station, quand il a changé de rame, tout à l'heure : Châtelet ? Les Halles ? Étienne-Marcel ? Réaumur ? Les Halles !

Au sous-sol, dans une cabine téléphonique qui sent le grésil, la soupe et l'urinoir, Pitralon-le-réformé feuillette le Bottin. « Si j'arrive à me faire héberger pour la nuit, pense-t-il, je pourrai retourner demain voir un bout du Louvre. »

Aristote, Fulgence, Gaston ne rentrera jamais dans son village. Il n'y passera que deux fois, bien des années plus tard. La première, pour conduire le Nénesse au cimetière. La seconde, pour accompagner la Clémence sur le même chemin. Et, les deux fois, il devra se cacher derrière de grosses lunettes noires. Parce que quelque chose va lui arriver, qui défie la raison.

Au tournant des années 1960, les Halles ressemblent encore d'assez près au ventre de Paris décrit par Zola : une cité dans la ville, entièrement dédiée à la nourriture. Chaque soir, des files de camions en provenance de tout l'Hexagone s'infiltrent vers le centre de la capitale. Ils convergent vers les poutrelles de métal, les murs de brique et les panneaux de verre dépoli des pavillons Baltard. Ils vont y déverser des tonnes de légumes, de fruits, de viandes, de poissons. Chaque secteur de ce village est spécialisé dans une denrée. Les arrivages des innombrables fournisseurs sont regroupés et pris en charge par des mandataires, qui en assurent la revente.

Par-dessus les senteurs des marchandises, une odeur commune semble planer comme une atmosphère particulière, différente de l'air de Paris. Elle laisse un arrière-goût âcre, quand on l'a respirée toute la nuit. C'est l'acétylène qui brûle : de nombreux étals sont encore éclairés par les lampes au carbure.

Lorsque les camions vides repartent, la fourmilière commence à œuvrer. Vous savez comment fonctionne une fourmilière ? Dès qu'une source de produits comestibles est détectée, des bestioles ont pour fonction d'approvisionner le reste de la colonie. Chacune de ces fourmis remporte un grain, une feuille, un éclat de sucre, une miette parfois plus grosse qu'elle. En nombre suffisant, elles auront bientôt déménagé la montagne. Aux Halles, c'est ainsi toutes les nuits.

Aussitôt que les gros transporteurs ont dégorgé la manne arrivent des milliers d'épiciers, de boutiquiers, de restaurateurs, de bouchers, de charcutiers, de détaillants en primeurs. Les monceaux de victuailles et de denrées fraîches vont repartir par petites quantités vers les quartiers et les banlieues. Deux cageots de salades, trois sacs de pommes de terre, une caissette de colins, une de rougets et une moitié de thon, une épaule de veau, une douzaine de poulets... On entasse dans des camionnettes Juvaquatre, on surcharge des coffres d'Aronde Simca, puis on se fraie un chemin vers la rue de Rivoli ou de Turbigo à coups de klaxon... Au milieu de cet embouteillage se faufilent des charrettes à bras peintes en vert olive : les marchands des quatre-saisons garnissent leur modeste étalage et vont le pousser à travers la ville endormie, sur des kilomètres, pour aller s'installer au pied des maisons.

À l'aube, tout est résorbé, jusqu'au dernier grain. Ne subsistent plus que les détritus, dans lesquels farfouillent les indigents, avant que les arroseuses et les balayeurs ne poussent aux caniveaux ce qui n'est vraiment plus consommable.

Aristote, Fulgence, Gaston est devenu l'un des rouages menus de cette énorme machinerie bien réglée. Depuis presque cinq ans, il exerce la rare profession de... loueur de diables ! De diables rouges !

Le soir de son conseil de révision, malgré l'heure tardive, il a réussi à joindre immédiatement au téléphone Robert Claval.

– Le fils au Nénesse ? Si je m'attendais... C'est que je suis en plein boulot, moi ! Ben oui, ici, c'est la nuit qu'on bosse ! Mais puisque t'es à deux pas, viens donc me causer du pays !

Gaston pense trouver l'ami de son père derrière des tréteaux, comme au marché. Surprise : au pavillon des légumes, Robert Claval est devenu un mandataire important, qui règne sur plusieurs dizaines d'employés. Il ne vend pas quelques carottes : il négocie par palettes, parle en tonnes ! Il dispose de bureaux chauffés, d'un standard de vingt lignes groupées et d'un télex. Dans un coin, un lit de camp américain. C'est là que le jeune provincial finit par s'écrouler. Pendant des heures, il a observé, écouté, respiré ce monde nouveau.

Le lendemain, un autre passage au Louvre lui fait comprendre qu'il lui faudra effectivement des mois pour faire le tour de ce musée-là. Et il y en a tant d'autres ! Sa conviction est acquise : il doit rester à Paris.

— Monsieur Claval, il y a bien une petite place pour moi ? Je suis prêt à faire n'importe quoi.

— Ben… pour être franc… avec tes bras épais comme des spaghettis, je ne te vois pas décharger des cageots… Et à l'administratif, j'ai du personnel rodé : c'est un métier où il faut connaître… T'as vu à quelle vitesse ça tourne ? Je n'ai pas le temps de former un apprenti !

— Et si je vous faisais gagner de l'argent avec quelque chose qui vous en fait perdre ?

La nuit précédente, pendant les heures du « coup de feu », alors que Claval n'avait plus le loisir de lui faire la conversation, Aristote a musardé dans la concession. Il a assisté aux livraisons des fournisseurs. Puis sont arrivés les acheteurs. Il a écouté les marchandages, les commandes… Il a vu les lots acquis se répartir dans les véhicules des clients… Dans les deux cas, déchargement et chargement, il a vu intervenir des nuées de gars en gapette et sarreau… Des géants aux biceps noueux, les fameux forts des Halles. Nul ici n'avait droit à porter, hormis les forts. Ils portaient tout, vite. Et, la nuit dernière, ils braillaient :

— Un diable ! Par ici ! Un diable, bon Dieu !

Les diables, ces petits brancards de fer montés sur deux roulettes, les forts y amoncelaient des caisses sur deux mètres de hauteur, soutenant la pile de la poitrine et du menton. Et de ces diables, ils en manquaient sans cesse. Si bien qu'à un moment, Robert Claval a crié à sa secrétaire :

— Il n'y en a jamais assez ! On nous en a encore fauché, faut croire ! Faudra les attacher avec *une* élastique, bientôt ! Achètes-en une douzaine de plus, qu'est-ce que tu veux que je te dise ! Mais cet hiver, on n'en aura plus besoin d'autant. J'aime pas ça, l'argent qui dort !

Aristote a enregistré. Il propose donc, au culot :

— Ces diables, vous me les confiez. On les peint en rouge, histoire de reconnaître qu'ils vous appartiennent. Au lieu de les prêter, vous les louez… Mais vous demandez une caution, pour être sûr qu'ils vous seront rendus ! Et puis, je me suis renseigné : dans tous les pavillons, il y a pénurie de diables à certaines saisons, et à d'autres, ils rouillent dans les remises. Vous proposez à tous vos confrères la location, uniquement quand ils en ont besoin.

– Pas con, p'tit gars... En plus, ils mettront ça dans leurs frais... D'accord, on fait un essai !

Un an après, l'argent des cautions a travaillé en banque. Aristote se fait peu payer. Le système est bénéficiaire. Claval, personnage influent, a imposé sur toutes les Halles l'exclusivité de ses diables rouges. Il en possède des troupeaux. Pour les entreposer, il loue d'anciennes écuries, non loin, rue Quincampoix. L'affaire a démarré si vite qu'Aristote en a été bombardé responsable de fait.

Le jeune homme se montre digne de cette confiance. Il s'est laissé pousser le peu de barbe qui lui vient, pour paraître plus âgé : il doit donner des ordres à une équipe de manutentionnaires, des durs à cuire qui, parfois, ruent dans les brancards. Cette compagnie, qui ressemble un peu à la cour des Miracles, ne lui pèse pas. Il baigne dans les souvenirs des romans de cape et d'épée que M. Robillard lui a fait connaître. N'est-il pas dans les lieux mêmes où, jadis, le chevalier de Lagardère, déguisé en bossu, prêtait son échine aux spéculateurs qui signaient des billets devant l'établissement du banquier Law ?

De plus – ça ne s'invente pas –, il loge dans un garni, près de l'Hôtel de Ville, rue des Mauvais-Garçons ! Un lit étroit, un restant de moquette râpée, des rideaux de cretonne à grosses pivoines, un lavabo derrière un paravent. Il s'en accommode fort bien : il n'y passe que le matin pour dormir quatre heures, pas plus. Car tous les après-midi sont consacrés aux musées, aux cinémas du Quartier latin ou à des cours de peinture. Plusieurs années vont ainsi s'écouler, avant le grand bouleversement...

Aux Halles, un autre commerce partage le pavé avec celui de la bonne chère : celui de la chair. De part et d'autre du boulevard de Sébastopol, de la rue Saint-Denis à la rue des Lombards, les ruelles datant du Moyen Âge sont si étroites que l'on pourrait presque en toucher les façades bombées en étendant les bras. Là, aux mêmes heures que la grande foire à la boustifaille, des dames proposent leurs charmes, plus toujours de la première fraîcheur. Pour leur donner de la fermeté et du chien, elles les compressent souvent dans des tailleurs échancrés et des cuissardes de cuir noir, agrémentés d'un fouet évocateur. Le flâneur à la recherche de plaisirs tarifés doit louvoyer entre des balconnets volumineux, sous les invites alléchantes.

— 'Soir, mon loulou ! T'as maté la vitrine ? Ce qu'il y a en boutique est encore meilleur !

Aux petites heures, les fêtards de la bourgeoisie clôturent la tournée des grands ducs par une soupe à l'oignon dans les bistrots du coin. Les travailleurs du ventre de Paris et les bosseuses du popotin de Paname se retrouvent après le turbin. Les costauds posent le tablier et le gilet de mouton, les arpenteuses du bitume retirent leurs talons aiguilles avec des soupirs de soulagement. Tout ce monde se refait une santé en dévorant les meilleures entrecôtes de Salers, garanties rassises à point par les louchébèmes du pavillon de la bidoche.

Lorsque Robert Claval a emmené son protégé au Comptoir du Cantal, où il a ses habitudes, il a avisé une tablée de dames fardées à la truelle :

— Hé, les mousmés ! Laissez tomber les dandys, les affranchis et les hommes des cavernes ! Je vous présente votre nouveau fiancé : Gaston !

Ces dames ne sont pas d'humeur : le car des poulets a tourné toute la nuit, effarouchant le client. Le chiffre d'affaires est nul, des collègues ont été emportées par la rafle. Les regards au rimmel ont vite pris la mesure de l'arrivant.

— Qu'est-ce que tu veux que j'en fasse, de ton prince charmant ? Je vais l'étouffer dans mon décolleté !

— Et moi, j'aurais trop les jetons qu'il morde ! Il me bouzillerait mon fonds de commerce : vise un peu les ratiches qu'il se trimballe !

— On croirait une gargouille de l'église Saint-Merri !

— T'as raison, Mado : t'ajoutes ses petites cannes en allumettes et ses omoplates qui ressortent… c'est une gargouille, ton nourrisson, Robert !

Le mandataire, pour consoler le malheureux, a cru bon de le coller devant un steak saignant plus large que son assiette. On a alors entendu, en provenance de l'estomac de Gaston, comme les bruits d'un évier engorgé. Les vipères en bas résille ont renchéri :

– V'là la gargouille qui gargouille ! Va gerber dehors, Gargouillon !

À peine sa vie parisienne entamée, le brimborion essuyait la vexation d'un nouveau sobriquet, bien propre à scier le moral. Il allait lui coller aux basques, d'autant plus que son intelligence et sa rapide montée en grade auprès de Claval faisaient rager les mectons du quartier, pour qui le muscle devait rester l'argument suprême.

Par chance, les arpenteuses de trottoir ne sont pas vraiment féroces. Avec le temps, leur méfiance envers l'étranger s'estompe. On s'accoutume à son physique ingrat, on s'intéresse plutôt à sa conversation, qui change des lourdes gaudrioles ouvrières.

– Mazette ! C'que tu peux en connaître ! Il y en a de la science, dans c'te grosse tête-là !

La plus gentille, finalement, c'est Mado la Brestoise, alias Ginette Créac'h, celle qui l'a salement allumé à son arrivée.

– Faut pas m'en vouloir, j'avais les panards en compote, ça me gâche le caractère ! Je trouve ça mignon, Gargouillon...

Mado n'a eu qu'un frère, qu'elle a perdu de la tuberculose. Elle reporte ses réserves d'affection sur Gaston le maigrichon. Un matin de septembre, elle le voit traînasser. Il lui offre un troisième caoua, arrosé de calva.

– Oh, toi, matelot, t'as du mou dans le gouvernail ! Quoi donc qui t'arrive ?

– Bof... Rien... J'ai vingt-cinq ans aujourd'hui...

– Mince ! Vingt-cinq berges ! Le quart de siècle ! C'est pas rien, ça ! Tu vas pas rentrer seulabre dans ta piaule un jour pareil ? Je crèche tout près, rue Pierre-Lescot ! On va fêter ça ! Je crois même que j'ai un petit cadeau pour toi...

Le cadeau est immense : Aristote découvre la volupté. Mado va s'attacher à lui en faire connaître les multiples facettes. Non qu'elle détecte en lui un foudre de guerre. Mais cette fragilité l'attendrit. Les omoplates saillantes ? Elle ne s'en gausse plus.

– Ça te fait comme des petites ailes... Et puis, tu sais, la beauté, ça se mange pas en salade ! Tes jambes courtes, elles t'empêcheront pas d'aller loin, je le sens ! Regarde Toulouse-Lautrec... D'ailleurs, avec la barbiche et tes tifs qui se déplument déjà, tu lui ressembles ! Tu sais mon rêve ? Ce serait d'avoir une peinture comme il en faisait...

Confidence qui ne tombe pas dans l'oreille d'un sourd : deux ans qu'ils se connaissent... bibliquement, et la péripatéticienne n'a jamais accepté de lui un centime. En mec réglo, il a pourtant insisté : tout travail mérite salaire !

– Tu vas me vexer, Gargou ! Garde ton artiche : t'en as plus besoin que moi ! J'ai un bas de laine à faire la pige à Mistinguett ! Le jour où je plaquerai mon carré de bitume, j'aurai de quoi vivre comme une milady ! Et puis, que je te mette les points sur les i, au cas où t'aurais pas entravé : avec toi, c'est pas du travail ! T'es un aminche, pas un miché !

Alors, puisque Mado est sensible à l'art, Aristote lui offre ses croquis, réalisés dans les musées.

– Ce n'est pas du Lautrec, je sais, mais si ça te plaît...

– Tu rigoles ? C'est trop beau ! J'arrive pas à croire que c'est mon Gargouillon qui fait ça ! C'est de l'or que t'as dans les mains ! Mon petit, je t'interdis de passer le reste de ta vie au-dessus d'une remise à chariots ! Faut que tu sortes de ce trou !

Parmi ses clients réguliers, Mado reçoit, chaque jeudi, un veuf discret qui travaille aux grands magasins de la Samaritaine.

– Marcel, il s'occupe de la décoration et des vitrines... C'est pas du grand art, mais c'est déjà plus dans tes cordes que de signer des bordereaux de location !

Mado a vu juste : Marcel Bouchard, qui a débuté comme simple commis à la Samar, s'est formé sur le tas et il est devenu décorateur maison. À l'approche de la retraite, il est ravi de transmettre son savoir-faire. Gaston apprend vite : il est chargé seul des vitrines de tissus.

Il est occupé à l'agencement d'une tombée de velours lorsque le carreau tinte derrière lui. Dehors, sur le trottoir, une jeune femme lui sourit. Elle est vêtue un peu comme une Gitane : jupe longue à fleurs, manteau sans manches, en chèvre retournée ; une besace en bandoulière, gonflée comme une outre ; des yeux de chatte égyptienne et un minois triangulaire, noyés sous une coiffure frisottée au volume impressionnant ; des bagues à tous les doigts, même au pouce. Gaston le remarque, parce que ce pouce, elle le lève en guise de compliment. Comme ils ne peuvent pas s'entendre, elle articule, avec des mimiques de poisson :

— C'est beau !

Depuis son aquarium, il répond en langage de carpe :

— Mer-ci !

Par signes, elle lui demande si elle peut faire le tour et entrer le voir. Il n'a pas le temps de paniquer qu'elle est déjà là.

— Grandiose, ton drapé ! T'as vachement le sens des proportions et des harmonies ! Je peux te demander un... ?

Sonia Sonnabend est accessoiriste indépendante. Elle dit « free-lance ». En ce moment, elle est troisième assistante sur une opérette qui se monte au théâtre du Châtelet.

— C'est kitschouille à mort, mais ça paie bien ! Ça me permet de... Et il me manquait des...

Elle est venue se dépanner en voisine, dans ce grand magasin où, selon le slogan, « on trouve tout ». Elle ouvre sa besace géante : dix mille babioles s'en échappent, qu'elle ramasse en s'excusant.

— Ton assortiment de velours... Les nuances et les matières sont tellement... Ça me donne une... Est-ce que tu pourrais me... ?

Sonia ne termine jamais ses phrases, mais elle va jusqu'au bout de ses passions : elle travaille gratuitement avec un collectif de comédiens, d'auteurs, de plasticiens, de musiciens et autres fous de tous horizons. Ils ont reçu une autorisation, ou plutôt une tolérance pour occuper un coin de l'ancienne gare d'Orsay, sur les quais de Seine. Dans cette friche industrielle, au milieu des poutrelles, des rails tordus et des gravats, ils se lancent dans des expériences, essaient ce que leur inspiration leur souffle...

Dans le sillage de Sonia, Aristote va plonger dans une tempête, entrevoir un océan d'espérances. Et connaître son plus catastrophique naufrage.

Sans trop de difficultés, la troupe d'artistes laisse Pitralon-le-décorateur se mêler à elle. D'abord par un réflexe un peu condescendant : toujours dans les jupons de la gracieuse Sonia, ce Zébulon, avec sa silhouette spéciale, fait figure de mascotte. Puis on constate qu'il sait se rendre utile. Son emploi aux grands magasins lui obtient des réductions sur la quincaillerie, l'outillage, les vêtements. Il a de bons plans pour dénicher des matériaux gratis. Il ne rechigne jamais à faire une course et, salarié, il paie volontiers l'addition pour une tablée de saltimbanques fauchés. En plus, il apporte souvent de bonnes idées pour l'arrangement des espaces. Pourquoi ne pas le garder à la déco ?

Mais lorsque Gaston assiste aux répétitions, aux improvisations… lorsqu'il voit, près de lui, les acteurs habiter un personnage… il se sent soulevé. Quelque chose de lointain, comme imprimé en lui, remonte à fleur de peau. Des pans entiers de drames et de comédies affluent. Tous ces textes, appris chez M. Robillard… ils se bousculent à la porte de sa mémoire, à la virgule près ! Et le souvenir du plaisir qu'il avait à les réciter revient, vivant, lui remue les tripes !

Ce plaisir, ses camarades, là-bas, à quelques mètres, ils y ont accès chaque jour… À quelques mètres… Quelques pas à franchir… De l'ombre des coulisses au soleil des planches ! Rien n'est comparable à cette extase. Il l'a connue quand il interprétait tous les personnages de ses tirades, à la ferme : sa famille applaudissait. Et en classe, lorsqu'il se levait derrière son banc : le seul moment où les élèves se taisaient quand il parlait. Plus un chuchotement. Comment a-t-il pu mettre cela sous le boisseau, tout ce temps ? Comédien. Il est fait pour devenir comédien. Mieux : il *est* comédien !

– Écoute, Zébulon… ce n'est pas qu'on ne t'aime pas… Au contraire : nous t'apprécions beaucoup, hein, les gars ? Mais, tu vois… ici, nous avons tous… Comment dire : un niveau professionnel. Nous sommes tous plus ou moins passés par des conservatoires, le cours Simon, la rue Blanche ou d'autres écoles… Nous avons tous une expérience de la scène… Toi, tu…

– Moi, j'ai une gueule pas présentable, c'est ça ?

– Pas du tout ! À la ville, elle passe bien…

– Mais pas sous les projos ? Dites-le carrément !

— Je ne sais pas quel rôle tu pourrais… Si encore tu étais un vrai nain, il y a des troupes où… Mais tu n'es pas…

— Je ne suis pas *fini*, hein ? On m'a sorti pas tout à fait cuit du moule ? Allez-y, les copains : je les ai toutes entendues, depuis mon enfance !

— Ne te fâche pas, Zébulon ! Mais avoue que tu n'es pas gâté par la nature !

Dans ces années-là, les critères de jugement n'ont pas encore été chamboulés par le café-théâtre, où les physiques ingrats seront admis. On a comme références des jeunes premiers ou des pères nobles, des Gérard Philipe ou des Raimu, des Georges Wilson ou des Jean-Louis Barrault… Chez un acteur, on attend prestance et jolie figure, ou carrure et présence. Gaston ne possède ni l'une ni l'autre. Il y a toujours l'exception des comiques, mais ils ne sont pas légion, et, en général, pas jeunes… Et ils doivent au moins avoir une tête drôle, sympathique. Pas une tronche à faire peur ! Et puis, il y a cette voix… Un violon raclé par un chimpanzé aurait plus de charme ! Non, il faut vraiment dissuader ce pauvre type de continuer à s'illusionner !

— Sans compter qu'il faut la santé, même pour gagner sa vie comme figurant. Et toi, t'es tout le temps patraque ! Zébi, conseil d'ami : tu es doué pour la déco, creuse de ce côté ! C'est un vrai métier, où tu peux percer ! Être acteur, tu sais, c'est un miroir aux alouettes auquel il faut avoir la sagesse de résister. Prends exemple sur Sonia…

Or, justement, Sonia s'absente pour deux mois : elle part sur le film d'une réalisatrice qui monte, Agnès Varda. Mais elle y participe en tant qu'actrice ! Alors, Gaston insiste, s'accroche. Comme il a engrangé tous les rôles rien qu'en assistant aux lectures préparatoires, on le laisse, une ou deux fois, remplacer au pied levé l'un des camarades absents pour une répétition. Juste une répétition.

Et c'est un désastre : cloué sur place par les regards dubitatifs, son corps le trahit. Il ânonne ses trois répliques, transpire, tremblote. Une fois, il a uriné dans son caleçon. On n'a même pas envie de rire : c'est pathétique. Pitralon-le-pitoyable.

Lorsque Sonia Sonnabend revient à la gare d'Orsay, radieuse, elle est impatiente de raconter son tournage à son ami.

– Il est où, mon Zeb ?

On la fait asseoir sur un bord d'estrade.

– Il... il nous a quittés.

– Quoi, il y a eu un lézard ?

– Il est mort.

Aristote, Fulgence, Gaston Pitralon, dit « Zébulon », a mis fin à ses jours dans sa chambre d'hôtel. Après une nouvelle et catastrophique tentative pour entrer en scène, il s'était enfui vers les coulisses, vomissant de la bile. Les gens de la troupe ne se sont aperçus de son absence qu'en fermant les locaux. Zébi s'était éclipsé sans saluer. On a haussé les épaules, et on est partis souper : il avait peut-être fini par comprendre...

Quelques jours plus tard, trois camarades se sont dévoués pour aller lui remonter le moral. Ils pensaient le trouver à la Samaritaine. Marcel Bouchard, effondré, leur a appris le drame.

– Déjà qu'il s'absentait souvent, depuis que vous lui aviez tourné la tête avec vos niaiseries... Mais il prévenait toujours... Là, ne le voyant pas de la semaine, j'ai téléphoné à son logeur. C'est par lui que j'ai su... Le petit s'était supprimé. Tout seul, comme un chien...

– Mais où est-ce qu'il est... Où est-ce qu'on l'a...

– Je ne sais pas... Je veux pas savoir. C'est trop triste.

Sonia, elle, veut savoir. En larmes, elle se précipite rue des Mauvais-Garçons. L'hôtelier est aussi navré que furieux :

– Ce petit con... Il a avalé je ne sais combien de cachets ! C'est la femme de chambre qui l'a trouvé. Les pompiers l'ont embarqué vers l'Hôtel-Dieu, mais c'était trop tard : il ne respirait plus. Quel toutim ! Les flics se sont pointés, comme de juste... Ça la fout bien, pour une maison comme la nôtre, je vous jure ! Si je connaissais les raisons de son geste, qu'ils m'ont demandé, les cognes. Qu'est-ce que je pouvais leur dire, moi ? Remarquez, avec une dégaine comme la sienne, on peut comprendre ! Pauvre môme... Il disait jamais rien sur lui... Il ne recevait jamais de courrier... Après des années, je ne sais même pas s'il avait de la famille.

– Vous avez gardé ses affaires ?

— Il n'avait pas grand-chose... Des dessins... J'avais mis ça dans un carton, à la cave.

— Je peux les...

— Ah, c'est que... quelqu'un s'en est déjà chargé...

— J'aimerais en récupérer un ou deux. Vous sauriez qui...

— Oh oui, on la connaît, dans le quartier !

Rue Pierre-Lescot, Sonia grimpe un escalier biscornu. À mi-étage, une porte vermoulue, peinte en mauve. Au centre du panneau, un angelot doré, brandissant un cœur gravé « Ginette », sert de heurtoir. À l'ouverture, un nuage de patchouli déferle sur le palier.

Mado la Brestoise, en robe de chambre noire et sans maquillage, marque bien son âge. Devant ses traits tirés, Sonia se méprend :

— Excusez-moi, vous êtes la maman de Zeb ?

— Connais pas.

— Pardon... De Gaston.

— Je suis la mère à personne, et Gaston, il est mort !

— Je sais... Je vous présente mes... Je suis, j'étais une de ses...

— Si je me goure pas trop, à voir ton déguisement de romanichelle, t'es sûrement la théâtreuse ? Vous pouvez vous vanter, toi et tes artistes, de me l'avoir bien dézingué, le petit ! Bande de caves !

— Excusez-moi, mais...

— J'excuse rien ! Vous lui avez foutu sa vie en l'air ! Mets les bouts, maintenant !

— Mais de quel...

— Casse-toi, j'ai dit !

C'est là que, du fond de l'appartement, quelque chose comme un violon aigre, une sorte de violon plaintif, un violon raclé par un chimpanzé, grince :

— C'est bon, Mado ! Laisse-la entrer...

Un foulard de mousseline masque l'abat-jour de la lampe de chevet. Sur la courtepointe rose, perdu dans un tas de poupées espagnoles et de peluches, Gaston, en pyjama, sirote un bouillon.

— T'en veux un bol ? Elle le fait bien.

Les pompiers l'ont emporté inerte, donné pour mort. Sur leurs talons, les policiers ont interrogé le logeur sur les circonstances du suicide. Par contre, ils ne sont pas revenus pour annoncer que le décédé... ne l'était plus.

– L'Hôtel-Dieu n'était qu'à cinq cents mètres. On m'a ranimé. Mais puisque tout le monde me croit trépassé, c'est très bien comme ça ! Ne dis surtout rien aux autres, s'il te plaît. De toute façon... je recommencerai !

– T'es barge ? Tu as la vie devant...

– Tu appelles ça une vie ? Toi, tu m'aimes bien, tu ne fais pas attention... Mais ouvre les yeux, Sonia ! Tu as vu à quoi je ressemble ?

– Tu n'es pas James Dean, mais tu n'es pas le plus...

– Je sais ! Je ne suis pas *le plus* quoi que ce soit ! « Même pas un vrai nain », comme on me l'a si gentiment signalé... Juste assez nul pour n'avoir rien à espérer ! Je ne me supporte plus ! Tu sais ce que c'est de vivre dans le corps d'un autre ?

– Tu veux préciser ?

– Mort, je l'ai été, figure-toi ! Entre le moment où j'ai plongé, rue des Mauvais-Garçons, et mon réveil, aux urgences, *j'ai été mort* ! Les toubibs l'ont dit. Combien de temps exactement, on ne sait pas. Mais de toute façon, trop longtemps pour m'en sortir indemne, selon la Faculté. Mon cerveau n'a pas été oxygéné durant pas mal de temps. Tel que tu me vois, je devrais légumer en chaise roulante, ou, à tout le moins, baver un peu !

– Et.. ?

– Comment tu me trouves ?

– Comme avant...

– Oui... Sauf que j'ai des souvenirs... Des souvenirs qui ne m'appartiennent pas... De quand j'étais *ailleurs*. Tu me crois fêlé, hein ?

– Non. C'était bien, ailleurs ?

– Mieux que ça ! Pour la première fois, j'ai... J'ai *habité* dans un corps qui correspondait à ce que je suis dans ma tête !

– Il ressemblait à quoi ?

– Aucune idée. Je ne l'ai pas vu. Je voyais ce qui se passait dans l'hosto, les gens qui me poussaient sur un chariot, qui me mettaient des tuyaux partout... Enfin : qui branchaient des tuyaux sur le petit Pitralon, très loin au-dessous de moi... Et moi, je me baladais dans un corps où j'étais au large, dans lequel les mouvements étaient faciles, à l'aise, heureux… Je ne me souviens pas de tout, mais s'il y a une chose dont je suis certain, c'est que je ne voulais surtout pas *redescendre* dans cette marionnette grotesque ! Alors, tu imagines ce que ça peut me faire, de me retrouver *dans* Zébulon-l'avorton ? Ne m'en veux pas, Sonia, mais je ne resterai pas… J'ai le droit de ne pas vouloir continuer, non ?

– Tu as tous les droits, Zeb : ta vie est à toi. Mais…

Chez la fine Sonia, une idée un peu folle vient de surgir. Pour repêcher, au bord du gouffre, cet ami cher qui lui a été rendu. Pour ne pas le perdre une seconde fois.

– … Mais avant de décider quoi que ce soit, tu veux bien me faire une faveur ? Je voudrais te faire rencontrer quelqu'un !

Erik Blixen, d'origine danoise, a émigré en 1952 sur la côte pacifique des États-Unis, à Portland. Médecin, psychiatre et grand sportif, il se passionne pour les disciplines du geste et de l'expression spatiale. Pratiquant à haut niveau plusieurs arts martiaux, dans lesquels il inclut la calligraphie, il a été initié, en Californie, à des formes de méditation en mouvement, par des maîtres venus d'Extrême-Orient.

Le hasard des vestiaires lui a donné l'occasion de devenir l'« entraîneur mental » de champions olympiques. Initiateur d'une toute nouvelle spécialité, il a ensuite navigué entre Londres, New York, Melbourne et Tokyo. Marié à une Française, il est maintenant installé à Paris.

« Installé » semble d'ailleurs inadéquat pour un homme qui ne s'intéresse qu'à ce qui bouge : plutôt que se confiner dans un cabinet, il préfère exercer sur le lieu de travail des gens du spectacle. Car il est appelé par des animateurs de troupes théâtrales, des chorégraphes. Des créateurs en quête, par-delà les formes couramment admises, de ressources expressives plus fondamentales… C'est le temps, rappelez-vous, où le peintre Georges Mathieu, promoteur de l'« abstraction lyrique », va courir devant des toiles gigantesques, y introduisant la technique gestuelle en larges éclaboussures. Blixen en est convaincu : ainsi que, depuis des millénaires, l'enseignent les médecins, les philosophes ou les mystiques orientaux, de puissantes forces de guérison peuvent surgir de ce rapport entre le concept, immatériel, et le corps.

« C'est le corps qui pense ! » Voilà son leitmotiv. Le corps... Un mot qui va maintenant sans cesse revenir, dans l'ahurissant duo qu'il va former avec Fulgence Pitralon.

Le centre de la capitale reste le lieu privilégié de l'histoire : les deux « partenaires » vont opérer leur jonction dans le Marais. Le psy campe, pour l'instant, dans un studio de danse qui occupe, rue Vieille-du-Temple, les locaux d'une ancienne maroquinerie.

Sur les vastes planchers, une chorégraphe américaine de l'avant-garde fait explorer l'espace matériel à ses danseurs. Blixen, lui, les accompagne dans leur espace intérieur et ses étendues insondables. Sonia a fait sa connaissance en prenant des cours de claquettes avec la troupe. Elle remorque par la manche un Gaston réticent, blessé, fatigué de tout.

– Et qui on vient voir, d'abord ?

– Quelqu'un qui va te plaire...

Prudence et discrétion ! Le Danois utilise, pour sa fonction, le terme vague de « psychologue du sport ». Il évite l'austère appellation de « psychiatre » : de ce côté-ci de l'Atlantique, ce titre fait encore trop penser aux sinistres asiles d'aliénés : « Voir un psychiatre ? Je suis bon pour Charenton ou pour Sainte-Anne ! »

À l'opposé, il ne clame pas non plus sur les toits le genre de méthodes qu'il expérimente : à cette époque encore, pour les mandarins à nœud papillon du conseil de l'Ordre des médecins, consulter un acupuncteur, un ostéopathe ou un sophrologue, c'est comme confier sa santé à un sorcier vaudou !

Devant une paroi tout en miroirs, des filles longilignes et des garçons aux proportions divines, en collant, se plient et se déplient comme des fleurs, sur une musique au rythme impitoyable. Gaston bat en retraite.

– C'est pour me faire encore plus mal que tu m'as traîné ici ?

– Arrête ta parano ! Tu vois le type, assis par terre, de l'autre côté ?

– Avec le blouson de cuir et les pieds nus ? Qu'est-ce que j'ai à faire avec cette face de baroudeur ? Je n'ai pas l'intention de devenir mercenaire ! Ni danseur !

— Attends d'avoir vu ses yeux, tu changeras d'avis. Et puis, tu m'as promis une faveur, va jusqu'au bout ! Je vous présente, et je me tire. Après… *Inch Allah* !

La première entrevue se passe, sans façon, dans un bureau exigu, sans fenêtre, près des douches. L'accent chuintant, les yeux couleur d'horizon du Danois atténuent un peu la défiance de Gaston.

— Je suis Erik. Alors, c'est toi le fameux Zeb ?

— Pas vraiment, non…

— Pas vraiment fameux ?

— Pas vraiment Zeb…

— Comment je dois t'appeler ?

— Bof… En ce moment, c'est Zeb.

— La petite m'a parlé de ton… plongeon. Ou doit-on dire de ton « survol » ? Tu veux bien me raconter ?

— Pour que vous me disiez que je suis cinglé ? Non, merci, aucune envie ! Ça ne m'intéresse pas !

— Bon, c'est comme tu le sens… Mais est-ce que tu as au moins une idée de ce qui t'est arrivé ?

— J'en ai rien à foutre, je vous dis ! Un rêve ? Un pétage de plomb ?

— Pour la plupart des gens raisonnables, oui ! Mais qui te dit que j'en fais partie ?

— Parce que vous, vous appelez ça comment ?

— En anglais NDE *Near Death Experience*, mal traduit en français par « expérience de mort rapprochée ». Pour l'instant, nous ne sommes qu'une poignée à étudier ces phénomènes. On nous considère comme des fantaisistes. Mais d'ici quelques d'années, je te fais le pari que tout le monde se gargarisera de NDE ! Ceux qui ont vécu ce genre de… passage en rapportent parfois des facultés inhabituelles. Elles se développent après leur retour, à ce qu'il semble. Mais ton expérience est assez différente. Tu n'as vu ni tunnel de lumière, ni ancêtres qui t'attendaient pour t'emmener de l'autre côté… Rien de ce que la plupart relatent.

— Vous en connaissez d'autres ? Qu'est-ce qu'ils ont vu ? Nous sommes nombreux ?

– Hola, jeune Zeb ! Pas tout à la fois ! Je croyais que ça ne t'intéressait pas ?

– Non, mais...

– De toute façon, la leçon de danse est terminée, on m'attend. Mais si, par hasard, tu t'apercevais que tout ça te branche un peu, reviens me voir... Ciao !

Tant qu'il y a de l'envie, il y a de l'espoir, pense Blixen. Et, en jouant sur la frustration, il a su agacer la curiosité du Zeb. Effectivement, le garçon revient au studio. Pas pour se lancer dans un travail d'investigation, non, juste pour regarder les danseurs... Parce qu'il n'a rien de mieux à faire. Mine de rien, il parle de son voyage vers « ailleurs ».

– Je voyais le corps de Pitralon... Enfin, ce corps-là, quoi... Je l'ai vu passer sur le brancard, dans le camion des pompiers, puis dans la salle de réanimation... Et, en même temps, je me baladais dans plusieurs endroits, avec des lumières et des températures différentes... Comme des morceaux de films de vacances, collés les uns aux autres, sans continuité logique. J'ai eu l'impression que des jours se passaient ! Pas des journées complètes, comme dans la vraie vie, mais... un moment ici, un moment là...

– D'après les médecins, entre ton transport, ton sauvetage, il ne s'est passé que quelques dizaines de minutes. Ce qui est déjà énorme. Mais ensuite, tu étais bel et bien réveillé. Tu n'es pas resté en coma prolongé.

– Je sais... C'était comme si là-bas et ici, deux temps différents s'écoulaient en parallèle, mais pas à la même vitesse... Je ne trouve pas d'autres mots.

– Et ces morceaux de films, tu les voyais sur un écran ?

– J'assistais à une projection, tout en étant dedans. Parce que la personne qui... la personne qui *était* moi, je sentais tout ce qu'elle faisait, mais je ne la voyais jamais ! C'est ça qui me manque : ce corps dans lequel j'étais si bien, je ne pourrais même pas vous le décrire ! Au fond, c'est comme si on m'avait donné un moment mon vrai corps et qu'on me l'ait repris ! Vous comprenez que je ne puisse pas supporter ça ? Vous comprenez pourquoi je veux *retourner là-bas,* dès que j'aurai le courage de refaire le saut ?

— Et si là-bas il n'y avait rien ? Si tout n'était que le produit de ton imagination et des somnifères ?

— Tant pis ! Au moins, j'aurai essayé.

— Je te comprends. Cela dit, sans vouloir t'influencer, je trouve un peu idiot de jouer à pile ou face sur la mort, quand on peut obtenir le même résultat sans se flinguer...

— Parce que vous prétendez que c'est possible ?

— Pas garanti à cent pour cent. Mais au moins, tu auras essayé ! Réfléchis-y. Je te donne mon adresse perso : on y sera plus au calme.

L'appartement des Blixen est vaste, mais meublé façon récupération : quelques caisses pour table basse, des chaises disparates, des planches posées sur des briques pour contenir les rangées de livres. Seuls objets de valeur : des tapis tissés par les Indiens Hopi.

Zeb s'y allonge presque chaque jour, depuis des semaines. L'hypothèse du psy est la suivante :

1. Depuis sa naissance, ce garçon déteste son enveloppe charnelle : il est persuadé qu'elle ne peut lui apporter que souffrances et désagréments. Une croyance bien ancrée : « Mon corps est un ennemi ! » Il a eu cette phrase terrible : « Mon corps, ce n'est pas moi ! »

2. Pendant son coma, les inhibitions de sa conscience ordinaire ont été suspendues. Son « corps pensant » a pu lui envoyer un message : « Je suis capable de te procurer des sensations grandioses ! »

3. Conclusion : si on lui fait éprouver à nouveau, encore et encore, ces sensations positives, il admettra que ce corps puisse avoir du bon, sa pensée se modifiera et acceptera de se réconcilier avec cette anatomie difforme.

Depuis des semaines, donc, Erik a tout tenté, explorant la vaste palette des nombreuses techniques qu'il maîtrise. Zeb a même été volontaire pour inhaler des fumigations de plantes, ou ingurgiter des décoctions à la limite de la légalité, préparées par des chamanes, que Blixen a expérimentées avec les chercheurs beatniks d'une université californienne !

Et, depuis des semaines, chou blanc ! Non que toutes ces expérimentations soient sans effets : Zeb est passé par des ressentis agréables, il a même « plané » une ou deux fois. Mais, dès que la séance est terminée, il en pleure :

– Ça n'a rien à voir avec ce que j'ai vécu là-bas ! Pendant que mon corps était mort, ce n'était pas mon imagination qui travaillait ! C'était des sensations concrètes ! J'ai habité un corps différent ! Pas cette carcasse lamentable ! Je la hais de plus en plus ! Ce n'est pas moi, je vous dis !

Le jeune homme se referme à double tour. Avec ces mots, les mêmes mots que... C'est là que le psy a une inspiration : et si la clef de cette serrure que Zeb cadenasse sans cesse, si cette clef, il l'avait donnée lui-même dès le premier entretien ? Il faut essayer.

– Je te propose...

– Plus rien, Erik, par pitié ! J'arrête là ! Il faut que je retourne de l'autre côté !

Alors, en grand professionnel, le Danois laisse agir son réflexe. Son visage se durcit, ses yeux deviennent immenses. Il tonne :

– *Non !* Ça suffit !

Sa main, paume en avant, se projette au ras du visage de Zeb.

– Tu dors ! *Maintenant !*

Le garçon se fige. Probablement est-il conditionné, par les multiples séances, à réagir aux commandes du médecin ? Son regard se voile. Il retombe sur les coussins, mollement.

Cette pratique d'hypnotiseur de music-hall a désarçonné la résistance du sujet. Erik vérifie : les membres sont totalement relâchés. Un pincement, une piqûre ne provoquent aucune réaction. Il suggère alors à son patient de se remettre dans l'état où il était pendant sa « mort ». De ressentir ce confort, cette aisance, qu'il a précisément décrits. Lorsque des signes physiques indiquent à l'évidence le bien-être, Erik enchaîne :

– Où es-tu, en ce moment ?

Entre les lèvres presque immobiles, un souffle, heureux :

– Derrière vous... un peu au-dessus...

– Que vois-tu ?

– Je vous vois... tous les deux...

– Qui ça ?

Comme une ombre de sourire moqueur dans la réponse :

– Vous, et le… le petit emmerdeur !

– Tu sais comment il s'appelle ?

– Oh, ça oui ! Zeb… Ou Aristote… Ou l'avorton…

– Et toi ? Toi, comment t'appelles-tu ?

Le dormeur sursaute. Son expression narquoise change du tout au tout : il semble chercher, devient inquiet. Erik insiste :

– Comment t'appelles-tu ?

Au coin des paupières mi-closes, une larme. La bouche tremble.

– *Dis-moi… comment… tu… t'appelles !*

Respiration pénible. Puis un énorme sanglot.

– Je ne sais pas… C'est moi… Pourquoi je ne sais pas ?

– Tu veux savoir ?

– Oh oui, s'il vous plaît ! S'il vous plaît !

La brèche est ouverte.

– Bien… Tourne-toi, doucement, tranquillement… Doucement, tranquillement, tu vois un mur, près de toi… Sur ce mur, je veux que tu voies une affiche… une affiche toute blanche… Tu peux la voir ?

– Oui, toute blanche…

– Écoute-moi attentivement : cette affiche est une affiche magique… Regarde-la bien… Sur cette affiche va s'inscrire un nom… un nom qui te ressemble… C'est ton nom… Il s'inscrit… *Maintenant !*

Derrière les paupières du jeune homme, les globes oculaires bougent lentement, de gauche à droite.

– Tu peux lire ce nom… Mais tu ne le prononces pas… Tu lis ce nom, tu le mémorises… Tu le répètes dans ta tête, pour l'instant, c'est tout.

Le garçon se détend. Il respire lentement. Paisible.

– Tu aimes ce nom ?

– Oh oui !

– Il te ressemble vraiment ?

– Oui. C'est moi.

– Bien. Tu gardes ce nom en mémoire, et lorsque tu vas revenir vers moi, dans quelques instants, tu pourras te rappeler ce nom. Et lorsque tu désireras te sentir aussi bien, aussi détendu, aussi calme, aussi fort qu'en ce moment, il te suffira de le prononcer !

Le psy a donné un ordre post-hypnotique simple, l'enfance de l'art pour un sophrologue. Il n'a aucun doute sur son efficacité. Mais à son réveil, Zeb palpe ses bras, sa poitrine, passe une main sur son front dégarni. Triste et dépité, comme d'habitude.

– Bof… Retour à Zébulon-le brimborion, en somme… J'ai presque failli y croire… Désolé, Erik mais… je ne reviendrai plus !

Le prodige s'amorce, quelque temps plus tard, par une remarque inquiète de Mado : depuis plus d'une quinzaine, Gaston est confiné dans le cosy-corner.

– T'as les yeux cernés, on dirait des œufs pochés ! T'es plus brûlant qu'une bouillotte !

– Juste un peu de grippe… Ne t'inquiète pas ! Fais-moi plutôt un de tes bouillons-miracles… Et puis, si tu as aussi un bon steak… je suis preneur !

Ça, c'est plutôt rassurant : il mange comme quatre ! Il passe toutes ses journées et ses nuits à lire de gros bouquins empruntés à la bibliothèque. Des trucs de médecine. Si ça se trouve, il a décidé de devenir toubib ? Avec son intelligence, il est fichu d'y arriver ! En tout cas, ça le sort de ses idées noires.

– Et puis, mon lapin, il faudra que je te rachète un pyjama. Mais j'irai aux Cent Mille Chemises pour avoir de la qualité : celui du Prisunic, il a rétréci au lavage !

Effectivement : les chevilles et les poignets de Gaston dépassent sérieusement de la flanelle. La qualité du textile n'y est pour rien. Lorsque son protégé commence à se plaindre de douleurs à l'aine et aux aisselles, Mado appelle le médecin de quartier. Plutôt perplexe, le brave homme.

– Et que ressentez-vous d'autre ?

– Une énorme fatigue… J'ai mal partout, le ventre, le cou… Le matin, j'ai l'impression d'avoir reçu des coups de bâton sur le dos… Dans toutes mes articulations, en fait. Je meurs de faim et j'ai des nausées…

– Vous vous pesez régulièrement ?

– À la pharmacie, oui.

– Vous perdez du poids ?

– Au contraire : j'ai pris six kilos en dix semaines !

– Dites-moi, monsieur, quel âge avez-vous ?

– Presque trente et un, pourquoi ?

– Parce que si vous en aviez quinze, d'après vos symptômes, je dirais que vous nous faites… une crise de croissance ! Mais à trente et un ans, c'est impossible !

Or, c'est bien de cela qu'il s'agit. Et même de bien davantage ! Souffrant de troubles divers, Gaston Pitralon doit être admis à l'hôpital, afin qu'un check-up détermine de quelle étrange maladie il est atteint. Mais il n'est pas malade : c'est un cas clinique ! Un cas rarissime, mais déjà connu à quelques exemplaires dans les annales de la médecine.

Selon les spécialistes de tous bords qui vont l'examiner, il s'agirait d'un bouleversement hormonal profond. Déclenché par on ne sait quoi. Et, sur l'anatomie d'Aristote Fulgence, les conséquences vont s'avérer exceptionnelles : non seulement ses bras, ses jambes et toute son ossatures vont croître, mais ses cheveux, qui avaient tendance à déserter, repoussent ! Sa pilosité fleurit. Ses attributs virils se développent. Ses organes internes, eux aussi, prennent de l'ampleur !

Un matin, effaré, il trouve du sang sur son oreiller et, contre sa joue, trois dents, tombées durant la nuit. La radiographie révèle que, après ses dents de lait, après ses dents d'adulte qui se chevauchaient… une troisième dentition est en train d'arriver ! Dans une mâchoire élargie, ces nouvelles quenottes vont s'épanouir en un vrai sourire. La myopie disparaît. Quant à la voix de crécelle, elle n'est plus qu'un vilain souvenir : les cordes vocales émettent des basses amples, qui résonnent dans un coffre confortable.

Seule la boîte crânienne proprement dite n'est pas affectée par cette frénésie cellulaire. Mais elle a toujours été disproportionnée. C'est donc le reste qui semble se mettre en harmonie.

Une année plus tard, un homme nouveau a éclos. En fait, l'essentiel s'est déroulé sur... un peu moins de huit mois ! Ce qui appelle irrésistiblement les amateurs d'étranges coïncidences à parler d'une « seconde naissance »...

Bien entendu, la question reste posée : bouleversement hormonal, certes, mais quelle en est la cause ? Pouvoirs paranormaux développés après une NDE ? Vertus « occultes » de la suggestion hypnotique ? Blixen ne le pense pas, bien qu'il ait été contraint de remettre en question toute sa philosophie. Il garde le triomphe modeste.

– Je n'ai fait qu'aider mon patient à rétablir le dialogue entre son corps et sa conscience. Mais si j'ai réussi, c'est... parce que je me suis trompé du tout au tout ! J'imaginais que, peu à peu, son *esprit* se modulerait aux impératifs de la matière, les accepterait. Or, c'est l'*enveloppe* qui s'est modelée, pour ressembler enfin à ce que cet homme était, vraiment, au fond de lui !

Maintenant, dira-t-on : « l'esprit a dompté la matière », ou au contraire : « le corps a prouvé qu'il est capable de tous les miracles » ? C'est à vous de décider, selon vos convictions !

Aristote a probablement son opinion. Il n'en livrera rien. Il s'active tout entier, corps et âme, à assumer sa nouvelle personne. Surpris et maladroit à chaque fois qu'il accomplit un acte auparavant impossible, il entreprend une patiente rééducation pour se mouvoir avec naturel. Étonné aussi, parfois, quand il entend sa propre voix... et constate l'effet qu'elle produit sur les femmes ! Il s'éduque à nourrir en suffisance cette machinerie merveilleuse, avec des aliments qu'il n'avait jamais osé goûter. Il s'accepte gourmand, épicurien, sensuel, fumeur de cigare ! Il s'entraîne à l'escrime, à la danse, à l'équitation.

Autre conséquence, imprévue celle-là : au passage d'une frontière, il est refoulé ! Ni la photo ni les mensurations inscrites sur ses papiers ne lui correspondent ! On lui impose de refaire tous ses documents officiels. Ce n'est pas une mince affaire de convaincre les services de la Préfecture qu'il est bien une seule et même personne ! Il est contraint de passer devant un juge de paix, accompagné par deux témoins « de nationalité française et de bonne foi ». Dans la foulée, et puisque les formalités sont les mêmes, il en profite pour faire valider sa nouvelle identité, celle

qu'il s'est choisie : le nom claquant et sonnant révélé par l'affiche magique.

C'est sous ce nom qu'il accomplira la suite de son parcours.
Sa deuxième vie. Vous la connaissez : elle est de notoriété internationale.

Sonia tourne avec Claude Chabrol. À l'un de ces dîners de
gourmets que le cinéaste affectionne, elle amène son ami, un
trentenaire, qu'elle présente comme « comédien ». Il n'a aucun
passé professionnel, mais il impose une maturité étonnante, une
voix à nulle autre pareille et une présence rare. Chabrol, amusé,
l'essaie dans un rôle subalterne. C'est une vraie découverte : ce
nouveau venu, sorti de nulle part, « crève la toile », selon
l'expression d'un critique.

Dans son film suivant, le réalisateur lui offre une vraie
chance : un très honnête et très solide second rôle. Il en aura
d'autres, qui lui permettront d'affiner son jeu, pendant six ans,
avant d'accéder à la tête d'une distribution. Six ans seulement :
c'est une nature, un de ces monstres sacrés auxquels on ne
résiste pas. Bientôt, on lui écrit des scénarios sur mesure. En
trente ans de carrière, vous le verrez dans quatre-vingt-onze
films, dont deux couronnés à Cannes.

Il attendra néanmoins seize années avant d'oser, le cœur battant la chamade, entrer enfin sur une scène de théâtre et laisser
son corps, en chair et en os, affronter le public.

Ce soir-là, les deux premiers rangs sont réservés. Et vers Gaston se lèvent les regards de Mado la Brestoise, de Sonia Sonnabend et d'Erik Blixen. Ainsi que de tous les survivants de la
troupe de la gare d'Orsay.

Guillaume Capitan tire une dernière bouffée de son havane
extra-large, écrase le mégot.

– Je sens, mes enfants, que vous brûlez de me poser une question : est-ce que j'ai épousé Sonia ? La réponse est non. Que
voulez-vous : elle n'était pas du tout mon genre, trop fofolle…
Je n'ai été marié qu'une seule fois, et fidèle depuis trente ans, à
la femme que vous connaissez, Nicole, comédienne elle aussi. À
propos, elle m'a demandé de bien vous saluer… Eh ben, quoi ?

Qu'est-ce que vous avez à me regarder comme ça ? On dirait deux ronds de flanc qui ont fait la vitrine !

Il est encore en dessous de la vérité ! Certes, depuis un moment (depuis qu'il a évoqué Chabrol, puis la carrière tardive mais fulgurante de son héros), nous pressentions la révélation ! Mais elle reste tellement inconcevable !

– Enfin, Guillaume… Ce n'est pas pour mettre ta parole en doute, mais si c'est bien toi qui as subi cette transformation… si tu as vraiment été ce… ce gnome, ce lutin maigrichon… on devrait en avoir connaissance ! Tu es une célébrité. Les journalistes auraient… Tu n'as pas pu leur mentir à ce point-là !

– Mais je ne leur ai pas menti, mes agneaux ! Dites-moi : avez-vous jamais vu au détour d'un magazine une photo de moi, enfant ? Ou bien de mes parents ?

Non, maintenant que l'on y pense, jamais.

– Ai-je publié une autobiographie ?

Pas davantage.

– Je sais : la mode veut que, dès que l'on est passé trois minutes à la télé, on lave le linge sale de sa famille dans la presse du dimanche ! À la moindre interview, on révèle la couleur des petites culottes de sa nourrice ! Eh bien, non, très peu pour moi ! Bien sûr, les journalistes… ils ont essayé : « Monsieur Capitan, vous êtes un homme public ! Vous appartenez à votre public ! » J'ai toujours répondu : « C'est vrai, mais seulement depuis que je suis apparu devant ce public. » Ça leur a cloué le bec. D'autant plus que je n'ai pas un profil people : Nicole et moi n'avons pas d'enfant, nous ne traînons pas de casseroles et nous ne fréquentons pas les nuits tropéziennes. Ça décourage le scandale, un type qui ne fait que son métier…

– Pourtant, tu nous as livré cette confidence ?

– Uniquement pour vous apporter le témoignage de première main que vous souhaitiez. Tant que je serai de ce monde, je sollicite votre amicale discrétion.

– Promis.

– Maintenant, si c'est des preuves que vous me demandez sans en avoir l'air, désolé : je n'ai rien conservé. Ni de mon enfance ni d'ailleurs de ma carrière. Je n'ai même pas de copie de mes films. Pour quoi faire ? Ce qui est beau, c'est le changement, pas le souvenir, non ?

Et il en est l'exemple magistral. Si, toutefois, son récit est authentique. Allez savoir, avec cet olibrius !...

– Bon, sur ce, mes lapins jolis, il se fait tard. Je retourne vers ma chaumière, mon fauteuil et mes chaussons. J'espère que vous n'êtes pas trop déçus : je ne vous avais promis qu'une belle histoire, hein ?

Elle est belle, c'est vrai. Sur le pas de la porte, il lance :

– Remarquez... ma sœur, Yvette... je lui ai bien demandé de détruire tout ce qui concernait mon ancienne vie, mais telle que je la connais, elle a bien dû planquer quelques photos de communion ou d'anniversaire ? Je lui demanderai de vous les envoyer, bande d'incrédules !

Guillaume enchaîne les tournages, nous les émissions. Notre livre retourne dans un tiroir. Il faudra le terminer. Il faudrait... À la Nuit des Césars, nous voyons apparaître notre ami, pour la remise de la statuette d'honneur récompensant son parcours. Nous lui trouvons l'air fatigué, les traits tirés. Il travaille trop. Il faudra prendre de ses nouvelles... Il faudrait... Et sa sœur, au fait ? Elle ne nous a jamais rien fait parvenir. Il faudra le relancer. Il faudrait... Et puis, vous savez comment va la vie, on traîne. Jusqu'au soir où, comme toute la France, nous recevons le coup de plein fouet, au journal de 20 heures :

– Le septième art est en deuil : Guillaume Capitan, l'inoubliable interprète de tant de succès de notre cinéma, vient de nous quitter, emporté par une terrible mais brève maladie. Voici quelques mois, il avait dû quitter le plateau où il tournait sous la direction de Bertrand Blier, l'un de ses réalisateurs favoris. Depuis, avec la discrétion qui lui était coutumière, Guillaume Capitan évitait de se montrer, retiré dans son appartement. Un service funèbre aura lieu mercredi prochain, à l'église Saint-Merri, dans le quartier des Halles, à Paris. Cérémonie au cours de laquelle le monde du cinéma ainsi que ses admirateurs pourront lui rendre hommage. Il sera ensuite inhumé dans la plus stricte intimité, dans son village natal.

Nicole, l'épouse de Guillaume, nous a conviés à faire partie de la vingtaine de personnes qui accompagneraient le convoi funèbre vers la Champagne. Cela nous a touchés, mais surpris : nous n'étions pas si proches. Nicole a eu un doux sourire :

– Vous l'êtes devenus... depuis qu'il vous a mis dans un secret que bien peu connaissent...

Nous avons jeté une poignée de terre sur le cercueil, aux côtés de la vraie Sonia, toujours empêtrée avec sa grande besace, et d'une très vieille dame en fauteuil roulant, ses rides profondes maquillées à la truelle, la vraie Mado.

Nous avons aussi fait la connaissance de la sœur Yvette. Après le cimetière, elle nous a tous invités à la ferme, un bâtiment long et bas, aussi triste que dans la description de Guillaume. Dans la salle à manger, selon la coutume du pays, nous attendaient du vin, des cochonnailles et des gâteaux. Malgré nous, nous cherchions des yeux, parmi les photos de famille dans des cadres sur le buffet, au mur, autour du calendrier des Postes... Nous espérions en apercevoir une, oubliée peut-être : le témoignage, même flou, d'avant la métamorphose... Yvette nous a pris à part :

– Mon frère m'avait dit de vous écrire. Ne croyez pas que j'aie mangé la commission. Mais contrairement à ce qu'il croyait, je lui avais obéi : je n'ai rien gardé. C'était sa vie à lui, après tout. Moi aussi, j'avais fini par oublier, par ne plus le voir que comme vous l'avez connu. C'était sa vraie personnalité. Mais quand même... Voulez-vous que je vous dise quelque chose qui m'a frappée ? Les derniers temps, avec la maladie... Sa figure toute maigre, rabougrie... Il avait fondu... Sur la fin, il avait tellement rétréci... J'ai cru que je retrouvais le brimborion...

Un signe que les miracles eux-mêmes ne sont qu'éphémères ? Sur la tombe de la famille Pitralon, auprès de Fernand, de Suzanne, d'Ernest et de Clémence, vous ne trouverez pas le nom d'un grand comédien. Le ciseau du graveur n'a laissé que le souvenir du passage parmi nous d'un tout petit bonhomme.

Un certain Aristote, Fulgence, Gaston.

L'agent Fox était sûrement fou

Il faut tenir pour paranoïaques ceux qui croient à la théorie du Grand Complot. Ceux qui, derrière chaque événement important, supposent l'action d'une organisation occulte, puissante et méthodique, sont suprêmement agaçants.

Parfois, des intérêts politiques ou financiers se trouvent réglés par une intervention violente, décisive... et criminelle. Si l'on en arrête rapidement le coupable, des voix s'élèvent aussitôt pour clamer que c'est trop simple : le pauvre bougre, opportunément livré aux médias, n'est qu'un lampiste, une marionnette ! Il a été manipulé par une machinerie invisible !

Pour ce qui nous concerne, particulièrement dans le cas que voici, nous nous refuserons ces échappées faciles et fumeuses ! Nous nous en tiendrons fermement à la version officielle : l'agent Fox était sûrement fou.

Parce que, s'il ne l'était pas... c'est le monde qui serait détraqué ! Et cela, bien sûr, est hors de question, n'est-ce pas ?

L'affaire a peut-être commencé bien avant ce jour. Mais nous ne le saurons jamais et c'est justement le grand mystère, dans cette affaire. Contentons-nous, pour l'instant, de prendre le récit au moment à partir duquel nous avons pu reconstituer les faits, bien des années après cette cascade d'invraisemblances, pourtant acceptée par les médias, l'opinion publique et toutes les institutions.

L'agent William Fox observe les préparatifs de ce que la mairie a annoncé comme l'« inauguration ». Il déambule d'un pas bonhomme autour de la pelouse. Normalement, il ne devrait plus se trouver ici à cette heure de la matinée. Mais il s'agit d'une journée un peu spéciale.

Tôt ce matin, comme c'est son rôle à l'accoutumée, devant l'école, il a veillé sur l'arrivée des enfants et les a fait traverser, bien en sécurité, de la voiture des parents jusqu'à la grille. Fox, gardien de l'ordre expérimenté, est chargé de cette heure de pointe sensible. Ensuite, une collègue auxiliaire prend le relais pour l'heure du déjeuner : il y a moins de trafic, car de nombreux élèves restent à la cantine. Pendant ce temps, Fox est affecté au parking du centre-ville. Puis, habituellement, c'est lui qui revient à l'établissement scolaire pour le rush de fin de journée : son autorité et sa compétence s'imposent.

Mais aujourd'hui, il a reçu une mission spéciale : il doit rester devant l'école toute la matinée et faire en sorte que personne n'ennuie les techniciens pendant la mise en place du podium et de la sonorisation pour l'événement qui va marquer ce jour.

Fox regarde les bâtiments : c'est vrai qu'ils ont changé d'allure, depuis les travaux de rénovation. D'accord, mais de là à en faire un tel événement... « Inaugurer » un ravalement, il faut avoir du temps à perdre ! Pourtant, c'est le gouverneur Calverston en personne que l'on attend. Pour lui, ce ne sera pas du temps perdu : l'occasion était belle de se présenter en public et de prendre de l'avance sur sa campagne électorale. À ces gens-là, tous les prétextes sont bons, du moment que cela leur permet d'avoir des échos dans la presse.

Après tout, William Fox s'en fiche : il n'a jamais été passionné par la politique. Pour autant, à chaque scrutin, il vote : il accomplit son devoir de citoyen avec assiduité, car l'uniforme qu'il porte doit faire de lui un exemple civique.

En ce qui concerne Robert Calverston, Fox n'a aucune sympathie particulière pour lui, mais aucune antipathie non plus. Fox vote républicain, Calverston est républicain, il a les dents longues et vise le Sénat. Il plaît aux foules et il est même fichu de se retrouver à la Maison-Blanche un jour, à ce qui se dit.

Tant mieux pour les républicains. Après tout, Calverston fait son métier, comme Fox le sien.

Pour l'instant, c'est plutôt une heure creuse : les classes sont pleines de « petits piafs » attentifs. C'est ainsi que William Fox surnomme les enfants, en son for intérieur. À trente-trois ans, il se dit qu'il ne devrait pas trop attendre pour couver un petit piaf, lui aussi. Un petit Fox. Bien que *fox*, en anglais, signifie « renard ». William a toujours pensé qu'il portait mal son nom : il se sent plutôt oiseau. Mais il n'a pas encore trouvé celle avec laquelle il pourrait bâtir le nid. Ou plutôt si : il l'avait trouvée, il y a cinq ou six ans. Marisa Delgado. Une merveille aux hanches souples, qui servait les cafés au Starbucks, en bas de chez lui. Ils sont sortis ensemble pendant plusieurs mois. Fox n'a jamais osé lui faire sa demande. Il n'est pourtant pas plus mal de sa personne que bien d'autres : grand, de jolis yeux d'un bleu tendre... Mais trop de ventre, à cause de quelques milliers de sandwichs arrosés de soda, consommés à la hâte en fonction du tableau de service. Et puis, lorsqu'il retire sa casquette, il a l'impression que sa calvitie fait s'évaporer tout le prestige de l'uniforme. Résultat : Marisa a épousé un pompier. Qui n'avait peut-être pas davantage de cheveux sous son casque, allez savoir...

Voici qu'arrivent en file, du bout de l'avenue, des voitures noires. Elles se déploient en éventail, comme des jouets télécommandés. Elles se garent ensemble, en épi, sur le trottoir que Fox a soigneusement gardé libre toute la matinée. Des costauds en costumes infroissables en descendent, comme dans un film, en roulant des mécaniques. L'agent s'avance vers eux pour leur offrir sa collaboration, mais ils lui font signe de rester à distance. Un geste un peu méprisant, du style « toi, continue à t'occuper de la pelouse ». OK, comme vous voudrez. Fox répond pouce levé, avec un sourire. Les durs de durs investissent l'espace dans une symétrie parfaite de robots, la main plaquée sur leur oreillette.

Au briefing du matin, ils ont dû apprendre par cœur le plan des lieux. Ils vont vérifier le moindre recoin du podium, décoré de vagues de tissu bleu-blanc-rouge. Il y en a même un qui se met à quatre pattes pour regarder sous le pupitre destiné à l'orateur, un pupitre étroit orné, sur la face avant, d'un gros macaron tricolore. C'est qu'on ne plaisante pas avec la sécurité d'un gouverneur, par les temps qui courent... Un petit homme à lunettes cerclées de plastique laiteux, probablement un secrétaire de Calverston ou son agent de publicité, s'agite ici et là en prenant des airs responsables.

Les haut-parleurs crachotent, lâchent un sifflement à vriller les tympans, puis une bande magnétique envoie quelques mesures de l'hymne américain, suivies de la voix du sénateur : il a préenregistré une partie de son discours. Ainsi, les techniciens vont parfaire leurs réglages sur un échantillon authentique de l'organe du grand homme : c'est un pro, qui ne laisse rien au hasard lorsqu'il s'agit de son image de marque.

– Mes chers amis, mes chers enfants...

L'agent William Fox sent soudain derrière sa tête un drôle de poids, une lourdeur, comme un éblouissement.

– Mes chers amis, mes chers enfants...

Le petit homme à lunettes de plastique court se placer à l'endroit où se tiendront les journalistes. D'ici, le timbre est métallique, pas vraiment séduisant : à grands signes, le secrétaire indique à la technique de baisser les aigus. La bande recule en accéléré et reprend :

– Mes chers amis, mes chers enfants...

Le deuxième essai est nettement plus doux, mais l'agent William Fox ne va décidément pas bien : sous sa casquette, sa couronne de cheveux se mouille de transpiration, et des gouttes poisseuses coulent sur son front... « Ce doit être le soleil, oui, c'est ça, le soleil... J'ai dû rester trop longtemps au milieu de cette rue pour faire traverser les petits piafs. »

– Mes chers amis, mes chers enfants...

Le sénateur fait des effets de micro. William Fox s'appuie contre un poteau... Cette musique, cette voix... Et ce macaron bleu-blanc-rouge sur le pupitre... C'est comme un souvenir, un très vieux souvenir... Et ça tourne !

– Mes chers amis, mes chers enfants...

Si seulement ce sénateur cessait de répéter toujours la même chose... Le souvenir pourrait se préciser... William Fox se sent coupable, oui, c'est le mot : coupable... Il *devrait* faire quelque chose, quelque chose de très important, quelque chose d'essentiel... Et il ne le fait pas. Mais quoi faire ? Quoi donc, bon sang ? C'est *maintenant* qu'il devrait... Qu'il devrait quoi ? S'il ne le fait pas, c'est mal, c'est très mal, il en est certain ! Mais qu'est-ce que c'est ? Qu'a-t-il donc à faire ?

– Mes chers amis, mes chers...

La voix s'est arrêtée brusquement. L'homme aux lunettes laiteuses agite son bloc-notes en direction des électriciens :

– OK ! C'est très clair ! Tâchez que ce soit aussi bon tout à l'heure !

L'agent Fox s'éponge le front. D'un seul coup, il va mieux. Le poids derrière sa tête s'est allégé, et le macaron bleu-blanc-rouge a cessé de tourner. Le tournis lui a passé. Sacré soleil, tout de même !

De son côté, le secrétaire du gouverneur est satisfait : tout s'annonce bien... Pourtant, il vient, sans le savoir, de commettre une erreur : s'il avait laissé le magnétophone tourner quelques secondes de plus, il aurait évité un bien grand malheur. Et il aurait aussi évité que l'agent Fox, le paisible William Fox, n'accomplisse un acte qui défie la raison. La sienne, et la nôtre aussi.

Il fait beau, le soleil luit et les alentours de la nouvelle école bourdonnent d'une activité exceptionnelle. Après les membres du service de sécurité sont arrivés successivement les journalistes, les cars de radio et de télévision qui ont dressé des caméras et des paraboles sur leurs toits, puis une unité de policiers d'État, sur des motos bardées de chromes. Des types aux carrures impressionnantes, casqués comme des Martiens, de gros scarabées derrière leurs lunettes de soleil en miroir. Ils ont planté leurs motos sur la béquille, en travers de la route, décroché de leurs selles des fusils à pompe redoutables et ils sont allés se poster à des points précis, comme si leurs emplacements étaient indiqués à la craie par terre.

Personne n'a adressé la parole à l'agent William Fox. Lui, c'est un municipal, un peu comme un gardien de square, sauf qu'il porte un revolver de calibre 38 à la ceinture. Mais il fait partie des meubles, du décor. Il se tient donc modestement debout à l'ombre d'un pilier, prêt à répondre au moindre signe d'un de ces messieurs en costumes infroissables qui ont une carte en plastique épinglée à la pochette de leur veste... Comme, décidément, il n'intéresse personne, il attend la fin de la matinée : à l'heure de la sortie, on aura sûrement besoin de lui.

Enfin, on voit arriver les premiers parents et sur les marches de l'école commence le pépiement du lâcher des « piafs ». Mais là, tout se précipite : le portail reste clos. En quelques secondes, un embouteillage monstre se forme : de chaque côté de la rue, les motards arrêtent sur place les voitures des parents. On dirige une foule de mamans et quelques papas vers la pelouse.

– Sécurité ! Les enfants sortiront dans dix minutes ! Veuillez attendre là, messieurs-dames !

Comme par hasard, juste au pied du podium ! Et il faut bien patienter pour récupérer la progéniture. William Fox hoche la tête : décidément, les relations publiques du gouverneur sont bien organisées. Voilà le moyen de se constituer à coup sûr un auditoire devant les objectifs de la presse !

Lorsqu'un maximum de gens sont réunis, voici que, comme synchronisé par un chef d'orchestre, un concert de sirènes claironne au bout de la rue. Précédé d'une escadrille de motos, le cortège du grand homme.

Tandis que les limousines interminables arrivent au ralenti, plusieurs jeunes filles sorties d'une camionnette distribuent des petits drapeaux et déplient des banderoles à l'effigie de Calverston. Résultat garanti : que faire d'un petit drapeau qu'on vous a fourré dans la main, sinon l'agiter lorsque arrive une célébrité ? Et c'est bien ce que font tous ces gens : ils brandissent leurs fanions étoilés, tandis que les jeunes filles, avec de gros pompons jaunes au bout des bras, dansent au premier rang et scandent le slogan :

– *Cal-ver-ston, c'est-notre-homme !*

Comme s'il ne pouvait pas résister à cet appel populaire, le gouverneur sort en souplesse de sa voiture, lève ses mains jointes au-dessus de la tête, le sourire éclatant, la mèche rebelle lui donnant l'air d'un jeune homme de cinquante ans.

Le gouverneur Robert Calverston, l'élu de toutes les femmes, l'ami de tous les hommes ! Bob Calverston, le futur maître de la Maison-Blanche ! Et, de fait, il se dégage de lui une indiscutable séduction : les parents, un peu irrités au départ de cette manifestation forcée, se bousculent maintenant pour essayer, par-dessus les épaules du service d'ordre, de serrer une main qui demain, peut-être, tiendra les commandes du pays.

William Fox a été embarqué par cette vague humaine et il se laisse ballotter, débonnaire, tâchant seulement de garder en équilibre sa grande carcasse. Il ne peut rien faire pour calmer tous ces gens, mais après tout, personne n'espère réellement qu'ils vont se calmer ! Et puis les autres, là, les gorilles en civil et les grands scarabées casqués, ils n'ont qu'à se débrouiller !

Le gouverneur arrive au pied du podium, néglige les quelques marches et, prenant appui sur une seule paume, il saute directe-ment sur l'estrade pour montrer qu'il est aussi un parfait athlète. C'est du délir chez les jeunes filles à pompons jaunes !

– *Bo-bby ! Bo-bby !*

Il rejoint le staff de direction de l'école, le maire, les autorités diverses, un prêtre et la veuve du milliardaire qui a sponsorisé la rénovation de l'établissement. Serrage de mains en série, bien dans l'axe des photographes, plus ou moins prolongé, selon l'intérêt stratégique de la personne.

William Fox a réussi à se dégager de la foule, et son uniforme lui procure une petite place au calme, à cinq mètres du podium, au milieu des majorettes à pompons qui se sont assises par terre.

Les poignées de main ayant fini d'intéresser les flashes, le petit homme à lunettes de plastique, qui suit le gouverneur comme son ombre, s'approche à pas de souris du pupitre au centre de l'estrade, gratouille les micros pour s'assurer qu'ils sont toujours branchés, puis fait un signe aux électriciens. Dans les haut-parleurs retentit l'hymne à la bannière étoilée.

Et dans la tête de l'agent William Fox éclate une lumière. Comme un phare qui pulse directement sur le circuit de sa mémoire. Et cette lumière pèse lourd aussi.

Le gouverneur avance à pas mesurés vers le pupitre et vient se placer, l'air recueilli, juste derrière la cocarde bleu-blanc-rouge.

La cocarde qui se remet à tourner, à tourner quelque part dans la mémoire de l'agent Fox.

« *C'est ton devoir William ! Si tu ne le fais pas, William, ce sera mal, très mal ! Tu serais coupable parce que tu représentes l'Améri-que, William !* »

Qui a dit cela un jour à l'agent Fox ? C'est loin, c'est très loin, mais c'est important, terriblement important ! Qui a dit cela ?

Assise sur le gazon, l'une des jeunes filles à pompons jaunes lève la tête vers ce grand gaillard en uniforme qui titube :

— Ça ne va pas, monsieur ? C'est le soleil ?

William Fox ne répond pas. Ce n'est pas le moment qu'elle l'embête, cette perruche ! Pas le moment parce qu'il est sur le point de savoir ce qu'il faut faire, ce qu'il *doit* faire !

L'hymne s'est arrêté. Le gouverneur prend son temps pour abandonner sa pose recueillie. Il met ses deux mains sur le bord du pupitre, tête baissée, concentré. Puis son front se relève d'un coup, la mèche souple ondule. Et la foule sent le regard vert, le célèbre regard vert de Robert Calverston passer au-dessus d'elle, vers des horizons qui la dépassent — en réalité, il s'adresse aux caméras, qui représentent quelques centaines de milliers de spectateurs :

— Mes chers amis, mes chers enfants...

William Fox se sent pris dans un corset qui lui écrase la poitrine. La cocarde bleu-blanc-rouge tourne plus vite. Robert Calverston démasque ses dents éclatantes, pointe l'index vers le public :

— Mes chers amis, mes chers enfants, l'Amérique, c'est vous !

Ça y est : William Fox se rappelle *exactement* ce qu'il doit faire. Et il le fait.

Exactement.

Il dégaine son arme de service, il avance de deux pas, il pointe le bras droit au-dessus de la cocarde, et il tire. Il tire trois balles de calibre 38, deux au cœur, une à la tête. La belle tête du gouverneur Calverston.

Le corset relâche sa pression sur la poitrine de l'agent Fox. Tout se passe maintenant normalement. Comme c'est prévu. Très normalement et aussi très... très... très... lentement.

Image... par... image...

Là-bas, à cinq mètres, une distance infinie, des jeunes filles à pompons jaunes ouvrent la bouche pour hurler. Plus loin encore, des gorilles en costumes infroissables et des scarabées casqués lèvent un pied pour courir. Très... très... très... lentement.

« *Tu as tout ton temps, William.* »

Oui. William Fox sait qu'il a tout son temps pour terminer.

Terminer sa mission normalement. Comme c'est prévu.

Il tourne le canon du 38 vers sa bouche, et il presse la détente.

« *C'est bien, William. C'est très bien...* »

Le barillet entame sa rotation, amenant la cartouche dans l'axe du canon.

« *C'est bien, William.* »

Le chien du revolver n'a qu'un centimètre à parcourir.

« *C'est très bien...* »

Le percuteur atteint l'amorce de cuivre, au centre de la cartouche. Dans le culot de cuivre, la poudre détonne et projette l'ogive de plomb le long du tube rayé.

« *C'est bien, William. C'est...* »

Mais voici que l'enchaînement se détraque : quelqu'un saisit le poignet de William, le détourne ! L'éclair du 38 est brûlant.

Le choc du projectile, comme un camion contre le crâne.

Juste avant de sombrer, William Fox proteste : il sait qu'il n'est pas mort. Et ça, c'est injuste ! On l'a empêché.

« *Ce n'est pas* bien, *William. Pas bien du tout.* »

— C'est pas ma faute !

William Fox était sûrement fou. C'est ce qui ressort de tous les commentaires faits par tous les journalistes de toutes les télévisions, en passant et repassant au ralenti les images de l'assassinat du gouverneur Robert Calverston. L'arrivée du politicien souriant, les drapeaux agités par les parents d'élèves, le saut en souplesse sur l'estrade, le recueillement sur l'hymne national.

— Et puis regardez bien, chers téléspectateurs : sur cette image grossie vingt fois, voici un détail que personne ne remarque sur l'instant. Vous voyez ces majorettes assises au pied de la tribune ? L'une d'entre elles lève la tête vers un agent de police en uniforme. Elle s'appelle Tessie Glover, et voici son témoignage.

Apparaît en gros plan une jeune rousse aux yeux gonflés de larmes :

— Il était près de moi, juste à côté ! Un policier, quoi... Comment j'aurais pu imaginer ? À un moment donné, il m'a semblé qu'il avait un peu de peine à tenir debout. Comme un vertige.

Je lui ai demandé si ça allait, il ne m'a pas répondu. Il regardait fixement la tribune. Je me suis dit que ça devait être un admirateur. Ce n'est pas moi qui allais le déranger, puisque je suis du groupe des supporters de Bob… Enfin, du gouverneur ! C'est horrible !

Et la jeune Tessie éclate de nouveau en sanglots. Le commentateur reprend :

– Regardez bien maintenant ce ralenti impressionnant : Bob Calverston achève sa première phrase, « l'Amérique c'est vous ». Et voici, souligné sur votre écran par ce cercle rouge, le geste ! Le geste d'une extraordinaire précision du meurtrier. Vous le voyez dégainer, pointer son arme, et vous voyez les trois éclairs successifs. Regardons maintenant l'image de la caméra qui filme le gouverneur en gros plan et l'impact des projectiles qui atteignent l'homme à la poitrine puis en pleine tête. Et observez bien la caméra en plan général, c'est hallucinant : à cet instant, sur le podium, les officiels n'ont pas encore réalisé ce qui est en train de se passer. Le gouverneur, projeté en arrière, achève à peine sa chute que, déjà, le service d'ordre réagit ! Deux hommes sur l'estrade et puis deux autres, en bas, qui plongent vers l'agresseur… L'agresseur qui, à cette même fraction de seconde, retourne contre lui l'arme du crime. Et vous voyez l'un des gardes du corps qui agrippe le poignet du forcené, et qui détourne le coup de feu *pendant* que la balle quitte le canon ! C'est grâce à ce réflexe fantastique que nous aurons peut-être un jour l'explication de cet acte insensé. En effet, vous le savez, Fox est dans le coma, mais selon les médecins, ses jours ne sont plus en danger. En attendant, l'examen de la personnalité de ce paisible agent de police municipal ne permet logiquement de retenir qu'une seule hypothèse : l'agent William Fox était sûrement fou !

« L'agent William Fox était sûrement fou… » C'est le leitmotiv aussi de tous les communiqués officiels. Pourtant, dans des bureaux luxueux et secrets, au cœur de sous-sols bétonnés et plombés, d'autres hommes perplexes passent aussi, image par image, le film tragique. On a retrouvé et confisqué non seulement les films tournés par les reporters, mais également ceux des cinéastes amateurs. Chaque millimètre carré de chaque morceau de pellicule est analysé, digitalisé par des ordinateurs, interprêté par des experts. Mais cela ne révèle rien que l'on ne sache déjà. Le corps du malheureux gouverneur, lui aussi, est parti en données informatiques vers les mémoires des plus puissantes machines. Les projectiles, l'arme du crime ont raconté tout ce qu'un bout de métal peut raconter... Et l'on n'a rien, toujours rien.

Les amis, les parents, les chefs de l'agent Fox ont été interrogés pendant des dizaines d'heures. On est même remonté jusqu'à ses instructeurs à l'Académie de police, et on a épluché et analysé son écriture dans des dictées retrouvées aux archives de son école de village. Son ancienne institutrice a témoigné. Tous et toutes ont quasiment les mêmes mots :

– Je ne comprends pas : Bill était un garçon si doux, si délicieux...

– Jamais, oh non, jamais il n'aurait fait de mal à quiconque...

– Je ne comprends pas : j'ai travaillé avec William pendant quatre ans...

Banal, mais sincère : l'agent William Fox semble bien la crème des hommes, bon camarade, croyant, patriote, républicain comme sa victime, n'ayant aucun ennemi, n'ayant jamais appartenu à aucune secte, à aucun groupement... Pas même écologiste, malgré son amour de la nature et des oiseaux, et timide avec les femmes au point de n'avoir jamais osé demander en mariage la serveuse du bar avec laquelle il est sorti... Alors, que dire d'autre lorsqu'un enquêteur ou un journaliste vous interroge ?

En moins de deux jours, on sait tout de lui, et on ne sait rien. Rien d'autre que cette explication qui n'explique rien : l'agent William Fox était sûrement fou... Mais alors il a fallu que cette folie soit bien soudaine, bien momentanée, ou bien cachée !

Puisqu'il faut trouver une raison logique à cet accès de folie, on la trouve, en cherchant bien : quatre mois avant son geste, William Fox a fait un séjour de deux semaines à l'hôpital. Il avait été renversé par une voiture, un soir en revenant du cinéma. Le chauffard ne s'était pas arrêté, il n'y avait eu aucun témoin, et l'enquête demandée automatiquement par l'*attorney* général n'avait donné aucun résultat. Le brave William, de son côté, s'était refusé à aggraver les faits :

– Bien sûr, le gars qui a fait ça est sûrement un salaud… Mais je me dis aussi que c'est peut-être un malheureux garçon de dix-huit ans, avec un verre dans le nez, qui a pris la fuite complètement paniqué… Après avoir fauché un flic, il ne sortirait pas de taule avant d'avoir des cheveux blancs ! Vous savez ce que c'est que la prison, pour un jeune ? Je ne veux pas être la cause de ça ! C'est de la prévention qu'il faut faire ! Après l'accident, c'est trop tard. Moi, j'ai la chance d'être couvert par une bonne assurance…

Et il avait ajouté :

– D'ailleurs je n'ai que deux côtes cassées, et je trouve que les docteurs me chouchoutent un peu trop en me gardant quinze jours ici !

Il faut croire que cet accident avait eu d'autres conséquences, des lésions plus graves qui ne se sont manifestées que quatre mois plus tard, sous l'effet d'un excès de soleil ! On examine donc, autant que faire se peut, le meurtrier rescapé. Sa tentative de suicide a échoué de peu : le coup de feu dévié in extremis lui a emporté l'oreille droite, brûlé profondément la joue et littéralement soufflé le cuir chevelu sur une surface large comme la main. L'os du crâne est à vif. Blessure hideuse, mais sans réel danger. Par contre, il est probable qu'il aura de la peine à parler et que son oreille interne a été détruite par la déflagration. Mais on ne saura ce qu'il en est qu'à son réveil. Pour l'instant, il est dans un état qui laisse perplexes les médecins : c'est une sorte de coma, mais l'électroencéphalogramme donne des signes d'activité cérébrale cyclique.

Il faut attendre plusieurs semaines avant une manifestation de reprise de conscience, pénible, douloureuse… et ahurissante.

En effet, William Fox s'exprime par des grognements d'abord, par des gestes ensuite, et enfin, dès qu'il le peut, en griffonnant sur un bloc. Il ne fait aucune difficulté pour communiquer. Au contraire, il le veut, intensément. Mais il ne comprend rien aux questions qui lui sont posées.

Ce n'est pas leur sens qui lui échappe : il entend fort bien, il se sent remarquablement sain d'esprit. Simplement, il ne garde aucun souvenir de son acte criminel, ni de la visite du gouverneur Calverston ! Après le choc qu'il a subi, cela peut se concevoir.

Tous les tests sur sa sincérité sont formels : il n'est pas en train de simuler. Il n'a plus aucun souvenir de ces quatre derniers mois.

Mais voici le plus inattendu : il n'est pas le moins du monde étonné de se réveiller à l'hôpital. Il trouve même cela très normal. Car il est persuadé qu'il vient d'être renversé par un chauffard inconnu !

Petit à petit, lorsque les médecins insistent, il lui revient quelques souvenirs de la période récente. Par petites étapes, on lui fait récupérer les semaines, les jours qui manquent dans sa mémoire. Mais il ne retrouve rien, rien du tout en ce qui concerne les heures précédant son crime. Cette matinée reste pour lui dans le néant.

Alors, on se décide à lui projeter dans sa chambre, sur un écran de télévision, le film du drame. Lorsque retentit l'hymne, William se raidit, comme écrasé dans un étau. Puis lorsque le gouverneur prononce à nouveau : « L'Amérique, c'est vous ! », Fox pousse un hurlement sous ses bandages.

Et c'est tout. Oui, c'est tout ce que l'on sait avec un peu de certitude. Ces dernières secondes ont été rapportées par une infirmière dont la présence était justifiée par la fragilité du patient. Ensuite, les policiers qui tentaient l'expérience prièrent cette jeune femme de quitter la pièce, avec l'approbation du médecin-chef. Et puis William Fox fut mis au secret. Littéralement enlevé à la légitime curiosité de la presse et de toute l'opinion publique.

Pour garantir cet isolement absolu, il fallut assurément l'intervention d'une autorité de poids, car vous savez l'importance, en Amérique, de l'opinion et des médias, qui peuvent même obtenir la chute d'un président. Un mur hermétique se dressa autour de William Fox. Son état physique et son état mental furent jugés suffisamment graves pour que le silence s'établisse, au nom du secret de l'instruction et des droits de la personne humaine. Il ne fut plus possible de savoir avec précision comment cheminait l'enquête et si même elle cheminait. La question qui se posait était celle du procès : aurait-il lieu ? La chambre de mise en accusation allait-elle ou non déclarer Fox responsable de son acte ?

Il n'y eut pas de procès. Il n'y eut même pas de délibération judiciaire sur sa responsabilité : « L'agent William Fox, après avoir été remis en présence de son crime, jugea intolérable d'avoir accompli un tel acte. Sa conscience le supporta si mal que, trompant la vigilance de ses gardiens, il mit fin à ses jours en se pendant. » Tel fut le communiqué officiel transmis aux agences de presse.

Dix ans plus tard, deux journalistes tentèrent de ressortir l'affaire. Ils n'avaient pas lâché prise. L'affaire était assez ancienne pour que les auteurs d'éventuelles pressions ne puissent plus tout verrouiller. Notamment les moyens de coercition de la hiérarchie n'étaient plus aussi efficaces sur le personnel policier ou médical qui était parti à la retraite. Quelques langues se délièrent enfin et les journalistes purent mettre bout à bout des éléments inconnus jusque-là, pour échafauder une théorie assez éloignée de la version donnée à l'époque du crime. Cependant, cette théorie est si fumeuse qu'il fut facile d'en montrer tout le ridicule et de l'envoyer aux oubliettes. Jugez-en : voici les événements prétendument « troublants » qu'ils mirent au jour.

Il était fait mention d'interrogatoires subis par William Fox, effectués sous hypnose, dans la section psychiatrique.

Plusieurs questions se posent : pour l'emploi de telles méthodes, Fox avait-il donné son consentement ? Des renseignements obtenus de cette manière auraient-ils pu être portés au dossier d'enquête ? Pourquoi les réponses de Fox n'étaient-elles écrites nulle part ? Qui en détenait le procès-verbal ou les enregistrements ?

Deux infirmières, retraitées depuis, et un interne devenu psychiatre, qui exigèrent l'anonymat pour des raisons de sécurité, furent interviewés. Ils avaient assisté chacun à une séance différente de l'interrogatoire. Les « agents » (on ne sait à quelle « agence » ils appartenaient) qui y procédaient avaient, dans un premier temps, refusé la présence de tiers. Mais la direction de l'hôpital avait tenu bon, des négociations avaient eu lieu. Résultat du compromis : d'accord pour une présence du personnel de santé, mais il se tiendrait dans une antichambre, prêt à intervenir en cas de malaise du patient. Il pourrait opérer un contrôle tous les quarts d'heure et l'équipe serait changée à chaque séance. Il semble qu'il n'y ait eu que trois interrogatoires, mais avec de telles précautions pour fragmenter les écoutes, chacun des témoins ne pouvait donc en rapporter que des bribes.

Malgré tout, les deux journalistes reconstituèrent une histoire. Qu'ils jugèrent assez plausible pour la publier.

Au cours de ces « interrogatoires hypnotiques », William Fox se serait souvenu de scènes enfouies dans des tiroirs profonds de sa mémoire. De scènes en partie effacées.

Il se voyait dans un endroit mal défini. Des « gens en blanc » l'auraient préparé précisément à commettre son acte. Cette préparation aurait été menée, elle aussi, sous hypnose. Quand ? Quatre mois auparavant, au cours du séjour de Fox à l'hôpital, suite à son accident sur la voie publique ! Précisément le dernier moment dont il se rappelait à son réveil après l'attentat !

Dans ce « conditionnement » entrait le déroulement de la cérémonie d'inauguration, la musique, une cocarde tricolore et même la phrase exacte du gouverneur (« L'Amérique, c'est vous ! ») qui aurait servi de déclencheur au geste mortel. On lui aurait ordonné, par la méthode dite de la « suggestion post-hypnotique », d'oublier tout, jusqu'à l'instant fatal, puis de se supprimer pour accréditer la folie meurtrière et supprimer toute possibilité d'investigation.

Vous commencez à échafauder toute sortes d'hypothèses tentantes, mais absolument farfelues ? N'essayez pas de nous entraîner sur ces chemins périlleux : pour des esprits équilibrés et rationnels comme les nôtres, rien de toutes ces élucubrations ne tient d'aplomb !

Vous rendez-vous compte : où irions-nous si l'on se laissait aller ? D'abord, il faudrait imaginer l'existence d'une organisation qui dispose de techniques permettant de « programmer » un être humain par-delà sa volonté. Nous vous défions de trouver dans l'annuaire l'adresse d'une structure de ce genre…

Ensuite, il faudrait que ladite organisation puisse planifier, avec plusieurs mois d'avance, à quel endroit se trouvera un homme politique, un jour donné. Comment serait-ce possible ?

Certes, le gouverneur avait obtenu, de son sponsor milliardaire, les fonds pour le ravalement de l'école six mois auparavant. Les travaux ont duré quatre mois. Le prétendu « conditionnement » de Fox aurait-il eu lieu dans cette période ?

Cela ne tient pas : comment les « programmateurs d'esprits » auraient-ils su, à l'avance, quelle phrase exacte le bouillant Calverston allait prononcer sur cette estrade ?

Admettons : il paraît que certains hommes politiques, surtout aux États-Unis, font écrire leurs discours par des nègres. Les ennemis occultes de Calverston auraient donc glissé les mots déclencheurs dans son laïus d'inauguration ? Mais un impondérable aurait pu se produire… Rappelez-vous : lors des essais de son, la bande magnétique où Calverston avait enregistré la répétition de son discours, cette bande s'est arrêtée après l'introduction ! Un peu tôt. Si un technicien l'avait laissée défiler quelques secondes de plus, nous aurions en la réponse : la fameuse phrase « L'Amérique, c'est vous ! » aurait-elle provoqué un geste automatique de Fox ?

Non, cela ne tient vraiment pas.

Pour en revenir à cette fantomatique organisation, il faudrait qu'elle ait eu accès au dossier contenant le profil psychologique d'un simple agent municipal et décide : « Oui, cet homme présente le profil requis. Il est influençable. De plus, nous pourrons nous assurer de sa présence sur place à coup sûr. »

Nous vous l'accordons : l'emploi du temps habituel de l'agent Fox a bien été exceptionnellement modifié ce jour-là… Mais quoi de plus normal que de garder le policier municipal de permanence devant l'école pendant la préparation du podium ?

Alors, si l'on vous suit dans vos suppositions, cela implique que cette organisation, assez influente pour préparer l'emploi du temps d'un gouverneur, s'assurer du contenu de son discours, ayant les techniques pour programmer quelqu'un, ayant trouvé quelqu'un de programmable et susceptible de prendre place dans le public avec une arme, cette organisation aurait mis en scène toute la suite. Vous imaginez ce que cela représente ? Elle aurait fait « accidenter » William Fox par un faux chauffard, elle aurait disposé du pouvoir de faire soigner l'accidenté dans un lieu précis où, sous couvert de convalescence prolongée, des techniciens en lavage de cerveau auraient transformé ce paisible gardien de l'ordre en assassin, « déclenchable » à distance par un mot clef ?

Non, c'est juste digne d'un scénario de politique-fiction ! À qui feriez-vous croire un tel amalgame d'impossibilités, de manigances, de complicités ? Vous n'avez aucune source digne de foi, aucun témoin, tout ceci est du délire pur et simple !

C'est d'ailleurs précisément ce qui fut opposé aux deux journalistes lorsqu'ils tentèrent de faire publier leur enquête. Ces deux illuminés étaient allés jusqu'à s'introduire dans la section psychiatrique de l'hôpital et visiter la chambre où l'assassin avait été détenu et avait mis fin à ses jours. Rien à redire, pourtant. Tout avait été fait pour une sécurité maximale : murs lisses, vitre incassable, aucun accessoire dangereux. Même les poignées de la porte et de la fenêtre avaient été ôtées.

Mais voyez jusqu'où peut aller le culot des journalistes : les deux compères, décidés à prouver leurs divagations, rappelèrent que, selon la version officielle, le malheureux William, « trompant la vigilance de ses gardiens », avait mis fin à ses jours par *pendaison*. Ils demandèrent *comment* il avait bien pu procéder pour se pendre dans un tel endroit, dénué de toute aspérité.

Eh bien, messieurs, l'auriez-vous oublié ? L'agent Fox était sûrement fou !

De drôles de chemins

Imaginons un seul instant que vous puissiez lire dans l'avenir. À quoi cela va-t-il vous servir ? Si vous y découvrez d'heureux événements, cela leur enlèvera beaucoup la saveur de la surprise lorsqu'ils surviendront. Éviter des catastrophes ? Comment faire, puisque, si vous les voyez, c'est justement qu'elles vont se produire ! Ce sera l'occasion de vous désoler à l'avance, de vous gâcher de belles journées que vous pourriez vivre dans une joyeuse ignorance.

Non, croyez-nous : de toutes façons, c'est impossible. Mieux vaut donc vous abstenir d'essayer.

Au cas où ça fonctionnerait…

Quelque part, peut-être non loin de chez vous, vit une très vieille femme à la peau grise, qui habite un immeuble bruyant, un peu décrépit. Les escaliers résonnent sous la course sans précaution de dizaines d'enfants qui ne savent que s'insulter ou se battre, en croyant jouer… Près des boîtes aux lettres éventrées, des jeunes gens, capuche sur la tête et pantalons trop larges, attendent des heures. Ils n'ont rien à faire, sinon se quereller au sujet de rien.

Dans cet immeuble peut-être proche du vôtre, cette très vieille femme vit dans la nuit, volets de métal toujours baissés. La lumière de la banlieue, elle ne la connaît pas : ses yeux l'ont abandonnée depuis longtemps. Et la dernière image qui s'est gravée dans ces yeux-là, il y a longtemps, c'était un soleil chauffé à blanc et des arbres comme on n'en voit pas par chez nous. Une image qui avait une odeur d'Afrique. Une odeur que l'on retrouve un peu au détour de l'escalier, le soir, lorsque tous les locataires font la cuisine.

Cette vieille femme aux yeux éteints était noire. Était : à vivre dans l'obscurité, on dirait qu'elle se décolore, comme ces bêtes ou ces végétaux privés de lumière, au fond de certaines cavernes. Les cheveux crépus ont blanchi, et ils reculent sur le front bombé. Sur la figure, sur les mains maigres de la vieille femme, des taches indécises dessinent en bistre les cartes d'une géographie mouvante.

– La vieille est un peu folle ! disent ceux qui se rappellent encore qu'à cet étage-là, derrière cette porte-là, vit une vieille.

Mais ils sont peu nombreux, ceux qui se souviennent : les locataires, dans ces immeubles, ça va, ça vient.

– La vieille ? Oh, elle n'est pas folle du tout ! affirment une ou deux personnes, celles qui acceptent d'avouer qu'elles l'ont consultée, voilà quelques années.

– Oh non ! Pas folle, la vieille ! Sans ses yeux, elle y voyait encore mieux que vous et moi ! Ce qu'elle m'a annoncé, à moi, ça s'est toujours passé exactement comme elle l'avait prédit !

Toujours est-il qu'aujourd'hui cette vieille femme aveugle ne reçoit plus personne, ne fait plus aucune prédiction. Elle ne répète plus qu'une morne litanie :

– Je l'avais vue ! J'avais vu cette mauvaise rencontre ! Je savais que ce garçon ferait du mal à ma petite Jacqueline !

Ce qu'elle veut dire, c'est que la rencontre de Jacqueline R. et de Bernard Aubert ne fut pas un hasard. Pas plus que leur destin.

Si ce nom vous dit encore quelque chose, l'affaire Bernard Aubert ne reste pour vous qu'un vague fait divers de la rubrique criminelle, dans la période du fumeux dossier dit des « Irlandais de Vincennes ». Mais la vieille femme est prête à jurer que ce fut plus, bien plus. C'est à vous de juger.

Si vous lui donnez raison, alors vous accepterez de vous engager sur de drôles de chemins. Qui défient la raison...

– Qu'est-ce que tu fais, Jacqueline ? Pourquoi est-ce que tu ouvres le placard ?

– Je m'habille, grand-mère !

– Non ! Attends ! Tu ne dois pas sortir maintenant !

– Mais j'en ai besoin ! J'étouffe ici !

– Non ! Si ton père et tes frères ne te trouvent pas, c'est contre moi qu'ils seront en colère !

Jacqueline regarde sa grand-mère, assise sur le tapis élimé. C'est qu'elle est très vieille, la grand-mère, et elle a de très vieilles habitudes. Elle a toujours aimé être en contact avec le sol… Quoique le sol, dans ce HLM de la banlieue de Paris, n'ait pas grand-chose de commun avec la terre battue de la Maison, cette maison tout près de la brousse dont elle parle de temps en temps… Jacqueline sourit tristement et enfile son manteau :

– Voyons, grand-mère, tu sais bien que nos hommes ne rentrent que tard dans la nuit, avec le travail qu'ils sont obligés de faire ! Ne t'inquiète pas : je serai revenue bien avant eux !

– Non, non, pas aujourd'hui ! Je t'en prie !

– Mais… grand-mère ? Qu'est-ce qui se passe ? On dirait que tu as peur ! Je fermerai bien la porte ! Je peux même t'allumer la radio, si tu veux ?

– Jacqueline… ce n'est pas pour moi que j'ai peur !

– Tu crains pour moi ? À cause des garçons de la cité ? Tu sais bien que ce sont tous mes amis. Ils ne me feront rien.

– Ce n'est pas ça, petite ! Je ne voulais pas te le dire, mais… j'ai lancé les os, cet après-midi ! Ils disent du mauvais, du très mauvais !

Jacqueline retient un petit mouvement d'inquiétude. Un mouvement qu'elle voudrait se cacher surtout à elle-même. Mais une jeune Africaine, même née en France, ne peut pas négliger ce à quoi sa grand-mère vient de faire allusion : elle a « lancé les os ». Elle parlait d'os de poulet, que l'on jette devant soi. Selon leur disposition, on lit les présages, les réponses aux questions de l'existence. Vieille divination, venue de la nuit des temps. La grand-mère en sait toutes les finesses : comme elle ne peut pas voir, elle effleure les os du bout de ses doigts gris. Et alors des paroles, des images lui viennent. Elle connaît bien d'autres méthodes encore, héritées des femmes de la famille.

Bien entendu, Jacqueline se défend de croire à toutes ces bêtises ! Elle est française, Jacqueline. Presque parisienne. Elle est allée au collège jusqu'au brevet. Elle a dû arrêter, à la mort de sa mère, qui n'avait pas supporté le climat. Jacqueline devait veiller sur quatre hommes : le père et les trois frères. Et aussi sur la vieille femme aveugle.

Jacqueline travaille maintenant dans une laverie, mais elle étudie encore, pour passer le bac par correspondance. Elle lit beaucoup, regarde la télé, va au cinéma. Elle est d'ici et d'aujourd'hui, Jacqueline ! Alors les osselets et leur langage, elle n'y croit pas : elle fait juste semblant... Pour faire plaisir à grand-mère.

Plus exactement, elle aimerait que ce soit comme cela. Mais il y a les racines... Celles qui poussent profondément *en vous*, lorsque vous êtes loin de votre terre. Elles vont loin, ces racines-là. Bien plus loin qu'on ne le voudrait. Et, à l'instant, les racines viennent de se contracter un peu dans la poitrine de Jacqueline. La vieille femme tourne vers elle sa figure aux yeux clos :

— Tu vois, petite... Tu as peur, toi aussi !

— Moi ? Pas du tout ! Je n'ai rien dit !

— Hmm ! Depuis quand tu as besoin de me parler pour que je t'entende ? J'ai senti le changement de ton souffle !

— Mais non, grand-mère. C'est parce que je manque d'air, dans cet appartement. Allez, je sors !

— Et tes livres ? Tu dois rester avec tes livres : tu as un examen, bientôt.

— J'en ai plein la tête, justement. Pour pouvoir m'y remettre, j'ai besoin de respirer !

La vieille femme baisse le front :

— Je sais... je sais que tu t'en iras quand même, puisque les osselets l'ont dit... J'ai essayé, mais je ne pourrai pas t'empêcher...

— Mais qu'est-ce que tu crains, au juste ?

— La rencontre que tu vas faire... elle sera mauvaise... Je ne sais pas encore à quel point, mais mauvaise. Va... puisque personne ne peut rien faire.

C'est ce soir-là que Jacqueline fait la connaissance de Bernard Aubert. Plus tard, quand leur lien se sera affirmé, elle osera parler avec lui des osselets de la grand-mère :

– Je n'y crois pas, tu sais. Ce sont des histoires de bonne femme… Mais quand même, si on y réfléchit, pourquoi est-ce que, ce soir-là, j'ai laissé tomber mes bouquins, alors que l'examen approchait ? Pourquoi est-ce que j'ai eu brusquement envie de sortir alors que c'est quand même dangereux, la cité, la nuit ? Je ne sortais jamais seule, tu sais ? Et puis… pourquoi est-ce que je suis entrée dans ce cinéma, alors que le film était déjà commencé ? Un polar, en plus ! J'ai horreur de ça et il y en a plein la télé ! Et pourquoi est-ce que je suis venue m'asseoir au fond, à côté de toi, alors que j'avais oublié mes lunettes ? Hein, pourquoi ?

Bernard Aubert lui appuie l'index sur le nez :

– Pourquoi, pourquoi… Tu ne t'es jamais demandé, en plus, comment ça se fait que j'aie pu te voir, dans l'obscurité, toute noire que tu es ?

Et les deux amoureux éclatent de rire. C'est vrai qu'ils se sont trouvés, c'est cela qui compte. C'est vrai aussi que si nous nous mettions chacun à réfléchir, nous trouverions du bizarre partout : en a-t-il fallu des successions de hasards pour que se produise la rencontre qui a changé notre vie ! Et dans une vie, combien de rencontres « décisives » ? Rien de magique là-dedans…

Il n'empêche : les osselets, le cinéma, tout cela s'est bel et bien passé *avant*. Avant qu'un jour vous ne lisiez le nom de Bernard Aubert à la rubrique criminelle de votre journal.

Et si, avec un peu de recul, vous considérez l'ensemble, vous penserez peut-être que le hasard, une fois de plus, a bon dos…

La nuit où elle rencontre Bernard Aubert, Jacqueline rentre tard, très tard. Si tard que son père et deux des trois frères sont arrivés avant elle. Jusqu'au matin, la lumière ne s'éteindra pas et les éclats de voix dérangeront les voisins. Oh, pas de violence : le père est un homme très doux, malgré son visage. Un visage « dérangeant » pour les Européens, creusé au front et aux joues de ces cicatrices que l'on taille, au pays, dans la chair des jeunes gens, lorsqu'ils deviennent des hommes. Mais jamais le père ne lèverait la main sur Jacqueline. Ses mains, il se contente de les lever… au plafond, comme tous les pères, de chez nous et d'ailleurs, lorsqu'ils sont inquiets. Comme tous les pères, il marche de long en large, en lançant dans son dialecte :

— Mais qu'est-ce que j'ai fait au ciel pour avoir une fille pareille ?

Et les deux frères prennent le relais, en rappelant tous les sacrifices consentis pour l'éducation d'une fille. Oui, d'une fille ! Et d'évoquer la mémoire de la mère disparue : qu'est-ce qu'elle doit penser ? Et lorsqu'au matin le troisième frère, le veilleur de nuit, revient du boulot… on réexplique la situation, et tout recommence !

Jacqueline ne dit rien, baisse le nez, laisse passer l'orage. De temps en temps, elle regarde la grand-mère qui dodeline de la tête dans un coin obscur. Est-ce qu'elle suit la conversation ? Ou bien s'est-elle endormie ? S'est-elle échappée vers le soleil chauffé à blanc de sa jeunesse, vers la Maison ? Est-elle en train de dormir sur le sol de terre battue, à l'orée de la brousse ?

Sauvée par la pendule : Jacqueline part faire ses dix heures dans la laverie bruyante et humide. Avec un moral d'acier. Le plus dur reste à affronter : elle n'a vu Bernard Aubert qu'une fois, mais elle est déjà certaine qu'elle devra parler de lui à sa famille. Et l'acier de son moral devra être blindé !

La première à recevoir la confidence, c'est évidemment grand-mère :

— Tu vois, tes osselets n'avaient pas raison !

— Petite, ils ont parlé de ta rencontre !

— Si tu veux. Alors, disons qu'ils se sont seulement à moitié trompés ! Il y a bien eu la rencontre. Mais rien de mauvais ! Si tu savais comme Bernard est gentil, et tout ce qu'il a envie de faire, dans la vie ! Il veut devenir quelqu'un, se sortir d'ici ! Et il veut le faire avec moi !

Mais les choses n'iront pas toutes seules : imaginez les présentations, un dimanche après-midi, dans le F4 de la cité. On a assis grand-mère sur une chaise, au bout de la table. Les quatre hommes de Jacqueline sont debout derrière elle, deux de chaque côté. Ils ont revêtu le boubou traditionnel, la grande robe bariolée qui descend jusqu'aux pieds. Ils ont vissé, bien d'aplomb sur leur front levé, la toque ronde et rouge. Toute la tenue qui affirme leur différence, leur africanité, leur négritude.

76

Au coup de sonnette, Jacqueline est allée ouvrir. Elle ramène par la main Bernard Aubert, vingt-quatre ans, un garçons maigre, nerveux. Cheveux mi-longs, barbe très blonde, yeux très bleus. Elle se recule d'un pas, dans l'angle de la pièce.

La confrontation est froide, dure. Bernard explique qu'il étudie librement, hors des sentiers ordinaires, à l'université de Vincennes. C'est la pleine époque où ce nom signifie « repaire d'intellos gauchistes, cryptomaoïstes et marginaux et fumeurs de haschich ».

Bernard a des copains de toutes les couleurs, des Rouges, des Jaunes et, bien sûr, des Noirs. Ils se sentent égaux, avec leurs différences. Mais les hommes de Jacqueline savent que ces amis de Bernard sont des intellectuels, comme lui. Il se fait sûrement toutes sortes de belles idées sur ses « frères » d'Afrique. Mais... des idées de Blanc !

Passons les détails et les termes humiliants qu'on lui envoie à la face. Il a peine à se retenir de répondre sur le même ton, peine à ne pas renverser cette table dressée devant lui comme dans un tribunal. Il se retire aussi poliment et dignement que possible, mais l'issue de l'entrevue est claire : jamais il ne sera accepté dans cette famille.

Devant ce refus révoltant pour elle, Jacqueline, tout entière soulevée par son amour, choisit son camp et préfère couper nettement les ponts, pour mettre fin aux conflits. Elle quitte l'appartement, un soir, en cachette, avec une petite valise, à l'heure où les hommes travaillent. Juste un baiser un peu mouillé de larmes sur le front de grand-mère, qui somnole. Ou qui fait comme si, pour éviter les adieux.

Jacqueline est lucide : elle sait qu'elle ne va pas vers une existence de miel. Elle rejoint Bernard dans une autre cité HLM, un autre immeuble plein de graffitis. Ce ne sera pas facile tous les jours. Qu'importe : tout est transfiguré par la vie à deux. On repeint l'appartement, on se bricole des meubles.

La vie à deux sera bientôt la vie à trois : premier enfant, cela ressemble encore au bonheur. Jacqueline pouponne, Bernard travaille dans une librairie « révolutionnaire ». Il garde le contact avec les copains de Vincennes. Des types et des filles passionnants, qui viennent souvent, le soir, pour refaire le monde, assis par terre, fumant beaucoup, buvant café sur café jusqu'à l'aube, en essayant de ne pas parler trop fort à cause du bébé.

Jacqueline reste un peu à l'écart, cantonnée à la cuisine où elle lave les tasses et prépare la marmite de spaghettis, pour la petite faim de 3 heures du matin.

Mais cela ne lui déplaît pas trop : finalement, ces gens assis en rond, qui palabrent, c'est un peu l'atmosphère tribale qu'elle a toujours connue. Sauf qu'elle est dans une tribu de Blancs, qui disent des choses très abstraites.

Elle va pourtant s'apercevoir que sa lucidité n'était pas parfaite : même si elle n'espérait pas un coup de baguette magique, même si elle se pensait prête à affronter une réalité modeste, elle ne s'attendait pas à un tel désenchantement. Le premier enfant a un an lorsque le second s'annonce. À quatre dans un deux-pièces, la vie devient dure.

D'autant plus dure que survient la première arrestation de Bernard. Il reste cinq mois en prison préventive. Une obscure histoire de connivence avec un groupe de terroristes irlandais. On a parlé de fourniture d'explosifs, de faux papiers. Mais aucune preuve formelle n'est apportée par l'accusation : non-lieu. Bernard est libéré.

Il revient, plutôt fier de cet emprisonnement pour ses idées. Évidemment, il a perdu son travail : même dans une librairie « révolutionnaire », il devient encombrant. Tant pis, ce n'est pas le travail qui manque ! Or, à chaque fois qu'il se présente pour une place, les employeurs semblent avertis de ses démêlés avec la justice. Pourtant, la préventive n'est pas inscrite sur son casier judiciaire. Bernard enrage :

– C'est les salauds de flics ! Les barbouzes ! Les Renseignements généraux ! Ils sont vexés de n'avoir rien trouvé contre moi ! Ils veulent me démoraliser, me faire quitter le pays ! Mais je m'en fous : je me débrouillerai !

Il se débrouille, effectivement : il rapporte de l'argent à la maison, souvent très peu, parfois trop d'un seul coup. Toujours en liquide. Au regard plaintif de Jacqueline, il répond :

– Mais ne t'inquiète donc pas : c'est des boulots non déclarés, des dépannages en attendant de trouver plus stable ! Il y a un avantage, remarque : on ne paie pas d'impôts !

Il s'est fait aussi de nouveaux amis. Ceux-là, Jacqueline ne les aime pas : ils arrivent encore plus tard que ceux d'avant, ils sont moins nombreux, ils ont des yeux de renard, qui bougent sans arrêt, ils cessent de parler quand elle apporte le café.

– Bernard, c'est qui, ces gens ? Qu'est-ce que tu magouilles avec eux ?

– Mais c'est rien de spécial… La politique, tu comprends ?

La politique, oui, peut-être… N'empêche que les yeux de Bernard commencent eux aussi à devenir trop brûlants, trop mobiles : des billes bleues à reflet d'acier, qui rebondissent trop vite de droite à gauche, comme dans un flipper. Il sursaute lorsque le téléphone sonne. Il fait signe à Jacqueline de décrocher. Elle n'entend que des voix brèves, tranchantes, que des prénoms : « Jacques, pour Bernard » Ou bien : « Gérard, pour Bernard ». Son mari répond par monosyllabes :

– Oui… Vu… OK… C'est ça…

Lorsqu'un appel arrive en l'absence de Bernard, le correspondant annonce :

– Dites-lui juste : « C'est d'accord, comme prévu »… Oui, c'est tout. Il comprendra.

Jacqueline, elle aussi, comprend : d'une manière ou d'une autre, son compagnon file un mauvais coton. Tout cela parce qu'ils sont pauvres, et qu'il se doit se « débrouiller » pour trouver de quoi vivre. Alors elle décide de rapporter de l'argent, elle aussi.

Mais que peut-elle faire ? Maintenant, pour un poste sérieux, le bac est vraiment le minimum : Jacqueline s'en veut d'avoir arrêté juste avant. Il y a des centaines de femmes qui ont ce fichu diplôme. Elles ont la priorité pour les vrais emplois. On ne l'acceptera que dans des petits boulots sans garantie, aux heures dont personne ne veut. De nouveau de la manutention dans une blanchisserie ? Garnir les rayons dans un supermarché ? La plonge dans une cantine scolaire ? En plus, dans la cité, il n'y a qu'une seule garderie, pleine à craquer. Il n'est pas facile de trouver quelqu'un de sérieux à qui confier deux enfants en bas âge, deux enfants métis… Et la nourrice coûte presque plus cher que ne rapportent ces travaux exténuants à temps partiel.

Le stress devient trop fort pour Jacqueline : il faut qu'elle trouve un moyen de quitter cet endroit, d'emmener Bernard loin de ses fréquentations malsaines. Au bord de la mer ! C'est ça : elle dira que les enfants ont besoin de l'air de la mer ! S'il le faut, elle mettra le docteur dans le coup !

Mais pour que Bernard accepte, il faut qu'elle règle tout et le mette devant le fait accompli. Et comment préparer un déménagement sans un sou devant elle ?

Elle va trouver, elle *doit* trouver !

C'est vers 10 heures, un soir de cette période, qu'un visiteur sonne. On n'attendait personne. Bernard file déjà dans la chambre à coucher :

— Va voir qui c'est ! Je ne suis pas là !

La porte s'ouvre sur la carrure imposante d'un colosse noir, engoncé dans une combinaison de métallo :

— Théodore ! Qu'est-ce que tu fais là ?

Le plus jeune frère de Jacqueline se dandine sur le seuil :

— Je partais pour l'usine. Je suis d'équipe de nuit. Je n'ai pas dit à papa que je venais te voir. Il ne veut toujours pas te parler.

Bernard a bondi hors de la chambre, les poings serrés, prêt à la bagarre :

— Tu veux quoi, toi ? Depuis quand tu as notre adresse ? C'est toi qui l'as appelé, Jacqueline ?

Théodore, d'une pichenette, le renvoie à cinq pas, sans même le regarder :

— Jacqueline… C'est grand-mère… Elle a lancé les osselets… Elle a vu encore une rencontre…

— Pour moi ?

— Elle a parlé de vous deux. Mais elle a prédit que, cette fois, il y aurait du sang !

— Qu'est-ce qu'elle a voulu dire au juste ?

— Je n'ai pas pu le savoir… Elle n'est plus très d'aplomb, tu vois…

— Et toi, Théo, tu es venu me demander de rentrer, c'est ça ?

– Non… Même pas… Ça ne servirait à rien. Selon grand-mère, du moment que le présage est là, cela arrivera. On ne peut rien changer… Alors, je voulais juste te dire qu'on t'aime, tous… C'est tout.

Théodore tourne les talons et descend l'escalier dans l'obscurité : l'ascenseur est hors d'usage et toutes les ampoules ont été volées. Jacqueline se tourne vers Bernard, qui écume d'humiliation :

– Chéri… j'ai peur… Qu'est-ce que tu prépares ?

– Mais rien, rien… C'est des histoires.

Pourtant, l'enquête l'a démontré ensuite : c'est précisément à cette période que Bernard Aubert et ses complices organisaient leur expédition.

La police appela ce groupe un « gang », la justice une « association de malfaiteurs ». Eux-mêmes se considéraient comme une « organisation de libération ». Ils étaient occupés, depuis plusieurs semaines, à ce que l'on nomme une « planque » ou un « repérage ». La préparation minutieuse d'un hold-up. Chronomètre en main, ils se relayaient pour enregistrer exactement les habitudes d'une petite succursale de banque sur une place du XIIIe arrondissement de Paris.

L'attaque eut lieu en plein jour, un vendredi. Comme chaque semaine, un véhicule blindé s'arrêta vers 11 h 55 devant l'agence : les convoyeurs apportaient l'argent destiné à la paye, en fin d'après-midi, du personnel d'un gros atelier de confection tenu par des Asiatiques.

Dès que le fourgon se fut éloigné, une BMW, volée à Lyon dans la nuit, quitta la place de stationnement qu'elle gardait depuis le matin devant la banque. Une camionnette commerciale, volée dans un entrepôt de banlieue et vaguement maquillée, vint prendre sa place. La BMW, elle, se mit en double file quelques mètres en avant, moteur au ralenti. Dans la camionnette, invisibles de la rue, les hommes du commando.

Selon les interrogatoires menés ensuite par la police, il semble que c'est à cet instant, au moment de descendre, que quelqu'un mit entre les mains de Bernard Aubert une mitraillette.

Là encore, les hasards s'accumulèrent pour mener au dénouement tragique et ahurissant. En effet, sur cette opération, Bernard ne devait être que le chauffeur. Or, la veille, l'un des hommes d'action s'était bêtement fait arrêter dans une rixe de bistrot. Le chef du groupe avait besoin d'un remplaçant. Mais sachant Aubert opposé à l'usage des armes, il ne le mit au courant qu'à l'ultime minute. Devant la banque, il lui était trop tard pour reculer. En lui fourrant la mitraillette sous sa gabardine, son complice lui dit :

– Te fais pas de mouron : c'est juste pour la frime ! Juste pour leur filer la trouille !

Puis il lui abaissa la cagoule sur le visage et le poussa dehors. Il n'y avait que le trottoir à traverser. La machine était lancée.

Une fois à l'intérieur de la banque, le film de la caméra de surveillance, analysé ensuite image par image, révèle nettement comment tout cela s'est passé : montre en main, quarante secondes. Quarante secondes pour faire basculer des vies.

Premier temps : tout le monde à plat ventre. Deuxième temps : on voit la silhouette un peu floue d'un gardien qui se redresse, plonge vers une sonnette d'alarme sous une table, et dégaine son revolver. Troisième temps : les coups de feu. Regardez le ralenti. C'est Bernard qui tire. Un réflexe : il croit que le vigile, de sous la table, le vise.

Aubert ne sait pas manier une mitraillette, ne maîtrise pas le recul du gros calibre. La rafale part en éventail, manque le gardien, qui roule s'abriter à l'angle du comptoir.

Les projectiles font voler des éclats sur le carrelage, puis sur le mur d'en face, brisent une pendule. Ils arrivent sur la porte du bureau du directeur, juste au moment où celui-ci l'ouvre, pour tenter de dialoguer avec les braqueurs.

Dehors, sur la place, on entend déjà les sirènes de police.

Bilan, que vous lisez dans vos journaux du soir : six gangsters arrêtés en flagrant délit. Dans la banque, un blessé grave, un mort. Ou plutôt une morte.

Le blessé grave, c'est le directeur. La morte, c'est une cliente qui se trouvait dans le bureau du directeur pour un entretien privé.

Les journaux relatent : « Cette jeune femme, française d'origine africaine, et mère de deux enfants, Jacqueline R., était la concubine de l'un des gangsters, Bernard Aubert. Dans un premier temps, on a cru à sa complicité. Mais les témoignages de tous les membres du gang l'ont totalement mise hors de cause. On ne peut parler que d'horrible coïncidence. »

Coïncidence… C'est ce que l'on dit toujours en pareil cas. Et que dire d'autre ?

Bernard Aubert, au bord de la folie, déclara aux enquêteurs :

– J'avais accepté ce coup pour essayer de sauver mon ménage.

La déposition du directeur blessé mentionne :

– Cette femme venait se renseigner au sujet d'un emprunt personnel. Elle voulait sauver son ménage… Comme elle ne savait pas ce qui était nécessaire pour convaincre un banquier et qu'elle craignait le ridicule si on la rejetait, elle faisait un essai dans un quartier où on ne la connaissait pas, à l'autre bout de Paris. Elle est entrée dans notre établissement par hasard…

Il ne faut certainement pas chercher une autre explication. Pourtant, le hasard vous mène parfois sur de drôles de chemins.

Des chemins qu'une vieille femme aveugle avait vus, du fond d'un appartement obscur, dans une tour de béton, peut-être non loin de chez vous.

Enquête à la frontière du réel

Les frontières... Des zones où, souvent, règnent à la fois le flou et une intense activité. Selon certains, il en est ainsi sur la ligne brumeuse qui sépare le monde des vivants et celui des âmes.

Bien entendu, tout cela relève de la plus haute fantaisie !

Que dire quand on vous raconte que des personnes ont fourni des informations qu'elles ne pouvaient pas connaître, et qui leur ont néanmoins été transmises... par-dessus ladite frontière ? Nous dirons, familièrement, que c'est du pipeau.

Oui, mais que dire lorsque le contenu de ces informations se dresse dans le monde réel, gros comme une maison, et qu'il permet même de résoudre une enquête internationale ? Nous maintiendrons, comme toujours, que ce genre de choses ne peut pas arriver.

Demandez alors à l'agent Shaun Flaherty, du FBI. Et faites attention à ne pas perdre la raison.

— Si je peux me permettre un conseil amical, *señor*, vous devriez remonter dans votre belle voiture et faire économiser de l'argent aux contribuables des États-Unis !

Le commissaire Ortega, dans un notable effort pour rester calme, malaxe nerveusement entre ses doigts un cigarillo noir et torsadé, qu'il n'ose pas allumer, à cause des panneaux d'interdiction qui fleurissent sur tous les murs de cet hôpital.

Si la décadence continue, la vie de ce côté de la frontière va devenir, pour un homme normal, aussi impossible qu'aux *States*.

— Est-ce que je me fais bien comprendre, *monsieur* Flaherty ?

En face de lui, le grand garçon, derrière ses grosses lunettes à montures de fausse écaille, ressemble à un étudiant ahuri, surpris à trafiquer le distributeur de soda sur le campus. Sa calvitie naissante pourrait aussi faire penser à un jeune chercheur, perdu dans ses équations. Bref : il pourrait être n'importe qui. N'importe qui d'assez sympathique, en plus, ce qui agace formidablement Ortega. Parce qu'en fait, ce type aux allures de grand gosse qu'il vient de trouver au chevet de *son* client n'est, ni plus ni moins, qu'un agent du FBI en mission tout ce qu'il y a de plus illégale au Mexique. L'Américain questionne d'un air adorable :

— En somme, vous me donnez poliment l'ordre de foutre le camp, commissaire ?

— Ah ! C'est vous qui commencez à prononcer des gros mots ! Mais effectivement, vous n'avez aucun mandat de *ma* hiérarchie, et dans *mon* pays, vous êtes un touriste comme un autre ! Rectification : un touriste plus embêtant qu'un autre !

— Pourtant, nous avons reçu mission de collaborer avec toute...

— Non, *señor* ! *Vous* avez reçu mission de collaborer ! Moi, je fais *mon* enquête, et avec *mes* méthodes ! D'ailleurs, quitte à tomber sur un em... bêteur, c'est plutôt la CIA ou la police texane que j'aurais dû trouver dans mes pattes.

— Comprenez bien que ces activités criminelles ont, chez nous, des ramifications dans de nombreux États et...

— ... Et vous essayez de couper l'herbe sous le pied de vos petits camarades ? Mais ça, mon gars, ce sont *vos* embrouillaminis, pas les miens ! Personne ne vous a autorisé à interroger la victime !

— L'interroger ? Je ne risquais pas, vu son état !

Une voix féminine cisaille le débat :

— Messieurs ! Vous ne croyez pas que l'endroit est mal choisi, pour vos règlements de comptes ?

C'est l'infirmière-chef, bras croisés, debout sur le seuil. Il est vrai que le lieu se prête mal aux altercations : cette salle commune est réservée aux blessés graves, dans ce petit établissement mexicain proche du Texas. Une vaste pièce nue, rudimentaire, au sol douteux, sur lesquels passe ici et là un cafard affairé. Ortega et Flaherty, un peu honteux, sortent sur la pointe des pieds. Dans le couloir, l'infirmière remet au commissaire une mince enveloppe :

— Arrivée par porteur. Ça doit être urgent.

Un rapide sourire passe sur les lèvres de l'Américain. Ortega déchiffre le billet puis, avec une mine furieuse, il le froisse avant de le fourrer dans sa poche.

— Mauvaise nouvelle, commissaire ? Peut-être cela me concerne-t-il ?

— Ça va, Flaherty ! N'en rajoutez pas ! C'est en effet ma hiérarchie qui me prie de vous accueillir. Et même de vous déplier le tapis rouge ! Il paraît que vous êtes le poulain prometteur pour vos services ? Félicitations... Bon, qu'est-ce que j'ai fait de mon cigare, moi ?

— Dans votre poche, commissaire... Avec la lettre...

Excédé, Ortega éparpille entre ses doigts des miettes de tabac :

— D'accord, je vous communique tous les éléments. Il y a trente-six heures, donc, au milieu de la nuit, une patrouille de la police des frontières a aperçu de loin les flammes d'un incendie. C'était un camion-citerne. Il s'est retourné dans un ravin, après plusieurs tonneaux. Le chauffeur devait être ivre, ou bien il roulait sans phares, pour ne pas se faire repérer... Selon toute vraisemblance, il venait de livrer chez nous un produit chimique pour l'agriculture et il rentrait à vide... Enfin, pas tout à fait : la citerne comportait un double fond, où une cache était aménagée. Dans ce cercueil de tôle, on pouvait entasser une dizaine de travailleurs clandestins. « Cercueil », c'est le mot exact cette fois-ci, puisqu'on y a retrouvé huit cadavres complètement calcinés, plus ce malheureux, dans la salle, là-bas, qui ne vaut guère mieux : il a réussi à survivre aux culbutes de la citerne, à se sortir de l'amas de tôles et à se traîner à l'écart de cet enfer de flammes. Il a été brûlé sur plus de soixante pour cent du corps. Dans un premier temps, les secouristes l'ont cru mort. Il respirait encore. Mais il est fichu...

— Qu'est-ce qu'on sait de lui, commissaire ?

– Rien, ou presque. Il est brun, vingt-sept à trente ans. Aucun papier. Il était vêtu de quelques lambeaux... La chemise et le pantalon de toile blanche des *peones*, les paysans les plus pauvres de chez nous. Pas de chaussures.

– Ses empreintes ? Vous avez pu...

– Il lui restait quelques doigts plus ou moins intacts... J'ai transmis au fichier. Le type est, évidemment, inconnu de nos services !

– Évidemment ?

– Vous ne connaissez pas notre pays, agent Flaherty ?

– Un peu : Acapulco, Mexico City...

– Ouais... C'est aussi le Mexique... Mais rien à voir avec l'univers où vivent des gens comme ce pauvre gars... Il fait partie de ces personnes qui, dans l'espoir de trouver du travail dans votre Eldorado, risquent leur vie et donnent toutes leurs économies à des passeurs, pour voyager des heures dans ces conditions épouvantables. Ce ne sont pas des délinquants, dont nous pourrions avoir les empreintes. Nos vrais gangsters, eux, voyagent en limousine, comme les vôtres ! Ce bougre miséreux est probablement un ouvrier agricole illettré, venu d'un de nos petits villages de montagne. Ils sont des centaines comme lui à tenter le coup, chaque mois !

– S'il ne donne pas de nouvelles, ses proches vont signaler sa disparition ? Eux savent peut-être à quel passeur il s'est adressé ? Parmi les morts, il y en a peut-être du même village ?

– Leurs familles savent les risques quand on part vers l'inconnu, de façon clandestine : personne n'avertira les autorités.

Flaherty pousse la porte battante de la salle. Suivi d'Ortega, il revient au pied du lit, séparé des autres seulement par un paravent. Sous le plastique translucide de la tente à oxygène, une forme emmaillotée de pansements gras. On entend le sifflement pénible de la respiration, assistée par une machine d'un modèle si ancien qu'on s'attend à la voir, elle aussi, rendre son dernier souffle d'un instant à l'autre.

Derrière les deux policiers arrive le médecin responsable des soins intensifs. Il capte le regard pessimiste de l'Américain :

– Oui, *señor*... L'installation est vétuste. Mais notre hôpital est le meilleur de toute la région... D'ailleurs, c'est le seul...

– Ne vous excusez pas. Vous faites pour le mieux, j'en suis persuadé. Mais cet homme, voyez-vous, c'est notre seul lien avec une affaire importante… Un réseau de trafic d'êtres humains qui fait chaque année des dizaines de victimes ! Non seulement les garçons pauvres de chez vous, mais aussi des filles, de très jeunes filles, vendues par leurs parents… Si nous parvenons à communiquer avec ce blessé, il pourra nous indiquer vers quelle entreprise ou exploitation agricole américaine on l'emmenait. Ou, au moins, qui était son passeur ! Nous tiendrons un bout de l'écheveau, et nous pourrons remonter la filière, comprenez-vous ?

– Je crains qu'il n'y ait méprise : ce malheureux n'est pas un blessé. Considérez-le comme mort !

– Il respire, quand même ! Il reste une chance pour qu'il…

– Aucune. Il est vraiment mort. Son corps est, certes, maintenu en fonction, mais son cerveau est mort ! J'en suis certain.

– Vous avez effectué tous les tests ?

Le médecin toussote, gêné :

– C'est-à-dire que… pour l'électroencéphalogramme… voyez-vous, nous n'avons ici qu'un seul petit équipement portatif. Une excellente occasion, rachetée d'ailleurs il y a quelques années à l'une de vos cliniques… Il fonctionne encore fort bien mais… il était en panne au moment où l'accidenté est arrivé…

– Pour parler clair, docteur, vous n'avez pas pu y soumettre notre homme ?

– Non, pas encore… Le temps de réparer. Ce sera rapide, nous connaissons bien cette panne. Mais vous pouvez en croire mon expérience : ce ne sera qu'une formalité ! Le tracé sera plat. Plat comme le désert, *señor* ! Cet homme est dans un coma dépassé, cliniquement mort, j'en suis persuadé !

À ce moment, derrière un paravent voisin, une voix s'élève. Une drôle de voix, dont on ne saurait dire si elle appartient à un homme ou à une très vieille femme. Une voix brisée, usée comme les cailloux roulés pendant des millénaires par un torrent aujourd'hui asséché. Et cette drôle de voix prononce dans un mélange d'espagnol et d'anglais cette phrase étonnante :

– L'homme n'est pas mort ! Il y a *de l'esprit* autour de ce corps !

Flaherty contourne le paravent. Sur le lit, il ne distingue qu'un drap grisâtre, bombé en dôme, soutenu par ces sortes d'arceaux que l'on place pour éviter le contact du tissu et de la peau du patient. L'agent Flaherty avance encore d'un pas et il voit ce qui dépasse de ce tunnel de toile. Une tête. Une tête qui le laisse interdit. Une tête qui correspond exactement à la voix.

L'Américain n'a jamais vu pareil visage. Il lui fait penser à ces rochers qu'il escalade parfois, pour se détendre. Mais il est plus ancien que les rochers. Raviné, creusé, labouré par le temps. Il repose sur un oreiller sale, environnée de cheveux longs. De rares cheveux qui subsistent çà et là, découvrant le crâne tavelé de taches ocre. Dans cette face impressionnante brille la lumière inattendue des yeux d'un noir de charbon. Des yeux de jeune guerrier. La bouche édentée, presque sans lèvres, de cette momie laisse à nouveau échapper le bruit de cailloux roulants :

– Le corps... va mourir ! Mais l'esprit est encore là ! Il ne veut pas partir.

Quelqu'un tire Flaherty à l'écart, par la manche. C'est le docteur, qui lui murmure :

– Ne faites pas trop attention, *señor* ! Cet *Indio* délire un peu. Il a quatre-vingts ans. Peut-être beaucoup plus, on ne sait pas. Il n'était jamais sorti de son *pueblo*. C'est une de nos tournées sanitaires qui l'a ramené ici. Il avait un pied gangrené. Nous avons dû l'amputer ! Et il a fallu l'amener de force !

– Ah bon ? Il ne voulait pas se faire soigner ?

– Ce sont les gens de son village qui ne voulaient pas le laisser partir. C'était leur chaman ! Leur homme-médecine.

– Un de vos confrères, en somme ?

C'est Ortega qui vient de lancer cette pique. Le médecin ne s'en offusque pas, au contraire :

– Si vous voulez ! Ces praticiens rendent de grands services, croyez-le bien : ils se transmettent de génération en génération des recettes simples pour soigner, à base de plantes, de terre, de fumigations...

– Possible. N'empêche qu'ils entretiennent aussi la superstition et les craintes primitives : pour asseoir leur influence locale, ces bonshommes prétendent que leur pouvoir de guérison leur vient du Grand Manitou, qu'ils entrent en contact avec des ancêtres morts et d'autres fariboles de ce genre !

Le docteur lui fait signe de baisser la voix et entraîne les policiers vers le couloir :

– Vous ne devriez pas parler ainsi en présence du vieil homme... Chez lui, il est plus respecté que je ne le serai jamais ici !... Et puis, il va bientôt mourir, lui aussi. Ni sa médecine ni la mienne n'y pourront rien. Le Grand Esprit non plus... Quand il peut m'entendre, je parle de gangrène, mais il s'agit d'une atteinte généralisée et irréversible du système artériel : les vaisseaux s'atrophient et les extrémités se nécrosent. Les patients plus jeunes, on les maintient en vie par des amputations successives, mais l'organisme usé de notre vieil *Indio* est incapable de résister à plusieurs interventions. Il a fait son temps, le pauvre ! Je l'aimais bien... Bref, *señores,* pour en revenir à ce qui vous intéresse, votre rescapé de la citerne, je vous confirmerai les résultats dès que les derniers examens seront faits.

L'Américain récupère sa valise à la réception. Le commissaire est déjà dehors pour allumer enfin un cigarillo :

– Déçu, agent Flaherty ?

– Avouez que nous ne disposons pas de beaucoup d'éléments pour poursuivre l'enquête !

– Poursuivre ? Vous êtes encore plein d'illusions, vous ! Sans indiscrétion, il y a longtemps que vous faites partie du Bureau ?

– Pas vraiment, non. En fait, exactement dix-neuf mois. Dont l'essentiel à apprendre la paperasserie et le tir à la cible. Voilà, c'est dit. Ça vous gêne de collaborer avec un débutant ?

– Laissez tomber vos complexes ! Toutes les carrières brillantes ont commencé par une première affaire, et il faut bien que quelqu'un écope des bleus... Ils vous ont recruté à l'université ?

– Ça se voit tant que ça ?

– À peine... Je vais vous dire : en vous parachutant sur ce coup, ce n'est pas à moi que l'on a fait un cadeau empoisonné, c'est à vous ! Remerciez vos chefs : ce dossier ne risque pas de vous apporter une promotion. Il va se refermer très vite. Pour ainsi dire, vous avez déjà le nez dans le mur !

– N'exagérons rien : j'ai convenu que nous n'avions pas beaucoup d'éléments, mais on peut chercher du côté du camion.

– Quelle bonne idée ! Sans vouloir vous froisser, quelqu'un de chez nous, un simple flic mexicain, l'a eue avant vous... Les plaques d'immatriculation du véhicule incendié ont fondu, mais de toutes façons, elles étaient sûrement fausses.

– Et le châssis ?

– Numéro évidemment effacé à la meule. Quant aux autres pièces de la mécanique, elles proviennent d'au moins une dizaine de véhicules et ont été également trafiquées.

– Et des engins comme celui-là peuvent passer la frontière impunément ?

– On pourrait demander à vos fonctionnaires et aux nôtres de les arrêter systématiquement... Mais c'est la moitié du commerce frontalier que vous stoppez, alors ! Et pour que vous cessiez définitivement de nous prendre pour des arriérés, je vais vous préciser que nos gars ont aussi déterminé la nature du produit que la citerne transportait à l'aller : il s'agit d'un mélange agricole très courant. Des centaines d'entreprises livrent chacune des centaines de cargaisons comme celle-là.

– Celle qui a perdu un véhicule va le signaler ?

– Le camion ne portait aucun sigle. Il appartenait au chauffeur, un de ces milliers d'artisans qui courent après le fret. Il allait charger la mixture à l'autre bout du Texas et faisait le va-et-vient. Commode : au retour, il se faisait du fric en enfournant dans son double fond les clandestins. Sûrement recrutés par une filière qui a des membres ici et d'autres chez vous, pour réceptionner les esclaves. De toute façon, le chauffeur a cramé, lui aussi. On l'a retrouvé dans la cabine, trente mètres plus bas que la citerne.

– Lui, sa famille va peut-être se manifester ?

– Espoir... tu nous fais vivre !

Ortega empoigne d'autorité la valise de Flaherty et la jette à l'arrière d'une jeep :

– Montez, je vous emmène jusqu'au meilleur hôtel ! Vous pourrez vous rafraîchir, puis nous rédigerons notre rapport ensemble. Croyez-moi, je suis aussi désolé que vous de ne pas avoir de piste à suivre.

– Je vous crois, commissaire... Dites-moi, ce meilleur hôtel... c'est aussi le seul hôtel de la région, je parie ?

– Ah ! Perdu ! C'est juste le seul… qui appartienne à mon beau-frère !

Flaherty en est encore à chercher un peu de fraîcheur sous le jet parcimonieux de sa douche quand l'hôtelier l'appelle au téléphone. Le docteur Guttierez est au bout du fil, le ton mal assuré :

– J'ai déjà averti le commissaire… Votre blessé, *señor*… Nous avons procédé à l'électroencéphalogramme… Eh bien… il n'est pas tout à fait plat…

– Pas tout à fait ?

– En fait… il ne l'est pas du tout ! Votre homme est *vivant* !

Sous le plastique translucide, la forme enveloppée de pansements est toujours aussi immobile, la respiration assistée toujours aussi mécanique. Mais près du lit, on a amené un chariot sur lequel s'empilent quelques appareils d'où des fils partent vers la tête du patient. Un « clic » et un « bip » alternent, à intervalles plus ou moins réguliers. Le docteur Guttierez montre une longue bande de papier parcourue d'une courbe :

– C'est net, messieurs… C'est très net… Regardez ceci… Et voyez aussi ce point sur l'écran… Il bouge, c'est évident… Pourtant j'aurais juré qu'une heure auparavant… Enfin, bref : ce blessé manifeste encore… ou, devrais-je dire, manifeste *à nouveau* une activité cérébrale !

Flaherty désigne le paravent qui les sépare du lit voisin :

– C'est donc le vieil homme qui avait raison ?

– Certes, mais j'avais raison aussi : cette activité cérébrale, c'est celle d'un coma ! Peut-être pas dépassé, pas encore… mais c'est un coma !

– Ce qui signifie, docteur ?

– Ce qui signifie que je ne vous ai prévenus que pour le principe. Mais il ne faut pas espérer interroger ce malheureux ! Il ne dira plus jamais rien !

De l'autre côté du paravent intervient à nouveau la voix caillouteuse :

– Pourtant, il vous demande la vengeance !

Ortega a un mouvement agacé, mais Flaherty l'écarte et va se pencher sur l'Indien. Il reçoit à nouveau le choc de ce visage ravagé, des cheveux rares sur le crâne tavelé d'ocre. Et aussi de l'odeur putride qui émane de sous le drap. Difficile de s'approcher sans un certain malaise. Mais les yeux de charbon luisant lancent un appel impérieux :

— À toi, *gringo* à lunettes ! C'est à toi qu'il demande sa vengeance !

L'homme du FBI questionne doucement :

— Mais que peut-il demander ? Il ne peut pas parler, voyons !

La bouche édentée laisse échapper quelque chose qui ressemble à un rire pénible :

— Il ne peut plus parler à tes oreilles, non... Mais la nuit dernière, il a parlé aux oreilles qui sont dans ma tête...

— Allons, Flaherty... Ne perdez pas votre temps avec ces élucubrations !

— Un instant, Ortega, je vous prie ! Continue, vieil homme : qu'as-tu entendu ?

— Rien...

Le commissaire grogne :

— Vous voyez bien : il est gâteux !

Mais le vieillard poursuit :

— Je n'ai rien entendu, parce que, avec les oreilles qui sont dans la tête, on n'entend pas... On *sait* les choses...

— On sait ? Comment cela ?

— Un instant avant, on ne savait pas... Un instant après, on sait.

Ortega s'agite :

— Ce type dans le coma, il ne se serait pas par hasard présenté, avant de causer à votre oreille intérieure ? Ça nous aiderait bien de connaître son nom...

Un petit souffle cassé, encore ce rire :

— Celui qui est allongé là n'a plus besoin de nom...

— Et qu'a-t-il dit... dans ta tête ?

— Il crie que son corps a été assassiné... Oui, c'est ce qu'il dit : que l'on a assassiné son corps !

Là, le commissaire Ortega tortille le nez en une grimace perplexe. Il tire Flaherty à part. Un ton mi-figue, mi-raisin.

— Dites... C'est très bizarre, ce qu'il raconte, votre vieux... Une coïncidence, mais... Vous savez, dans ce genre d'affaires, non seulement les gangs de trafiquants nous ont sur le dos, mais ils se battent entre eux. Et les malheureux qu'ils transportent ne sont qu'une marchandise, comme des bouteilles d'alcool ou des cartouches de cigarettes… Quand une bande de ces malfrats veut nuire à la concurrence en interceptant ses véhicules, la « cargaison » devient secondaire…

— Quel rapport avec ce que dit l'Indien ?

— Un détail… trois fois rien… Je n'ai pas eu le temps de vous en parler… Après vous avoir quitté tout à l'heure, j'ai trouvé à mon bureau un deuxième compte rendu d'expertise de l'épave…

— Un deuxième ?

— Oui. Il y a une base de l'armée, pas très loin… Parfois nous nous rendons des services… Ils ont des techniciens et des moyens différents des nôtres… Je leur avais demandé de jeter eux aussi un œil sur le tas de tôle… Le véhicule a été arrosé d'essence, et enflammé *à plusieurs endroits* simultanément.

— Donc… ce n'est pas un accident ! C'est un acte criminel !

Flaherty se sent soudain très excité. Il retourne vers l'Indien, s'agenouille à la tête du lit :

— Dis-moi encore, vieil homme : sais-tu de quel village vient celui qui est allongé ici ?

— Un village ? Oh non… Il vient d'une de vos grandes villes… Ce n'est pas un enfant de chez nous… Pas un paysan… Il te ressemble… Son esprit pense avec des souvenirs de ton peuple, et non du mien !

Pensif, Flaherty retourne auprès du brûlé :

— Bon sang, j'ai l'impression que nous passons à côté de…

À travers le plastique de la tente à oxygène, il aperçoit la seule partie du corps qui dépasse des pansements : le bout des doigts de la main droite.

— Ortega, nous sommes des ânes !

— Pardon ?

— Et nous avons des œillères ! Ramenez-moi à l'hôtel et faites-moi apporter les empreintes de cet homme !

Dans ses bagages, le policier du FBI transporte des outils de travail encore rares en ces années : un mini-laboratoire et un télécopieur. Les empreintes du blessé, photographiées et agrandies, sont expédiées par ligne à Washington.

Deux heures plus tard, la réponse revient : si le blessé est inconnu de la police mexicaine, il n'en est pas de même aux États-Unis. Bien que de type latin, il est de nationalité américaine !

Il se nomme Greg D'Angelo. Son casier judiciaire est épais comme un dictionnaire, mais comporte uniquement des délits de second ordre. C'était une petite pointure : un type pas fiable, réputé pour retourner sa veste, dès qu'il trouvait à se vendre au plus offrant. Sa spécialité : chauffeur pour cambriolages et contrebandes diverses. Il possédait un permis poids lourd. Et, depuis quelque temps, il avait investi dans des véhicules, et s'était reconverti dans le transport international.

Dans le bureau du commissaire, Flaherty, les lunettes embuées d'excitation, trace des schémas nerveux sur un papier :

– Vous voyez notre erreur, Ortega : nous avons depuis le début fait confiance aux apparences ! En nous fiant aux lambeaux de vêtements, nous sommes partis sur une idée et une seule : que notre brûlé était l'un des passagers ! Exactement la carotte que nous ont tendue ceux qui ont fait ça ! Quand je vous disais que nous sommes des ânes !

– C'était lui le chauffeur, alors ?

– Le propriétaire du camion en tout cas.

– Et le corps que les secours ont retrouvé dans la cabine écrasée ?

– Peut-être celui d'un complice, un convoyeur, celui qui a fait embarquer les *peones* ! Alors, supposons : D'Angelo se fourre dans une embrouille quelconque avec une bande rivale, ou trahit ses clients, selon sa bonne habitude... Les mécontents lui tendent une embuscade, l'assomment, échangent ses vêtements contre ceux d'un passager, sans marques, sans papiers. Ils le fourrent dans la cache du double fond, avec les autres anonymes et mettent le feu au camion. Ils lui font faire la culbute, en laissant griller le « matériel humain » planqué dans la citerne, avec notre D'Angelo dans le tas. Ainsi travesti, son corps brûlé devait être pris pour celui d'un clandestin ! Et nous avons foncé dans le panneau, tête en avant !

– C'est vrai, Flaherty, ça se tient assez bien ! Mais ce ne sont que des hypothèses ! Où sont les preuves ?

– Pour ça, je suis sûr que l'Indien peut encore nous aider !

Désarçonné par tout ce qui vient de se passer en si peu de temps, le commissaire se laisse entraîner à nouveau à l'hôpital. Là, le docteur Guttierez affiche une moue pessimiste :

– Votre D'Angelo, messieurs... il n'en a plus pour long-temps ! Ses fonctions vitales s'affaiblissent de minute en minute. Son tracé d'activité cérébrale tend vers zéro !

Flaherty se penche sur l'Indien :

– Vieil homme... La nuit dernière, lorsque le blessé s'est adressé à toi... t'a-t-il fait savoir autre chose ?

– Non... Il ne voulait pas s'éloigner trop longtemps de son corps, qui était très faible.

Flaherty se relève, déçu, mais une main décharnée le retient :

– Attends... Tu es jeune, mais les autres ont l'air de t'écou-ter. Dis-leur de me laisser essayer ma magie, une fois... Juste une dernière fois... Après, ce sera un bon jour pour mourir !

Lorsque Flaherty formule sa demande, le docteur baisse les bras d'un air accablé, le commissaire lève les siens au ciel :

– Enfin, Flaherty ! C'est vous, avec votre laboratoire portable et votre électronique, qui voudriez nous faire marcher dans ces sornettes ?

– Si vous saviez les millions de dollars que des universités de chez nous investissent pour expérimenter ces sornettes ! Ça ne vous a pas impressionné, tout ce que le vieil homme savait, sans quitter le fond de son lit et tout mourant qu'il est ? C'est quand même bien lui qui nous a sortis de l'erreur !

– D'accord, le vieux a deviné que ce D'Angelo n'était pas un paysan, mais il a dû utiliser ces trucs des charlatans... Tenez, par exemple : tout simplement, lui aussi, il aura vu sa main ! Une main beaucoup trop soignée pour être celle d'un ouvrier agricole. Simple déduction ! N'importe qui peut en faire autant et, après, vous annoncer ça comme une révélation magique ! Vous vous faites avoir !

– Bon. Peut-être, Ortega. Mais qu'est-ce qu'on risque ? Sinon le ridicule... Ça vous effraie ? Ou bien ce qui vous effraie vraiment, c'est que ça puisse réussir ?

Ortega n'est pas homme à avoir peur. Alors dans cet hôpital se déroule une scène absolument surréaliste : on aide le vieux chaman à se redresser. Il fait signe à Flaherty de se pencher vers lui, avec un air matois :

– Si j'utilise ma magie pour toi, l'Américain, ça te rendra un grand service, hmm ?

– Oui. Si elle fonctionne…

– Elle fonctionnera… En échange, tu devras me rendre aussi un service…

– Lequel ?

– Très grand pour moi, très petit pour toi, ne t'inquiète pas… Je te le dirai quand j'aurai fini mon travail…

Il ouvre une pochette de cuir qu'il porte à un lacet autour du cou et il glisse dans sa bouche quelques pincées d'une poudre jaune. Le commissaire fronce les sourcils :

– Qu'est-ce que c'est, docteur ?

– Ça ? C'est à base de peyotl… Un cactus, dont on tire la mescaline.

– Quoi ? Vous laissez entrer ce stupéfiant ici ?

– Oh, commissaire… Avec ce qu'il a subi, ce vieillard est parvenu à l'extrême intensité de la souffrance ! Selon notre échelle d'évaluation, nous aurions dû depuis longtemps lui administrer de la morphine, notre drogue civilisée… Mais nous n'en avons pas beaucoup… Autant lui laisser utiliser la sienne !

L'Indien désigne à Flaherty le dessous du lit.

– Donne-moi ça !

Il y a là une sacoche de tissu élimé. Le vieux en extirpe une sorte de balayette : un manche de bois, des crins de cheval où sont noués des perles de verre bleu, des grelots d'argent et des squelettes de crânes de petits animaux, rongeurs et oiseaux. Le vieillard trouve l'incroyable énergie de s'asseoir au bord de son lit, il fait même signe qu'il veut se lever !

– Il faut que je sois plus près du corps ! Celui qui va parler ne veut plus s'en éloigner, il craint de ne plus pouvoir y retourner !

– Attendez, grand-père ! On va bien trouver un fauteuil roulant !

– Non ! Je dois rester debout ! Donnez-moi un bâton !

On lui glisse une béquille sous l'aisselle, on le soutient encore. Dès qu'il est à la verticale, il se dégage d'un mouvement du buste. Et voici qu'il se met à clopiner, sa chemise de nuit administrative découvrant une jambe amaigrie et un moignon emmailloté de bandages tachés… Il s'approche du brûlé, le regarde un instant puis, sur un seul pied, il entreprend de faire le tour du lit, agitant son petit balai et psalmodiant une sorte de chant.

Les trois « civilisés » qui le regardent, redoutant à chaque seconde de le voir tomber, se casser en deux, sont pris d'une sorte de fascination.

Le vieillard revient s'étendre, s'immobilise, ses paupières parcheminées couvrent ses pupilles noires, et c'est le silence absolu. Le silence…

Le premier, le commissaire esquisse un mouvement d'impatience, mais le docteur l'arrête :

– Regardez ! L'encéphalogramme !

L'appareil s'est mis à cliqueter et à biper de plus en plus vite. Les aiguilles grattent le papier, s'agitent, s'affolent, sautent jusqu'aux limites de la bande, tracent des pointes serrées… puis s'arrêtent.

Ainsi commença une enquête au bord du réel, où se sont mêlés les instruments de ce que nous appelons « notre science » et des forces que notre science n'admet pas. Il a fallu deux décennies pour que les détails de cette enquête soient rendus publics, et encore : au compte-gouttes, comme l'on dit.

Elle fut aussi, notons-le, l'une des plus brèves qu'ait connues le FBI ! Vous voulez, bien sûr, en connaître le déroulement ? Le voici.

Lorsqu'il a rouvert ses paupières, le vieil homme a dit :

– Je vais maintenant parler en vérité. Ce seront les paroles de celui qui est allongé là. Je vais parler, vous devrez entendre, sans interroger. Si vous devez comprendre, vous comprendrez.

– Nous vous écoutons, grand-père.

– Celui qui est allongé là m'a montré l'endroit où il devait rencontrer ceux qui l'ont tué. Je les ai vus aussi. Ils sont trois :

un de chez nous, qui sent la peur… Un qui est tout mouillé…
Et un autre, qui a une carapace de tortue.

Langage plutôt abscons, pour ce qui était censé constituer
une révélation. Malgré tout, le docteur, le commissaire et
l'agent spécial se sont bien gardés de toute interruption.

– Ils sont dans une maison qui doit être minuscule, car, lorsque je l'ai vue, elle était posée à côté d'un sandwich…

– … ?

– Un de ces sandwichs que mangent les *gringos*, avec du pain
rond et trop sucré… Et elle était plus petite que le sandwich !
Oui : ils sont dans une maison plus petite qu'un sandwich…

– … ?

– Ne me dites pas que c'est stupide, je le sais. Et pourtant, il
n'y a pas d'autre vérité…

Cette fois, Ortega et Guttierez se sont crus permis de rire un
bon coup : le vieux avait réussi à faire son cirque en plein hôpital !

– Ce vieux farceur s'embêtait à cent dollars de l'heure au
fond de son plumard. Comme dernier tour de piste, il s'est payé
le portrait d'un gogo de *gringo*, d'une andouille de flic et d'un
enfoiré de toubib ! Chapeau, l'artiste !

Mais leur rire s'est arrêté très vite. Flaherty venait de s'asseoir,
tout pâle :

– Je connais cet endroit. Je suis passé devant. Il est à deux
cent cinquante kilomètres au nord de la frontière, au bord
d'une route du Texas. C'est un motel. Mais les automobilistes
le voient de loin car il y a un fast-food à côté. Et ce fast-food est
entièrement construit… dans un hamburger géant !

Cet endroit singulier existe bien : le long d'une nationale tracée
au cordeau à travers le sable et les cactus, un dôme de béton peint
en brun et beige, figurant un pain rond de cinquante mètres de
diamètre, débordant de steak haché. L'architecte y a même
rajouté deux élégants appendices de plastique vert et rouge abri-
tant la terrasse : ils représentent la tranche de tomate et la rondelle
de cornichon qui dépassent. C'est gracieux à souhait…

Si vous visitez ce monument à la gloire de la malbouffe, le
patron ne se fera pas prier pour vous montrer, dans un cadre au
mur, le journal du jour de l'arrestation. Il vous dira qu'il y avait
vraiment des voitures partout, et même un hélicoptère.

100

– Et pourtant, une minute avant, on n'aurait pu se douter de rien ! Le calme plat ! Et bing ! Ils ont dégringolé de partout !

Il vous dira comment les forces spéciales, casquées, les lettres FBI en blanc sur leur gilet blindé, sont entrées par toutes les issues à la fois, à la seconde. Et comment ont été appréhendés trois hommes, membres d'une filière qui vendait de la main-d'œuvre non déclarée à des exploitants agricoles et des entrepreneurs. Ces marchands d'esclaves ont avoué ensuite avoir commandité l'incendie d'un camion par leurs complices mexicains.

– À ce qui s'est dit à la télé, le gars qui conduisait ce camion pour leur compte, ce D'Angelo, il les avait doublés : il s'apprêtait à livrer les clandestins à des concurrents qui lui donnaient un meilleur pourcentage.

– Et ces trois malfrats, vous les avez vus de près ?

– Ils étaient planqués ici depuis presque une semaine. Ils avaient loué des chambres, et ils passaient leurs journées entre le comptoir et les machines à sous. J'ai eu tout le temps de voir leurs tronches et, franchement, je suis pas près de les oublier !

– Vous les décririez comment ?

– L'un était un Mexicain. Il pétait tellement de trouille qu'il s'est blessé en sautant par la fenêtre. Le second, un gros tout mou, il sifflait bière sur bière. Il transpirait comme une éponge humide !

– Vous n'allez pas m'annoncer que le troisième avait une carapace de tortue ?

– Quand même pas. Quoique… À la suite d'un accident de voiture, il portait sous sa chemise hawaïenne un corset orthopédique.

Greg D'Angelo, le grand brûlé, leur victime, est décédé dans la matinée, peu après l'heure de l'arrestation. Dans l'hôpital, à trois cents kilomètres de là. Le vieil homme a dit :

– Il a attendu d'avoir sa vengeance. Maintenant, il peut partir. J'ai fait mon travail, rappelez à l'Américain à lunettes qu'il me doit un service !

L'agent Flaherty a eu quelques difficultés à trouver le hameau dans la montagne. Pas d'électricité ni de téléphone. Il faisait froid. Et pourtant, une femme attendait, près des premières maisons. Oui, elle attendait, Flaherty en est certain : elle avait revêtu ses beaux vêtements et posé près d'elle une écharpe aux couleurs vives, nouée aux coins. Dans ce bagage, une poêle, des denrées diverses et de petits sacs odorants contenant des préparations secrètes.

Elle a souri. Une fort belle femme d'une trentaine d'années. L'épouse du chaman. Elle était prête. Elle savait pourquoi l'Américain était venu.

Lorsque l'homme-médecine les a vus entrer dans la salle commune, son très ancien visage, semblable aux rochers ravinés, a pris une expression apaisée :

– Merci, l'Américain. Que le vent t'emporte sur la bonne route. Moi aussi, je vais partir, maintenant : mon esprit m'a prévenu de me préparer pour le territoire des Grandes Chasses...

Il s'est allongé et ses yeux se sont clos. La femme a demandé si elle pouvait rester à ses côtés. Le docteur Guttierez lui a donné l'autorisation de rester pour la nuit : elle pourrait dormir sur une natte, dans le quartier des infirmières.

Le lendemain, comme le font bien des familles, dans les hôpitaux du Mexique, elle prépara la nourriture de son mari. Elle soigna aussi le moignon de la jambe amputée avec une sorte d'onguent, une pâte puante de graisse d'animaux et d'herbes diverses. Elle en avait reçu l'indulgente permission du médecin : tout ce qui peut soulager un mourant est le bienvenu.

Trois mois plus tard, le vieil homme était debout. Il repartait chez lui, sur une seule jambe, mais guéri. Le médecin lui confia :

– Je n'y comprends rien, grand-père, mais je suis très heureux. Les Grandes Chasses attendront !

Un peu vexé de l'allusion, le chaman lui glissa à l'oreille :

– Je ne l'ai jamais dit à personne, docteur, mais vous avez raison... Mon esprit se trompe très souvent.

Lui

Ce qui est effrayant dans un crime, c'est sa banalité, son caractère quotidien. À longueur de reportages, d'enquêtes de police ou de plaidoiries au tribunal, on s'ingénie à nous en éclairer, sans qu'il reste une ombre, tous les aspects, à nous en donner une explication compréhensible, logique.

Mais nous trouvons ces explications assez effrayantes, au fond : elles ne font que démontrer combien les assassins et leurs actes nous sont accessibles. Donc à quel point nous leur ressemblons. Et c'est cela qui fait peur.

Aussi ressentons-nous presque un soulagement lorsque se présente un cas dans lequel jamais on n'expliquera vraiment tout. Lorsque l'on a l'impression que « quelque chose de plus » est intervenu. Quelque chose d'exceptionnel dont ni vous ni nous ne pourrions être responsables.

Quelque chose qui vient peut-être d'ailleurs, pour défier la raison.

– C'est à cause de Lui que c'est arrivé, je vous dis ! Il traîne la poisse derrière Lui !

– Mais c'est encore pire ! C'est Lui qui l'a fait ! Exprès ! Il nous déteste !

Parmi les villageois, les avis diffèrent. Mais tous partagent un même sujet de conversation, de haine, de peur : ce quelqu'un qu'ils appellent « Lui ». Seulement Lui, mais avec une majuscule dans la voix, et tout le monde sait de qui on parle.

— Mais oui, il l'a fait ! Sûr que c'est Lui !

— Et avec ça, va donc savoir si les assurances vont nous rembourser !

— Ça m'étonnerait ! Elles trouveront bien le moyen de dire que c'est de notre faute ! Un manque d'hygiène ou quelque chose !

Catastrophés, les paysans agitent les bras, parcourant le site du désastre. Ici un mouton, là deux autres, couchés sur le flanc, et bel et bien morts. Le ventre gonflé, les yeux révulsés, les pattes raides… Toutes sortes de signes qui ne ressemblent à rien de ce que l'on a déjà vu par ici. Et pourtant, on connaît bien les bêtes. L'odeur alentour aussi est nouvelle. Une odeur pestilentielle, difficile à supporter. Quelqu'un risque une hypothèse :

— On dirait… on dirait que ça sent comme…

Il hésite un instant, devant le mot que tous ont sur les lèvres et redoutent pourtant :

— … Comme du soufre !

Ça y est, le mot est lâché. Aussitôt, celui qui a pris ce risque se sent fusillé du regard par les autres.

— Ben oui, quoi ! Qu'est-ce que j'ai dit ? C'est la vérité ! J'ai pas dit que ça *sent* vraiment ! J'ai dit « ça sent *comme*… » !

Il n'ose plus prononcer le mot. Il quête une approbation, mais tous se détournent. Il faut dire que, même en plein XXe siècle, même avec les radios qui apportent dans les cuisines la voix de M. Pompidou, en direct d'une capitale qu'on imagine mal… Même si bientôt, à ce qu'il paraît, on pourra aussi recevoir la télévision jusque dans cette vallée perdue… Même au milieu de ce monde qui bouge, le mot « soufre » reste encore attaché à des évocations terribles, effrayantes, contre lesquelles la technique ressemble à un jeu désespéré, dérisoire et impuissant. Alors on s'affaire, on récrimine :

— C'est un scandale ! Ça ne peut plus durer ! Une honte ! Faut porter plainte !

— Tu parles ! Il n'y a pas de preuves contre Lui ! Il est bien trop malin !

Nouveau silence brutal. Encore un mot malheureux, un mot à bannir : « malin » ! Même sous forme d'adjectif, il fait peur !

Plus haut, bien plus haut dans les alpages, quelqu'un observe le spectacle, pensivement, assis à l'abri de gros rochers. Une silhouette dont on se demande si elle peut vraiment exister. Une silhouette comme on n'en voit plus que dans les films publicitaires pour la laine du Nord ou le fromage de brebis : un homme grand et rude, chaussé de brodequins. L'étoffe de ses habits est épaisse, choisie pour durer. Manteau en toile de bâche, ample, renforcé aux épaules d'un large macfarlane, décoloré par trop de pluie et de soleil. Sous les bords tombants du chapeau, un visage à barbe drue, d'une noblesse imposante, des yeux d'un gris d'orage... Il semble en harmonie si totale avec la nature que, de loin, il est impossible de le distinguer du rocher où il s'adosse. Bref : un personnage incroyablement différent de ces petits bonshommes qu'il regarde s'agiter en bas.

Mais le voici, cet homme-rocher, qui bouge, qui se lève, et dans la même seconde, un autre morceau de pierre bouge avec lui. Un autre être vivant, jusque-là si parfaitement immobile, que nous ne l'avions pas vu : un chien. Un chien gris et beige au poil raide, haut sur pattes comme son maître, et qui se range contre la jambe de l'homme. Ensemble, ils respirent le vent, et ensemble ils partent, d'un mouvement souple et coulé. Eux qui étaient du minéral la seconde d'avant, les voilà devenus fluides comme l'air qui passe.

Lui, dès le départ, on ne l'a pas encadré, dans le hameau. Il s'appelle Kovacs, ou quelque chose comme ça. Quand il vous parle (ce qui n'arrive pas souvent), il roule les *r* : il vient d'un de ces pays de l'Est... De Hongrie ou je ne sais quoi... Mais c'est pas la question : des étrangers, on en a déjà vu d'autres, par ici. On a eu des Italiens, et même un Arabe. On ne leur a jamais sauté au cou, faut rien exagérer... Mais attention : n'allez pas croire qu'on soit racistes pour deux sous, nous autres ! Si on ne peut pas le sentir, le Hongrois, là... C'est pas parce qu'il n'est pas d'ici, non ! On a de bonnes raisons à ça !

Ça a commencé à la mort du vieux Courbassol. Onésime Courbassol. Sa ferme, c'était la plus haute, et ses terrains pentus les plus ensoleillés. C'était lui, le Nésime, qui avait engagé ce métèque. Ça lui avait coûté de se résoudre à embaucher un ouvrier. Coûté pas seulement en argent, mais pour le moral : prendre quelqu'un, c'était reconnaître qu'il devenait vraiment vieux.

Mais il s'est vite félicité de son choix : l'étranger travaillait bien, en silence, abattait de l'ouvrage pour quatre. En plus, vu que ses papiers n'étaient pas en règle, il se contentait des gages que le Nésime offrait. Connaissant le vieux, ça ne devait pas faire lourd dans la poche au bout de la semaine !

La plupart du temps, le valet restait là-haut, à la ferme, et quand il descendait, tout ce qu'on lui demandait, c'était de ne pas regarder les filles et les femmes. Ou plutôt de ne pas répondre aux regards qu'elles lui lançaient. Parce qu'il était plutôt bien bâti, le bougre.

Mais il passait son chemin. Il entrait à l'épicerie, prenait sur les rayons ce dont le Nésime avait besoin, et il repartait. On avait beau le surveiller, rien de ce qui portait jupon ne pouvait se vanter d'avoir eu droit à la moindre attention de son œil trop gris. Peut-être parce qu'il tenait à garder son emploi, ou peut-être que ces « choses-là » ne l'intéressaient pas.

Le vieux Nésime était content. Il faisait toujours sa part de travail, mais ça n'avait pas l'air de lui peser. Au contraire : depuis quelque temps, on aurait juré qu'il rajeunissait ! Comme on lui en faisait compliment, il confia un jour :

– Pour ça, oui : j'ai retrouvé mes gambettes et mes reins de vingt ans ! C'est à mon commis que je dois ça ! Figurez-vous qu'il connaît les plantes ! Il les cueille lui-même dans la montagne et il prépare des tisanes qui m'enlèvent les années ! Et il soigne aussi les bêtes avec des remèdes et des emplâtres aux herbes… Il a ça dans la peau. C'est de famille, à ce qu'il dit. Mais il a aussi toutes sortes de vieux bouquins, même en latin. Il lit ça couramment, le soir.

– Oh là ! C'est bizarre, ça ! À ta place, je ne garderais pas ça sous mon toit !

– Ben moi, je le garde ! C'est un type très bien !

Et puis Nésime avait passé l'arme à gauche. Pas de vieillesse, non : son tracteur s'était retourné sur lui et l'avait aplati comme un crapaud sous le talon ! Le docteur était monté du village d'en dessous, pour l'occasion. Et comme il avait entendu des murmures de suspicion, il avait cru bon de rassurer les curieux sur le seuil :

– C'est le tracteur, rien d'autre ! Le vieux Courbassol, on pourra même dire qu'il sera mort en pleine santé ! Étonnant, pour un homme de soixante-seize ans !

Du coup, les murmures avaient cessé, pour laisser place aux supputations : qui serait le mieux placé, qui ferait la meilleure offre pour annexer la ferme du vieux ? Car nul doute qu'elle serait mise en vente : le Nésime avait deux enfants qui avaient brillamment réussi, en ville. Le fils était devenu chef d'atelier dans un garage à Toulouse et la fille avait épousé un maître d'école de Carpentras. Aucun des deux ne changerait une vie pareille pour revenir dans ce trou paumé et reprendre la suite de l'ancien.

Déjà, dans le hameau, des cabales se tissaient, des alliances se créaient : on passait des accords autour d'un verre de vin pour se partager les terres. Et la bombe avait éclaté à la lecture du testament : le défunt y stipulait que le domaine ne serait pas morcelé ! Il le léguait à ses deux enfants « en propriété conjointe et indivisible ». S'ils acceptaient ce legs, ils s'interdisaient de le céder avant dix années. Ils en toucheraient les revenus, l'« usufruit » en charabia de notaire. Autre clause de scandale : le document précisait que M. Sandor Kovacs assurerait la bonne marche de l'exploitation, « appointé à un juste salaire » ! Vous pouvez imaginer une vacherie pareille ?

C'est à cette occasion, d'ailleurs, que l'on apprit le prénom du métèque. Mais jamais on ne l'appela Kovacs ni Sandor. On recommença à dire « Lui », mais avec les dents serrées de rage : le testament du Nésime frustrait tous les espoirs, dans le pays. Il aurait fallu que les héritiers Courbassol entreprennent une action pour pouvoir vendre quand même. Mais ils avaient peu de chances d'obtenir une dérogation. Et, au fond, la situation leur convenait assez : ni le fils ni la fille n'avaient besoin immédiatement d'une rentrée de fonds pour leur ménage. Ils avaient de quoi vivre. Cet usufruit, c'était, chaque mois, un peu d'argent qui leur venait en poche, et ils restaient propriétaires de la ferme.

C'était même une excellente opération : s'ils l'avaient vendue immédiatement, la conjoncture aurait fait des biens du Nésime une aubaine pour les profiteurs du village. Tandis que, comme ça, avec une terre bien travaillée par le Hongrois, leur propriété prendrait de la valeur d'année en année !

Cette vieille bique de Nésime devait se tire-bouchonner dans sa tombe ! Tirer à la fois sa révérence et un bras d'honneur à tous ses charognards de voisins… il avait fait fort ! On se persuada alors que Courbassol, tout rusé qu'il ait été, n'aurait pas eu de lui-même l'idée d'une telle entourloupe : sur la fin, il n'écoutait plus que son « sorcier aux plantes de Jouvence » !

— Pour que le vieux en dise autant de bien sans se gêner, probable que le métèque l'avait embobiné !

— Et peut-être même qu'il lui a fait boire je ne sais quel bouillon d'onze heures, pour lui ôter sa jugeote et qu'il signe les papiers !

— Moi, je dis que c'est pas « peut-être » ! Tous les deux, tous seuls là-haut dans la ferme…

— Et allez donc vous étonner qu'avec le ciboulot chamboulé, Nésime perde le contrôle de son tracteur !

— Tout ça d'affilée, pour sûr, ça venait de Lui !

Ah ! Lui ! En a-t-il reçu, sans le savoir, des malédictions chuchotées !… Sans le savoir ? Ce n'est pas dit : il avait l'air de connaître exactement ce que vous pensiez, de lui et de tout le reste, rien qu'en plantant dans vos yeux son fichu regard trop gris ! Alors, vous détourniez vite la tête, pour qu'il n'y entre pas tout à fait !

Et puis les bêtes ont commencé à crever. Ici et là. Et le vétérinaire n'y comprenait rien. Mais les villageois, eux, avaient leur idée : les animaux qui mouraient, ce n'était pas n'importe lesquels. Les propriétaires visés (oui, oui : *visés*, c'est certain), c'étaient justement des gens qui avaient eu contre Lui un mot, un geste, un juron… Dans son dos, évidemment, mais il semblait que tout avait été perçu et enregistré par Lui : ces hécatombes dans le cheptel étaient sa réplique sournoise !

On se rappela les confidences de Nésime sur les plantes qui redonnent la jeunesse, sur les livres en latin… On se souvint aussi d'avoir vu la silhouette en cape et chapeau se profiler sur le ciel de l'alpage bien après la tombée du jour, ou bien avant l'aube. À des heures pas chrétiennes…

Alors commença la sourde montée de la haine, de l'incompréhension, et de la vengeance. Il fallait qu'il paie, Lui, qu'il paie pour tout ! Et dans cette vallée, voici que s'engagea une lutte comme aux heures les plus obscures du Moyen Âge. Un combat de sorciers.

Maintenant que nous avons laissé un peu parler... disons, le sentiment, pour mieux pénétrer les atmosphères, les caractères, pour approcher de plus près les personnages qui vont s'affronter, il va falloir nous fier à ce qui a été écrit, dûment consigné, pour tenter d'y voir clair sur une affaire d'un autre temps, qui s'est pourtant bel et bien déroulée dans ce coin de France, alors que la télévision retransmettait au reste du monde les premiers pas d'un homme sur la Lune.

Nous disposons donc : d'interrogatoires de gendarmerie, d'interviews recueillies par des journalistes, du témoignage d'une jeune femme, Marie-Jeanne Charoud, qui fut au centre des événements.

Les gendarmes ? Que leur a-t-on avoué, dans ce patelin, pour ne pas avoir l'air de cacher quelque chose ? Et que leur a-t-on caché, pour éviter les histoires ?

Les journalistes ? Que leur a-t-on raconté de vrai pour les satisfaire, et que leur a-t-on inventé contre un peu d'argent ?

Et Marie-Jeanne Charoud ? Elle était là au dénouement, mais a-t-elle bien vu, bien compris ce qui s'est passé ? Et puis, elle était amoureuse de Lui, c'est certain ! Amoureuse, oui, et c'est même cela qui a déclenché le drame. Mais n'anticipons pas.

L'enquête établit que les villageois ont décidé de monter une « action occulte ». Eux, ils prétendent qu'ils n'ont fait que se défendre. Se défendre contre les manœuvres du malfaisant qui tuait leurs bêtes.

— Seulement, vous comprenez, il employait des moyens cachés, qui ne laissaient aucune trace ! Jamais les autorités ne seraient intervenues !

— Alors, on lui a répondu de la même manière.

Quoi qu'il en soit, les fermiers touchés par ces morts suspectes de bétail se sont bien gardés de prévenir la maréchaussée. Ils ont cherché à se faire justice eux-mêmes, sans encourir aucune poursuite.

À force de chercher, ils ont trouvé : à un conseil de guerre dans l'arrière-salle de l'auberge, trois vieilles femmes signalèrent timidement que, elles aussi, depuis toujours, pratiquaient des rites… pas très catholiques. Elles perpétuaient les traditions ancestrales, mais n'avaient jamais osé en parler aux plus jeunes. Pour cette génération, disaient-elles, le progrès a tué *tout ça* ! On les aurait prises pour des folles. On les rassura sur ce point et on les pressa de dire en quoi consistait « tout ça »… Elles l'expliquèrent : elles se réunissaient dans une grange au moment d'une naissance, d'un décès, d'une maladie… Et aussi lorsqu'il ne pleuvait pas assez, ou que la moisissure se mettait dans grain. Elles menaient un « travail » pour conjurer le malheur.

Comment procédaient-elles ? Dans la grange, de sous une bille de bois, les trois vieilles exhumèrent une boîte à biscuits en métal, contenant leur arsenal. Il y avait là (c'est consigné dans le rapport d'enquête) des chandelles noires, fabriquées avec la cire des cierges dérobés à l'église, mélangée à de la suie grattée… dans la cheminée de la maison d'un mort ! Elles voisinaient avec de longues aiguilles et des boules de poils d'un aspect assez repoussant.

– Eh ben… Allez-y, sortez-le, votre attirail ! Si c'est capable de quelque chose contre Lui, pourquoi que vous l'avez pas fait plus tôt ?

Les vieilles avouèrent qu'elles avaient *déjà* essayé d'agir, dès les premières histoires de bétail crevé. Mais cela n'avait pas fonctionné.

– Sa magie à Lui doit être plus puissante ! Il faudrait frapper plus fort mais…

– … Mais vous savez pas vous y prendre !

– Si, les moyens, on les connaît… Mais ça va loin ! Pour dire vrai, on n'a jamais osé.

– Eh ben… faut oser ! Il nous veut du mal, c'est Lui qui a commencé : on a tous les droits pour se défendre ! C'est Lui ou nous !

Alors les vieilles demandèrent à être laissées seules. Elles dirent aussi que, pour aller plus loin, elles avaient besoin de poulets. Oui, de poulets, ou plus exactement de cœurs de poulets. Des cœurs qu'il fallait extraire... vivants ! On leur apporta des poulets. Et l'on se hâta de refermer la porte de la grange.

Vous le constatez : nous restons circonspects sur ces péripéties, et nous nous en tenons strictement aux faits observés par plusieurs personnes. Première chose curieuse et avérée : il semble que Kovacs ait bel et bien ressenti l'atteinte de cette première attaque « renforcée ».

En effet, selon les confidences qu'il fit à Marie-Jeanne Charoud, il dut, pendant plusieurs jours, s'aliter, grelottant de fièvre. Or, cette date concorde avec le moment où les vieilles ont piqué des aiguilles dans des cœurs de poulets encore pantelants.

Allez, sortons encore cette excuse qui finit par ne plus avoir de sens : « Une coïncidence », direz-vous. D'accord : les dates « coïncident ».

Toujours selon Marie-Jeanne, Kovacs se soigna avec des plantes. Lança-t-il une contre-attaque ? Par quels moyens ? Dans la semaine suivante, une charrette versa sur la jambe d'une fermière d'en bas. Un garçonnet (petit-fils de l'une des trois vieilles) fit une chute de vélo assez grave. Coïncidences toujours : ce genre d'accidents peut arriver n'importe quand.

Le drame éclata à cause de Marie-Jeanne. Un soir, son père, Joseph Charoud, entend pleurer dans la chambre de la jeune fille. Elle se tord sans raison sur son lit, mordant son oreiller et sanglotant qu'elle veut mourir. Charoud la secoue tant et si bien qu'elle retrouve ses esprits et finit par avouer qu'elle aime Kovacs, et qu'elle le rencontre en cachette depuis plus d'un an. Elle n'a pas tout à fait dix-sept ans, le coup est rude.

Entre parenthèses, c'est cette nuit-là que les vieilles ont entrepris une séance pour agir contre leur ennemi. Un rituel destiné à « semer le désespoir sur tout ce qu'il aime ». La jeune fille l'a-t-elle appris ? Cette crise nerveuse n'est-elle que de l'autosuggestion ? Admettons-le.

Mais alors, que dire du fait que, la même nuit, Kovacs retrouve son chien, l'autre être qu'il aime, mort dans un ravin, égorgé et lacéré de coups de griffes ? On peut se rassurer en disant :

« Dans nos montagnes courent encore des lynx ou de dangereux chats sauvages. Ce lynx-là n'a pas choisi *exprès* la nuit de la cérémonie des vieilles pour tuer un chien errant sur son territoire ! Il avait juste faim ! » C'est vrai aussi.

Au matin, le père Charoud enferme sa fille dans sa chambre, après lui avoir administré la volée de coups de ceinture que mérite son inconduite, et il crie à travers la porte :

– Amoureuse, hein ? Tu vas voir ce qu'on va lui faire, à ton amoureux ! Je vais chercher les hommes, on va lui apprendre qui on est !

Charoud bat le rappel dans les maisons, raconte le scandale. Cette fois, on sort les fusils. Et on va emmener Marie-Jeanne pour qu'elle assiste au châtiment de son séducteur. La chambre est vide : la jeune fille s'est sauvée par la fenêtre.

Les hommes montent en grondant vers l'alpage, tandis que les trois vieilles, alertées, courent vers leur grange. Déterminées à sortir l'artillerie lourde du maléfice : cette fois, elles tirent avec elles... un mouton vivant.

Marie-Jeanne, pieds nus, trébuche jusqu'à la cabane d'été du berger. Elle trouve Kovacs en train d'enterrer son chien :

– Vite ! Mon père, les autres ! Ils sont au courant ! Ils arrivent derrière moi ! Ils ont des fusils !

L'étranger lâche sa pelle, attrape un sac dans la cabane et entraîne Marie-Jeanne dans la montagne. Il y a là-haut une très vieille galerie de mine. Il s'y réfugie parfois, pendant les orages. Les fuyards devraient y être en sécurité. Mais de loin, les autres les ont vus.

Marie-Jeanne raconte :

– On était dans la mine. Sandor avait redressé la grosse palissade pour fermer la galerie. Il l'a bloquée au dos par des madriers. Il a ouvert son sac, sorti un vieux livre et allumé des bougies. Il a dessiné par terre, autour de lui, une espèce de figure géométrique, comme une étoile. Il a posé à chaque pointe une bougie. Il a arraché trois pages du livre, il s'est assis au centre du dessin et il a commencé à lire des phrases que je ne comprenais pas.

« Mon père et les autres sont arrivés dehors en hurlant. Ils ont tiré contre la palissade et essayé de l'enfoncer. Ils tapaient dessus avec leurs épaules, les crosses de leurs fusils. Sandor lisait de plus en plus vite, et il a fait brûler une page. Dehors, ils sont revenus à la charge : ils cognaient maintenant avec un poteau ou un tronc d'arbre. Sous les coups, la palissade s'est mise à bouger, à craquer. Il n'y en avait plus pour longtemps avant qu'elle cède.

« Sandor a brûlé une deuxième page. Il a attaqué la lecture de la troisième, toujours en surveillant l'entrée. Quand il a vu que ça allait céder, il s'est levé et il m'a dit : "C'est dommage, il ne me restait plus que trois phrases… Viens !"

« Il m'a tirée par la main vers le fond de la galerie… J'ai eu peur, j'ai résisté, il m'a lâchée, il s'est sauvé dans le noir. La palissade est tombée, avec beaucoup de poussière. Ils avaient des lampes électriques. Quelqu'un, peut-être mon père, m'a prise par le bras. Quelqu'un d'autre s'est planté au milieu du dessin entre les bougies.

« Pour ces bougies, il y a un truc bizarre : je me souviens d'avoir remarqué qu'elles ne s'étaient pas éteintes, malgré tout ce charivari, la chute de la palissade, la poussière qui volait partout ! Oui, je sais que ce n'est pas logique, mais je suis sûre qu'elles étaient encore allumées…

« Mon père a dit : "Vous voyez tout son fourbi de magie : il était bien en train de travailler contre nous !" Le type au milieu de l'étoile a ramassé par terre la dernière page arrachée dans le livre. Il a jeté un œil et il a lancé : "Eh ! Écoutez-moi ce baragouin, les gars !" Et puis il s'est mis à déchiffrer les derniers mots à haute voix. C'est à ce moment que tout s'est effondré !

C'est la fin du témoignage de Marie-Jeanne. De l'écroulement de la galerie, elle est sortie indemne. Il y eut quatre blessés. Deux graves, dont le père de la jeune fille, qui reste paraplégique.

Une heure après l'effondrement, une grange s'est mise à brûler dans le hameau. On y retrouva les corps carbonisés de trois vieilles femmes. Et aussi celui d'un mouton qu'elles avaient écartelé et cloué par les quatre pattes à une porte…

Afin de déterminer la cause de l'hécatombe de bétail à l'origine de cette « guerre », le ministère de l'Agriculture et celui de la Santé ont dépêché des vétérinaires et des experts de l'environnement. Qui conclurent : « Les animaux sont simplement…

morts. » Ces messieurs n'ont pu se mettre d'accord sur aucune cause repérable, ni chimique, ni biologique, ni violente.

Quant à nous, choisissons de nous en tenir, strictement et sèchement, au bilan d'un fait divers. Nous ne livrons aucun commentaire, ne tirons aucune conclusion hasardeuse.

Au contraire, proposons une solution rationnelle : aucune magie. La vieille mine se serait effondrée seulement à cause des coups de bélier contre la palissade. Kovacs n'y serait pas mort. Il pouvait exister une sortie au fond de la galerie. Kovacs se serait enfui par là. Il serait descendu au village, pendant que tout le monde s'affairait auprès des blessés. Il aurait eu la possibilité d'incendier de ses mains la grange, puis aurait passé la frontière espagnole, toute proche, pour disparaître. Bref, un assassin ordinaire.

Rien de sorcier là-dedans, vous le voyez. Remarquons cependant ceci : pour construire cette explication « raisonnable », nous sommes contraints de passer au conditionnel et de faire de pures suppositions !

Car d'aucuns ont relevé un détail : jamais on n'a déblayé jusqu'au bout cette longue galerie. Trop de tonnes de roches. Jamais donc on n'aura la certitude que Kovacs a pu atteindre une issue. S'il y en avait une... Vu la longueur du tunnel, il n'y aurait rien d'étonnant à ce que son corps repose sous les pierres.

Auquel cas, nouvelle énigme : si Kovacs est bien mort là-haut, qui donc, une heure après, a incendié la grange, en bas ?

Alors des rêveurs ont émis la supposition que voici, délirante, cela va sans dire, pour les gens sensés que nous sommes : Kovacs a été interrompu dans la lecture d'une « formule magique », et l'un des poursuivants a lu à voix haute quelques mots de « baragouin » sur la page arrachée au grimoire... Est-ce que, par hasard, ces mots ne seraient pas, justement, ceux qui manquaient pour compléter la formule ? Laquelle, ainsi, se trouvait énoncée dans sa totalité, et rendue efficace ?

Diablement efficace.

Déserteur ?

Les petits hommes verts sont-ils plutôt vert pomme ou vert amande ? Et les Petits-Gris ? Gris souris ou gris poussière ? À franchement parler, cela ne nous tracasse pas outre mesure : nous sommes persuadés que le risque est minime de les voir débarquer prochainement dans notre salle à manger, entre la poire et le fromage, pour nous empêcher de regarder la Star Ac'.

Et puis, au moins, s'ils possèdent des antennes, des doigts à ventouses, et si des tentacules leur sortent de la bouche, nous saurons à qui nous aurons affaire et nous vendrons fort cher notre témoignage détaillé à toutes les chaînes...

Par contre, ce qui nous inquiéterait d'avantage, ce serait l'irruption dans notre vie tranquille de créatures beaucoup moins remarquables, pas remarquables du tout, même... Des humains, certes. Mais sans aucun trait caractéristique... Rien que vous puissiez vous rappeler, même en faisant des efforts de mémoire...

Car, à la différence des petits hommes verts, ces hommes-là (s'ils existaient !) ne viendraient pas ici pour défier votre raison. Mais, purement et simplement, pour la faire disparaître.

Note de service, brève, sèche, sans état d'âme, de l'administration militaire américaine de Fort Bliss, près d'El Paso, sur la frontière mexicaine : « Le soldat de première classe Irwin ne s'est pas présenté à l'appel le 1er août 1959. Si dans les trois jours aucun motif valable n'est apporté à cette absence, le soldat devra être considéré comme déserteur. »

Formule de routine, car il n'est pas rare que des militaires manquent à un appel, motif valable ou non. Incident de bistrot suite à un arrosage un peu excessif de fin de permission, rencontre amoureuse intense et souvent illusoire, suivie d'un passage à la hâte devant un de ces « marieurs » qui exploitent leur licence aux alentours des cantonnements, puis voyage de noces improvisé... En général, dans ces cas-là, le déserteur revient, vite fait, se réfugier tout penaud dans les jupes de l'armée, sa mère protectrice ! Il reconnaît humblement son erreur... Et il demande à ses supérieurs aide et assistance pour qu'on lui obtienne le divorce aussi vite qu'il a convolé !

Des raisons d'absence, elle en a vu de toutes sortes, l'administration militaire. Y compris la triste cohorte des accidents graves, des décès dans la solitude et l'anonymat, des arrestations pour délits ou crimes divers.

Sur les statistiques relatives à ces circonstances pénibles, comme sur bien d'autres, l'armée américaine travaille dans le flou le plus artistique vis-à-vis de l'extérieur. Et les chiffres ne manquent pas d'être contestés, dès qu'ils sont communiqués aux journalistes et autres curieux de tout poil, par les souriants gradés affectés aux relations publiques. Ce n'est pas pour rien que l'armée, dans tous les pays du monde, porte bien son surnom de « Grande Muette ». Quoi qu'il en soit, et jusqu'à plus ample informé, un retard injustifié à l'appel est d'emblée classé « désertion ». Après, on examine et on rectifie, le cas échéant.

Le soldat Irwin, Gerry de son prénom, n'a fourni dans les trois jours aucun motif valable pour ne pas s'être présenté à Fort Bliss, le 1er août 1959. Il n'en fournit pas davantage dans les semaines d'après, pas plus que dans les mois qui suivirent. Ni même au cours des vingt années qui passèrent ensuite. Pour la bonne raison que plus personne n'entendit – officiellement, du moins – parler du soldat de première classe Gerry Irwin.

– Et ultérieurement non plus ?

– Oh, après vingt ans, c'est classé, mes bons messieurs. Au revoir et merci de l'intérêt que vous portez à notre armée !

116

Vous allez dire : ça ne fait pas une histoire. Si l'on s'en tient à l'action de disparaître proprement dite, vous aurez raison. Peut-être même, après tout, le soldat Irwin est-il un vrai déserteur, un de ces hommes qui regrettent leur engagement, ne se sentent plus la patience d'honorer dans la légalité leur contrat jusqu'à son terme... Ceux-là sont capables de brouiller les pistes, de dépenser jusqu'à leurs derniers sous pour se fabriquer une fausse identité, s'embarquer pour un pays où l'on n'est pas trop regardant sur l'origine réelle des gens...

Mais votre opinion changerait du tout au tout si vous saviez les événements plutôt singuliers qui émaillèrent la vie d'Irwin, jusque-là très ordinaire, dans les mois précédant sa « disparition ».

Si vous recherchiez des détails sur cette période, vous ne trouveriez pas grand-chose. Il faudrait fouiner loin d'El Paso et de Fort Bliss, dans un tout autre État. Tout cela pour dénicher un court article de fait divers dans un journal très local de Cedar City, dans l'Utah. Journal qui n'existe probablement plus aujourd'hui. Pour en savoir plus, il faudrait, par exemple, consulter le dossier militaire de ce « déserteur ».

Seulement, si vous demandiez à jeter un œil sur son dossier (parce que vous écrivez un livre sur les faits qui défient la raison, par exemple), vous vous entendriez répondre :

– Le dossier Irwin... Voyons voir... Irwin, Irwin... Eh bien, désolé, mes bons messieurs, il semblerait que ce dossier ait été égaré. Est-ce bête, non ?

Alors vous vous diriez : oui, c'est très bête qu'un dossier, un comme celui-là, justement, s'égare. Et votre curiosité serait piquée ! Vous auriez peut-être la patience de rechercher d'anciens témoins : policiers en retraite, personnel d'hôpitaux, vieux militaires que leur éloignement de l'armée rend moins secrets...

Vous en retrouveriez quelques-uns. Chacun n'a assisté qu'à un court épisode du très étrange parcours de Gerry Irwin pendant ces quelques mois. Mais en cousant bout à bout ces témoignages, vous parviendriez, de fil en aiguille, à reconstituer ce parcours. Et vous jugeriez assurément qu'il s'agit là d'un dossier hors du commun, un de ceux que les scénaristes américains pourraient utiliser dans une série télévisée où l'impossible tient tête à la raison.

Donc, comme dans ces séries, après avoir intrigué nos spectateurs par la disparition du soldat, revenons au départ et inscrivons sur l'écran : « Quelques mois plus tôt… »

28 février 1959, Cedar City, Utah, 23 h 12
Les rayons jaunes des torches électriques croisent et décroisent leurs faisceaux dans la brume du sous-bois. Des branches craquent sous des bottes ferrées et de grosses rangers. Parfois un juron fuse à voix retenue lors d'une glissade sur une plaque de neige.

Les hommes en uniforme de la police locale commencent à ressentir le froid, malgré leur expérience des battues : voilà plus de trois heures qu'ils se sont déployés sur deux lignes pour quadriller ce coin de forêt, et ils n'ont rien trouvé.

Le shérif Otto Pfief entend, pour la énième fois, crépiter le gros talkie-walkie en liaison directe avec son adjoint, qui mène les recherches de l'autre côté de la Route 14 :

– C'est moi, chef !

– Et qui veux-tu que ce soit d'autre, Wallace ! Quand est-ce que tu apprendras à t'identifier dans cette foutue radio en utilisant le foutu code ? !! Je suis « Autorité » et toi, c'est « Aigle » !

– Excusez-moi, chef ! Aigle à Autorité, chef ! C'est moi, Wallace !

– Ça n'est pas « Aigle » que j'aurais dû te donner comme indicatif ! C'est « Crâne de piaf » ! Tu as quelque chose, dans ta zone ?

– Oh ouais, chef !

– Pourquoi tu ne le dis pas plus tôt ? Qu'est-ce que c'est ?

– Une piste, chef. À ce que disent les gars, ce serait un ours, un gros ! Des empreintes bien nettes qui datent de deux jours ! Vous vous rendez compte, ça serait chouette si on avait un grizzli dans ce…

118

— Bougre de mule ! On s'en balance de ton foutu grizzli !
C'est un homme qu'on cherche ! Et peut-être un avion !

— Ah ben, dans ce genre-là, toujours rien, chef ! Dites donc,
il y a les gars, ici, qui commencent à peler de froid. Ils demandent si on doit continuer, vu qu'un bonhomme tout seul, de
nuit, n'a pas pu aller si loin que ça dans les broussailles…

Agacé, le shérif doit pourtant reconnaître qu'il y a du vrai
dans cette remarque. Il lève un bras autoritaire :

— On arrête ! On retourne aux véhicules ! On reprendra
demain matin ! C'est valable aussi pour toi, Wallace… Wallace… Wallace, tu me reçois ?

— Oui, j'ai entendu, chef !

— Alors pourquoi tu ne réponds pas ?

— J'attends que vous disiez : « À vous, Aigle », chef !

Fort heureusement, le talkie fait partie du matériel de l'administration, qui est rare et sacré. Sans quoi, le shérif Pfief le piétinerait avec une joie féroce, en attendant de piétiner Wallace
lui-même.

Les policiers font demi-tour, soulagés d'une corvée nocturne
et glaciale, mais avec la vague mauvaise conscience d'avoir laissé
une personne, plusieurs peut-être, en difficulté ou en danger
dans ce coin pas facile. Sur le retour, ils continuent machinalement à explorer les fourrés.

En courant un peu, le shérif rejoint un homme engoncé dans
le gros anorak beige des gardes forestiers. Celui-là emmenait la
deuxième ligne de battue.

— Hé, Todd ! Attends-moi !

Todd Philips, un autre vieux de la vieille : il arpente et protège cette forêt depuis aussi longtemps que le shérif use des
pneus sur le bitume du comté.

— Attends-moi, bon sang ! T'as le diable aux fesses, ou quoi ?

— Non, j'ai envie d'un café chaud… Et puis, je sais que tu vas
m'engueuler de vous avoir fait geler pour rien, toi et tes gars !

— J'avoue que ça me soulagerait, mais techniquement, tu as
eu raison… Seulement, tu m'accorderas que ça commence à
ressembler à une foutue farce !

— Une farce, tu n'y crois pas toi-même, Otto ! Sans ça, tu
n'aurais pas fait sortir toute ta cavalerie ! Je sais bien qu'il y a

déjà des types qui nous ont fait des blagues, mais jamais en plein hiver…

Le garde forestier évoque une calamité dont sont victimes les forces de l'ordre à Cedar City, comme dans bien des coins perdus de ce vaste pays : l'ennui de la population. Certes, Cedar est toute proche du merveilleux parc naturel de Zion. Certes, le « Grandiose Spectacle de la Nature » promis par les dépliants touristiques est bien là, dans chaque canyon, sur chaque crête… Mais les natifs de la contrée, eux, en sont comme qui dirait plutôt blasés, du Grandiose Spectacle. Saturés. Pour parler franc, ils s'y ennuient à mourir, dans la Nature Imposante ! Aussi, pour tromper leur ennui, certains ne trouvent-ils rien de plus malin que de lancer de fausses alertes aux policiers. Pas méchamment : juste histoire de se planquer quelque part sur les hauteurs avec une caisse de bière et de siroter en observant le branle-bas de la flicaille. Les voitures, les sirènes, les lumières, c'est comme à la télé, avec la poussière en plus. On se marre, quoi…

– Tu as raison, Todd : ils ne nous feraient pas ça en février. En général, ils attendent les beaux jours ! En plus, je ne sais pas si tu as remarqué, mais l'envie leur en est plutôt passée depuis deux ans !

Clin d'œil du shérif : il fait discrètement allusion à la façon dont il a calmé les ardeurs des derniers plaisantins qui s'étaient essayés à ce petit jeu. Épisode mémorable de l'histoire locale, qui vaut la peine d'être rapporté ici : il donne un aperçu de la personnalité du shérif, importante pour la fiabilité de ce qui va suivre.

Cette fois-là, une voix affolée – et anonyme, bien sûr – avait signalé sur le 911, la ligne des urgences, un cadavre dans un champ, du sang partout. Le correspondant avait raccroché très vite. C'est l'adjoint Wallace qui était de permanence et, quelques mois plus tôt, une femme avait été assassinée par un rôdeur dans le comté voisin. Le coupable était toujours en fuite. Départ de la patrouille sur les chapeaux de roues, sirènes, lumières et poussière, rien n'y avait manqué. Le grand jeu : enfin, pour Wallace, l'heure de gloire était arrivée !

Dans le champ indiqué, une piste sanglante, les herbes couchées sur une centaine de mètres. Au bout, une forme recroquevillée…

Le cadavre était celui d'un chevreuil, grossièrement attifé d'une vieille robe à fleurs !

Le shérif Pfief avait eu très vite son idée sur les auteurs probables de cette farce du meilleur goût. Il les avait repérés, rigolant comme des baleines dans leur pick-up garé derrière la station-service, aux premières loges pour observer le retour des patrouilleurs bernés.

Otto Pfief savait que ces mauvais plaisants avaient peu de chances d'être déférés devant une justice qui avait d'autres chats à fouetter. De toute façon, ils avaient la certitude de l'impunité, vu que le neveu du juge faisait partie du lot.

Otto ne s'était pas démonté : il était rentré chez lui déposer son arme. Il avait pris une douche froide. Il était ressorti de son pas lourdaud, mais en civil, sans son chapeau (ce qui présageait d'un moment agité). La batte de base-ball de son fils se balançait négligemment au bout de son bras velu.

Le dénouement n'avait pas eu de témoins. Du moins, aucun ne se présenta au poste pour déposer. Tout ce que l'on a su, à coup sûr, c'est que, dans les jours suivants, le docteur Broadbent procéda à de nombreux travaux de raccommodage, et le garage Forester à du débosselage de carrosserie. On constata aussi une remarquable absence de fausses alertes les deux années qui suivirent.

Voilà pourquoi, cette nuit du 28 février 59, le garde forestier et le shérif sentent qu'ils ont eu raison de déclencher la battue.

– Non, je te le dis, Todd, ce soir, ça ne sent pas le canular… Surtout que là, il y aurait une sacrée mise en scène ! La voiture abandonnée, le signal sur la portière… Et pourquoi écrit avec du cirage ? Il s'est vraiment passé quelque chose par ici… Mais bon sang, si un avion, même un petit, s'était crashé dans le coin, la sécurité aérienne nous aurait bien alertés !

– Tu en jurerais à cent pour cent ? Et si c'était un zinc de l'armée ? Je ne sais pas, moi, un de leurs nouveaux modèles secrets, ou un missile lancé contre les Ruskofs et qui aurait fait fausse route… Ces mecs avec des étoiles partout, on sait qu'ils n'aiment pas avoir les petits flics locaux dans les pattes, soit dit sans vouloir te vexer, Otto. Si quoi que ce soit a déconné chez eux, surtout si c'est grave, ils ne te mettront pas dans le coup. Ils vont vouloir régler ça entre galonnés !

– Je sais, j'y ai pensé. Je n'aime pas trop non plus les embrouilles avec l'armée. Ils nous prennent toujours de haut et ils escamotent les preuves dès qu'un troufion est mêlé à une affaire. Mais là, Todd, ce qui me turlupine le plus, c'est cette histoire de cirage sur la portière. Le type qui a eu le réflexe de faire ça est un militaire, justement ! Il s'est retrouvé devant un cas d'urgence, mais il a gardé la tête froide. Donc, s'il dit avoir vu quelque chose, il a dû effectivement le voir. Et ce quelque chose devait bel et bien ressembler à un avion en difficulté : un militaire ne peut pas se tromper là-dessus !

– C'est bien pour ça que je t'ai appelé.

– Todd, sans te commander... Tu voudrais bien me redire comment ça s'est passé, depuis le début ?

– Dis donc, dans les films, j'ai vu que c'était aux suspects que vous faisiez répéter leurs déclarations ! Je te mettrai la mienne par écrit dès demain matin, avec tous les détails !

– Ne te fâche pas ! C'est juste parce que maintenant ta mémoire est fraîche.

– Je te crois : il fait moins dix !

– Eh ben, parle : ça te dégèlera la moustache !

Il est vrai que la Route 14, où ils ont laissé leurs véhicules (et les thermos de café brûlant), est encore à belle distance. Alors, en maugréant pour le principe, Todd Philips retrace par le menu sa fin de journée agitée.

Forêt de Cedar City, ce même jour, 18 h 07

Todd Philips, au volant de son Dodge, parcourt au ralenti la Route 14.

Normalement, à cette époque de l'année, la journée d'un garde forestier devrait être finie depuis un bon moment, avec le coucher du soleil d'hiver. Todd, comme des millions d'Américains, devrait se prélasser en pantoufles fourrées, en attendant l'apparition, sur l'écran, du candidat super-calé qui va tenter la question à dix mille dollars.

Mais Todd se soucie comme d'une guigne des jeux télévisés. Et il ne sait même plus où sont ses pantoufles, depuis que son épouse légitime et patiente s'est résolue, après quatorze années, à lui montrer des valises déjà bouclées sur le perron et à lui annoncer d'un trait et dans l'ordre :

– qu'elle partait pour Detroit le soir même,

– qu'elle comptait y vivre enfin une vie *normale* auprès d'un ouvrier de chez Ford qui, lui au moins, avait des horaires fixes,

– que d'ailleurs ledit ouvrier allait être nommé contremaître,

– qu'il allait passer la chercher avec ses bagages,

– que sa décision était *mûrement* réfléchie,

– qu'elle emportait tous les disques de Nat King Cole, mais laissait le phono,

– que sa décision était *irrévocable*,

– et que, bon-sang-de-bonsoir-de-nom-de-Zeus, une femme *ne peut pas* passer toutes ses bon sang de soirées à attendre un bon sang de type qui consacre quinze heures par jour à son éternelle maîtresse, cette bon sang de forêt, point final, ouf !

Donc, depuis ce triste soir, rien n'empêche plus Todd Philips de prendre son temps, dans cette forêt qu'il connaît comme sa poche. Ce qu'il fait, ce 28 février à 18 h 07.

– Quand j'ai vu la bagnole sur le bas-côté, j'ai pensé à celle d'Elvis, tu sais, dans ce film où il se retrouve en prison : bleu très clair, presque blanc. Un coupé. Les chromes impeccables. J'ai pensé à des amoureux en pleine tendresse. Et puis j'ai déchiffré la plaque arrière, une plaque du Texas. C'est pas la porte à côté.

La voiture est garée à gauche de la route, à contresens de la circulation. Le garde forestier arrête le Dodge à quelques mètres derrière, lance des appels de phares. Rien ne bouge. Philips pense pêle-mêle : la panne, le malaise, une sieste sur la banquette au milieu d'un long parcours, un conducteur soulageant un besoin pressant à quelques mètres… Et il a aussi en tête que le rôdeur qui piège les femmes seules, dans le comté voisin, court toujours.

Coups de klaxon : rien. Philips décroche sous le tableau de bord la torche électrique, qui peut éventuellement servir de matraque. Il met pied à terre et s'approche, avec la prudence de rigueur.

— C'est en arrivant sur le côté que j'ai vu « STOP », écrit en très gros sur la portière. La portière de droite, pour être vu de la route...

Effectivement, on a tracé ces quatre lettres, en noir, sur la carrosserie lustrée. L'odorat exercé du garde détecte aussi une odeur étrangère : cela rappelle la térébenthine. Du bout des doigts, il touche les lettres : c'est gras. Il renifle : du cirage. Indiscutablement, c'est écrit au cirage, largement déposé au chiffon ou avec un gant, voire à main nue.

— J'ai éclairé l'intérieur de la voiture et c'est là que j'ai vu le papier.

Sur la banquette avant, à la place du conducteur, une feuille. Une page de garde arrachée à un livre. On y a écrit au crayon et en majuscules :

!!!

UN AVION S'EST PEUT-ÊTRE ÉCRASÉ DANS LE BOIS
JE VAIS VOIR
PRÉVENEZ LA POLICE SVP

!!!

Forêt de Cedar City, 1ᵉʳ mars 1959, 0 h 34

— Voilà, Otto. J'ai appelé avec mon porte-voix, j'ai encore klaxonné. Pas de réponse. Pas non plus d'odeur de fumée ou de lumière d'incendie. J'ai décidé de ne rien tenter tout seul. Je t'ai contacté par radio et je vous ai attendus. Ça te convient, comme témoignage ?

— T'as toutes les qualités pour faire un bon flic !

— M'insulte pas, vieille carne !

— Tiens ! Je vais t'offrir ce fameux café, pour ta peine.

Effectivement, la Route 14 n'est plus maintenant qu'à quelques dizaines de mètres d'eux : un fossé à franchir, le talus à remonter. Déjà on entend des moteurs démarrer : les hommes menés par l'adjoint Wallace, arrivés un peu avant, se hâtent de mettre le chauffage.

Wallace lui-même vient à la rencontre du shérif, lui tend un gobelet de carton fumant, recule d'un pas et récite fièrement, avec le sourire satisfait du bon élève qui a tout compris :

— Aigle à Autorité : on a fait chou blanc, chef !

Otto Pfief n'a pas le temps de se mettre en rage : on entend des appels, des bruits de course.

— Par ici !

— Faites gaffe ! Il est peut-être armé !

— Ça ne risque rien, il est mort !

Forêt de Cedar City, 1er mars 1959, 0 h 40

Le shérif Pfief, essoufflé, s'agenouille près de l'homme que l'on vient de découvrir derrière un buisson. Un grand gaillard, assez maigre. Dans cette froidure, il est vêtu en tout et pour tout d'une chemise de nylon et d'un pantalon. Et aussi de chaussures de ville impeccablement cirées. Pfief lui effleure le cou, du dos de la main :

— Il n'est pas mort. Il est gelé. Pas de blessure visible. Direction l'hôpital ! Délicatement, surtout : il a peut-être quelque chose de cassé à l'intérieur ! Wallace, tu restes. Tu fais les relevés de traces éventuelles sur la route, des fois qu'un chauffard ait culbuté ce type et se soit taillé. Tu ramèneras sa voiture en ville !

Déjà des policiers arrivent avec une couverture de survie, recouvrent l'accidenté, tout bleu. Ils posent près de lui une civière de toile et le font glisser dessus. Pendant qu'on le transporte vivement vers un fourgon, le shérif et Todd Philips examinent les abords immédiats :

— Tu penses ce que je pense, Todd ?

— Si t'as dans l'idée qu'on aurait déjà dû le trouver à l'aller, on est d'accord !

— Bon sang, oui ! On est forcément passés par ici : on n'aurait pas pu le louper !

— En plus, un gars qui prend toutes ces précautions pour alerter les passants, qui écrit qu'il va rechercher un avion tombé… Et il part dans les bois en chemise ?

— Et ses godasses ! Tu as vu ses godasses ? Elles ne sont pas neuves, mais il les entretient comme un maniaque. Elles ont l'air de sortir de leur boîte ! Pas une éraflure ! Tu croirais que ce gus a piétiné dans les broussailles ? Ça ne colle pas, je te le dis !

Pourtant, rien de suspect autour de l'endroit où l'automobiliste était couché, aucun signe apparent de lutte avec un homme ou un animal. Ils rejoignent Wallace. L'adjoint tourne autour du coupé bleu, manifestement perplexe :

— Aucune trace de gomme sur la route, chef : le gars n'a pas freiné en catastrophe. Il a dû ralentir, traverser la chaussée et se garer là où c'est le plus plat… Normal, quoi… Par contre, je ne pourrai pas ramener le véhicule en cause comme vous l'avez demandé, chef !

— Qu'est-ce qui t'en empêche ?

— Il ne démarre pas, chef.

— Quelle est la panne, à ton avis ?

— Je sais pas, chef : je trouve pas les clefs !

— Bougre de… Il doit les avoir sur lui !

Pfief arrête le fourgon qui faisait demi-tour et monte à bord fouiller le pantalon de la victime : un peu de monnaie, un mouchoir, un peigne dans un étui en plastique. Ni clefs ni papiers d'identité. On n'en trouve pas davantage dans l'habitacle, ni dans la boîte à gants du coupé bleu.

— Bon, remorquez-le jusque chez Forester. Il saura bien nous ouvrir le coffre. Deux volontaires pour rester de garde ici, au cas où… On y verra plus clair demain.

Tandis que ses hommes entourent l'emplacement avec des bandes de plastique jaune marquées « Police, périmètre interdit », Pfief retourne à son bureau, prêt pour une nuit blanche.

Hôpital de Cedar City, 1ᵉʳ mars 1959, 20 h 38

Le shérif Pfief grimace en buvant son quatorzième café de la journée :

— Bon sang ! Leur foutue machine est encore pire que la nôtre ! Ou alors c'est leur bon sang de foutu sucre !

Le docteur Broadbent hoche une calvitie désapprobatrice :

— Au moins, mettez-vous à la saccharine, Otto ! Vous savez ce que vous risquez !

– Dites ça à ma femme et je vous étrangle, toubib ! Parlez-moi plutôt de notre zigoto. Toujours dans le coma ?

– Ça n'est pas un coma, je vous l'ai dit. Pas non plus un évanouissement prolongé. Il dort ! Son corps est revenu à la température normale une heure après son admission ici. Pas de blessure, pas de contusion, pas même un rhume.

– Alcool ou drogue dans le sang ?

– Zéro. Tous les indicateurs sont réguliers.

– Et il dort ? Un somme de vingt-trois heures ! Ça existe ?

– J'avoue que je n'ai jamais vu ça. Mais c'est tout ce qu'on peut en dire.

– S'il est en bonne santé, vous ne pouvez pas me le secouer un peu, que je puisse l'interroger ?

– On a tout tenté pour le réveiller, enfin… tout ce qu'on peut sans risquer de provoquer un choc nerveux. Nous ignorons ce que cet homme a pu subir, après tout. Rien n'y a fait. Et de votre côté, l'enquête a avancé ?

Pfief résume : calme plat du côté des volontaires restés sur les lieux de l'incident. Les plaques de la voiture ont permis de déterminer que le grand dormeur se nomme Gerry Irwin. Il est soldat de première classe, stationné à Fort Bliss, près d'El Paso, à l'extrême Sud. Il était en permission régulière à Tonopah dans le Nevada, au nord-ouest de l'Utah et de Cedar City.

– J'ai regardé sur la carte, c'est parfaitement logique : ce gars traversait l'État pour retourner à son cantonnement, sans se presser, vu que sa perm' se termine demain. Il évitait les autoroutes. Il a pris la Route 14, qui rejoint la nationale 89 vers l'Arizona et le Nouveau-Mexique.

– Normal, quoi !

– Oui. À part trois détails. Figurez-vous qu'au garage, j'ai forcé la serrure de son coffre et j'y ai trouvé son paquetage. Impeccable, tout son linge civil et militaire plié au carré, lavé, repassé. Dans une trousse, il y avait son nécessaire à chaussures, avec la boîte de cirage qui lui a servi à inscrire « stop » sur la portière. Il avait pris soin de la ranger après avoir écrit. Par contre, premier détail qui me choque : je n'ai pas retrouvé de veste ou de manteau, ni sur les sièges de la voiture ni dans les effets personnels.

– Effectivement, chez quelqu'un qui semble aimer l'ordre…

– C'est ce que je me suis dit. Deuxième détail notable : manquent également les clefs de sa voiture *et* ses plaquettes d'identité militaires, qu'il devrait porter au cou.

– Je ne les ai pas trouvées non plus en le déshabillant. Et je suppose que vous attendez que je vous demande le troisième détail ?

– Oh, ça ne veut peut-être rien dire, mais cet Irwin a une spécialité, dans l'armée : il est technicien dans les missiles et les fusées !

– Là, je comprends que vous ayez très envie de l'interroger !

– Oui, parce que si un spécialiste comme lui pense avoir vu un avion s'écraser... Or, j'ai appelé tous les services de l'air : officiellement, aucun accident ! Pas même un avion qui se serait posé en urgence dans un champ ! Intéressant, non ?

– Je vous suis, Otto, je vous suis ! Malheureusement, tant qu'il dort... Tout ce que je peux faire, c'est vous tenir au courant de l'évolution de notre malade ! Au moindre signe, vous pouvez compter sur moi !

Hôpital de Cedar City, 1er mars 1959, 20 h 52

Dans sa voiture, sur le parking de l'hôpital, le shérif Pfief étire sa grosse carcasse harassée. Il lui reste encore à...

– Shérif ! Ne partez pas ! Votre accidenté, il parle !

Un infirmier court vers lui en agitant les bras.

– C'est le docteur qui m'envoie ! Il est près de lui...

Personne ne pourrait imaginer à quelle vitesse une pareille nouvelle peut vous propulser vers les étages cent vingt kilos de policier fatigué ! Mais lorsque Pfief ouvre à la volée la porte de la chambre, il constate qu'Irwin est étendu, les yeux clos, entouré d'une équipe médicale consternée, bras ballants.

– Ne me dites pas qu'il est...

– Non, rassurez-vous ! Il s'est juste... rendormi !

– Déjà ?

– Presque aussitôt réveillé ! Je n'ai jamais vu ça !

– Mais il a parlé ?

– Très peu ! Quand je suis arrivé, l'infirmière était en train d'essayer de le calmer. Racontez, Cindy !

– Eh bien, je préparais une perfusion, avec du glucose et un remontant, comme le docteur l'avait prescrit. J'ai entendu du bruit derrière le paravent. J'ai regardé : le jeune homme était assis au bord du lit, complètement hagard et très agité. Je lui ai demandé comment il se sentait. Il n'avait pas l'air de m'entendre. Ses yeux étaient écarquillés, on aurait dit qu'il regardait à travers moi, ou qu'il voyait quelque chose derrière moi... Il a tendu le bras, il voulait se lever. Je l'ai maintenu assis, en lui appuyant sur les épaules. J'ai cru qu'il allait me frapper ! Il s'est débattu, il a arraché les aiguilles de son bras. Je l'ai plaqué sur le dos. Il développait une force pas croyable ! Il poussait des cris avec une drôle de voix, du fond de la gorge. J'ai réussi à me libérer une main pour sonner. Le docteur et mes collègues sont venus.

Le médecin reste impressionné, lui aussi :

– Il a fallu trois personnes pour maintenir ce sauvage ! Quand il s'est senti immobilisé, il a parlé, très distinctement, mais avec cette voix bizarre qui avait frappé Cindy...

– Oh oui, shérif : une voix qui... faisait peur ! Et pourtant, on en entend, dans notre métier !

Les deux autres témoins, des brancardiers musclés, approuvent de la tête.

– Qu'est-ce qu'il a dit, exactement ?

– Il a demandé : « Y a-t-il des survivants ? » Et puis, tout de suite après, il a eu l'air inquiet... Plus que ça : paniqué... Et il a dit : « Ma veste, où est ma veste ? » Ensuite – oh, tout ça n'a pris que quelques secondes – il a eu une expression d'étonnement, comme quelqu'un à qui on couperait la ligne pendant qu'il parle au téléphone... Et il est retombé en arrière. Endormi.

Pfief se penche sur Irwin et voit un visage calme, détendu.

– Mais... ma parole... il ronfle !

Toute l'équipe se met à rire : ce son régulier, ordinaire, rassurant, a pour vertu de détendre brusquement l'atmosphère inquiète. Le docteur Broadbent soulève d'un pouce professionnel une paupière du dormeur :

– Globe oculaire normalement révulsé, pupille saine... Mais, vous voyez, rien ne le réveille. Il est reparti instantanément en sommeil hyper-profond ! Jamais vu ça ! Jamais !

– Vous êtes sûr, toubib, qu'il n'a rien absorbé, dans le genre de ces mixtures exotiques que les jeunes expérimentent en Californie ?

– Rien de détectable dans le sang ou les urines, en tout cas, nous avons vérifié ! Non, je ne vois... À moins que... Non, c'est idiot, ça ne tient pas debout...

– Dites toujours ! Il ne faut rien négliger.

– Une hypothèse, juste une hypothèse, shérif, prenez-le comme ça : j'ai lu récemment un papier sur les inductions hypnotiques du sommeil et sur la possibilité que, dans l'avenir, on puisse mettre au point de nouvelles techniques électromagnétiques, beaucoup plus puissantes que l'hypnose classique...

– Qu'est-ce que ça apporterait ?

– Un traitement de certaines affections, à commencer par l'insomnie, bien sûr, mais aussi divers troubles du comportement rebelles aux médicaments...

– Ça se pratique où, ces bizarreries ?

– Nulle part ! C'est une théorie, pour l'instant. Et, si elle se vérifiait, il faudrait quelques dizaines d'années et de millions de dollars pour que les technologies soient mises au point ! Sauf... Votre gars, c'est un militaire ?

– Oui. Vous pensez à quoi ?

– Eh bien, si la Défense trouvait... Je dis bien *si*... Si la Défense s'intéressait à de telles méthodes, on trouverait toujours, comme par magie, les capitaux qui permettent d'accélérer les recherches... La guerre a toujours, hélas, été le plus puissant moteur de progrès !

– Je vois ! Et, même si les flics ne sont pas réputés pour leur imagination, vous commencez à faire tourner la mienne, toubib ! Des techniques comme celles que vous évoquez pourraient servir, en cas de conflit... Je ne sais pas, moi... Pour faire parler des espions en annulant leur entraînement à résister aux interrogatoires... On pourrait aussi faire « oublier » à des gens ce qu'ils ont vu et qui n'est pas censé venir à la connaissance de l'opinion publique. Vous savez, ça me rappelle... Mais vous n'êtes sûrement pas au courant... J'ai juste aperçu ça dans des rapports confidentiels...

— Ne me dites pas que la police nous cacherait des choses ? Des dossiers estampillés « X », par exemple[1] ?

— Mais qu'est-ce que vous allez chercher là ! Un type sérieux comme vous ne va tout de même pas ajouter foi à ce genre de racontars ! Ça n'existe pas, les dossiers X ! C'est le croquemitaine des temps modernes ! Non. Il y a juste, dans certaines affaires, quelques détails sur lesquels on nous demande parfois d'être discrets, pour ne pas exciter inutilement les esprits…

— De simples hypothèses de votre côté aussi, alors ?

— Voilà, c'est ça : de simples hypothèses !

— Déballez, shérif, déballez ! Chacun son tour !

— Oh, ce sont des rumeurs, des on-dit… avec toute cette psychose de guerre froide… Mais ces légendes reviennent régulièrement, lorsque des témoins spontanés préviennent le poste de police à propos de chutes de météorites ou d'explosions dans des lieux supposés déserts… Parfois d'avions en perdition…

— Tiens, tiens… Ça me rappelle quelque chose… Et que disent vos rumeurs ?

— Elles disent que la police intervient et qu'elle ne trouve rien. Ni trace effective d'explosion, ni épave, ni victimes. Quant aux témoins… finalement, ils ne sont plus sûrs d'avoir vu quoi que ce soit. Ils ne se rappellent plus bien, ou carrément plus du tout, et s'excusent d'avoir alerté les autorités pour un rien !

Le docteur sourit :

— Ben pardi ! Ils craignent de voir la maréchaussée s'incruster chez eux et d'avoir à se déplacer ensuite devant un juge !

— Quelques-uns, certainement. Mais ne généralisez pas : la plupart des braves gens sont pleins de bonne volonté, ils seraient prêts à déposer. Seulement, la plus grande partie de leurs souvenirs se sont évaporés. Il ne leur reste plus que des choses très banales, sans signification réelle. Par contre… Ce que l'on nous demande de ne pas mentionner dans nos rapports, c'est que le voisinage de ces « témoins amnésiques » fait souvent mention des… des hommes en noir[2] !

---

1 En anglais : *X files*.
2. En anglais : *Men in Black*.

Là, le docteur ne peut retenir un bon rire qui fait monter et descendre son nœud papillon et plisse jusqu'au sommet son crâne lisse :

— Allons bon ! Les... comment dites-vous ? les hommes en noir ? C'est quel genre ? Barbiche, chapeau pointu et cape couleur de muraille ? Ou bien combinaison collante et casque galactique à visière opaque ?

— Je savais que vous alliez vous marrer. Beaucoup plus simple... Et donc beaucoup plus embêtant : on parle de types qui arrivent dans une bagnole discrète, dont personne ne remarque les plaques. Ils sont au moins deux, parfois quatre ou cinq quand ils vont visiter une famille entière. Taille normale, démarche normale, cheveux normaux, costumes noirs, cravates assorties. Le seul détail qui accroche, c'est qu'ils portent des lunettes noires, quelle que soit la saison. C'est un procédé enfantin, mais ça fonctionne : les gens polarisent là-dessus, et ensuite, le seul signe distinctif qu'ils sont fichus de signaler, ce sont ces foutues lunettes noires !

— Pas bête ! Et d'où sortent-ils, vos... hommes en noir ?

— On n'en sait rien. Ils n'appartiennent à aucun service de sécurité ni aucune agence légalement missionnés sur une affaire. Tout ce que l'on constate, c'est qu'ils trouvent toujours le moyen de passer *avant* les enquêteurs officiels. Ils ne restent jamais longtemps. Ils repartent comme ils sont venus. Ensuite, plus rien à voir ni à entendre. Des nettoyeurs de première classe : plus une miette, plus une poussière d'information valable. C'est comme si Mr. Propre en personne avait fait le ménage !

— Vous êtes conscient, Otto, qu'il faut que ça vienne d'un vieil ami comme vous, dont je connais la santé mentale, pour que j'avale ça ? Hommes en noir et amnésies sur mesure ! Nous sommes en 1959, mon vieux ! On est informé, de nos jours ! C'est comme si vous me racontiez que, dans dix ans, on marchera sur la Lune ! Ces histoires sortent tout droit d'un de ces magazines de bandes dessinées !

— Qui sait ? On en fera peut-être un film, plus tard ? En tout cas, prenez-le comme vous voudrez, mais gardez-le pour vous !

— Rassurez-vous : je n'ai pas envie de passer pour un parano !

– Quoi qu'il en soit, vous, vous n'êtes pas amnésique ? Notre dormeur, vous l'avez bien entendu ? Il a bien cherché sa veste manquante et demandé s'il y avait des « survivants » ?

– Absolument !

– Des survivants à quoi, puisqu'il ne s'est *officiellement* rien passé ? Il faut que je le sache, et croyez-moi : j'attendrai le temps qu'il faut pour qu'il retrouve la parole, mais je le saurai !

Et le shérif Pfief s'installe dans un fauteuil, en vue du lit, pieds sur une chaise. Le médecin, lui, retourne à ses malades, en assurant qu'il sera disponible au moindre appel.

Hôpital de Cedar City, 1ᵉʳ mars 1959, 23 h 17

Le shérif Pfief s'est laissé submerger par la fatigue accumulée, mais il bondit sur ses bottes au premier froissement de draps et déclenche la sonnette pour appeler le docteur. Il reste un peu à l'écart pour que son uniforme n'effraie pas Irwin dans les premières secondes de son éveil. Car, à n'en pas douter, il se réveille à nouveau, après plus de deux heures d'un sommeil tranquille.

Pfief, dans la pénombre, observe toutes les expressions du jeune homme : dans un moment comme celui-là, surtout si l'on se croit seul, on est vrai.

Irwin bâille, claque la langue contre le palais, s'humecte les lèvres, bâille encore et s'étire. Il grimace sous une douleur légère, ouvre les yeux et constate la présence de l'aiguille de perfusion fixée à son poignet. Il se redresse brusquement, regarde autour de lui :

– Merde ! Qu'est-ce que je fiche ici ?

Ça, c'est du spontané ! Le timbre est plutôt agréable, rien à voir avec une voix « qui fait peur ». Pfief se montre dans la lumière :

– Vous êtes tombé dans les pommes, mon gars, rien de grave, vous êtes entier !

– Vous... vous faites partie de la police ?

– On peut même dire que je suis la police, dans ce comté.

– Quel comté ?

– Cedar City.

– Cedar... Ah oui, ça me dit quelque chose... On est dans l'Utah ?

– Bingo ! Et qu'est-ce que vous veniez y faire ?

– Je suivais la carte ! Mais pourquoi vous m'interrogez comme ça ? J'ai fait quelque chose ? Mon Dieu ! J'ai eu un accident, c'est ça ? J'ai eu un accident et j'ai blessé quelqu'un ?

Le jeune homme commence à s'affoler. Heureusement, le médecin vient d'entrer dans la chambre :

– Doucement, Otto ! Vous allez nous le traumatiser ! Commençons dans l'ordre : je suis le docteur Broadbent. Comment vous sentez-vous, jeune homme ?

– Bien ! Parfaitement bien ! Qu'est-ce qui m'est...

– Vous avez eu... un petit malaise, juste ça. Vous étiez au volant de votre voiture, vous vous souvenez ?

– Ma voiture, oui... Je roulais... Ma Chrysler ! Elle est... ?

– En parfait état, elle aussi, rassurez-vous !

Broadbent se penche à l'oreille du shérif :

– Sa voix... Il n'a plus la même voix qu'à son premier réveil !

Il s'approche d'Irwin et lui prend le pouls :

– 72. Parfait. Voyons : vous vous rappelez votre nom ?

– Évidemment ! Pourquoi cette question ? Je suis Irwin, Gerry Irwin, soldat de première classe de l'US Army ! Vous voulez mon matricule, aussi ?

– Si cela ne vous ennuie pas, oui. Vous avez été choqué et vous aideriez tout le monde – vous le premier – si vous vouliez bien coopérer.

Irwin se calme. Il réalise que ces gens ne lui veulent que du bien. À partir de cet instant, il va se prêter de bonne grâce à un interrogatoire attentif et méthodique, pour tester autant sa mémoire que sa bonne foi.

Il va répondre sans hésiter, sans la moindre erreur, sans la moindre faille. Les questions croisées ne pourront déceler aucune tentative de dissimulation ni de mensonge. D'ailleurs, cet aimable garçon semble ne pas comprendre pourquoi ces gens supposent qu'il voudrait mentir, ou dissimuler quoi que ce soit.

Et ses réponses sincères vont déboucher sur des possibilités ahurissantes.

Il va ainsi livrer son identité complète, son grade, son matricule, son lieu de naissance, le nom de ses parents, de ses supérieurs hiérarchiques.

Il confirme qu'il est technicien au sol, spécialisé dans l'entretien des engins balistiques. Il est bien affecté à Fort Bliss, non loin d'El Paso, État du Texas, en bordure de la frontière avec le Mexique.

Il bénéficie d'une permission régulière qu'il a passée à Tonopah, dans le Nevada. Il doit être de retour dans ses quartiers le 1er mars. Il empruntait donc la Route 14 à bord de son coupé Chrysler 1948, bleu ciel, un bijou, déjà une pièce de collection, qu'il entretient lui-même, à laquelle il tient comme à la prunelle de ses yeux et il prie le ciel que les policiers s'en soient bien occupés !

Il se souvient parfaitement avoir consulté la carte : le chemin le plus direct vers le sud l'amenait, par la 14, à bifurquer au croisement après Cedar City.

Non, il ne boit pas d'alcool, sauf une bière ici ou là, mais seulement avec des copains, et il voyage seul.

Oui, il roule toujours en dessous de la limitation de vitesse, pour ménager sa chère mécanique.

Tout allait bien à bord. Pas d'incident, pas d'inquiétude sur la jauge à essence, pas de fatigue : il s'était arrêté régulièrement pour se délasser.

Il s'est réveillé à l'instant dans cet hôpital et il ne sait pas comment c'est possible, *vu qu'il ne s'est pas endormi* ! Et il espère bien, maintenant qu'il a prouvé sa bonne volonté, qu'on va daigner enfin lui expliquer !

– T'expliquer ? Je ne demanderais pas mieux, mon gars ! Faudrait-il encore que je comprenne moi-même ! D'abord, il y a une autre question que j'aimerais te poser.

– Encore !

– Oh, juste une petite ! À ton avis, quel jour on est ?

– Comment ça, quel jour ? Le 28 février, pardi ! Le samedi 28 février 1959.

La mâchoire de Gerry Irwin descend d'un étage lorsqu'il apprend que l'on a changé de mois et qu'il a dormi pendant vingt-cinq heures. Et ses yeux reflètent à nouveau la panique la plus totale lorsque Pfief lui affirme :

– Entre-temps, tu t'es déjà réveillé une première fois et tu as demandé des nouvelles des « survivants ».

– Quels survivants ?

– C'est bien la question que je te pose.

– Je n'ai pas pu dire ça ! Pourquoi j'aurais parlé de survivants puisque je n'ai pas eu d'accident, vous me l'avez certifié !

– Tu étais aussi très inquiet au sujet de ta veste ?

– Ma veste ? Pourquoi ? Elle doit être restée pliée sur la banquette arrière, comme toujours quand je roule ! Je prends soin de mes affaires, ce n'est pas un crime !

– Et tes plaquettes d'identité ?

Irwin porte la main à son cou, constate l'absence de la chaînette et des plaques de métal : un militaire ne s'en sépare jamais.

– Nom d'un chien ! Je vais me faire engueuler, au Fort ! Qu'est-ce que tout ça...

Alors le shérif sort de son carnet la page de garde de livre, trouvée sur le siège du coupé, demandant d'avertir la police. Irwin lit, sa main tremble :

– Un accident d'avion ? C'est moi qui ai écrit ça ? Ça ne peut être que moi : je reconnais mon écriture... Et la page de bouquin... j'ai dû l'arracher dans le polar de Chase que je suis en train de lire, il doit être dans mon paquetage... Mais, shérif, je vous jure... je vous le jure sur le drapeau : je ne me rappelle plus rien de toute cette embrouille !

Pfief donne encore quelques détails. Irwin trouve tout juste la force d'un pauvre rire lorsqu'on lui parle du mot « STOP » en grosses lettres : lui, il aurait « tartiné » du cirage noir sur les flancs de sa chère voiture ?

– Dingue ! Si tout ce micmac est vrai, alors je suis devenu dingue !

– Otto, ce pauvre garçon est KO, maintenant. Il faudrait le laisser manger, boire, se reprendre un peu. Vous voulez bien ?

– D'accord, toubib. Moi, je retourne au poste pour recouper sa déposition avec les constats. Je reviendrai demain, première heure. D'ici là, vous me le remettez en état !

Bureau du shérif de Cedar City, 2 mars 1959, 04 h 16

— Arrêtez de bafouiller, toubib ! Qu'est-ce que vous entendez par « emporté » ?

— Ils l'ont emporté ! Sur une civière ! J'étais rentré chez moi pour dormir un peu. C'est l'interne de garde qui m'a prévenu !

— Mais qui a emporté qui ?

— Eux, des... des militaires, apparemment ! Des infirmiers militaires, avec une ambulance de l'armée et une demi-douzaine de MP's[1] en casques blancs, brassards et tout ! Ils se sont catapultés à travers l'hôpital. Ils avaient des papiers de prise en charge avec tous les tampons de toutes les autorités possibles. Ils sont allés droit à la chambre d'Irwin. L'équipe médicale a tenté de s'y opposer, mais il paraît que les MP's ont sorti leurs matraques et qu'ils ont bloqué tout le monde dans le hall pendant qu'on embarquait Irwin !

— Et ils émanaient de qui, ces bordereaux de transfert ?

— Je vous le dirai dès qu'on aura remis la main dessus... parce qu'on dirait bien qu'ils se sont égarés.

Comté de St George, Utah, 2 mars 1959, 06 h 42

Barney O'Keefe se lève été comme hiver à 5 h 30. Il doit nourrir ses bêtes et il prend tout son temps, vu que sa femme, Mabel, préfère rester dans la moiteur de l'édredon bien chaud. C'est le seul moment où Barney est certain qu'il n'entendra pas la voix grinçante de Mabel lui reprocher de ne pas faire les choses assez vite, ou assez bien. Ou trop vite. Mais jamais trop bien.

Devant la porte de l'étable, Barney allume une délicieuse pipe de maïs. Par-dessus la flamme du briquet, il note un mouvement, là-bas, sur la route : une ambulance militaire passe à toute vitesse, précédée par une jeep des MP's et suivie par une autre. Il formule une rapide prière pour le pauvre gars que l'on transporte : il doit être mal en point pour qu'ils roulent à cette allure !

Un quart d'heure plus tard, Barney frappe à regret le fourneau de sa pipe contre le talon de sa botte : déjà finie. Il en allu-

---

1. *Military Police*, police militaire.

merait bien une seconde, mais il n'ose pas. Il rentre à la ferme pour préparer le petit déjeuner de Mabel. Un jour, il faudra qu'il essaie de vider sa pipe dans le gallon de café qu'elle ingurgite chaque matin, pour voir si elle remarque une différence...

Sur le seuil, Barney lève la tête pour suivre le vol lourd d'un cargo qui décolle du terrain militaire voisin. Il en voit rarement, de ceux-là, mais il les reconnaît parce qu'il a fait le Débarquement en France : un appareil kaki avec la croix blanche, c'est un avion-hôpital, médecins à bord et tout le tremblement. Le type transporté dans l'ambulance était peut-être une huile...

Main Street, Cedar City, 2 mars 1959, 7 h 12

Warren Forester, du garage Forester, comprend bien que le shérif soit contrarié, mais de là à se mettre dans une colère pareille...

— Après tout, ce n'était qu'une bagnole, Otto ! Une pièce de collection, ce coupé bleu pâle, d'accord. Mais...

— Pour moi, c'était une pièce à conviction !

— Fallait la faire garder par tes adjoints ! Comment j'aurais pu, moi, simple garagiste, refuser de leur donner ce véhicule ? Ces types étaient vraiment de la police militaire ! Moi, je veux d'ennuis avec personne !

Ils se sont pointés à quatre heures du matin, avec une remorque et des mécaniciens. Ils ont réveillé Warren dans un raffut de tous les diables et ils ont réclamé le coupé. Ils connaissaient le numéro exact.

— Exécution immédiate. Réquisitionné, qu'ils ont dit.

Pour sûr que Warren leur a demandé si on ne devait pas avertir le shérif ! Mais les types lui ont fourré ce papier dans la poche de son pyjama et l'ont assuré que tout était en ordre, qu'il aurait tout le temps de régulariser tranquillement, aux heures ouvrables : il avait accompli son devoir de citoyen et il pouvait retourner se coucher. Il *devait* retourner se coucher.

— Ils ont même attendu que je sois dans les plumes, avant de repartir.

De repartir avec le coupé bleu sur leur remorque. Le shérif peut vérifier : il y a bien l'en-tête officiel et tout un tas de tampons, sur ce papier ! Mais Forrester a beau fouiller son bureau et son pyjama... Où est-elle passée, cette feuille ? C'est curieux.

– Si on ne peut plus faire confiance aux MP, maintenant...

Fort Bliss, Texas, 6 mars 1959, 10 h 34

Le soldat de première classe Gerry Irwin retrouve avec un plaisir visible les *donuts* moelleux de la cantine. À son avis, les meilleurs beignets de tout le pays. Ses copains le jugent un peu pâlot. Il leur explique de sa voix douce qu'il a eu un petit coup de pompe sur la route, mais rien de grave. La preuve : les médecins de l'armée l'ont examiné et l'ont déclaré apte à reprendre son service après quatre jours de repos seulement.

Distraitement, il joue du bout des doigts avec ses plaques d'identité toutes neuves : vu que l'on n'a relevé à son encontre ni rixe ni ébriété, la perte des anciennes plaquettes ne sera même pas portée à son dossier, à ce qu'a dit le capitaine.

Il a même autorisé Gerry à reprendre sa voiture et à la conduire. Oui, c'est chouette, l'armée : on lui a ramené son coupé bleu au fort ! Il faudra offrir une caisse de bières aux gars du dépannage : ils l'ont briqué presque aussi bien qu'il l'aurait fait lui-même. La carrosserie ressemble à un miroir.

Et ils lui ont refait une paire de clefs : il paraît qu'il les avait perdues. Gerry Irwin se dit qu'il est un sacré veinard.

Gateway Boulevard, El Paso, 15 mars 1959, 13 h 06

Les passants font le cercle autour du grand gars en uniforme étendu par terre. Ils l'ont vu sortir du drugstore, là, au coin. Il a soudain eu l'air étonné, disent ceux qui le croisaient à ce moment. Et puis il s'est affaissé, très lentement. On dirait qu'il dort.

Gerry Irwin a décidément beaucoup de chance : premier hasard, un motard de la police qui allait déjeuner au drugstore intervient dans la minute. Deuxième hasard : une ambulance passe à vide. Le motard l'arrête et fait conduire Gerry à l'hôpital civil. Urgence oblige : il préviendra les autorités militaires plus tard.

Hôpital civil d'El Paso, 16 mars 1959, 11 h 58

Les médecins ont tenu bon : malgré l'insistance de leurs confrères militaires de Fort Bliss, ils ont déclaré intransportable le soldat tombé sur la voie publique la veille. Ce sommeil profond qui ne ressemble à aucune forme connue de coma les étonne. Ils tiennent à poursuivre l'observation de ce cas hors norme.

Ils l'ont même mis en réanimation. Ils ont dû refuser le droit de visite à ces deux types qui se disaient de la famille de l'accidenté. Qui les avait informés, d'ailleurs ? Et mal informés : les deux gars étaient déjà en tenue de deuil ! Le grand deuil : même leurs lunettes étaient noires.

Ils allaient d'ailleurs un peu vite en besogne : le patient est loin d'être mort, puisque voici qu'il se réveille. Choqué, certainement : ses yeux sont écarquillés comme s'il voyait quelque chose d'effrayant et, avec une drôle de voix, une voix qui vous met mal à l'aise, il pose deux questions : « Y a-t-il des survivants ? » et : « Ma veste ? Où est ma veste ? » Pas moyen d'en savoir plus, puisqu'il se rendort. Aussitôt.

Et, lorsqu'il se réveille deux heures plus tard, il ne se souvient plus de rien, il est persuadé que l'on est encore… le samedi 28 février !

Et surtout, il n'a plus du tout la même voix !

Bien entendu, les soignants de l'hôpital d'El Paso ne supposent absolument pas qu'une scène exactement semblable s'est déroulée quinze jours plus tôt, avec le même soldat, dans un autre établissement situé dans un autre État, et à des centaines de kilomètres au nord !

Ils ignorent que Gerry, comme un disque rayé, « tourne en boucle » et répète exactement les mêmes mots à chacun de ses réveils.

Mais même en ne sachant rien de ce comportement, le cas est suffisamment singulier pour qu'on l'étudie plus avant. On confie le malade aux psychiatres.

Cette fois, Gerry Irwin va rester en observation pendant un mois. Les autorités de l'hôpital subissent-elles des pressions pendant ce temps ? Tout porte à le croire, mais elles refusent de nous le dire expressément.

Irwin sort de l'hôpital le 17 avril « en parfaite santé ». On n'a diagnostiqué aucune maladie, ni psychique ni physique.

Curieusement, son dossier médical n'est pas conservé dans les archives de l'hôpital : il aurait été intégralement transféré aux services compétents de l'armée.

Fort Bliss, 17 avril 1959, 18 h 09

Les camarades de Gerry Irwin le voient quitter le fort habillé en civil. Pourtant, cette fois, il n'a pas de permission. Ça ne lui ressemble pas. Ils essaient de le questionner, mais il ne leur répond pas. Selon leur description, il ne les regarde pas et sa démarche est raide, mais sans hésitation. Il monte dans un autocar des lignes Greyhound qui va vers le nord.

Cedar City, 19 avril 1959, 08 h 09

Jonas Barnard a fini de livrer des fruits à plusieurs épiciers de la ville. Il retourne vers sa remise, dans la campagne, remplir sa camionnette pour la seconde tournée.

À la limite de la ville, un grand gars attend au bord de la route, les bras ballants. Il est habillé correctement. Jonas s'arrête pour lui demander s'il peut le déposer quelque part : Jonas adore avoir quelqu'un avec qui causer en roulant. Pas de chance, le grand gars monte, mais tout ce qu'il dira, c'est :

– Route 14. Deux cents mètres après le kilomètre 35. Un virage sur la gauche, une ligne droite. S'il vous plaît.

Et puis il ne va plus desserrer les dents. Jonas se dit que c'est peut-être mieux comme ça, parce que la voix de ce garçon... cette voix, elle a quelque chose de...

Pendant tout le trajet, le passager regarde fixement devant lui. Il n'a pas de bagages, il semble épuisé et sa barbe date de deux jours. Jonas fait les frais de la conversation. À un moment, le grand type dit :

– C'est là. Attendez-moi. S'il vous plaît.

Jonas Barnard le voit entrer dans le bois, directement, à un endroit précis. Il en ressort trois minutes après, tenant une veste humide et tachée de boue. Il revient près de la camionnette et demande au conducteur :

– Vous avez un briquet ? S'il vous plaît.

Il a beau parler très poliment, cette voix… Jonas Barnard n'a que des allumettes à bord. Il les tend, le type les prend *sans regarder sa main*, les yeux toujours droit devant lui, vers la route.

Jonas Barnard le voit faire une chose totalement incompréhensible : il déplie la veste sur le capot, prend un crayon qui est… passé dans une boutonnière ! Autour de ce crayon, un papier est roulé, un papier très fin et très serré. L'auto-stoppeur retire le papier et, *sans le regarder*… il y met le feu !

Il se passe alors une autre chose bizarre : le grand gars cligne des yeux, se voûte légèrement, oscille sur ses jambes et fixe Jonas, comme s'il le voyait pour la première fois. Et d'une voix douce, au bord des larmes, il demande :

– Où je suis, monsieur ? Pouvez-vous seulement me dire où je suis ?

Jonas Barnard avouera plus tard que c'est à cet instant qu'il a eu le plus peur : on a parlé d'agressions dans le comté voisin. Sur des femmes, jusqu'à présent, mais allez savoir, avec les psychopathes… Quand l'auto-stoppeur marque ce changement, l'air égaré, Barnard est tenté d'appuyer sur l'accélérateur et de s'enfuir. Mais ce grand garçon fatigué est tellement pathétique : le livreur le fait remonter à bord, lui sert du lait chaud qu'il emporte dans ses tournées. Il lui explique qu'ils sont dans la forêt, non loin de Cedar City.

– Voulez-vous que je vous conduise à l'hôpital ?

– Non, pas l'hôpital, s'il vous plaît ! Déposez-moi à un arrêt de bus. Ça va aller, je vous assure. Ça va aller.

Au croisement suivant, le bus arrive presque en même temps que la camionnette. Le grand gars quitte Jonas Barnard en le remerciant de sa voix douce. Au moment de monter dans le bus, il se ravise, revient :

– Vous connaissez le shérif Pfief ?

– Bien sûr ! Tout le monde, ici…

– Alors, dites-lui, s'il vous plaît, que vous m'avez vu. Mon nom est Irwin, Gerry Irwin. Dites-lui juste que je suis toujours vivant. Non. Dites-lui aussi que j'ai retrouvé ma veste.

Et Barnard le voit monter dans le car, sa veste boueuse roulée sous le bras. C'est la dernière image que l'on aura d'Irwin.

Le shérif Pfief ne parviendra pas à retrouver sa piste. Tout ce qu'il saura, comme nous, c'est qu'une « enquête approfondie » a été menée par les autorités militaires, mais que ses résultats ne peuvent pas être communiqués, et que le soldat de première classe Gerry Irwin ne s'est pas présenté à l'appel du 1ᵉʳ août 1959. Un mois plus tard, il a été porté déserteur.

Déserteur ?

Le Masque de Passage

Lorsqu'il est question de phénomènes troublants, recueillir des interviews a ceci de reposant que nous ne sommes tenus ni de juger, ni de douter, ni de choisir ce que l'on doit en penser : nous écoutons seulement, et le rêve s'installe.

Parfois, un très mauvais rêve…

Lorsque le photographe Vincent Vilot mourut, son nom n'apparut pratiquement pas dans les journaux. En tout cas, si notre dossier de presse est exact, il ne figura dans aucun titre.

On peut lire dans un hebdomadaire à grand tirage : « Nouvelle-Guinée : la jungle a tué ! » Dans un quotidien du soir, en quatrième page : « Tragique accident pour l'expédition de Jean Landier ». Ou encore dans un mensuel d'exploration : « Landier : Je continue »…

Dans le corps des articles, on nous informe que le photographe Vincent Vilot, âgé de vingt-huit ans, a été victime d'une chute mortelle dans les montagnes abruptes de la Nouvelle-Irlande…

La plupart d'entre nous ont ainsi appris du même coup que la Nouvelle-Irlande est une île lointaine, qu'elle fait partie de la Nouvelle-Guinée, laquelle est peuplée de Papous, puisqu'elle est aussi appelée Papouasie…

Quant au nom du jeune photographe, nous avons eu vite fait de l'oublier, puisqu'il n'était cité qu'une fois par-ci, par-là, tandis que, toutes les deux lignes, on pouvait lire celui de Jean Landier...

C'est la rançon de la célébrité : même si tout le monde ne sait pas forcément en quoi consiste le métier d'ethnologue, nous avons tous un jour ou l'autre lu ou entendu le nom de Jean Landier, n'est-ce pas ?

Un détail frappe, quand on relit les articles de l'époque (rappelons que cette tragédie a eu lieu en 1995). Quelle que soit la presse que l'on consulte, magazines spécialisés ou quotidiens populaires, on est surpris du côté évasif du récit.

Landier rend hommage au talent de Vincent Vilot, à la sympathie que ce jeune homme dégageait, mais ne parle que d'une « chute brutale dans un à-pic boueux de plusieurs centaines de mètres », ce qui explique que le corps n'ait jamais pu être retrouvé...

Alors pourquoi Jean Landier a-t-il attendu dix ans pour sortir du silence et révéler des faits pour le moins troublants ? Il nous l'a précisé fermement.

— J'ai, avant tout, voulu éviter le sensationnalisme et la précipitation des médias sur tout ce qui peut ressembler à du fantastique ou du paranormal... Je suis un scientifique ou, en tout cas, je m'efforce d'avoir une démarche de ce type... Même si, comme toutes les disciplines qui étudient l'homme, l'ethnologie est loin d'être une science exacte. J'essaie de m'en tenir aux faits, à ce qui peut être prouvé, observé par des témoins différents...

En la circonstance, la mort de Vilot a effectivement eu plusieurs témoins, mais nous ne pouvions en interroger qu'un seul : Landier, justement. Les autres, qui pourraient attester des circonstances de la fin du photographe, n'accepteront jamais de témoigner. Pour ces personnes, ce qui s'est passé signale, tout naturellement, la manifestation du surnaturel... De plus, il nous aurait fallu plonger dans un univers inconnu, à l'autre bout du monde ! Landier nous a ôté tout espoir, quoi qu'il en soit, de recouper ses déclarations :

– Sans ma présence, vous ne comprendriez pas leur langue, puisqu'elle n'est plus parlée aujourd'hui que par quelques centaines d'individus...

La façade imperturbable que Landier aime à s'imposer se fissure un peu.

– Si j'ai voulu attendre dix ans pour révéler ce que j'ai vu, c'est aussi pour que l'émotion qui a été la mienne se décante un peu...

– Vous continuez cependant à ne pas donner trop de précisions sur le lieu géographique où vit cette population ?

– Le village a réussi à se préserver jusqu'à présent de la curiosité, et je ne tenais pas à susciter une ruée de photographes ou d'amateurs de sensationnel, pour provoquer précisément à nouveau... le genre d'entreprise irrespectueuse qui était celle de Vincent. Ce que je lui ai reproché, et que je continue à désapprouver... Et qui est, d'ailleurs, à l'origine de la tragédie !

Jean Landier, on ne le présente plus : pour toute une génération, il est le fameux « routard au bandana vert », puisque, à toutes ses apparitions dans les médias, il arborait ce petit foulard, qui mettait si bien en valeur son regard... Le regard du découvreur, celui qui savait nous faire rêver en révélant, à la fin du XXe siècle, l'existence de populations qui n'avaient jamais encore rencontré d'Occidentaux.

Il avait l'habitude aussi de travailler en solitaire, ce qui lui permettait des approches beaucoup plus fines et plus intimes que celles de ses confrères, qui se déplacent en équipes, avec un matériel considérable...

Ce qui fait que, en 1995, les connaisseurs ont donc été étonnés de le voir s'adjoindre un partenaire qu'il ne connaissait que depuis peu de temps. Et surtout de l'emmener, dès leur première collaboration, au cœur même de son terrain privilégié, ces îles de Papouasie...

– J'ai rencontré Vincent de manière fortuite, lors d'un dîner, chez des amis communs... Du moins, tout le temps que nous avons passé ensemble par la suite, j'ai cru au hasard... Ce n'est qu'après sa mort que j'ai compris : il avait fait jouer son charme et ses relations pour se trouver sur mon chemin ce soir-là... Et du charme, croyez-moi, il en avait ! Quand il vous avait accroché dans son sillage, vous ne pouviez pas faire autrement que de vous intéresser à lui ! Il avait une vraie passion pour son métier. Et aussi une ambition de s'y faire connaître, qu'il ne cachait pas... N'allez pas croire que cela me choquait : l'ambition, si elle soutient la passion, est loin d'être un défaut. Je suis bien placé pour vous en parler...

Il avait aussi une manière de poser exactement la question qui vous branchait sur votre sujet favori, puis ensuite de vous écouter comme si vous étiez la personne la plus importante et la plus intelligente au monde... Je n'étais pas dupe, mais c'était fait avec tant de gentillesse que j'avoue m'être fait un plaisir de me laisser prendre...

Dans les jours qui suivent cette première rencontre, Jean et Vincent se revoient, d'abord de manière informelle, puis un objectif commun commence à se dessiner...

— Il m'a présenté une jeune femme qui, manifestement, n'avait rien à lui refuser. Elle était acheteuse d'art pour des musées. Elle s'intéressait aux masques de cérémonie et particulièrement à ceux des archipels du Pacifique. Elle connaissait bien mes travaux et manifestait même... une certaine admiration pour ma contribution dans ce domaine.

— Ce à quoi vous n'êtes pas insensible ?

— Vous savez comment sont les hommes : une jolie femme, un peu de flatterie, la brosse à reluire dans le bon sens du poil... Je me suis retrouvé à leur parler, à Vincent et à elle, des difficultés que je rencontrais pour monter ma prochaine expédition...

À l'époque, Landier bénéficie d'une certaine notoriété, il travaille en solitaire, nous l'avons vu, donc à moindres frais. Pourtant, il ne parvient pas à boucler son budget. Il a bien reçu un petit à-valoir d'un éditeur, pour le livre qu'il écrira pendant ce voyage, ainsi que quelques dons en nature de fournisseurs de matériel, mais cela constitue à peine le dixième de ce qui lui serait nécessaire.

— Un marasme total régnait dans ma branche... Jusque-là, je n'avais pas roulé sur l'or, mais jamais je n'avais été aussi loin du compte !

La jeune femme semble parfaitement au courant de la mauvaise conjoncture : la plupart des fonds de recherche universitaires et des musées ont reçu un sérieux tour de vis du ministère de la Culture.

– Mais cela semblait tout à fait secondaire pour cette jeune personne ! Elle me regarde avec un sourire de Joconde, et elle m'annonce : « Il se trouve, Jean… Vous permettez que je vous appelle Jean ? Il se trouve que mon père dispose… disons, d'une certaine aisance. Et qu'il s'intéresse à la découverte de nouvelles civilisations… C'est si rare de nos jours, n'est-ce pas… »

En fait, la jeune femme en question s'avère être la fille d'un énorme industriel du textile, qui est par ailleurs un homme extrêmement cultivé – l'un n'empêche pas l'autre. Il aime jouer les mécènes, au point qu'il a récemment créé une fondation. Que la jeune femme dirige, d'ailleurs… Fondation destinée à aider les chercheurs. Ô coïncidence : ladite fondation a été créée *très* récemment, puisque Jean Landier pourrait être le tout premier à bénéficier de… Etc., etc. Évidemment, il y aurait une petite, oh, une *toute petite* condition…

– Je voyais venir le coup gros comme un autobus : un richissime papa dont la fifille faisait un métier de luxe, en rapport avec mes travaux… On allait me coller une collaboratrice bénévole, qui aurait ainsi une belle référence sur son curriculum vitae ! Je m'apprêtais déjà à refuser, quand la jeune femme m'a pris par surprise : ce n'était pas du tout ce que j'imaginais ! La « petite condition » ne la concernait en rien… Tout ce que la fondation désirait, c'était que j'emmène Vincent avec moi ! Il effectuerait le reportage photo et vidéo sur mon expédition, afin de faire connaître la finesse de mon approche… Mon œuvre méritait d'être éclairée ! Pour le reste, j'étais absolument libre de mon temps et de mon sujet d'étude…

Landier est sensible, il nous l'a avoué, aux honneurs et à l'admiration. Si tout ce que cette fondation exige, c'est de lui rendre hommage, comment s'en offusquer ?

Les soirs précédents, le photographe lui a montré quelques-uns de ses clichés. L'ethnologue les a sincèrement trouvés talentueux. Quant à Vincent Vilot, en tant qu'individu, il a déjà séduit Jean. Une courte semaine de réflexion, et le marché est conclu...

– Il faut considérer l'aspect purement financier d'un tel arrangement : j'aurais pu continuer à galérer des mois avant de trouver un sponsor ! Là, les crédits m'étaient apportés sur un plateau et, de plus, j'aurais un assistant vigoureux et compétent... Mais, vous avez raison, je confesse aussi que la perspective d'un habile reporter, mettant en valeur mon travail, n'était pas pour déplaire à ma vanité...

Quelques mois de préparation vont finir de convaincre Jean Landier qu'il a trouvé la perle rare, une sorte de bon génie, qui lui apporte à la fois de l'argent et son enthousiasme...

Le voyage commence donc sous les meilleurs auspices et, en septembre, l'équipe – c'est-à-dire le duo – débarque à l'aéroport de Port-Moresby, au bord de la mer de Corail, sur la partie de Nouvelle-Guinée qui jouxte l'Indonésie.

– La fondation avait bien fait les choses : un avion privé nous attendait pour nous mener vers la ville de Rabaul, sur l'île de Nouvelle-Bretagne, dans la mer de Bismarck. Là, j'ai trouvé un hélicoptère et tout le matériel ultra-léger hors de prix que je n'avais jamais pu m'offrir ! Il nous permettait, à deux, de disposer des mêmes outils sophistiqués qu'une grosse équipe institutionnelle ! À chaque étape, je bénissais un peu plus le sort qui avait mis Vincent sur ma route...

L'hélicoptère les transporte ensuite de Nouvelle-Bretagne en Nouvelle-Irlande. Il faut bien imaginer que, sur ces immensités liquides, les petits bras de mer ont la taille de la Méditerranée, et le moindre archipel la longueur de la France ! Les deux équipiers terminent le trajet en bateau...

– Les journaux d'ici vous ont parlé du drame en Nouvelle-Irlande, mais il ne s'est pas déroulé sur la terre principale. Il a eu lieu sur l'une des îles au large, là où se situait mon terrain d'étude... Je voulais y aborder par la voie maritime, pour ne pas effaroucher les habitants. C'était la huitième fois que j'y retournais, en toute discrétion, et ils avaient fini par m'accepter, parce que je ne trimballais pas à mes trousses toute notre civilisation et ses calamités. Notamment les chercheurs de pétrole qui expulsent les gens de leur sol...

150

Ces grandes îles bénéficient d'un climat équatorial, chaud et constamment humide. Leur relief est constitué d'une arête rocheuse très rude, qui dépasse parfois trois mille mètres et descend en pente raide jusqu'à la côte, laissant très peu de place pour un rivage cultivable. Ce qui explique l'isolement de ces populations d'altitude, jusqu'à une époque récente...

— En fait, sur cette île, jusqu'à mon arrivée dans les années 1990, les indigènes de l'intérieur n'avaient eu aucun contact avec les Occidentaux !

— Peut-on dire, alors, qu'ils sont restés à un stade primitif de développement ?

— Sur le plan technologique, assurément ! Mais « primitif » a pris, dans le langage courant, une signification si péjorative ! Au niveau humain, qui peut se permettre de leur appliquer un tel qualificatif ?

— Prenons-le au sens de « proche des origines ».

— Dans ce cas, je souscris ! C'est une société tout à fait particulière, qui ne ressemble en rien à ce que nous connaissons. Les lois sociales et les tabous vous surprendraient !

— Par exemple ?

— La structure sociale elle-même est singulière ! Elle est entièrement et exclusivement basée, non pas sur la communauté et l'entraide mutuelle, mais sur le pouvoir individuel et la compétition !

— La rivalité comme principe social ?

— Exactement ! Le père est en rivalité avec ses fils, les frères aînés ne parlent pas aux cadets... Ils se défient et se combattent entre eux, pour assurer leur autorité.

— Autorité sur la tribu ?

— On ne peut parler ni de « tribu » ni de « famille ». La notion la plus approchante serait celle de « clan ». Bien que le concept clanique proprement dit, tel que vous le rencontrerez chez les Australiens ou, à l'opposé, chez les Celtes, soit encore différent... Dans leur langage, ces îliens parlent d'une « corde », c'est-à-dire d'une ligne de personnes liées par la même dépendance envers le plus fort... Vous comprenez pourquoi j'avais demandé à Vincent de se montrer extrêmement humble à son arrivée ? Il avait beau être amené par moi, il lui fallait se faire accepter personnellement !

— Et comment s'est-il comporté ?

— Il a été parfait, je dois le reconnaître.

Parfait... jusqu'à un certain jour. Ou plutôt une certaine nuit.

Pour bien saisir l'enchaînement des événements, il faut dire quelques mots sur les masques : ils tiennent une place considérable dans la culture de Papouasie...

— Quelques mots ? Ce sera difficile de m'en tenir à quelques mots ! Vous ne voulez pas que je vous fasse un *digest* de toute une civilisation, par hasard ? Les masques et leur signification occupent des ouvrages entiers !

— Faites au mieux pour nos petits cerveaux !

— Les masques accompagnent toutes les étapes de ce que l'on appelle le « rituel *malanggan* », qui jalonne le déroulement de l'existence. De la naissance à la mort, en passant par l'initiation des jeunes guerriers... Mais ne vous laissez pas abuser par le terme de « masque » ! Ce n'est pas une simple couverture du visage. Il s'agit plutôt de costumes, de constructions complexes que portent les danseurs, et qui atteignent souvent plusieurs mètres de hauteur ! Elles sont faites de bambous fendus, de tressages d'osier ou d'autres végétaux, décorés de plaques d'argile ou de coquillages. Le danseur « habite » cet échafaudage, très pesant, qui repose sur ses épaules...

Ces masques, Jean Landier pourrait effectivement en parler pendant des heures... Il le fait, d'ailleurs, au cours de tournées de conférences particulièrement brillantes, où il projette aussi les photographies de ces merveilles d'art traditionnel. Car il les a pratiquement tous photographiés...

Pratiquement tous : la restriction est importante...

— Il y a un masque que je n'avais jamais réussi à approcher, et pour cause : *personne* n'a le droit de le voir, au point que l'on a pensé qu'il s'agissait d'une légende ! C'est le *Masque de Passage*...

— ... ?

152

– Je parle du passage de la vie à la mort, évidemment !

Lorsqu'un homme du clan meurt, son corps est emporté dans la grande case de réunion. On laisse le défunt seul avec le... appelons-le « guérisseur », ou « prêtre ». C'est celui qui est détenteur de la médecine et qui, en même temps, sert d'intermédiaire entre les ancêtres et les vivants... Il confectionne un masque spécial, qui habille le mort pour le rendre présentable aux ancêtres qui le regardent d'en haut. Ce masque maintient aussi la bouche du défunt ouverte pour permettre à l'âme de s'envoler... Elle s'envole pour rejoindre les mannes des grands guerriers de la tradition... Et, ce qui est important, c'est qu'elle s'envole sous la forme d'une chauve-souris, la nuit, par l'ouverture au sommet du toit de la case... Dans cette région, les chauves-souris sont des animaux assez communs. Mais rien à voir avec celles de chez nous : elles atteignent facilement soixante centimètres d'envergure !

Nous supposons bien qu'à ce point du récit, les incrédules ou les matérialistes vont commencer à lancer des piques, du genre « Ça y est, c'est parti : les voilà qui commencent à nous glisser des images bien suggestives : une chauve-souris, la nuit... Comme c'est commode, pour perpétuer les légendes ! » Mais peu importe, car là n'est pas la question dans cette histoire... Laissez donc Jean Landier poursuivre son exposé.

– Lorsque le prêtre a fini son travail de préparation, il conduit tous les habitants hors du village. Ils vont dormir dans la forêt, puis, à l'aube, le thaumaturge revient seul, il brûle le masque avec des herbes spéciales qui produisent une fumée blanche épaisse, signe de nettoyage.

C'est seulement lorsque l'on aura vu la fumée s'échapper par le toit de la grande case que l'on aura le droit de revenir dans la zone des habitations, pour reprendre le corps du défunt. Commence alors la cérémonie publique, où d'autres masques interviendront, ceux-là visibles de tous...

Donc, ce légendaire masque n'est connu que par la tradition orale et nul ne l'a jamais vu, puisqu'il n'existe que le temps de la rencontre intime et unique entre les hommes-médecine... et les morts.

Voilà pourquoi lorsque, après deux semaines de séjour des deux Français, l'un des anciens du village trépasse, Jean Landier se conforme aux coutumes locales : afin de laisser la place au rituel funéraire, il s'apprête à passer la nuit dans la forêt. Et, alors qu'il avance pour se joindre au groupe des indigènes, il se sent retenu par la manche.

– Ma surprise a été de constater que Vincent traînait les pieds : il laissait les villageois s'éloigner devant.

L'ethnologue pense que son compagnon a un malaise.

– Qu'est-ce que tu as ? Tu ne te sens pas bien ?

– Si, si... Mais tâchons de nous faire oublier et de ne pas trop nous éloigner d'ici...

– Tu ne veux pas dormir dehors avec tout le monde ? Ce serait un affront !

– Je sais ! Je ne veux vexer personne... En fait... je ne veux pas dormir du tout !

Comme Jean ne saisit toujours pas, Vincent lui met les points sur les i : son intention est bel et bien de revenir dans la case commune pendant la préparation du défunt. Et de photographier le légendaire Masque de Passage !

– C'est seulement à cet instant que j'ai senti que quelque chose ne collait pas ! À la manière dont Vincent s'est exprimé, j'ai constaté qu'il en savait beaucoup plus sur ce masque qu'un simple photographe ! Alors que nous n'en avions jamais parlé ensemble, il connaissait parfaitement toutes les étapes du rituel !

L'ethnologue commence aussi à réaliser que, très vraisemblablement, Vilot ne s'est immiscé à ses côtés... que pour accéder à ce scoop ! Être le premier à rapporter des clichés de l'insaisissable Masque de Passage !

– À les rapporter, selon toute probabilité, à sa petite copine, son papa mécène et leur « fondation » !

Ça lui en fiche un coup, à Jean Landier ! Lui, le gourou de la Papouasie secrète, il a traîné depuis le début du voyage une taupe ! Et il l'a lui-même bien complaisamment introduite droit au cœur de son terrain d'étude si bien préservé ! Tout cela par intérêt financier et aveuglement vaniteux ! Ça ne lui plaît pas du tout de s'être laissé manipuler comme un bleu ! Alors, il prend le photographe entre quatre-z-yeux.

— Écoute, Vincent : ces gens sont mon sujet d'étude, mais aussi mes hôtes et mes amis ! Ils ne nous demandent pas de respecter douze mille tabous, mais s'il y en a un auquel ils tiennent, c'est celui-là !

— Jean, t'es con ou quoi ? Le macchabée sera seul dans la case pendant des heures ! Je veux que nous soyons les premiers à publier une photo de ce foutu masque ! Tu imagines les retombées sur ta carrière ?

— Et sur ton compte en banque, surtout ?

— Je ne dis pas le contraire, mon Jeannot, mais les honneurs seront pour Jean Landier, le routard au bandana vert !

— En trahissant ces gens qui me reçoivent chez eux depuis douze ans ? Non merci ! Et toi, je t'interdis de faire ça !

C'est ferme, définitif, et sans appel. Jean Landier a beau s'être fait rouler dans la farine, il reste un chef auquel on ne désobéit pas. Il pousse devant lui Vincent Vilot, qui hausse les épaules, déçu, mais résigné : après tout, Jean est son aîné, et un type admirable... Ils partent en forêt, rejoindre le bivouac des villageois.

Landier a un peu de mal à trouver le sommeil. Non que le couchage sur un lit de feuilles le dérange : il aime dormir dans cette nature. Ce qui le perturbe est beaucoup plus une pensée d'Occidental : il remâche sa déconvenue, ses regrets de la confiance accordée à tort... Et puis, il appelle à lui le calme des grands arbres et finit par sombrer.

— Quand je suis réveillé en sursaut, il est peut-être quatre heures du matin. J'entends des cris, des bruits de course... Des cris de frayeur, je crois... Et puis d'autres sons, qui couvrent un peu tout ! Des sortes de sifflements, très aigus... Des sifflements stridents qui font presque mal aux oreilles ! Il y a aussi une perception étrangère, que je n'ai jamais éprouvée. Je ne suis pas vraiment un froussard, je crois pouvoir le dire. Mais là, j'ai immédiatement l'instinct de m'enfuir. Il y a, tout autour de moi, comme des claquements de tissu froissé... Des étoffes claquantes, qui tourbillonnent. Je sens l'air qu'elles déplacent ! Elles me frôlent, puis me fouettent ! Une sensation de brûlure, d'écorchure à la joue, sur la tête... Je touche mes cheveux. Je les sens poisseux ! Ma parole, je saigne ! Quelque chose m'a griffé au visage, ou mordu ! Le temps de trouver ma torche électrique, et je comprends !

Dans la lueur de la torche, Jean Landier aperçoit les autochtones qui courent et se débattent contre des centaines... peut-être des milliers de chauves-souris ! Comme si ces animaux attaquaient en masse le petit groupe humain endormi dans la jungle !

— Plus tard, je me suis renseigné : on n'a jamais entendu parler d'une agression collective de ces bêtes contre des humains, ni sur cette île ni nulle part ailleurs dans cette contrée.

— Et les fameux vampires ?

— C'est une espèce appartenant à la famille des desmodontidés, qui est spécifique de l'Amérique du Sud. Ils ne s'en prennent qu'au bétail, endormi de surcroît... Mais sur ce continent, on ne trouve que des chauves-souris chassant uniquement des insectes !

Très vite, Landier et les villageois comprennent qu'ils ne risquent rien de sérieux : en fait, les créatures volantes ne sont pas en train de s'en prendre à eux.

— C'est l'homme-médecine qui nous a calmés. Lui, il dialogue avec le monde animal. On dit même qu'il en fait partie, à certaines occasions... Il a crié que les bestioles ne nous attaquaient pas : elles nous avertissaient ! Un danger menaçait la communauté, et cet assaut bruyant n'était destiné qu'à nous réveiller, pour nous avertir... Il se passait quelque chose au village... J'ai eu un doute, j'ai appelé Vincent... Et je n'ai plus eu de doute, mais une certitude : ce petit crétin avait *osé* ! Il était retourné troubler le rite de passage d'un ancien ! Et je me suis mis à courir aussi...

Le récit de Jean Landier, tel qu'il a été publié dix ans après les faits, relate comment la poursuite s'est organisée dans les premières lueurs de l'aube. L'ethnologue a voulu y participer, mais il a été encadré par plusieurs indigènes, qui l'ont forcé à rester en arrière...

Il a suivi quand même, à travers un brouillard poisseux. Devant lui, les cris des poursuivants, à la fois furieux et joyeux. L'instinct du chasseur...

Landier n'a pas l'agilité des autochtones, dans ce fouillis de plantes et de roches : il ne rejoint le groupe qu'au moment où plus aucune progression n'est possible. Les indigènes sont arrêtés là... tout simplement parce que le plateau où pousse cette jungle s'arrête brutalement !

– Au-delà, il n'y avait plus que la brume... Devant nous, un endroit que les villageois appellent le « bout de la Terre »...

Nous en avons vu des photographies, dans le *National Geographic.* C'est une falaise complètement verticale, une faille tirée au cordeau, une cassure brutale. Un dénivelé de plusieurs centaines de mètres... Une rivière aboutit à ce « nulle part » : elle plonge en une cascade dont on ne voit pas la fin...

– Les chasseurs étaient regroupés là, quelques-uns à plat ventre au bord du gouffre... Ils m'ont laissé approcher, et ils m'ont montré le vide, avec des termes... Comment traduire cette notion pour des Européens ? Ils parlaient de ce qu'il y avait là en bas, en termes *dédaigneux*!... Je me suis demandé ce que l'on pouvait mépriser à ce point.

Une dizaine de mètres plus bas, Vincent Vilot descend la falaise, en s'accrochant aux branches, aux racines des quelques arbres qui poussent sur la paroi du précipice. Le jeune homme semble épuisé, blessé, peut-être... Il hésite, cherche une prise. Vainement. Et puis, c'est la chute...

Voilà toute la vérité sur le « tragique accident » dont les journaux nous ont parlé...

– *Presque* toute la vérité... Parce que malgré la brume... malgré les larmes aussi... j'ai vu... Et j'ose le dire aujourd'hui, à vous, mes amis... Vincent n'a pas glissé ! On l'a *poussé* ! Et j'ai vu ce qui l'a fait tomber ! Vincent était un varappeur hors pair. Capable de tenir sous un aplomb, suspendu par deux doigts ! Il était parvenu à un creux dans les rochers. Il se balançait devant cette anfractuosité, pour projeter ses pieds et prendre appui. J'ai nettement vu ce qui tournoyait, qui s'expulsait de cette caverne. Ça s'est éclaté en sifflant comme tous les diables, éparpillé un instant sur le fond de brouillard... Et puis ça s'est regroupé.

Une sorte de patchwork *vivant*... Un voile opaque, noir, bruissant, qui s'est déployé en claquant, qui est arrivé sur Vincent. Qui l'a enveloppé...

C'est normal, me direz-vous : une grotte au flanc d'une falaise, c'est là qu'elles habitent, les chauves-souris !...

Mais qui est donc Nadia ?

Nous vous demandons, surtout, de ne pas vous fier à votre première impression en plongeant dans l'histoire que voici.

Certes, vous allez voir un hypnotiseur y tenir un rôle important. Mais notre but n'est pas de traiter d'hypnose.

Malgré l'insistance persistante des amateurs de mystère facile, on sait aujourd'hui qu'il n'y a, dans l'hypnose, absolument rien qui relève du fantastique ni de la magie. Il s'agit d'un ensemble de techniques, psychologiques et mécaniques, parfaitement codifiées et enseignées sous contrôle médical. Elles sont d'ailleurs de plus en plus utilisées par des anesthésistes, des dentistes ou des chirurgiens, pour atténuer ou supprimer la douleur. Rien dans tout cela, donc, qui soit propre à défier la raison.

Dans le récit qui va suivre, la découverte étonnante réside en une faculté jusque-là insoupçonnée de l'esprit, démontrant qu'il est capable de plonger ses racines dans une couche d'une profondeur singulière.

Une capacité tout à fait insoupçonnée, jusqu'à la rencontre avec une certaine Nadia.

Le gros magnétophone tourne ses bobines avec un chuintement discret. Dans la pénombre, à chaque mot prononcé, à chaque craquement du plancher, à chaque bruit venu de l'extérieur, une lumière d'un vert acide tressaute sur l'appareil. C'est l'« œil magique », le dispositif qui permet de surveiller le niveau du son sur un enregistreur, en cette année 1961.

Étendu dans un fauteuil de relaxation, un homme semble dormir. À côté de lui, assis sur un tabouret, un autre homme, penché en avant, observe le visage du dormeur.

Au fond de la pièce, dans un canapé, une petite femme brune assiste à la scène.

L'œil vert du magnétophone lance un éclat : l'homme endormi vient de parler. Une phrase brève, mais claire, nettement audible :

– Nadia… Je t'aime, Nadia !

Là-bas, la main de la petite femme brune se crispe sur l'accoudoir du canapé. Elle ne dit rien, mais dans sa lèvre, ses dents se sont plantées, faisant perler une goutte de sang.

L'homme endormi se nomme Antoine Grimaud. Celui qui l'assiste dans cette expérience d'hypnose, c'est son médecin et ami, Georges Regard.

Et la petite femme brune, là-bas, tamponne sa lèvre d'un mouchoir : c'est Mme Grimaud, la femme du patient qui vient de faire cette déclaration d'amour. Mme *Solange* Grimaud… Solange ?

Mais alors… qui est donc Nadia ?

Tout commence un matin de mai 1961. Antoine Grimaud, trente-quatre ans, jeune cadre actif, s'apprête à partir vers son bureau, à la société d'aéronautique qui l'emploie, non loin de Toulouse. Il enfile une seule manche de son veston, empoigne au passage son attaché-case, passe au col de sa chemise une cravate et, de sa main libre, trempe dans une tasse de café un croissant frais… Bref, un matin comme les autres, pour un cadre jeune et actif. Au milieu d'une bouchée, il marmonne :

– So-So ! Ma cravate, s'te plaît, chérie !

Mais Solange ne se lève pas de table pour nouer la cravate de son mari. Au contraire, elle plonge le nez dans son bol.

– So-So ! T'es mal réveillée ?

Antoine remarque les paupières gonflées, les joues rougies de sa femme. Et voilà Solange qui fond en larmes ! Antoine se précipite :

– Eh ben ? Qu'est-ce qui se passe, mon petit chat ? Il avait un gros chagrin, ce petit chat ?

Solange renifle contre son épaule :

– Tu dois bien t'en douter, quand même... après ce que tu m'as dit cette nuit !

– Moi ? Qu'est-ce que je t'ai dit cette nuit qui puisse te faire de la peine ?

– Oh, Antoine ! Tu ne voudrais tout de même pas que je prenne une chose pareille en souriant ?

Antoine va pour protester, mais Solange se lève, aide son mari à finir d'enfiler sa veste et le pousse vers la porte :

– On n'a pas le temps de discuter maintenant ! Ne t'inquiète pas pour moi, ça va passer ! Allez, file !

À la grille du petit jardin, Antoine est rattrapé par la voix de Solange. Depuis le seuil du pavillon, elle crie :

– C'est mieux comme ça ! Tu as eu raison de m'en parler !

Puis elle lui envoie un baiser et disparaît... Dans l'autocar de l'entreprise, Antoine se creuse la tête :

– J'ai eu raison *de lui en parler*... Mais de quoi, grands dieux ? Qu'est-ce que j'ai bien pu lui dire qui la mette dans un état pareil ? Et cette nuit, qui plus est ! Voyons... Hier soir... on a dîné... j'ai travaillé sur ce dossier que j'avais emporté... Solange est montée se coucher... Quand je l'ai rejointe, j'ai dormi presque tout de suite...

Antoine n'a pas le temps de penser davantage : le voici entraîné dans le tourbillon de la journée bien remplie de tout cadre jeune et actif.

Le soir, il rejoint directement Solange à un dîner en ville. Lorsque leurs amis les raccompagnent chez eux, il est plus de 1 heure du matin. Moment difficile... Antoine, en pyjama, se brosse les dents, observant sa femme dans le miroir : elle peigne ses cheveux avec une lenteur excessive... Elle ne parlera pas la première de ce qui la tracasse, il connaît sa pudeur ! Alors, il se décide :

– Dis donc, So-So... À propos de la nuit dernière...

Elle était sur le qui-vive et elle l'interrompt tout de suite :

– Tu sais, Antoine, il ne faut pas t'en faire pour ma réaction de ce matin... J'avais un peu de peine, c'est normal, je crois...

Mais j'arriverai à faire avec… Ne te sens pas obligé de remettre ça sur le tapis si tu es gêné…

C'est le quiproquo dans toute sa splendeur ! Il faut des trésors de diplomatie à Antoine pour convaincre sa femme qu'il n'a vraiment aucune idée de ce à quoi elle fait allusion ! Enfin, sur le coup de 3 heures du matin, il parvient à obtenir d'elle un récit à peu près cohérent… Et il tombe des nues !

Il s'avère que, la nuit précédente, il s'est mis à faire des sauts de carpe dans le lit en gémissant :

– Ce n'est pas possible ! Non, non, ce n'est pas possible !

Inquiète, Solange a allumé et l'a trouvé assis, pâle et défait. Elle l'a questionné doucement, et… il s'est mis à parler d'une certaine Nadia, qui, semble-t-il, lui donne les pires soucis… Innocente, Solange a supposé tout d'abord qu'il s'agissait d'une nouvelle collaboratrice du bureau d'études. Antoine a répondu :

– Non… Nadia, ce n'est pas… C'est un secret… Je ne peux en parler à personne…

– À moi, ce n'est pas pareil, mon chéri… Tu sais que tu peux tout me dire…

– Non ! Pas ça ! Pas Nadia ! Je ne peux pas… Je ne peux pas !

Antoine était dans un tel état que Solange l'a pris contre elle, et c'est là, la tête sur son épaule, qu'il s'est endormi en pleurant comme un enfant… Solange a éteint, et c'est elle qui est restée les yeux grands ouverts, dans le noir, pleurant à son tour silencieusement…

En entendant ce récit, Antoine est sidéré. Il arpente la chambre à coucher en se frappant le front :

– Non, mais c'est pas vrai ! J'ai *dit* ça, moi, cette nuit ? J'ai *fait* ça ?

– Antoine, si tu regrettes, si c'est trop tôt pour en discuter, je t'aime assez pour attendre ! Tu m'en parleras plus tard… Quand ce sera plus facile pour toi…

– Mais te parler de quoi, bon sang ? Je n'ai *rien* à dire ! Je ne me souviens pas d'un seul mot que j'aurais prononcé cette nuit ! *Je ne connais aucune Nadia !*

– Attends ! Malgré le choc, j'ai apprécié ta franchise et ton courage. Tu ne vas pas maintenant te mettre à...

– Mais si ! Je te regarde bien en face et je te l'affirme : je n'ai aucune relation avec une Nadia, je n'ai pas de Nadia dans mes relations ! Tiens, j'irai plus loin : je n'ai même jamais rencontré qui que ce soit qui porte ce prénom !

Et voilà le quiproquo reparti de plus belle, dans toute son absurdité :

– Antoine, je veux bien me montrer la plus compréhensive des femmes... Je veux bien admettre qu'il te soit arrivé... appelons cela un « accident de parcours »... Tu vois, je veux même bien aller jusque-là... Je suis heureuse que tu m'en aies parlé et je conçois qu'il te soit pénible d'en dire plus d'un seul coup... Mais tu gâches tout en me mentant sciemment ! Pour cela, tu vois, je t'en voudrais : je ne mérite pas ça, Antoine !

Cette fois, le couple ne dort pas du tout. Fâcherie, cris, pleurs et grincements de dents jusqu'à l'heure du petit déjeuner... On n'en sort pas. Antoine est effondré :

– Je n'y comprends rien... Rien... En somme, je deviens amnésique ?

– Si c'est la version à laquelle tu préfères t'en tenir... Dans ce cas, parles-en à Georges !

Georges, c'est le docteur Georges Regard, copain d'enfance de Solange, témoin à son mariage et, depuis, devenu aussi ami d'Antoine. Et c'est avec lui que va se dérouler une investigation dont le résultat défie la raison...

– Tu as vraiment fait cette... confession, en pleine nuit, à Solange ?

– C'est ce qu'elle dit, et je ne vois pas pourquoi je ne la croirais pas...

– Tu n'as pas parlé en dormant ?

– Non : elle affirme que j'étais éveillé, les yeux bien ouverts et que j'ai *conversé* avec elle ! Je disais que j'étais désespéré par quelque chose que cette fameuse Nadia voulait faire... Mais que Nadia était un secret, que sais-je encore ! J'ai pleuré, j'ai demandé pardon, je me suis rendormi… Mais je n'en ai aucun souvenir ! C'est affolant !

— Dis-moi, entre hommes : tu n'as pas… enfin, tu ne trompes pas ta femme ?

— Non, mon vieux ! Et je n'en ai aucune envie ! Mais, tu vois, il m'est venu une idée… Non, c'est idiot…

— Dis toujours ?

— Ces derniers mois, j'ai été assez occupé, avec des horaires infernaux, irréguliers… Je suis allé au siège social, à Paris… J'ai passé des week-ends en séminaire… Supposons… je dis bien « supposons »… que Solange imagine que j'aie pu avoir une aventure pendant mes déplacements d'affaires… Elle prêche le faux pour savoir le vrai : cette scène nocturne, elle l'invente, pour provoquer une réaction… Ce serait une bonne raison pour que je ne m'en souvienne pas ?

— C'est maintenant que tu délires, Antoine ! Solange, te faire un numéro de vaudeville ? Votre relation est au-dessus de ça, d'abord ! Ensuite, en te lançant ce prénom, elle n'aurait une chance de te démasquer que si elle te soupçonnait… de courir précisément après une certaine Nadia ! Et tu n'en connais aucune ?

— Tu as raison, Georges… Alors, c'est vraiment moi qui déjante, c'est ça ?

— Mais non… N'emploie pas de grands mots… Pas de quoi s'inquiéter…

Le médecin étire un sourire crispé qui contredit ses paroles rassurantes. Et puis ses sourcils se froncent :

— Attends un peu, Antoine… Ça me rappelle quelque chose… J'ai lu ça il n'y a même pas très longtemps… Ne bouge pas, je vais le retrouver !

Il se plonge dans une pile de journaux professionnels, feuillette, parcourt les sommaires et s'éclaire soudain :

— Voilà ! Je savais bien ! C'est ça… Les nouvelles molécules… Oui… Association du fluoro-phényl et de la benzodiazépine… Antoine, ces comprimés que je t'avais prescrits quand tu m'as parlé de tes difficultés à t'endormir… est-ce que tu les prends toujours ?

— Oui, bien sûr… Je suis un patient obéissant ! J'ai mon coup de barre vers minuit, et si je résiste, après c'est la croix et la bannière pour trouver le sommeil… Alors j'avale une de tes pilules bleues et ça marche très bien ! Tu crois que… ce serait tout bêtement ça ? Un médicament qui me fait délirer ? Qui me pousse à inventer des trucs, littéralement à dormir debout ?

– Minute, minute, ce n'est pas aussi simple ! À la base, oui, ton expression est assez juste : dormir debout, c'est à peu près ça ! Regarde cet article : c'est un peu technique, mais c'est clair ! Jusqu'ici, on provoquait le sommeil par des barbituriques, qui présentaient pas mal de danger. Ces nouveaux produits ne sont pas des somnifères classiques, mais ce que l'on appelle des « endormisseurs ». C'est moins nocif, notamment du point de vue de l'accoutumance, mais de nombreux médecins constatent chez leurs patients des effets secondaires.

– Eh bien voilà ! C'est mon cas ! Ça me rassure, tu sais ! Prête-moi vite cette revue ! Je vais la faire lire tout de suite à Solange, pour qu'elle puisse rire un bon coup avec moi !

– Je t'ai dit que ça n'explique pas tout : les effets secondaires mentionnés ne comprennent ni le délire ni l'invention ! Il s'agirait d'un état de conscience modifiée proche de l'hypnose. Le sujet semble éveillé, il parle, mais en fait, il libère un certain nombre de couches de sa mémoire… Des choses qu'il garde pour lui lorsqu'il contrôle normalement sa volonté…

– Tu veux dire… un effet genre… sérum de vérité ?

– Oui, si tu veux, pour simplifier…

Le docteur reprend un air grave :

– Donc, nous savons pourquoi tu as laissé échapper cette confidence embêtante : le somnifère avait annihilé tes barrières de contrôle… Mais cette Nadia, ce n'est pas une molécule chimique qui l'a inventée ! Alors, maintenant, jouons cartes sur table : il y a longtemps que tu as cette liaison ?

– Ah non ! Pas toi, Georges, pas toi ! Je n'*ai pas* de liaison ! Enfin… quel intérêt aurais-je à te mentir ?

– OK, je te crois, Antoine ! Seulement, d'où vient alors ce prénom, Nadia ? Et qui est cette femme qui te tracasse au point qu'elle ressurgit lorsque tu es sous l'effet de ces médicaments ?

– Aucune idée…

– Voyons, cherche bien… Une fille que tu aurais connue avant ton mariage ?

— Combien de fois faudra-t-il te répéter que je n'ai pas, que je n'ai jamais eu dans ma vie, de près ou de loin, aucune femme prénommée Nadia ! C'est insensé, enfin ! Je ne suis pas un Don Juan tel que je puisse oublier le nom d'une de mes conquêtes ! Ou alors je deviens gâteux ?

— Calme-toi, voyons ! Il doit bien y avoir une solution ? Cherchons-la.

— D'accord, Georges ! Mais si ça ne te fait rien, j'aimerais que nous la cherchions à trois !

— Qui se joint au club ?

— Solange ! Eh oui, mon vieux : je l'aime et je veux qu'elle sache bien que je n'ai rien à lui cacher !

Les messieurs diront : « C'est une belle preuve de sincérité qu'Antoine donne là ! » Et les dames, qui ressentent mieux les nuances, répondront : « Oui, mais c'est une belle preuve d'amour de Solange si elle accepte ! »

Car il n'est pas facile pour la jeune femme de participer à la recherche de cette fameuse Nadia dans les recoins les plus privés de la vie de son mari : que ne risque-t-on pas de découvrir en ouvrant les grilles des jardins secrets ?

Mais Solange et Antoine s'aiment vraiment et Georges est un ami dévoué : c'est donc un trio uni qui entame l'étonnante enquête.

Trio uni, mais perplexe : ils en passent des soirées à échafauder des hypothèses, à passer en revue les moindres souvenirs d'Antoine et ceux aussi qu'ils ont en commun. Pas trace de la moindre Nadia, ni de ce qu'elle voulait faire, et qui semblait tant désespérer Antoine. Celui-ci propose d'absorber à nouveau une dose du médicament incriminé et d'en attendre les effets en présence de ses « complices ». Échec total : il ne s'endort même pas ! Le médecin explique :

— Pas étonnant : je vous l'ai dit, ces endormisseurs aident à plonger dans un état propice au sommeil... Ils aident à dormir celui qui *désire* dormir... Mais notre pauvre Antoine est si tendu : il ne cherche qu'à savoir, donc, au contraire, il mobilise sa conscience !

Et c'est finalement Solange qui trouve peut-être la bonne voie :

– Dis-moi, Georges… Comment disais-tu que l'on appelle techniquement ces somnifères ?

– Des hypnotiques. Pourquoi ?

– Parce que, si je me rappelle bien, avant de t'installer dans ce cabinet traditionnel, tu t'intéressais aux médecines différentes ? À l'hypnose, en particulier. Tu pratiques toujours ?

– Oh, je te vois venir, toi ! Mais je t'arrête : il y a longtemps que j'ai cessé, au profit de pratiques mieux admises dans notre belle province !

Rappelons que nous sommes en 1961… Mais Antoine, prêt à tout tenter, saisit la perche :

– Mais oui, So-So a raison ! On l'a vu : l'effet de ces médicaments n'est pas certain, pas contrôlable. Mais tu pourrais par contre me soumettre à une hypnose que tu maîtriserais, pour « obliger » en quelque sorte mon subconscient à revenir précisément sur cette Nadia et essayer d'en savoir plus !

C'est ainsi, sur l'insistance pressante du jeune couple (et aussi parce que le cas l'intrigue) que le docteur Regard en est venu à cette séance d'hypnose à laquelle nous avions commencé d'assister au début du récit.

À la demande d'Antoine, la règle du jeu est la suivante : Solange sera présente pendant toute la durée de l'expérience, laquelle sera intégralement enregistrée. Puis Antoine pourra entendre la bande, pour prendre à son tour connaissance de la solution de ce mystère, enfermée quelque part en lui-même.

Il n'a pas été difficile de plonger le patient dans un état hypnotique, car il s'y prêtait, cette fois, de toute sa bonne volonté, et sans aucune résistance.

Quelques balancements d'une petite cuiller d'argent dans la pénombre et la voix monocorde du docteur entraînent Antoine dans un sommeil de plus en plus profond. Le praticien pose à chaque étape une ou deux questions pour contrôler qu'il garde bien le contact. Antoine répond d'une voix un peu traînante, mais de plus en plus assurée. Les barrières tombent l'une après l'autre. Enfin, le médecin sent le moment venu :

— Maintenant, Antoine, tu vas aller retrouver Nadia. Est-ce que tu désires la retrouver ?

— Oui… Oui, je voudrais bien…

— Eh bien, va la rejoindre… Parle-lui, si tu veux…

Le gros magnétophone tourne lentement ses bobines. Solange, assise dans le canapé au fond de la pièce, retient sa respiration. Antoine s'agite, semble ressentir une présence :

— Nadia, je t'aime, Nadia…

Solange s'est mordu la lèvre. Georges lui fait un signe apaisant et se penche :

— Où es-tu, Antoine ?

— Dans… dans la voiture…

— Tu conduis une voiture ?

— Non… Nadia conduit…

— Où allez-vous ?

— Je ne sais pas… Il fait froid…

— Que dit Nadia, Antoine ?

— Elle dit… elle dit qu'elle ne veut pas… qu'elle ne veut pas de l'enfant… Elle dit que c'est à moi de le garder… Notre enfant… Moi… je dois le garder et en parler à ma femme… Je ne peux pas… C'est trop difficile… Je t'aime, Nadia…

Dans le cabinet du docteur Regard, le gros magnétophone n'enregistre plus qu'un double sanglot : celui de Solange, qui craque malgré son courage, et celui d'Antoine, qui pleure dans sa transe hypnotique. Il ne peut plus parler, et, de toute façon, le docteur a décidé d'arrêter là cette pénible épreuve.

À son réveil, Antoine cherche Solange. Le médecin semble gêné :

— Elle… elle est sortie un moment… Ça a été un peu difficile pour elle et…

— Il s'est passé quelque chose de grave, hein ?

— De quoi te souviens-tu, Antoine ?

— Mais de rien, bon sang, encore un coup ! Fais-moi écouter cette bande !

— Non, ce n'est pas prudent ! Je ne t'ai fait aucune suggestion pour oublier le contenu de la séance. Si, à nouveau, tu ne parviens pas à rappeler le moindre souvenir à ton conscient, c'est qu'il s'agit d'un blocage majeur ! Un garde-fou contre la violence de cette révélation. Il vaut mieux attendre que cela te revienne naturellement !

– Ah non ! Je veux savoir ! Je ne veux pas rester le seul à ignorer mes propres affaires ! Et je ne peux pas attendre en laissant Solange comme ça ! J'exige d'entendre la bande !

Georges passe dans la salle d'attente pour faire part à Solange du désir de son mari. La jeune femme n'en peut plus :

– Je suis trop secouée. J'ai eu mon compte pour ce soir. Sois gentil : appelle-moi un taxi, je rentre, je vous laisse continuer. Je vais essayer de digérer tout ça...

Deux heures plus tard, elle essaie de retrouver le calme entre un verre de scotch et une cigarette lorsque le téléphone sonne :

– C'est Georges, Solange... Je suis à l'hôpital... Il est arrivé quelque chose... C'est ma faute... Antoine écoutait le magnéto... Quand il est arrivé à l'histoire de l'enfant, il s'est levé... Je n'ai pas eu le temps de le retenir... Il a foncé droit devant... vers la fenêtre... Non, ce n'est pas grave : des coupures au visage, aux mains... Mais c'est le reste qui est inquiétant...

Le reste, c'est l'état mental d'Antoine. Il a plongé brutalement dans un état de dépression profonde. Il semble totalement fermé au monde extérieur. Une semaine plus tard, un spécialiste explique à Solange :

– Mon confrère m'a raconté comment la crise s'est déclenchée... J'ai bien étudié le comportement de votre mari... Observez ses attitudes, voyez l'expression préoccupée qui passe souvent sur son visage... En fait, il cherche... Et il est vraiment incapable de retrouver le moment de sa vie où ces événements se sont produits... Quel est cet enfant secret... C'est si grave pour ce garçon qu'une part de lui a totalement refoulé cet épisode... Un black-out absolu... Et néanmoins, une autre part de lui-même, celle qui a envie d'être claire vis-à-vis de vous, cherche sincèrement... Vous pourriez peut-être l'aider ?

– Mais non, docteur... Je croyais qu'il me disait tout... Il ne sortait presque jamais... Je ne peux même pas imaginer à quel moment de nos cinq années de mariage il a eu cette liaison !

– C'est dommage, madame, car il est probable que tant qu'il n'aura pas réussi à reconstituer ce souvenir enfoui, votre mari continuera ainsi à errer en lui-même...

Alors, courageusement, Solange Grimaud va continuer seule cette quête. Imaginez l'amour qu'il faut à cette petite femme pour aller interroger les collègues de son mari, ses anciens amis, ses camarades d'études...

Rien sur Nadia.

Mais entre-temps, elle a alerté dans une lettre les parents d'Antoine, qui habitent bien loin, au Québec. Et voici que, dans le petit pavillon toulousain, débarque ce couple, des commerçants dans la soixantaine, réservés, inquiets. Et c'est là que la vérité va jaillir, imprévue.

Après une première visite à leur fils, prostré et amaigri, les parents Grimaud, Adèle et Jean, passent la soirée avec leur belle-fille.

Jusqu'à présent, elle n'a parlé que d'une « dépression » chez Antoine. Mais le soir, estimant qu'ils ont droit à des détails, elle essaie de raconter :

– Non, c'est trop dur pour moi... Tenez, j'ai conservé la bande magnétique... Écoutez-la, vous comprendrez...

En entendant l'enregistrement, l'expression des Grimaud change. Arrivé à la scène cruciale, Jean se cache le visage dans ses mains. Sa femme lui entoure les épaules de son bras :

– Jean... il faut le lui dire... C'est tellement incroyable ! Voyez-vous, ma petite Solange, cette Nadia existe. Mais elle n'est pas la maîtresse d'Antoine. C'est sa mère, sa vraie mère !

Solange est sidérée. Le père Grimaud a soudain vieilli de vingt ans :

– J'ai eu cette aventure la première année de notre mariage... J'ai tout avoué à mon épouse, j'ai cessé de voir Nadia. Mais un peu tard : elle était enceinte. Nadia était très jeune, instable, elle voulait faire l'artiste aussi... Elle ne voulait pas cet enfant... Mais en 1932, au Canada, l'Église était très présente dans nos vies... Un avortement était impensable et dangereux aussi... Nadia a accouché dans un hameau isolé, personne de notre entourage ne l'a su... Et, un jour, elle est venue en voiture, en bas de chez nous. Elle m'apportait le bébé. Elle ne se sentait pas capable de l'élever. Elle me l'a laissé... Je ne l'ai jamais revue... Adèle, voyez-vous, a été merveilleuse... Elle a déclaré Antoine comme son enfant, et elle a vraiment été sa mère...

Solange n'en revient pas : ainsi c'est cela le secret qui rend Antoine malade ?

– Et depuis quand lui avez-vous dit la vérité ? Depuis quand sait-il qu'il est votre fils, Jean, mais pas celui d'Adèle ? Il ne m'en a jamais parlé !

Le père Grimaud marque un silence, puis il lâche l'étonnante révélation :

– Mais c'est cela qui est fantastique : personne ne lui a jamais rien dit ! Ni sur Nadia ni sur l'abandon. Cette scène qu'il revit à voix haute... Nadia et moi sommes seuls à l'avoir vécue, sur une route du Québec, le 4 novembre 1932 !

Seuls ? Non. Quelqu'un d'autre était là, qui ne pouvait pas comprendre. Quelqu'un qui, selon nos connaissances scientifiques actuelles, ne possédait encore ni la notion de la souffrance morale ni celle de la séparation... Ni même le langage ! Mais qui a pourtant « enregistré » chaque seconde de ce moment crucial de sa vie.

Sur la banquette arrière, il y avait Antoine, un bébé de huit semaines.

Retour au Camp 23

Les scientifiques qui décryptent l'être humain affirment avoir aujourd'hui découvert les racines de nos comportements amoureux.

Ainsi, lorsqu'un homme et une femme se croisent, il se produit un échange immédiat de signaux subliminaux, qui déterminent si leur union charnelle est favorable : courbes et rotondités plus ou moins accentuées des formes féminines évoquant la fécondité, proportions viriles indicatrices de vitalité et de robustesse chez le mâle et promesses d'une progéniture vigoureuse...

On a aussi porté à notre connaissance le rôle joué par les fameuses phéromones. Un mot récent, forgé en 1968, du grec pherein, *« porter », et « hormone ». Définition : « sécrétion externe produite par un organisme, qui stimule une réponse physiologique ou comportementale chez un autre membre de la même espèce ».*

La formation d'un couple devrait tout à l'instinct de conservation de l'espèce, de la perpétuation de la vie. Un comportement animal, régi par nos centres cérébraux les plus archaïques.

Communication purement matérielle ? Après tout, il n'y a aucune honte à cela, puisque nous ne sommes qu'un amas de cellules ! Notons que tous ces messages sont perçus par les sens : la beauté, la force, signes captés par la vue, le toucher... La virilité ou la féminité d'une voix... Le parfum d'un corps...

Pour autant, on croise des couples qui affirment que leur rencontre s'est située sur un tout autre plan. Qu'une communion s'est établie d'emblée, à un autre niveau. Qu'elle se renforce, même, avec les années. Ce lien-là n'a pas besoin de la présence, ni de l'usage des cinq sens. Il se joue des distances. Il transmet d'autres données, non physiologiques. Des images, des concepts. Des sentiments, peut-être. Qui nous différencieraient des autres animaux...

Communication purement immatérielle ? Après tout, il n'y a aucune honte à cela, puisque nous sommes un peu plus qu'un amas de cellules.

Une femme, une femme jeune et belle... Une femme auréolée de la gloire des projecteurs... Une femme seule au milieu de trois mille six cents hommes... Une femme de rêve, seule avec trois mille six cents hommes qui rêvent... Loin de tout, isolés du monde dans une solitude glacée... Voilà un point de départ pour une histoire inhabituelle : il y a eu des coups de feu, on sait qui est mort et qui ne l'est pas. On sait qui a tiré et qui a reçu les projectiles. On sait le mobile de l'acte. On sait donc tout, sauf... la vérité !

Car en bonne logique, ce qui s'est passé *n'a pas pu* se passer ! Ou bien alors... c'est qu'il y a, entre les femmes et les hommes, des choses qui nous dépassent et qui mettent au défi à la fois la raison et l'imagination.

– Oh, Marty ! Et celle-là ! Tu l'as vue, celle-là ? On dirait Marylin ! Parole : c'est vraiment Marylin !

Les GI surexcités se mettent à siffler comme des fous entre leurs doigts, à hurler comme le loup dans les dessins animés de Tex Avery. Dans le vacarme, on n'entend presque plus la musique et là-bas, tout là-bas, les danseuses de la revue se trémoussent dans le pinceau des projecteurs qui ont du mal à percer la fumée de centaines et de centaines de cigarettes.

Devant la scène, aussi imperturbables que possible, de solides gaillards alignés debout, au coude à coude, surveillent la salle. C'est la police militaire, casques blancs avec les deux lettres MP au-dessus du front.

174

L'atmosphère devient si bouillante que les MP, d'un geste synchrone, décrochent la matraque pendue à leur ceinture, et commencent à en taper le caoutchouc dur dans le creux de leur paume. Mais leurs regards sont inquiets. Les MP sont des durs à cuire, seulement il y a dans la salle près de deux mille GI chauffés à blanc... Deux mille jeunes types qui n'ont pas vu une fille depuis des mois, et dont les yeux leur sortent de la tête, devant ces danseuses en tenue plus que légère.

Heureusement, le show se termine, et les spectateurs calment leur ardeur dans une explosion d'applaudissements et de sifflets, leurs rangers ferrés martelant le plancher sur l'air des lampions. Enfin, les soldats se résignent à sortir, dans un ordre plutôt satisfaisant.

Les oreilles sont écarlates, et le froid de l'extérieur, presque quarante degrés au-dessous de zéro, saisit les spectateurs et les ramène à la réalité. Une réalité glacée, triste et morne. La réalité du Camp 23 : une ville artificielle, surgie en quelques semaines au cœur de l'Alaska. Enfin, une ville, si l'on veut... Même pas de nom... Un numéro.

Imaginez un ensemble de baraquements préfabriqués, des miradors, des grillages électrifiés, une piste d'aérodrome avec sa tour de contrôle et autour... rien ! Vraiment rien de rien ! Pas même une route inscrite sur la carte ! La solitude, la terre gelée, et le vent, un sacré vent qui ne s'arrête jamais et qui est si tranchant qu'il use les pierres. C'est par avion que les soldats arrivent et repartent. Ils sont là pour cinq mois. Alors vous pouvez supposer avec quelle impatience ils attendent la relève ! Elle se fait par roulement, par groupes de deux cents hommes : quinze jours de permission, une java à tout casser et... retour au Camp 23 !

On leur organise bien quelques distractions : des orchestres débarquent parfois de l'avion... Mais avec qui voulez-vous danser au Camp 23 ? Des troupes de music-hall se produisent aussi. Les *girls* ne sont pas farouches, mais quand elles ont vu l'endroit, et se retrouvent à vingt filles devant ces milliers de gars... elles s'enferment à double tour dans leur baraquement jusqu'au départ, en exigeant la protection des MP ! On regarde, mais on ne touche pas !

Aussi, ce soir-là encore, après la revue, de petits groupes de GI aux oreilles écarlates rejoignent-ils leurs dortoirs dans le froid, essayant de fanfaronner, de lancer des commentaires salaces sur les belles filles aperçues de loin sous les projecteurs. C'est le cas de deux bons amis, deux lieutenants, Gerald Finch et Marty Stafford :

— Alors, Marty ? T'as vu la blonde que je te montrais, celle du bout à droite ? Avoue que c'est Marylin, hein ? Marylin tout craché !

— Ouais, ouais…

— Quoi « ouais » ? Elle ressemble pas à Marylin, peut-être ?

— Si, si… Mais arrête de t'emballer comme ça, Gerald ! Si je t'écoute, on ne va encore pas dormir !

— Alors accompagne-moi dans ma piaule ! J'ai planqué une bouteille de bourbon ! On va se la siffler à deux, et après, je te fiche mon billet que la blonde de tout à l'heure, tu la rejoindras en rêve !

— Non, merci, pas pour moi… Tu sais, à chaque fois que je pense aux filles… il y a mon bras qui me fait mal !

— Oh, arrête de nous bassiner avec ton bras, Marty ! La blessure que t'as rapportée de Corée, c'est pas une honte ! Tu peux même en être fier !

— Ouais… Fier en paroles, et tant que j'ai ma chemise sur le dos ! Mais quand je l'enlève, je te jure que c'est pas beau à voir. Et les filles, je les comprends très bien ! Même moi, ce bras-là me dégoûte !

— Qu'est-ce que tu sais de ce qu'une fille peut penser ? Tu dis n'importe quoi ! D'ailleurs, à ta dernière permission, tu t'en étais trouvé une plutôt canon, à ce que tu m'as dit ?

— Oui, Gerald… Mais c'était une professionnelle ! Je lui ai laissé assez de billets pour qu'elle ne le voie pas, mon foutu bras ! Tandis qu'une vraie fille… une fille bien, une qui serait vraiment à moi… une qui voudrait faire sa vie avec moi… faut plus que j'y compte, maintenant, tu comprends ?

Amer, le lieutenant Marty Stafford plante là son ami Gerald et tourne les talons dans la nuit glacée.

Gerald Finch est triste pour son ami, qui traîne un pessimisme à lui gâcher la vie. D'où la surprise, au retour de la permission suivante.

Marty vient s'asseoir au bord du lit de son camarade, avec sur le visage un enthousiasme radieux encore jamais vu :

— Gerald, mon vieux Gerald ! Tu sais ce qui m'arrive ? Je suis fiancé !

— Fiancé, pour de bon ?

— Yep ! Tout ce qu'il y a de plus officiel ! Et tu ne devineras jamais avec qui !

— Ben non ! Comment je pourrais ?

— Parce que tu la connais ! Enfin... de loin ! Regarde sa photo !

— Oh ! Nom d'un chien... On dirait la danseuse ! La danseuse de la revue ! Marylin !

— On dirait pas : c'est *vraiment* elle, mon vieux ! En fait, elle ne s'appelle pas Marylin, mais Sonny ! Sonny Masterson ! C'est un prénom de garçon, je sais ! Son père rêvait d'un fils ! Mais crois-moi : c'est une vraie femme, Gerald ! Et quelle femme !

— Raconte, Marty, raconte ! C'est pas une blague ?

— Non ! Figure-toi que, dès ma descente d'avion, je me précipite en ville pour voir un spectacle, dans un cabaret ! Et elle était là, sur scène ! Mais pas au milieu des *girls* comme ici : elle était en vedette !

— Et tu l'as reconnue tout de suite ?

— Au premier coup d'œil ! Je me souvenais bien d'elle, tu penses ! À cause de toi, d'ailleurs, puisque tu n'avais pas arrêté de me la montrer, l'autre fois. Au départ, j'ai été un peu déçu : elle n'était pas très bonne dans son numéro. Elle n'était pas à ce qu'elle faisait : elle avait l'air de chercher quelqu'un dans la salle, sans arrêt. N'empêche qu'à la sortie du spectacle, je suis allé la féliciter dans sa loge. Il n'y avait plus les MP, pour faire barrière... Alors je lui parle, je lui dis où je l'ai déjà vue, et elle, elle me regarde avec un drôle d'air... Ça va te paraître idiot, Gerald, mais... est-ce que tu crois à la télépathie ?

— Moi ? Oh, ces trucs-là, tu sais... Mais pourquoi donc ?

– Parce que, sans rien écouter, elle me demande, tout à trac :
« C'est vous qui m'avez appelé Marylin, dans la salle, pendant
que je chantais ? » Tu penses si je m'attendais à une pareille
question ! Je lui réponds bêtement : « Non, je ne vous ai pas
appelée ! » Et puis, en y réfléchissant mieux, je lui sors : « Mais
je vous appelle Marylin quand même, d'une certaine manière ! »
Et me voilà parti, en m'emberlificotant, à essayer de lui expliquer que je pensais à elle sous ce prénom-là, vu que je lui en
connaissais pas d'autre et que c'était toi, mon copain, qui
m'avait mis ça dans la tête. Et elle, elle me redemande : « Vous
êtes sûr que ça ne vous a pas échappé ? Que vous n'avez pas prononcé ce prénom à voix haute ? » Non, que je lui assure : je ne
me serais jamais permis pendant votre numéro ! Elle reste toute
pensive et elle me fait : « C'est curieux, j'aurais juré qu'on
m'appelait, et j'ai cherché dans la salle pendant tout mon tour
de chant ! » Entre parenthèses, une fois démaquillée et vue de
près, elle ne ressemble pas du tout à Marylin. D'ailleurs, sans
maquillage, Marilyn ne devait pas se ressembler non plus…
Mais avoue que c'est marrant, quand même !

– Oui, c'est amusant ! Enfin… l'essentiel, c'est que ça t'a permis de faire connaissance, quoi ?

– Et même plus que ça ! Restaurant, dîner, chandelles, vin
italien et tout et tout, tu vois… On ne s'est pas quittés… En
plus, en causant, on s'est aperçus qu'on est du même coin, ou
presque ! Ses parents sont fermiers, comme les miens !

– L'entente parfaite, l'harmonie idéale, en somme ?

– Mieux, Gerald, bien mieux ! Figure-toi que, je ne sais combien de fois, j'allais dire une phrase, elle la sortait avant moi ! Et
l'inverse aussi : une idée me venait, elle pensait à la même
chose ! On était… comment te dire ? branchés ! branchés l'un
sur l'autre !

– Vieux cochon, va !

– Oh, lui, tout de suite ! Je te parle de la tête, de l'esprit !
Mais toi, tu n'y crois pas, hein ? Tu ne penses qu'au reste !

– Ma foi, avec une femme, ça a son importance…

– Eh bien, pour ça, je vais te dire avant que tu ne me poses
la question… Ne te moque pas, hein… Mais avec elle, mon
horrible bras… je n'y pense plus ! Plus du tout ! Bref, Gerald :

178

Sonny et moi, nous voilà fiancés ! On va se marier ! Il ne me reste plus qu'à demander l'autorisation au colonel !

– Eh bien… mon vieux Marty, félicitations ! Beaucoup de bonheur ! Moi, j'ai un peu le blues, forcément !

– Mais pourquoi ?

– Parce que ça veut dire que tu vas nous quitter. Prendre un bon job dans une boîte de civils !

– Mais pas du tout ! Sonny et moi, on en a parlé. Elle sait que ma vie, c'est l'armée, elle est prête à me suivre ! Et même à me suivre ici, tant que j'y suis affecté !

– Ici ? Au Camp 23 ? Avec ta femme ? Mais t'es dingue ! Non, Marty, crois-moi : tu ferais une erreur ! Réfléchis bien !

Mais pour Marty Stafford, c'est déjà tout réfléchi. Et pourtant, s'il savait vers quel mystère il s'engage… et vers quel drame, aussi !

Marty Stafford a donc épousé sa fiancée de rêve, la blonde Sonny Masterson. Comme elle l'avait promis, elle a suivi son mari sur les lieux où sa carrière l'appelle : au Camp 23. On a attribué au jeune couple un baraquement privé, une sorte de cabane à lapins, comme tous ces bâtiments militaires : un demi-cylindre de tôle ondulée, posé à même le sol, avec un bout de terrain carré pompeusement baptisé « jardin », où ne poussent que trois buissons frileux, à l'abri d'un petit mur.

Pourtant, de cet endroit sinistre, Sonny a su faire quelque chose qui ressemble à un foyer : des rideaux aux fenêtres, une couche de peinture pastel, des tissus à fleurs sur les fauteuils administratifs… C'est gentil comme tout. C'est sa première maison bien à elle, Sonny la danseuse, qui n'a connu que les autocars des tournées et les chambres d'hôtel. Elle y est heureuse, elle chantonne en attendant son mari.

La voilà donc installée dans ce coin perdu et glacé de l'Alaska, au milieu de trois mille six cents GI. Elle n'est pas la seule femme : elles sont trois. Aux cuisines officie une grosse dame noire sans âge, rouspéteuse mais le cœur sur la main, que tout le monde appelle « Mamy Carson », et le colonel a son épouse auprès de lui, une personne sèche, à l'accent distingué de Boston.

Donc Sonny, pour les trois mille six cents garçons livrés à tous les démons de la solitude et des pensées secrètes, avec sa blondeur et ses vingt-trois printemps, pourrait tomber dans le Camp 23 comme une allumette jetée au milieu d'une caisse de dynamite !

Pas du tout. Sur le seuil de la maison, il ne se passe pas une journée sans qu'elle ne trouve un petit cadeau, trois fois rien : une bouteille de vin de Californie, une revue féminine commandée pour elle par l'un des *boys*, par courrier, à sa lointaine famille. Ce sont des présents anonymes, déposés là par les soldats, comme une offrande à cette fée blonde dont la seule présence change l'atmosphère du cantonnement.

C'est vraiment un peu magique : pour tous ces hommes, Sonny n'est pas devenue une idée fixe ni un sex-symbol, mais une sorte de mascotte, une sœur à qui l'on a envie de rendre l'existence agréable. Jamais une bagarre, jamais une parole et encore moins un geste déplacés. Personne n'oserait se permettre une telle chose envers la femme de Marty Stafford, un type tellement chouette.

Et, en échange de ces attentions, Sonny accompagne certains soirs son mari au mess. On baisse les lumières, elle s'assied sur le coin du piano et elle chante, accompagnée par un sergent noir qui est un merveilleux jazzman.

Ces soirs-là, pas de sifflets ni de pieds frottés sur le plancher : on écoute, et chacun pense à la fille qui l'attend, quelque part, sûrement... Un jour, sûrement.

Pourtant, une fois passées les premières semaines où Sonny s'activait à l'installation et à la décoration, Marty s'inquiète :

— Mais maintenant, tu dois t'ennuyer mortellement, ici, chérie ?

— Non, pas du tout ! C'est ma maison ! Grâce à toi, j'ai une vraie maison à moi, tu te rends compte ? Et puis, les après-midi, j'ai la visite de Mamy Carson. On papote, elle m'explique des recettes. Et il y a même la colonelle ! Elle n'est pas si guindée que ça, quand on sait la prendre ! Non, je t'assure : je ne m'ennuie jamais ! Et puis, dans la journée, j'ai aussi *tes* visites !

– Oh, ne me fais pas de reproches, ma chérie : je sais que je suis très peu présent, mais...

– Marty, je ne te faisais aucun reproche : tu es *vraiment* là, avec moi, chaque jour !

Sonny prend un air faussement mystérieux :

– Mais oui, mon chéri ! Quand tu penses à moi, je le sais, à la seconde même... Ce n'est pas une image : *tu es là*, près de moi, à des moments précis ! Et lorsque tu penses plus fort, je peux presque voir ce que tu vois, toucher ce que tu touches à cet instant !

– Tu es certaine que ce n'est pas ton imagination qui pédale, à force de rester seule ?

– Oh oui, certaine : ça se vérifie lorsque tu me racontes, le soir, ce que tu as fait ! C'est exactement ce que j'ai vu !

– C'est génial ! C'est magique ! Comment expliques-tu ça ?

– Pas besoin d'expliquer ! Je t'aime, ça me suffit !

Les deux jeunes mariés éclatent de rire et se laissent bercer par leur bonheur. Ainsi passent quelques mois.

Jusqu'au jour où Marty Stafford, la mine tracassée, vient voir son ami Gerald Finch :

– Dis moi, vieux... Ça me gêne un peu de te demander ça, mais... tu n'as rien remarqué ?

– ... ?

– À propos de Sonny, je veux dire.

Gerald répond avec, semble-t-il, un peu d'embarras :

– Non... non. Qu'est-ce que j'aurais dû remarquer ?

– Elle semble avoir changé, ces derniers temps... Je... Comment t'expliquer ? Je sais que toi, tu ne crois pas à ces truc-là, mais... je ne la « sens » plus, si tu vois ce que je veux dire !

– Tu peux être plus précis ?

– Tu sais, cette « communication » que nous avions... ce n'est plus pareil. J'ai l'impression qu'elle... Oh, c'est dur à expliquer, mais elle s'éloigne de moi ! Comme si ses pensées n'étaient plus... plus à mon écoute !

– Allons, qu'est-ce que tu vas chercher ! Elle est peut-être un peu fatiguée ? L'air de l'Alaska et l'horizon du Camp 23, pour une jeune mariée, ce n'est pas folichon, je t'avais prévenu ! D'ailleurs, vous n'avez pas fait de voyage de noces ! Tous les couples font ça ! Tu devrais demander une permission spéciale et l'emmener au soleil !

– Tu crois que ça suffirait à…

– Ça me paraît même indispensable !

– Je vais essayer d'arranger ça. Merci, vieux !

En fait, si Gerald Finch est ennuyé, et s'il souhaite vraiment que le couple Stafford s'éloigne, c'est qu'il s'est passé quelque chose d'important.

Un après-midi, Sonny lui a demandé au téléphone de venir dès qu'il aurait un moment. Grand habitué de la maison, et réputé bon bricoleur, il est arrivé aussitôt.

– Alors, ma belle ? C'est pour quoi aujourd'hui ? Une fenêtre coincée ? Un robinet qui fuit ? Entreprise Finch à votre service !

Mais Sonny s'est plantée en face de lui, les yeux dans les yeux, l'air grave :

– Gerald… je n'ai ni le temps ni l'envie d'aller par quatre chemins. Voilà : je me suis trompée. Marty est un brave gars, le meilleur des maris…

– J'en suis persuadé.

– Seulement, c'est vous que j'aime, Gerald. Non, laissez-moi continuer… Vous êtes ici presque tous les soirs, j'ai appris à vous connaître. Vous êtes instruit, délicat, sensible. J'aime vos idées sur la vie, et vous me faites rire. C'est d'un homme comme vous que j'ai toujours rêvé.

– Sonny, vous ne devez pas…

– Taisez-vous, sinon je ne pourrai pas aller jusqu'au bout. Et je dois le faire. Marty est fort, rassurant, et il a été le premier à me demander sérieusement en mariage. Mais c'est avec vous que je voudrais vivre. Je sais qu'une femme ne devrait pas parler comme ça. Mais je le fais parce que je sais que vous m'aimez aussi, Gerald. Vous oseriez me dire le contraire ?

Cette déclaration impensable de sérieux et de précision n'avait rien à voir avec les tentatives d'« allumage » d'une épouse qui s'ennuie et se jette sur le meilleur ami de son mari. Elle a d'ailleurs touché si juste que Gerald Finch n'eut même pas le réflexe de se récrier.

Il a baissé la tête : en fait, il aimait Sonny, mais il avait espéré que ses efforts pour rester décontracté, et surtout sa profonde amitié pour Marty, sauraient masquer ce sentiment. Le temps que la raison l'éteigne. Et Sonny, d'une phrase, faisait tomber le masque :

– Vous voyez que c'est vrai, Gerald ! Emmenez-moi ! Emmenez-moi loin d'ici !

Gérald a tourné les talons et il est sorti en claquant la porte.

Depuis, il a trouvé des prétextes de travail pour espacer ses visites. Mais chaque jour, il trouvait Sonny sur son chemin. Pas ostensiblement : elle n'avait même pas besoin de l'approcher. De loin, elle le regardait, immobile, et ses yeux répétaient :

– Emmenez-moi !

Voilà ce qui s'est passé d'important et de secret, ce qui explique la gêne de Gerald Finch lorsque son ami vient ingénument lui confier ses craintes. Et voilà pourquoi Finch est tellement soulagé lorsque Marty répond :

– Tu as raison, Gerald ! Nous allons le faire, ce voyage de noces ! J'ai encore une mission que je ne peux pas manquer, et après… la Floride !

Mais quelque part dans l'engrenage du destin, une roue se coince, et la machine déraille.

Au cours de cette dernière mission, l'avion qui emporte Marty Stafford est porté disparu. Il s'est brusquement effacé des écrans des radars, et les communications radio ont cessé. D'autres appareils partent en reconnaissance et repèrent rapidement l'épave.

Elle est éparpillée au milieu d'un espace vierge de plusieurs dizaines de kilomètres de côté, un désert de blocs de glace acérés. Impossible d'atterrir. Les survols n'indiquent aucune trace de survivants sur les huit occupants de l'appareil.

Un blizzard s'est levé, qui bloque les hélicoptères à la base. Néanmoins, il faut tout tenter. C'est donc une équipe de chenillettes qui progresse lentement vers le site de la catastrophe.

Sonny est effondrée. Elle appelle évidemment Gerald Finch au secours. Le premier soir, il refuse nettement :

– Prenez un somnifère, Sonny ! Il faut dormir ! Courage, je suis de cœur avec vous ! Mais je ne peux pas venir !

– Gerald, je vous en prie !

– Non. Je ne peux pas. Vous savez bien pourquoi !

La journée suivante, aucune nouvelle positive. La deuxième nuit, Gerald résiste encore. Une autre journée apporte des nouvelles affreuses : l'hélico a pu précéder les secours au sol et effectuer un vol sur la zone du crash. Mais juste pour une observation. Il a repéré deux cadavres. Peu d'espoir pour les autres, car le froid est descendu encore d'une dizaine de degrés.

Ce troisième soir, Gerald passe voir Sonny. Il faudrait être un sauvage pour rester sourd à la détresse de la jeune femme, pour ne pas aller la consoler, pour la laisser seule dans sa maison. Gerald y va donc, avec la ferme et sincère intention d'apporter seulement sa présence amicale.

Et il craque. Il s'endort dans les bras de Sonny. Et il sait que, quoi que lui soufflent sa raison et son amitié, il ne pourra plus se passer d'un tel bonheur.

À 5 heures du matin, les occupants des bâtiments les plus proches de la maison de Sonny sont réveillés par trois détonations. Notez bien cela : *trois* coups de feu.

On trouve sur le lit le lieutenant Gerald Finch, mort. Il s'est tiré une balle dans la bouche.

Sonny Stafford est grièvement blessée : un projectile lui a frôlé le cœur, mais elle est vivante. Lorsqu'elle reprend conscience à l'hôpital, elle raconte le drame :

– C'est l'arrivée de mon mari qui nous a réveillés. Gerald et moi, nous... nous nous étions assoupis en laissant la lampe de chevet allumée. Marty était sur le seuil de la chambre. Il ouvrait la bouche pour nous parler. En une seconde, j'ai compris qu'on avait dû le retrouver et le ramener. Il était encore bleu de froid et les yeux écarquillés. Gerald, près de moi, l'a vu aussi. Il est devenu comme fou ! Il s'est levé d'un bond, vers son ceinturon qu'il avait laissé sur un fauteuil. Il a pris son arme. Il a tiré une fois sur Marty. J'ai vu l'épaule de mon mari exploser... Tout ce sang sur sa parka... J'ai crié quand j'ai vu tout ce sang, mais

Gerald a pointé le Colt vers ma poitrine. Il a hurlé : « C'est mon ami ! C'est ta faute ! » Il a tiré encore une fois. J'ai senti le choc, la brûlure... Après, je ne sais plus... Il a dû retourner l'arme contre lui !

Autour du lit, tous ceux qui écoutent ce témoignage se regardent sans comprendre. Il y a bien eu *trois* coups de feu : l'un a blessé Sonny, un autre a tué Gerald Finch... et un troisième impact a été relevé dans la porte de la chambre.

Mais cette balle n'a pas touché Marty Stafford. Elle ne pouvait pas le toucher. *Tout simplement parce qu'il n'était pas là !*

D'ailleurs, au Camp 23, au moment où sa femme parle, on ne sait même pas s'il est encore en vie. Il ne sera recueilli par une équipe de secours au sol que dix heures après le drame, c'est-à-dire au début de l'après-midi !

Selon le rapport, Marty Stafford a été retrouvé à plus de deux cents cinquante kilomètres de la base, gisant au fond d'une faille de glace. Et il ne sera effectivement de retour au Camp 23 que le lendemain ! Nous avons aussi son récit :

– J'étais le seul à avoir survécu au crash et, par je ne sais quel miracle, je n'étais même pas blessé. Les deux premiers jours, j'ai essayé de ne pas m'éloigner d'une grosse pièce de métal, un morceau de carlingue, plus aisément repérable sur la glace. J'avais un peu de nourriture sur moi, des barres chocolatées, mais, dans les débris du zinc, je n'ai pas trouvé de quoi faire du feu. Cette nuit-là, j'ai compris que si je ne bougeais pas, le froid allait me tuer. Je me suis donc mis en marche, mécaniquement, dans la lumière de la lune. Pour me réchauffer, je pensais de toutes mes forces à ma femme et à ma maison. Ça m'a aidé à tenir le coup. Je me voyais rentrant dans la chaleur de ma maison. Et puis j'ai eu une sensation horrible, comme si je perdais tout cela... Je suis tombé dans cette faille. Une douleur atroce. *Comme si je recevais une balle.* Je me suis fait une fracture ouverte à l'épaule. J'ai senti l'os qui traversait ma chair, et je me suis mis à saigner beaucoup. *Ma parka s'est imbibée de sang.* Tout ce sang... Je me suis dit que j'étais en train de mourir, et j'ai perdu conscience...

Pour comprendre toute l'étrangeté de ce récit, et de son inexplicable similitude avec ce que Sonny racontait, de son côté, il faut préciser que cette déclaration du lieutenant Marty Stafford a été faite à ses sauveteurs pendant son transport, *avant* qu'il n'ait connaissance de ce qui était arrivé chez lui !

Il a repris exactement le même compte rendu par la suite, en posant aux enquêteurs militaires perplexes une question toute simple :

– Qu'est-ce que vous voudriez entendre d'autre, de la part d'un type paumé au milieu de la glace depuis trois jours et trois nuits ?

Sonny Stafford, elle non plus, n'a jamais voulu changer son témoignage, fait à l'hôpital après le drame. Elle a maintenu que le premier des trois coups de feu avait bien été tiré *sur son mari, qui se tenait debout sur le seuil de la chambre.* Et, en répétant sa déposition, elle a posé d'ailleurs, elle aussi, une question logique :

– Si ce n'est pas Marty, qui est-ce qui nous a réveillés à 5 heures ? Et pourquoi Gerald a-t-il tiré ? Et sur qui ?

Il n'y a rien de plus à dire. Parce que l'on ne sait rien de plus. Si ce n'est que cette affaire, réduite à ces faits bruts, et sans autre tentative d'explication, n'a été sortie des archives militaires que trente ans après.

On comprend pourquoi : les militaires n'aiment pas trop ce qui défie la raison !

264 Lafayette Road

Vous avez sûrement croisé, comme nous, des personnes dont la perception est tellement aiguisée qu'elle s'apparente à un sixième sens. Des individus capables de capter des signes minuscules, imperceptibles pour le commun de la population.

Ils peuvent alors vous donner sur vous, sur votre vie, sur ce que vous avez fait les derniers temps, des précisions si exactes et si inattendues... que vous pourriez prendre cela pour de la voyance !

Ainsi un bon médecin peut-il « lire » votre état de santé et les affections dont vous avez pu souffrir dès l'instant où vous pénétrez dans son cabinet... Un vendeur de chaussures qui a du métier saura, rien qu'à votre démarche et à la coupe de votre costume, le genre d'article qu'il doit vous proposer et... jusqu'à quel prix vous pouvez y mettre !

Il s'agit, en fait, d'une disposition à rester ouvert à ces signaux ténus, et d'un entraînement à les relier, à les interpréter de façon cohérente.

Ceux qui veulent absolument voir là-dedans un peu plus que du simple bon sens diront que nous sommes « imprégnés », à un niveau infime, d'une sorte de mémoire cellulaire, qui porte les traces de nos actions, voire de nos pensées. Certains objets le seraient aussi, permettant aux « voyants » de retracer leur histoire, leur passé...

Admettons.

Mais si l'on voulait supposer que la voyance existe, sous l'aspect divinatoire, il faudrait alors accepter aussi que nous portons sur nous... une « mémoire de l'avenir » ? Est-ce bien raisonnable ?

La police, elle, le croit. Enfin... pas toute *la police !*

Le corps est effondré derrière le comptoir, et il y a du sang, vraiment beaucoup de sang. À l'endroit de la tête, on ne distingue plus grand-chose, mais d'après les mains, c'était un vieil homme. Un vieil homme en blouse de nylon bleu. Les deux jeunes gens qui ont appelé la police osent à peine regarder dans cette direction. L'un d'eux est même proche du malaise :

– Nous n'avons touché à rien, lieutenant. Mais ça ne vous ennuie pas qu'on sorte, pour causer ?

Le lieutenant Bannon, de la police de Portland, n'est pas mécontent non plus de s'éloigner : l'odeur fade du sang mêlée à celle, âcre et persistante, de la poudre ne lui réjouit pas le cœur.

Lorsqu'on l'a tiré du lit, Bannon s'apprêtait plutôt à humer le café que sa femme lui apporte le dimanche matin.

Plutôt revigoré par le vent imprégné d'iode et l'incessant crachin de l'Oregon, il se retourne pour regarder le bâtiment, isolé sur cette zone industrielle : une sorte de vaste hangar, vaguement habillé d'une façade de brique. Une pancarte en lettres blanches sur fond rouge :

BUCKLEY'S
Pièces détachées d'automobile

Au-dessous, un slogan bien américain :

Nous avons ce qui vous manque

Les deux jeunes témoins aspirent de grandes goulées d'air. Celui qui paraît le moins mal en point relate leur tragique début de journée :

– Voilà, lieutenant. C'est la première fois qu'on venait, mon copain et moi. Buckley's, c'est le seul endroit où on puisse trouver un joint de culasse pour une Impala 1967... Surtout un dimanche matin ! On y était pour l'ouverture, 8 heures pile. Une seule bagnole sur le parking. Probablement celle du vendeur, qu'on a pensé. On allait être vite servis. Et puis on a trouvé la porte battante. En entrant, on a tout de suite senti l'odeur de poudre. On a jeté un œil : la caisse était ouverte, vide. Et c'est en z'yeutant derrière que je vois ce vieux, tout ratatiné. Je me suis juste permis d'utiliser le téléphone pour vous appeler. J'ai... j'ai dû enjamber le pauvre gars... Mais j'ai fait attention de ne pas marcher dans le...

Pendant que le témoin se détourne pour vomir, un inspecteur stagiaire sort en courant :

– Chef, chef ! On a trouvé dans un cahier le numéro du patron de la boîte et on a téléphoné chez lui !

– Bonne initiative. Il se ramène au trot, je suppose ?

– Ben... il ne va pas vraiment pouvoir...

– ... ?

– C'est sa femme qui nous a répondu. Et il paraît que le vieux, le macchabée, ça serait pas un vendeur ! C'est lui, le patron !

Effectivement, le corps est bien celui de Jeremiah Buckley, soixante-treize ans. Le *coroner* arrive sur les lieux avec son photographe. Bannon est bien obligé de les accompagner à l'intérieur. Et de se pencher à nouveau sur le cadavre.

La main gantée de latex du médecin effleure avec précaution la blouse poisseuse de la victime, puis ce qui reste du crâne :

– Il a été abattu de deux balles de 357 Magnum.

– À première vue, ça ressemble à un vol, toubib : la caisse fracturée, les poches du mort retournées... Mais... je sens quelque chose de pas très net : des types qui veulent piquer du fric opèrent en fin de journée, pour empocher la recette. Pas à l'ouverture, surtout un dimanche matin...

– Oh, un drogué en manque, qui ne pense qu'à se procurer sa dose et n'a même plus la force de réfléchir ? Nous en avons déjà vu, rappelez-vous, Bannon.

– Ouaip... Mais mon pifomètre me fait douter... Vous pouvez m'en dire plus, sur les blessures ?

– Deux balles, donc... l'une à bout portant, l'autre à bout touchant, donc... La première l'a percuté dans le dos.

– Descendu par-derrière… On peut imaginer que l'agresseur a attendu l'ouverture, ou s'est fait ouvrir avant, en jouant les clients pressés… Il demande une pièce quelconque, d'un modèle pas courant… Le vieux se retourne pour aller vers la réserve… bing !

– Ça ne colle pas, lieutenant : cette première balle a été tirée de bas en haut. Je dirais que le canon était à environ un mètre du sol et nettement incliné, à soixante degrés… Et le comptoir est assez haut : plus d'un mètre cinquante. Le tireur n'était donc pas côté clients, séparé par ce comptoir, mais du *même côté* que sa victime, tout près derrière elle…

– Intéressant… Quelqu'un d'assez connu de Buckley pour qu'il le laisse entrer avant l'ouverture officielle, passer derrière le comptoir, et qu'il lui tourne le dos sans méfiance ?

– Je vois assez les choses comme ça… Je dirais que le tueur tenait le revolver planqué contre sa hanche, ou même que ce premier coup de feu a été tiré à travers une poche…

– Et le deuxième ?

– La seconde balle est arrivée sur le côté du cou, a traversé la tête. Vous la retrouverez sûrement dans le plancher… Tirée à moins de trente centimètres, alors que la victime était à terre, et morte.

– Tiens… Vous êtes certain que le premier impact était déjà mortel ?

– Vu la proximité et la direction du tir, le projectile avait fait éclater un rein et le foie… Il s'est peut-être logé dans un organe. Certain que le pauvre vieux était déjà mort en arrivant au sol ! En tout cas, il n'était visiblement plus en état d'empêcher un braqueur de vider la caisse.

– Alors, elle était inutile, cette seconde balle, de la part d'un simple voleur ?…

– Ça me fait plutôt penser à une exécution, avec le coup de grâce pour finir le boulot !

– Le vol n'est peut-être qu'un camouflage ? Faut voir.

À la fin de la matinée, la fouille et les examens des spécialistes du labo sont déjà bien avancés. L'arme du crime n'a pas été retrouvée, le comptoir est maculé de trop d'empreintes différentes pour pouvoir en dégager une plus suspecte qu'une autre. Sur la caisse, il n'y en a que quatre séries différentes, dont celles du mort.

– Soignez-moi bien les trois autres : celles du meurtrier en font peut-être partie.

– À condition qu'il n'ait pas pris l'élémentaire précaution de porter des gants !

À voir, néanmoins. Bannon a des fourmis dans les jambes et l'estomac vide.

– Bon. Je ne suis plus utile ici. Faites suivre l'intendance : dispositif classique pour les crimes crapuleux, mais je veux aussi des détails sur l'entourage. La routine habituelle.

La routine ? Lieutenant Bannon, votre légendaire « pifomètre » se trompe un peu, pour une fois ! Si l'on vous disait, à cet instant, par quelle méthode étrange vous connaîtrez le fin mot de ce dossier, vous visseriez votre index sur votre tempe, en grommelant que cela défie la raison.

Et vous auriez… raison !

Effervescence inhabituelle pour un dimanche, lorsque Bannon arrive à son bureau. Tout le monde le cherche :

– Ah ! Chef ! Le patron veut absolument vous voir !

Le commissaire est en conversation avec un petit homme au faciès d'un jaune maladif, vautré dans un fauteuil. Ce visiteur a gardé son chapeau rejeté en arrière du crâne, et il ne prend même pas la peine de tendre la main quand le commissaire fait les présentations.

– Voici le lieutenant Harry Bannon ! Harry, voici M. Fletcher, du bureau du premier adjoint au maire !

Dans l'intonation du commissaire, on croirait entendre une majuscule à chaque mot. Méfiance : un ennui se prépare et le dénommé Fletcher en est le porteur ! Le petit homme jaunâtre ne regarde jamais personne en face. On dirait qu'il s'adresse à votre cravate, en mâchonnant un chewing-gum sans jamais refermer la bouche.

– Content de vous connaître, Harry. Je vous félicite : avec le cas Buckley, vous tenez une affaire qui peut vous donner de l'avancement ! Si vous réussissez *vite*, bien entendu !

– Ouaip… En fait, vous venez de la mairie pour me dire que je suis sur un coup pourri, et que si je ne réussis pas, je me fais étendre, c'est ça ?

– C'est à peu près ça, Harry… Mais je préfère toujours voir le bon côté d'une situation… Vous avez quarante-huit heures, Harry ! Pour nous apporter un coupable… ou au moins une piste très précise. J'entends par là une piste valable à présenter à la presse, Harry !

Il va s'arrêter, lui, avec ses « Harry » ? Bannon se tourne vers le commissaire, qui contemple le bout de ses chaussures. Le lieutenant ricane :

– Ah, je vois ! Il t'a déjà mis dans sa poche, et c'est moi qui vais aller au charbon ! OK, OK… on réglera ça en privé ! Alors dites-moi, Monsieur-Fletcher-du-Bureau-du-Premier-Adjoint-au-Maire, qu'est-ce qui met pareillement le feu aux fesses de notre chère municipalité ?

– Harry… vous savez *qui* était Jeremiah Buckley ?

– Le patron de cette boutique de pièces détachées, non ?

– Oui, oui, bien sûr… Seulement, il en possédait vingt-quatre autres comme celle-là, dans quatre États ! Plus une douzaine de garages. Plus une chaîne de *mini-markets*. Plus quatre hôtels de luxe, plus des actions chez Boeing, plus des cafétérias, plus, plus, plus… Je saute tout de suite au total de l'addition : votre client pesait, à vue de nez, et uniquement en fortune personnelle, cent vingt à cent cinquante millions de dollars !

Bannon doit s'asseoir sur le coin du bureau :

– Mince alors ! Cent cinquante briques ! Ce petit bonhomme en blouse de nylon, qui bossait derrière un comptoir le dimanche matin à huit heures ?

– Eh oui, Harry ! À soixante-treize ans, et multimillionnaire ! Le travail était sa drogue. Il avait commencé comme vendeur et, le dimanche, il allait « se replonger aux sources » qu'il disait ! Un vieil original plein aux as…

–… Qui a financé une partie de la campagne du maire, je parie ?

– Lequel exige… vous entendez Harry ?… Il *exige* des résultats rapides ! Je vous laisse travailler, Harry…

– Merci, *monsieur* Fletcher ! Et si nous nous revoyons, ce qui sera avec plaisir, n'en doutez pas, je vous permets de m'appeler *lieutenant* Bannon.

Le policier travaille, effectivement… Toute l'équipe qui l'entoure travaille aussi, jour et nuit. Mais après le délai de quarante-huit heures, aucune piste sérieuse ne peut être ouverte.

Les coups de feu n'ont été entendus par personne. L'entrepôt est situé dans un quartier périphérique, occupé surtout par de petites entreprises, désertes en ce dimanche matin. Les séries d'empreintes sur la caisse sont celles des employés de semaine. Les rondes de police ont raflé tout ce que la ville compte de rôdeurs. Les inspecteurs infiltrés dans les divers milieux ont fait parler tous leurs indicateurs… On a passé au gril tous les *usual suspects*… Rien ! Le pot au noir total.

Le mercredi ont lieu les funérailles de Jeremiah Buckley, dans une solitude affligeante. Le long *station-wagon* au moteur feutré qui transporte le cercueil du vieil homme est suivi de trois Cadillac noires. L'une est occupée par la veuve, soutenue par sa femme de chambre. Dans la seconde, une poignée d'avocats aux chapeaux à bords roulés, visages de circonstance. La troisième voiture est couverte de couronnes de fleurs somptueuses et hypocrites : « À notre père chéri », « À mon grand-père aimé ». Mais derrière les vitres fumées, il n'y a pas de passagers.

Le millionnaire inconnu avait deux fils, une fille, des petits-enfants. Éparpillés aux quatre coins des États-Unis, tous ont d'excellents prétextes pour être « retenus par leurs obligations ».

Le lieutenant Bannon assiste de loin à cette navrante inhumation. Il avait l'intention, pour le principe, d'interroger les héritiers au passage, mais le maire lui a fait savoir que ce serait de la dernière incorrection : ces honorables personnes étaient toutes fort éloignées de Portland à l'heure du drame. On a vérifié. Prévenues chacune par la police de leur ville, elles ont toutes déclaré qu'elles n'avaient pas vu le vieux Jeremiah depuis longtemps, et qu'elles ignoraient s'il avait des ennemis.

Sur ce plan-là, la veuve n'a pas été non plus d'une quelconque utilité : elle ne connaissait rien des affaires ni même des millions de son mari. Elle a été étonnée d'apprendre qu'il était si riche.

Bannon piétine. Il en est encore au même point le vendredi soir lorsque le commissaire passe le chercher à son bureau :

– Tu as besoin de te reposer la tête, Harry. Viens, on va prendre un pot, comme au bon vieux temps !

Bannon et son patron se connaissent bien. Et depuis longtemps : ils ont fait l'École de police ensemble. L'un des deux, Bannon, était un bon limier et l'autre, devenu son boss, savait caresser les élus dans le sens du poil. Chacun son talent. Et chacun son grade... Mais leur amitié n'en est pas moins réelle.

Dans un box discret d'un « bar à flics » des environs, le commissaire torture à coups de cure-dent l'olive qui flotte au fond de son Martini.

– Harry, mon pote, je suis vraiment mal... J'ai encore reçu douze mille appels de Fletcher. Pour l'instant, je bluffe, je dis que tu es sur le point de... points de suspension, parce que je me demande bien sur le point de quoi ! Je ne vais plus pouvoir le faire lanterner longtemps...

– Je vois le tableau, Bob... Tu n'as qu'à me faire porter le chapeau : adresse-moi un blâme officiel pour te couvrir !

– Justement ! C'est ce que je *ne veux pas* faire ! Si toi, tu ne penses pas à ta promo, j'y pense à ta place : il y a longtemps que tu devrais être capitaine. Avec un blâme, tu en prends pour ton grade, mais tu ne prends pas de galons. Alors, tu vois... je me suis dit comme ça... pourquoi tu n'irais pas consulter Collins ?

Le Collins en question est un radiesthésiste, dont la collaboration avec la police a fait l'objet de controverses dans la presse, et de nombreuses plaisanterie dans les commissariats. Bannon soupire :

– Tu sais que tu deviens spirituel en vieillissant, toi ? Je suis dans le collimateur de la mairie, je pédale dans la choucroute, et ton seul encouragement, c'est de te foutre de moi ?

– Je ne plaisantais pas, mon vieux : je *veux* que tu consultes Collins !

Là, Bannon saute sur son siège :

– Quoi ? Ce... ce clown ? Ce fantaisiste qui se prend pour le Grand Sorcier ?

— Doucement, Harry, doucement ! Regarde-moi ça ! Tu m'as balancé tout mon Martini sur la cravate ! Écoute : Collins n'est pas un de ces gourous new-age ! C'est un radiesthésiste éminent, un technicien ! Un jour, la science expliquera tout ça ! En attendant, il a déjà travaillé avec d'autres brigades, notamment sur des kidnappings. Et ses résultats sont surprenants !

— Non, Bob ! Je n'irai pas faire joujou ! Je n'ai pas le temps !

— Lieutenant Bannon, c'est un ordre !

— Des ordres comme celui-là, tu sais ce que tu peux en faire ? *Je-n'i-rai-pas* !

Sébastien Collins habite un modeste appartement dans une tour moderne. Bannon est assez surpris de se trouver devant un homme jeune, aux cheveux courts :

— Entrez, lieutenant. Excusez-moi si je chuchote : ce n'est pas pour prendre des airs mystérieux, mais ma femme est en train de mettre les enfants au lit ! Ah, je vois que vous regardez le décor... Ce n'est pas très luxueux, n'est-ce pas ? Ou bien vous vous attendiez à des tentures noires et à des chouettes empaillées ? Désolé de vous décevoir !

Le lieutenant est agacé de trouver instantanément ce Collins plutôt sympathique. Ainsi d'ailleurs que sa jeune femme, qui vient leur servir un café et se retire aussitôt.

Bannon sait, par le commissaire, que Collins gagne sa vie comme lecteur de manuscrits pour un éditeur. En fait, il partage avec son épouse cet emploi à mi-temps et à domicile. Il se dégage ainsi du temps pour exercer son talent si particulier. Son « don », comme dit l'ami Bob ! Bannon enrage *in petto* : « Quelle situation ridicule de me retrouver un vendredi soir, alors que les meilleurs laboratoires de police et les meilleurs flics de la ville se cassent le nez, à demander de l'aide à ce jeune charlatan ! Qu'est-ce que je peux bien attendre de lui ? Je suis sûr qu'il joue les bons pères de famille travailleurs pour échapper au fisc ! Mais c'est une couverture : il doit pomper un maximum de fric en liquide à des gogos trompés par leur femme, ou à des mémères hors d'âge qui cherchent encore le prince charmant ! »

Il a dû penser fort, car, tout en repoussant les tasses vers un coin de la table, Collins murmure de sa voix cultivée :

– Je ne tire pas les tarots, lieutenant. J'utilise bien des cartes, mais des cartes d'état-major ! Et, s'il est vrai que j'ai besoin d'argent, j'ai néanmoins toujours été persuadé que si j'acceptais une rémunération, même d'une mémère pleine aux as, mon don disparaîtrait. Curieux, non ?

Avec un sourire amical, il enchaîne aussitôt :

– Vous m'avez apporté la photo du défunt ?

– Oui, pas de problème : elle était dans mon dossier. Par contre, au téléphone, vous m'avez demandé de me procurer un objet qu'il avait touché. Nos services ont rendu ses affaires personnelles à sa veuve, alors... J'ai chipé au labo l'une des balles qui l'ont tué... On peut estimer qu'il l'a touchée ?

– *Elle* l'a touché, ça ira ! Est-ce que je pourrai la conserver pour travailler dessus ?

– C'est un emprunt parfaitement illégal : il faut que je la remette en place demain matin !

– Alors voici comment je vais procéder : je vais effleurer de la main gauche la photo, puis la balle. Avec mon pendule dans la main droite, je vais parcourir la carte des environs, une carte à grande échelle, pour tenter de découvrir une direction générale.

– La direction de quoi ?

– Je ne sais pas... De quelque chose ou de quelqu'un qui se rapporte à l'homme sur la photo... Ou bien l'emplacement de l'arme qui a tiré la balle... Ou encore la direction prise depuis le lieu du crime par la personne qui possède cette arme... Et lorsque j'aurai cette indication générale, j'entrerai dans des cartes de plus en plus précises, à une échelle de plus en plus réduite, pour déterminer un lieu...

– Dites-moi, monsieur Collins... À quel degré de précision prétendez-vous pouvoir descendre ?

– « Prétendre » dites-vous, lieutenant ? Il me semblait bien sentir une forte réticence, chez vous... D'ailleurs, vous ne m'avez pas serré la main en entrant. Pour répondre à votre question sur la précision, il m'est arrivé de cerner des emplacements de quelques dizaines de mètres carrés. Pour la localisation d'un cadavre, par exemple ! Mais j'avoue qu'il m'arrive aussi de ne rien trouver du tout. C'est d'ailleurs cette incertitude constante qui fait la beauté de… mon art : si j'étais certain de réussir à tous les coups, je n'exercerais plus !

Et Sébastien Collins commence son travail. Bannon est plus impressionné qu'il ne veut se l'avouer par le sérieux qui marque ce visage, un visage qui devient beau à force de concentration. Mais au bout d'un moment, les traits de Collins se creusent. Énervé, il change de carte, se concentre plus intensément. Il transpire. Bannon n'aime pas l'espèce d'électricité qui emplit maintenant la pièce. Il interroge, mal à l'aise :

– Alors ? Vous détectez quelque chose ?

– Oh ! Taisez-vous donc !

Le lieutenant se tasse sur sa chaise comme un enfant pris en faute. Au bout d'un très long moment, Collins se lève, épuisé :

– Excusez-moi pour ce mouvement d'humeur mais… Non ! Non, je regrette : je ne trouve rien. Je ne sais pas ce qui se passe… Il y a comme un mur… Ou alors l'assassin s'isole, se protège derrière une sorte de barrière mentale, qui interdit tout contact. Désolé…

Le lieutenant Bannon n'a pas à se forcer pour se sentir tout aussi désolé. Il est convaincu que toutes ces histoires de « don », c'est de la baliverne. Mais il a le sentiment que ce jeune gars au regard franc a réellement cherché à l'aider. Il reprend la photo et la balle. Il enfile son imperméable. Conquis par la sincérité de Collins, il lui tend la main :

– Je vous remercie. Vraiment. C'était très intéressant. Bonsoir.

– Attendez… attendez, lieutenant !

– Qu'est-ce qui se passe ? Vous ne vous sentez pas bien ?

Collins ferme les yeux, vacille un peu et s'accroche à la main de Bannon :

– Si, si… Mais… depuis le début, vous étiez dans votre forteresse et… il y a une minute, vous vous êtes ouvert, enfin. Alors… quand j'ai touché votre main… Vous permettez ? Là, serrez plus fort… Oui… J'ai… j'ai une image… Cette main, votre main, je la vois recevant… un revolver…

– … ?

– Un revolver chromé... Avec un canon court... Celui qui a tiré cette balle... Oui, c'est ça ! *Quelqu'un vous met cette arme dans la main !* Venez, nous allons chercher !

Collins déplie à nouveau ses cartes et, cette fois, obtient un net mouvement du pendule :

– Notez, lieutenant : Lafayette Road... Tout au bout de Lafayette Road !

Puis il sort un carton un peu sali par l'usage, où figurent des chiffres. Il les parcourt de l'index gauche. Tenu par sa main droite, le pendule oscille encore :

– Notez : 2... 6... 4... 264. 264 Lafayette Road ! C'est là que vous recevez ce revolver !

Le samedi matin, première heure, Bannon et deux inspecteurs se présentent au 264 Lafayette Road, dans la grande banlieue de Portland.

Un pavillon de bois vert pâle, à la peinture écaillée. Un bout de pelouse hirsute, où traînent quelques planches et un tuyau d'arrosage emmêlé.

Sur le seuil, un gros bonhomme, l'air pas aimable du tout. Les bretelles de son pantalon sur le maillot de corps d'une netteté douteuse soulignent la bedaine gonflée par la bière de maïs. Il toise les trois hommes en costumes et feutres gris :

– Et je peux savoir ce que vous venez faire chez les gens pendant le week-end ?

– Nous sommes de la police, monsieur !

– Pas la peine de le dire, ça se voit ! Et alors ?

– Humour facile, monsieur ! Votre nom, s'il vous plaît ?

– Eliphas Tanner ! Ça sera tout ?

– Non, monsieur Tanner. Une question : connaissez-vous Jeremiah Buckley ?

Une moue des grosses lèvres et un signe de dénégation qui fait trembloter le triple menton :

– Connais pas ce particulier ! N'habite pas ici, en tout cas ! Qu'est-ce qu'il a fait ?

– Vous ne regardez jamais la télévision ? Vous devriez au moins avoir entendu citer son nom !

– Il joue dans quelle équipe ? Je regarde que le sport...

– Est-ce que vous achetez parfois des pièces détachées d'automobile ?

– Je vois pas où vous voulez en venir, mais...

Il sort de sa poche sa main droite : il y manque trois doigts.

– La mécanique, c'est plus trop le genre de la maison ! Remarquez, je me plains pas : l'assurance me permet de vivre peinard... Enfin... Autre chose ?

– Monsieur Tanner, nous aimerions entrer jeter un coup d'œil chez vous...

Le buveur de bière devient écarlate jusqu'au sommet de sa calvitie :

– Quoi ? Perquisitionner ? Chez moi ? Qu'est-ce que vous cherchez ?

– Nous ne pouvons pas vous le dire pour l'instant. Vous nous laissez entrer ?

Brusquement, l'expression de Tanner se change en un air matois. L'œil en biais, sourcil levé, les poings sur les hanches :

– Dites donc... Ça, par contre, je l'ai vu, à la télé : pour perquisitionner, il vous faut un mandat ! Vous en avez un, de mandat ?

Là, les inspecteurs regardent leur lieutenant, un peu hésitants : il a voulu agir le plus tôt possible et, à cette heure-ci, un samedi, sa demande doit encore moisir dans la corbeille à courrier du juge. De plus, les inspecteurs ignorent tout de la manière dont Bannon a obtenu cette adresse. Ils ont supposé qu'elle lui venait d'un mouchard. Et lui s'est bien gardé de leur raconter sa consultation chez Collins. Il avance d'un pas :

– Nous avons reçu une information qui nous permet de...

– ... Qui vous permet rien du tout ! Une information, c'est pas un mandat ! Quelle information, d'abord ?

Nouvelle hésitation du policier :

– C'est-à-dire... votre maison m'a été formellement désignée par...

Il ne peut décidément pas se résoudre à révéler, surtout devant ses hommes, qu'après vingt ans de réputation sur son flair, à l'heure de la guerre des étoiles, d'Internet et de la police scientifique, il a fait ce déplacement sur la simple intuition d'un gars qui a reçu une vision en lui serrant la main ! Alors, il y va à l'intimidation :

– Écoutez, monsieur Tanner, sachez qu'en nous refusant l'accès, vous pouvez vous rendre coupable d'entrave à l'action de la loi ! Ou bien vous nous laissez entrer, vous n'avez rien à cacher et nous repartons en nous excusant... ou bien je laisse deux hommes ici, je reviens dans une heure avec un mandat, et même si vous n'êtes pas dans le coup, vous serez inscrit dans un dossier de justice ! Vous avez le choix !

Tanner ronge son frein et finit par les laisser entrer.

Et Bannon devra lui faire des excuses : il n'y a aucun revolver caché dans cette maison.

Une enquête discrète sur Eliphas Tanner démontrera qu'il était un modeste représentant en tissus, qu'il n'a jamais eu aucune relation avec le défunt millionnaire.

Averti de l'échec, le radiesthésiste Collins ne comprend pas :

– Pourtant c'était net, lieutenant : vous étiez réellement porteur de cette image... Jamais je n'en avais reçu une comme celle-là, aussi forte !

Deux années vont passer. La veuve Buckley est entrée en maison de repos, et les héritiers de Jeremiah ne semblent pas vouloir remuer ciel et terre pour retrouver l'assassin.

Un nouveau maire a été élu, la presse se lasse de réclamer un coupable, le dossier tombe en sommeil.

Grâce à l'appui du commissaire, la hiérarchie a fini par reconnaître l'ensemble des états de service de Bannon et lui accorder son avancement. L'affaire Buckley disparaît parmi toutes celles qui n'ont pas été élucidées.

Le capitaine Bannon est maintenant responsable d'un ensemble de services. Il les gère depuis son fauteuil et ne promène plus que rarement son fameux « pifomètre » sur le terrain. Il le regrette d'ailleurs parfois. Mais grade oblige : le quotidien des enquêtes est le lot de ses subordonnés. Un matin, l'un de ceux-ci le croise dans l'escalier :

– Ah, monsieur... Je ne sais pas si j'ai bien fait, mais... un individu s'est présenté pour une déclaration spontanée. C'est assez grave et cela concerne un dossier qui vous tenait à cœur, je crois : j'ai pensé que vous aimeriez l'entendre personnellement. Je me suis permis de le faire entrer dans votre bureau.

La pièce est envahie d'un parfum à base de bois de santal et de rose. L'homme se lève précipitamment à l'entrée de Bannon. Il a une cinquantaine d'années, les tempes grisonnantes, un costume un peu trop cintré à la taille et il renifle discrètement dans un mouchoir fin :

– Je me nomme Atkins... Joël Atkins...

On ne peut pas dire qu'il zozote vraiment : il fait glisser les *s* comme une friandise sur ses incisives. Pour appuyer certains mots, sa voix monte dans les aigus :

– Je *veux* faire une déposition... Je veux que cette *femme* paie pour tout le mal qu'elle a fait !

– Quelle femme, monsieur Atkins ?

– Jennifer Buckley, la fille du millionnaire assassiné ! Elle *doit* payer !

D'un coup, toute l'affaire et son échec reviennent à la mémoire pointue de Bannon. Montée d'adrénaline, légère accélération du rythme cardiaque :

– Vous prétendez que c'est cette Jennifer Buckley qui a tué son père ?

– Mais non, capitaine ! Tiens, au fait, c'est vrai : vous êtes capitaine et vous ne portez pas d'uniforme ! Pour moi, un capitaine, ça porte un uniforme. *J'adore* les uniformes ! Quand je faisais mon service dans la marine, la tenue de sortie blanche était...

– Monsieur Atkins, c'est pour parler chiffons que vous êtes venu ?

– Excusez-moi ! Oui, Jennifer Buckley... Elle n'a pas tué son père, elle a fait *pire* que ça !

– Je ne vois pas ce qu'il y a de pire que le parricide.

– Oh, si, capitaine ! Elle a détruit à la fois son *père* et son *fils* ! Et c'est pour cela que je veux qu'elle paie !

– Vous m'expliquez ?

Joël Atkins prend une profonde inspiration et se lance dans une déposition circonstanciée.

– Voilà. Je suis enseignant. Licencié en poésie. À la suite de certains déboires… enfin, des ragots *mesquins*, dans un collège, j'ai dû démissionner. Je me suis retrouvé à un poste de surveillant dans une de ces boîtes privées pour fils de riches qui n'en fichent pas une rame, si vous me passez l'expression. Sinistre, un niveau culturel *déplorable*, malgré leur argent… Heureusement, j'ai eu un rayon de soleil : Francis, le fils de cette femme, Jennifer Buckley. Le petit-fils, donc, de Jeremiah Buckley… Un garçon d'une sensibilité… Vous ne pouvez pas savoir, capitaine… il avait *tout* pour lui… Je m'étais pris… comment dire ? pris d'affection pour Francis. Il *méritait* vraiment de réussir. Je le poussais à travailler, malgré le déplorable exemple de je-m'en-foutisme de ses camarades… Je lui faisais réviser ses cours, en privé… Il aurait pu avoir ses diplômes, entrer à l'université. Mais sa mère gâchait tout.

Francis vivait sous l'*entière* domination de cette femme. Il était en *adoration* devant elle. Il souffrait beaucoup d'être éloigné d'elle, pensionnaire. Il faisait des cauchemars presque toutes les nuits, de crainte de ne pas la revoir. Un complexe d'Œdipe qui n'en finissait pas… Bref, elle était en train de divorcer pour la troisième fois. Son mari était en faillite, incapable de lui verser une pension. Malgré cela, elle dépensait un argent fou, entretenant une troupe de ballet à New York. C'était d'ailleurs un sujet permanent de disputes par téléphone avec son père, le vieux Buckley : il menaçait de lui couper les vivres, de la déshériter…

La dernière fois, elle y a tellement cru qu'elle a vraiment pris peur. Elle a mis sur pied un plan diabolique : aux vacances de printemps, elle a pris Francis, à New York. Pendant des jours, elle lui a joué un vrai psychodrame : ils allaient manquer de tout car Jeremiah s'était pris de haine contre elle. Les créanciers allaient la dépouiller. Si elle en arrivait là, elle se suiciderait… Vous vous rendez compte ? De la part d'une mère, l'effet d'un tel chantage sur un gamin fragile, éperdu d'amour pour elle ? Tout ce numéro ignoble… pour pousser Francis à tuer son propre grand-père ! À le tuer avant qu'il ne modifie son testament !

Par contre, elle jurait que si Francis le faisait, elle le sortirait du pensionnat et qu'il viendrait vivre auprès d'elle… Rien qu'elle et lui… Le pauvre garçon s'est laissé avoir ! Cette traînée de Jennifer le savait : elle s'était déjà procuré une arme auprès d'un petit truand, qui la fournissait en cocaïne pour ses soirées branchées. C'est elle qui a mis le revolver dans la valise de Francis.

Atkins semble connaître le drame dans ses moindres détails.

Le dimanche matin, à l'internat, il n'y avait pratiquement aucune surveillance : les rares occupants qui restaient ce jour-là, profs comme élèves, avaient en général bu, la veille au soir, et dormaient tard. Francis connaissait la marotte de millionnaire excentrique du vieux Buckley : « se replonger aux sources », selon son expression... En fait, jouer au vendeur, une fois par semaine ! Francis savait qu'il le trouverait seul à l'entrepôt.

Personne, au pensionnat, n'a remarqué ce dimanche-là qu'il est sorti très tôt et revenu. Entre-temps, il avait tué son grand-père !

Après cette tirade faite d'un trait, Joël Atkins renifle à nouveau dans son mouchoir brodé. Bannon est abasourdi par cette révélation monstrueuse.

Pourtant, tout, dans cette folle histoire, est parfaitement cohérent avec le scénario du crime : quel familier plus insoupçonnable qu'un petit-fils peut se faire ouvrir la porte du magasin juste avant 8 heures ?

Francis passe le comptoir derrière le vieux Buckley, l'arme cachée dans son manteau. Il tire une première fois, à bout portant. Le vieil homme tombe, déjà mort. Mais le gamin lui loge une deuxième balle, dans la tête, pour être certain d'avoir accompli l'horrible mission et mériter enfin l'affection de sa mère... Puis il simule à la hâte un vol et rentre au pensionnat.

Lors de l'enquête, on avait cherché tous azimuts : braqueurs, mafieux, adversaires industriels... On avait *a priori* considéré que tous les proches de la victime étaient loin de Portland. Mais nul n'aurait pensé à vérifier l'emploi du temps d'un collégien de quinze ans ! Nul ne pouvait se douter...

– Mais alors, vous, monsieur Atkins... comment savez-vous tout cela ?

– Je vous l'ai dit... mon affection pour Francis... Eh bien, c'était réciproque. Nous... nous avions des projets, ensemble.

Des rêves, plutôt. Pour quand il serait majeur... Nous savions que nous avions peu de chances de les réaliser, mais cela nous permettait à tous les deux de vivre, d'espérer. Nous étions si seuls, lui comme moi.

— Et quand vous a-t-il mis au courant ?

— Quand il a eu commis cette chose horrible, il n'avait personne à qui en parler. Il avait confiance en moi... Il savait que je ne dirais jamais rien qui puisse lui nuire... Il m'a raconté tout et il m'a dit : « Joël, si un jour il m'arrive malheur, ce sera la faute de maman. Vous me vengerez en livrant la vérité à la police ! »

Quand sa mère a eu l'argent de l'héritage, elle a fait sortir le gamin de pension. Et puis elle a replongé de plus belle dans son milieu d'« artistes ». Finalement, elle a oublié ses promesses pour partir vivre avec un Français... Et puis, avant-hier, j'ai appris que le pauvre gosse s'était donné la mort, à New York, dans une chambre qu'il occupait, tout seul... Voilà, capitaine, j'exécute sa volonté. Il faut faire payer cette femme !

— C'est sinistre, monsieur Atkins. Sordide. Et, vous le comprendrez, c'est difficile à croire sur parole ! Qui confirmera vos dires, maintenant que ce jeune homme est mort ?

— Lui-même, capitaine !

— ... ?

— En me racontant son crime et en me demandant de le venger, Francis m'a dit : « Joël, je vous confie la preuve de la culpabilité de ma mère ! Vous en serez le gardien ! »

— Il a laissé une confession, une lettre ?

— Non, il ne voulait rien écrire en clair qui puisse tomber par hasard entre les mains de quelqu'un. Mais il était très intelligent et il pressentait aussi la trahison de sa mère : il avait conservé dans un sac de plastique... le revolver du crime ! Celui qu'elle lui a fourni, en lui donnant l'ordre de tuer... Chromé, avec un canon assez court : les empreintes de Francis sont dessus. Mais celles de Jennifer Buckley aussi.

Quelque chose commence à revenir à la mémoire de Bannon. Un souvenir qu'il veut repousser, absolument. Sans succès :

— Ce revolver... vous l'avez sur vous, monsieur Atkins ?

— Non, non, il est chez moi : je ne voulais pas traverser la ville avec une arme. Et puis, je n'étais pas certain de trouver quelqu'un qui m'écouterait. Mais maintenant que j'ai pu vous dire tout cela, capitaine, c'est seulement à *vous* que je voudrais le remettre. *En main propre.* Auriez-vous l'obligeance de m'accompagner ?

Un frisson parcourt la main de Bannon. Plus qu'un souvenir. La *sensation* de cette main, serrée dans celle de Sébastien Collins :

— Vous habitez loin, monsieur Atkins ?

— En fait, comme je ne travaille plus, pour l'instant, je viens juste de déménager. Ce n'est pas un quartier très reluisant : je suis en location, chez un type assez grossier, un ivrogne. Mais il me laisse, à bon marché, le rez-de-chaussée de son petit pavillon.

— ... ?

— En banlieue... Au 264 Lafayette Road.

Le coin de folie du docteur von Beckenheim

Les histoires d'amour, très souvent, surtout lorsqu'elles tournent mal, deviennent des histoires de famille. Des secrets de famille. Et, dès cet instant, elles disparaissent : il faut attendre des lustres pour qu'enfin, toutes passions apaisées, elles nous soient connues. Celle-ci est advenue en 1920. Elle est assez loufoque. Mais elle constitue un dossier suffisamment historique pour trouver ici sa place.

Dans la vie courante, ce qui défie la raison, bien avant le fantastique ou le paranormal, c'est, tout simplement... la folie. Même douce. Dans ce vaudeville absurde, elle semble être la seule explication. Mais... attendez la fin !

Nous disons bien « la fin », et non « la conclusion ». Car, de conclusion, il n'y en a jamais eu. C'est bien là que nous guette l'insolite.

Franz von Beckenheim possède un nom à particule et un château. Le château est ancien, la particule beaucoup moins. Son père, le vieil Adolf Beckenheim – tout court – a acheté le lot, château et particule, grâce aux confortables revenus de son négoce de vins et spiritueux en gros.

Pourtant, Franz a tout d'un descendant de vieille souche autrichienne : dans la bonne ville de Linz, sa longue silhouette, son visage étonnamment pâle font rêver plus d'une jeune femme à marier et même plus d'une... qui l'est déjà. Mais

207

Franz ne s'intéresse pas à la bagatelle, nous y reviendrons plus tard.

Verena von Burg, elle, porte un nom noble tout ce qu'il y a de plus authentique. Mais elle n'a plus de château. Son papa, dit-on pudiquement, est mort d'une chute de cheval. En réalité, selon la bonne tradition de sa lignée haute en couleur, il s'est rompu le cou en escaladant, dans un état d'ébriété avancé, le balcon d'une demi-mondaine. Accident providentiel s'il en fut, car il intervint peu avant que toute la fortune ne fût dilapidée. Il laissa ainsi à sa veuve, la hautaine baronne Adelina, et à sa fille Verena juste de quoi tenir encore un moment leur rang.

La baronne, forte femme approchant la cinquantaine, regarde son état social avec lucidité : sa seule planche de salut, c'est sa fille. Certes, il ne reste à cette jeune personne que les portraits de ses innombrables arrière-grands-pères et grands-oncles, qui ont fertilisé de leur sang bleu les champs de bataille de l'Europe entière… Sur le plan comptable, rien, sinon des fournisseurs inquiets que l'on fait patienter à l'entrée de service…

Mais Verena détient un trésor, un trésor fragile : ses dix-huit printemps et sa beauté radieuse, toute fraîche sortie du couvent. Estampillée par le sceau d'une virginité garantie par la mère supérieure.

Pour la baronne, il ne fait aucun doute qu'un bien pareil, ça doit se monnayer, sans attendre. Sans attendre qu'un gode-lureau de passage vous en cueille l'essentiel – le sceau, si vous voyez à quoi nous faisons allusion – et dévalue irrémédiablement le dernier capital de la famille. Voilà pourquoi Mme veuve von Burg jette son dévolu sur le long et pâle Franz von Beckenheim.

Franz a passé les vingt-sept ans lorsque la stratégie bien orchestrée de la baronne place la ravissante demoiselle von Burg sur son chemin. Nous l'avons dit : le jeune homme ne s'inté-resse pas à la bagatelle et, pour autant que nous puissions le savoir, il n'a pas approché une femme de plus près que pour le baisemain. Étonnant, penserez-vous, pour un garçon de vingt-sept ans ? Peut-être. Mais bien plus courant qu'on ne le pense, même de nos jours.

La fortune de son père lui ayant permis de mener de longues études, Franz a été longtemps étudiant en chimie, et l'un des plus brillants, au dire de ses professeurs. Pendant ses années d'université, ses camarades n'ont pas cessé d'engager des paris : qui parviendrait à le faire tomber dans les bras d'une donzelle ?

— Allez, Franz ! On va en ville, ce soir ! Tu viens avec nous ?

— Dîner dehors ? Bonne idée. Mais j'aimerais rentrer de bonne heure !

— Tu rigoles ? Pour l'après-dîner, on a déjà retenu le grand salon, chez Madame Ursula ! Elle a reçu huit nouvelles filles ! Superbes ! Des Françaises, tu te rends compte !

— Ah… Alors si c'est ça, votre sortie… sans moi, les gars !

— Franz ! Des Françaises, tout de même !

— Françaises ou pas, je n'ai aucun goût pour les caresses vénales ! Ce n'est pas ça, l'amour ! Je préfère attendre. Les travaux que je veux entreprendre sont incompatibles avec ce genre de basses compromissions !

Voilà, c'était dit, et inutile d'insister, on ne l'en ferait pas démordre. Ses futurs travaux, disait-il… Quels travaux ? Mystère. Et même ses études terminées, l'abstinence de Franz reste entière. Son père, déjà bien vieux, n'est pas sans s'émouvoir de cette attitude singulière :

— Franz, te voilà devenu le *Herr Doktor* von Beckenheim, et, crois-moi, ce n'est pas la moindre des fiertés pour un homme comme moi, qui ai travaillé dur toute ma vie. Mais nos amis, nos relations commencent à me faire des réflexions… On ne te voit jamais… comment dire ? au bras d'une dame… Chez un garçon de ton âge, cela donne… comment dire ? plutôt sujet à murmurer !

— Laissez murmurer, père !

— Mais enfin, Franz, j'en viens même à me poser des questions ! Est-ce que tes années de pensionnat… je ne sais pas, moi… t'auraient rendu… comment appelle-t-on cette maladie de certains jeunes gens ? Misogyne ?

Franz éclate tout bonnement d'un rire sans équivoque :

— Oh, voyons, père ! Qu'en termes discrets ces choses-là sont dites ! Non, rassurez-vous, je n'ai aucun penchant pour les moustachus, et vous ne risquez nullement de me surprendre au lit en compagnie d'un lieutenant du 43e de hussards ! Mais redevenons sérieux : qu'eussiez-vous désiré que je fisse pour répondre à l'image d'un « garçon de mon âge et de ma condition » ? Que j'entretinsse dans un appartement en ville une danseuse du Grand Théâtre ? Que je profitasse du départ à la chasse d'un de vos amis, pour culbuter son épouse dans son boudoir ? Non, père : c'eût été indigne de vous, de moi et de mes travaux !

– Ah ! Parlons-en, veux-tu, de tes travaux !

Autre sujet d'inquiétude, les « expériences » du fiston. Et si papa Beckenheim avait lu le *Frankenstein* de Mary Shelley, ou le *Docteur Jekyll et Mister Hyde* de Stevenson, il serait bien plus inquiet encore : les seules dépenses de Franz, depuis son doctorat, ont consisté à installer un laboratoire sous les combles du château, à s'y faire livrer des appareils électriques bizarres, des caisses de tubes de verre, de cornues et d'alambics...

– Tu t'enfermes des jours et des nuits dans cet antre et personne n'a le droit d'y pénétrer, pas même moi ?

– Pas même vous : ce doit être ainsi, père, pardonnez-moi ! Mes travaux me conduisent vers une œuvre qui exige solitude et concentration. Quant au reste, rassurez-vous : lorsque le moment sera venu, je recevrai, de la Force qui nous guide et nous gouverne, un signe indiscutable. Ce jour-là, je saurai que j'aurai trouvé celle qui deviendra ma femme... La pureté de cet amour-là, loin de nuire à mon œuvre, décuplera au contraire l'énergie que j'y consacre !

Franz s'est mis à parler avec tant d'exaltation que son père renonce à la conversation. Aussi quel soulagement lorsque, quelques mois plus tard, le jeune chercheur annonce d'un ton respectueux mais péremptoire :

– Père, le signe m'a été envoyé : j'ai trouvé mon élue ! Je viens vous demander votre bénédiction pour épouser Mlle Verena von Burg.

Franz épouse donc Verena. Pour lui, c'est sans aucun doute possible un mariage d'amour.

Verena épouse donc Franz. Pour elle, c'est un vrai coup de chance : un époux plus jeune, plus beau et plus savant qu'elle n'en pouvait espérer, alors que sa mère aurait pu la caser à un barbon, pourvu qu'il eût de l'argent.

À la sortie du temple, toute la ville s'accorde pour convenir qu'ils forment un couple idéal. Plus d'un (et plus d'une) palpitent lorsque, au plus fort de la fête qui illumine le château, l'orchestre s'interrompt pour entonner la ritournelle traditionnelle qui, en Autriche, signale à l'assistance que le marié « enlève » l'épousée, pour la conduire vers le septième ciel.

Hélas, le ciel sera bien bas ce soir-là ! C'est à ce point du récit que les choses deviennent délicates. Délicates pour Franz, certes... Mais délicates aussi pour nous ! Il va nous falloir choisir nos termes avec soin ! Nous allons devoir nous comprendre entre les mots...

Hélas, donc... Le septième ciel n'accueille pas ce soir-là les nouveaux mariés... Pas plus que le sixième ciel, ni aucun des cieux intermédiaires...

Franz, dans ses appartements, enlace son épouse, lui prodigue les marques de la plus touchante attention. Il a beau être resté pur comme le cristal, ses études l'ont amené à suivre des cours de biologie. Il est donc plus ou moins averti de la manière dont « ces choses-là » sont censées se manifester sur son anatomie. Or, au bout d'un moment, il doit bien constater... que rien ne se manifeste. Mais alors rien du tout.

Devant l'inutilité de ses efforts, il dépose donc un baiser tout ce qu'il y a de plus fraternel sur le front de Verena, et bat en retraite à reculons vers ses appartements privés, en toussotant pour se donner une contenance :

– Hum... je... je vais vous souhaiter une bonne nuit, ma chérie... En vous priant de m'excuser pour... hum... pour mon manque de...

– De vous excuser, mon ami ? Mais pourquoi ? Je ne suis pas choquée de vos gestes, vous savez ! Il est normal qu'un mari se montre plus tendre qu'un fiancé !

Étonnement de Franz :

– Oui, oui... bien sûr... Mais... hum... vous étiez en droit d'attendre... enfin... cette fête... cette soirée qui était la nôtre... vous pouviez en espérer plus de...

– Oh, mon ami ! Je reconnais bien votre délicatesse ! Voilà que vous craignez de m'avoir enlevée trop tôt à nos invités et de m'avoir privée de quelques danses ? Mais non, notre soirée fut parfaite, je n'en espérais pas plus : vous avez choisi le bon moment ! Après toutes ces valses, je mourais d'envie de me retirer ! Je n'en puis plus !

– Ah !... Ah bon... Eh bien... bonne nuit donc !

Franz se garde bien de dissiper ce quiproquo qui tourne à son avantage, et se prend à bénir tout ensemble : le ciel, la baronne von Burg et l'éducation des jeunes filles au couvent ! Ainsi Verena ne tient aucun compte de sa... défaillance, pour la bonne et simple raison qu'elle ne l'a pas remarquée ! Strictement élevée à l'écart de ces préoccupations, manifestement non avertie des « choses de la vie » par sa mère, Verena n'en attendait pas plus de son époux ! Franz pousse un long soupir de soulagement, qui se prolonge le lendemain. Et les jours suivants ! Car autant le dire sans ambage : les nuits qui suivent celle des noces ne sont guère plus exaltantes.

Fort de l'heureuse ignorance de sa femme, le docteur von Beckenheim prend une résolution importante. Puisqu'il a, maintenant, la certitude que leur amour existe dans la pureté, il va pouvoir faire partager à Verena bien mieux que les choses de la chair : le secret de ses mystérieux travaux ! Malheureux docteur : voici que sa vie prend un tournant fatal. La tragédie s'annonce...

La hautaine baronne Adelina von Burg a été appelée par sa fille. Elle l'a trouvée dans un état d'agitation extrême et ne parvient pas à la calmer :

– Mais enfin, maman ! C'est à un fou que vous m'avez mariée ! Un fou !

– Allons, ma petite chérie ! Ne sois pas excessive !

– Excessive ? Il m'a fait visiter son *laboratoire secret* ! Il y avait des tas de machines en cuivre qui faisaient des étincelles d'électricité ! De l'*électricité*, maman ! Et des tubes de verre avec des liquides rouges et bleus, qui glougloutaient dans tous les coins !

– C'est normal, Verena ! C'est un savant !

— Attendez la suite ! Il y avait partout, aux murs, au plafond… des vessies !

— Pardon ?

— Des vessies, maman ! Des baudruches, des ballons en vessie de porc, gonflés et marqués de petites étiquettes ! Franz parlait avec de grands gestes… Il avait les yeux égarés… Il disait : « Regardez, ma chérie, mais n'y touchez pas ! Ce sont des âmes ! »

— … ?

— Des âmes, c'est ce qu'il a dit ! Et il se met à m'expliquer qu'il paie tout un réseau de médecins, de domestiques et même de prêtres pour qu'on l'avertisse discrètement lorsque quelqu'un est sur le point de mourir. Il se rend auprès de cette personne pour l'assister et il s'arrange pour être présent au moment du dernier soupir. L'hospice est évidemment son lieu de prédilection, puisqu'il peut facilement se retrouver seul avec le mourant. Alors… Écoutez bien : il *recueille* ces âmes !

— … ?

— Il prétend *capter* les âmes des défunts qui sont sur le point de quitter la Terre ! Et il les enferme dans ses ballons !

— Quel usage en a-t-il ?

— Pour l'instant, il ne fait que les conserver… afin qu'elles ne se perdent pas. Il est certain de pouvoir un jour *communiquer* avec elles !

Évidemment, si l'on s'enferme dans un état d'esprit un peu étroit, conventionnel, de ce début de XXᵉ siècle, on peut trouver là matière à s'inquiéter, ou même à se gausser…

Nous qui avons l'esprit ouvert ne tomberons pas dans ce travers facile ! Recueillir le souffle d'un mourant n'a rien de sot. Grâce aux bienfaits du Nouvel Âge et des médias, l'accompagnement des personnes en fin de vie est devenu profession reconnue, et nous avons ainsi appris qu'il est essentiel d'assister au « dernier souffle ».

Nous avons conscience que ce n'est pas un hasard si « rendre le dernier soupir » et « rendre l'âme » est une seule et même chose. Il est de notoriété publique que les Indiens, dans leur millénaire sagesse, côtoient l'Atman, la part subtile de l'être, et que *atmen*, en allemand, signifie « respirer ». Nous savons, bien sûr, que selon l'enseignement de la Kabbale, le souffle reçoit deux noms différents, pour distinguer celui qui porte l'énergie subtile et divine…

Vous-même, à l'appel de votre gourou, vous participez probablement à de nombreux séminaires de « travail sur le souffle », afin de vous rapprocher de votre âme ? Donc, vous ne trouvez rien de surprenant aux travaux du docteur von Beckenheim. Avec ses ballons pleins d'âmes, vous reconnaissez en lui un précurseur.

Il n'en est pas de même pour cette malheureuse Verena :

– Oui, maman : il prétend avoir réussi à capter l'âme avec le souffle, et l'étape suivante de ses travaux sera d'entrer en communication ! Et il affirme qu'il n'est pas le seul : il correspond avec des savants allemands, français, russes, anglais et je ne sais d'où encore ! Et il est très fier, parce qu'il est le plus avancé de tous ! Vous voyez, maman : il est fou !

– Allons, allons… Un peu singulier, original, peut-être… Mais c'est un passe-temps bien innocent ! Songe qu'il pourrait s'intéresser à l'invention d'explosifs ! Les âmes, c'est moins dangereux, non ? Contente-toi de profiter de la vie qu'il te donne… Après tout, c'est ton mari !

– Non, maman !

– Mais si ! C'est ton mari !

– Non, maman !

– Comment, tu veux dire que… ?

– Oui, maman, je veux dire que… Très précisément, nous sommes mariés, mais il n'est pas *mon mari* ! Je le sais, j'en ai parlé *en détail* avec mes amies du pensionnat !

Ah, messieurs, craignez comme la peste les bonnes amies de votre femme ! Car elles peuvent, en quelques minutes de bavardage, détruire, laminer, pulvériser, réduire à néant la réputation que vous avez mis des mois à construire dans le secret de l'intimité. N'en doutez pas : les bonnes amies papotent, révèlent, dévoilent et… comparent !

Les bonnes amies de Verena von Burg sont venues lui rendre visite et ont fait ce que font toutes les bonnes amies d'une jeune mariée : elles ont voulu *tout* savoir. Et lorsqu'elles ont compris qu'il n'y avait *rien* à savoir, elles ont d'abord éclaté en rires cristallins, puis elles ont parlé à mots découverts et elles ont enfin dessillé les yeux candides de Verena. Qui a été vexée comme un pou !

Sur ce point, la baronne von Burg tique franchement. Pour les ballons, passe encore, mais sur le devoir conjugal, on ne plaisante pas : mariage non accompli signifie mariage nul, et donc que la fortune du mari n'est pas verrouillée :

– Ainsi, tu es sûre que... rien ?

– Rien, maman !

– Pas même... ?

– Non, pas même !

– Ah... Ça, c'est très ennuyeux...

– C'est le moins qu'on puisse dire, maman ! Et que me conseillez-vous ?

– Conseiller, conseiller... c'est délicat, ma petite fille... On ne peut pas rompre un aussi beau mariage sous des prétextes aussi bassement matériels...

– Enfin, maman, je ne voudrais pas avoir l'air dévergondée, mais il me semble que j'aurais le droit, moi aussi, de connaître...

– Ça passe, ces choses-là, crois-moi, ma fille... Et puis, si ça ne passe pas, réfléchis, tu trouveras sûrement une solution ! Il y en a des solutions... Si, si !

Et, disant cela, la baronne regarde, rêveuse, le parc où se promènent son jardinier et son cocher personnel qui l'accompagnent partout depuis son veuvage...

Verena a cherché consciencieusement la solution, selon le conseil de sa maman, et elle n'a pas tardé à trouver. Durant les semaines qui suivent, on constate que sa nervosité disparaît, que son humeur se fait excellente, enjouée... La baronne est ravie : le mariage tiendra. Aussi c'est sans inquiétude qu'elle part prendre les eaux à Baden.

Au retour, une triste surprise l'attend. Sa fille, la mine battue, vient sangloter dans son giron :

– Maman, oh, maman, c'est affreux ! Je suis enceinte !

– Comment cela, affreux ? C'est une magnifique nouvelle !

– Mais non ! C'est une catastrophe ! Vous ne comprenez pas ?

– Quoi, ton mari n'a toujours pas… ?

– Non, maman !

– Pas même une petite fois ?

– Pas même !

– Ah ! Alors *c'est* une catastrophe… À moins que…

Et voilà que la hautaine baronne se penche à l'oreille de sa fille pour échafauder un plan machiavélique.

Le surlendemain, Franz von Beckenheim, qui s'était endormi dans sa chambre, se réveille… dans la paille de l'écurie ! Il ôte les brindilles de foin de sa belle robe de chambre en soie et rentre en catimini au château.

Les jours suivants, il refait surface à la lingerie et dans d'autres endroits incongrus, toujours après un lourd sommeil. Troublé, il n'en souffle mot à personne.

Jusqu'au matin où c'est dans la bergère d'un petit salon qu'il reprend ses esprits, débraillé, le crâne vaguement douloureux. Sur une table basse, des verres renversés et plusieurs bouteilles de vin du Rhin, vides… Son dernier souvenir, c'est la veille au soir, dans sa chambre, lisant au lit ses notes de laboratoire :

– Oh, ma tête… Mais qu'est-ce que je fais là, moi ? Marika ! Marika ?

Mais au lieu de la femme de chambre, c'est la baronne von Burg qui accourt :

– Franz, mon petit ! Quelle histoire !

– Mais qu'est-ce que ça veut dire ? Où est la femme de chambre ?

– Cette pauvre Marika ? Mais je l'ai renvoyée, moi-même, à l'aube ! Je lui ai payé deux mois de gages pour qu'elle se taise !

– Mais qu'a-t-elle fait ?

– Vous osez le demander ? Rien d'autre que de subir votre assaut bestial. Regardez autour de vous ! Et cette fille avait l'air d'y prendre du plaisir ! Donc, je l'ai mise dehors… Je ne voulais surtout pas que Verena puisse apprendre tout cela !

Et voilà que Franz, éberlué, apprend qu'il s'est livré aux dernières privautés sur la personne de la femme de chambre ! Il ne se souvient de rien, mais il fait le rapprochement avec son bizarre réveil dans l'écurie, et il en tire même le diagnostic qu'il est *somnambule* ! C'est la seule conclusion possible. Il agit en état second. Au cours de ses crises, c'est une personnalité inconnue qui se manifeste, et qui fait accomplir à son corps « ces choses » dont sa conscience habituelle le rend incapable !

Avec n'importe qui d'autre, cela paraîtrait énorme. Mais l'habile baronne a su s'introduire juste dans le coin de folie du docteur : quelqu'un d'assez évaporé pour enfermer des âmes dans des baudruches ne peut s'étonner d'avoir deux personnalités !

Encore quelques doses de somnifère dans le verre de lait chaud que Franz boit chaque soir, encore quelques réveils dans des endroits incongrus, et puis, un matin, il trouve Verena blottie contre lui, s'étirant avec un air délicieusement alangui :

– Oh, Franz !... Mon Franzi ! Mon Franzounet ! Quel grand fou vous êtes ! J'ignorais que de telles choses se pratiquassent entre époux... Mais si c'est cela, le mariage, il faudra recommencer souvent, monsieur mon mari !

Ledit Franzi, tel le corbeau de la fable, ne se sent plus de joie : même si son état conscient refuse de se rappeler ce qu'il a bien pu dispenser d'aussi fou et d'aussi agréable à son épouse, puisqu'elle est heureuse, ravie, comblée, ma foi... il l'est aussi. Et rassuré : le voilà devenu un mari à part entière !

Rien d'étonnant, donc, à ce qu'il tienne à annoncer même le premier à sa belle-mère et à tout son entourage l'heureuse nouvelle : la venue prochaine du premier héritier des lignées Beckenheim-von Burg. Tout le monde félicite chaudement l'heureux papa...

Tout le monde sauf Karl von Burg, le frère de Verena. Un frère que l'on voit rarement, et qui n'est guère sympathique. Il est le digne descendant de tous les représentant mâles des von Burg : viveur, flambeur, coureur, festoyeur. Karl von Burg ne se manifeste que pour faire payer par la famille ses dettes de jeu.

Franz n'a jamais pu le supporter, et c'est bien réciproque.

Aussi lorsqu'il entend annoncer que sa sœur est enceinte, Karl, sérieusement éméché, éclate d'un rire ignoble au visage du futur papa :

— Pauvre type ! Ça se pavane en jouant les coqs ! Mais c'est à se plier en deux ! Tu es vraiment le seul à marcher dans cette comédie ! Tout le monde le sait, en ville, que tu es cocu ! Cocu et impuissant !

Le sang autrichien de Franz ne fait qu'un tour : il gifle son beau-frère et lui envoie ses témoins pour un duel en bonne et due forme ! Malheureusement, les séjours en laboratoire ne prédisposent pas à jouer de l'épée. En trois passes d'armes, Karl embroche le malheureux Franz.

Et là, dans les papiers de famille, on dispose de plusieurs témoignages sur les derniers instants du docteur : jusqu'au bout, il refuse de voir la vérité sur son mariage, il préfère croire à l'invraisemblable et folle histoire de double personnalité montée par la baronne.

Exsangue, sur son lit d'agonie, il dicte ses dernières volontés. Deux points lui tiennent à cœur. En tout premier lieu, il fait envoyer des courriers spéciaux à de mystérieux correspondants à l'étranger, pour les avertir de sa fin prochaine. Puis il demande que l'on amène à son chevet un certain Hugo von Strauss :

— Hugo, tu es mon meilleur ami, celui en qui j'ai toujours mis ma confiance. Alors, écoute : je veux que tu épouses Verena... Oui, épouse-la dès que les convenances le permettront. Tu élèveras mon enfant, mais pour que sa vie ne soit pas troublée par cette tragédie familiale, je veux que vous lui cachiez la vérité. Tu diras... Hugo... tu diras toujours qu'il est ton fils ! Jure-le-moi !

Hugo jura.

Verena eut un fils, effectivement. Hugo tint son serment : il épousa Verena. Il éleva cet enfant comme s'il était le sien.

Ce qui ne lui demanda pas trop de peine : le bambin était son portrait tout craché !

Aucun doute : ce malheureux Franz von Beckenheim était sérieusement dérangé ! Toutes ses « recherches » relèvent évidemment de la fantaisie la plus totale. De la folie douce, pour ne pas dire de la folie tout court. Nous en sommes bien d'accord.

Alors comment se fait-il que des témoins, villageois et domestiques, mais aussi notables du cru, attestèrent des faits que voici ?

Dans les jours qui suivirent la mort de Franz von Beckenheim, des hommes vêtus de redingotes noires (Tiens ? Les Men in Black, déjà ?)... et de hauts chapeaux, parlant toutes les langues d'Europe, convergèrent vers le château. Ils étaient porteurs de lettres signées du défunt, leur donnant mandat pour pénétrer dans son laboratoire et disposer à leur guise de son contenu. Ce qu'ils firent : il leur fallut fréter de nombreuses voitures pour emporter toutes les caisses de notes et comptes rendus d'expériences.

Ces hommes, muets comme des carpes et pleins de célérité, manipulèrent surtout avec un soin particulier, comme un trésor, de fragiles poches translucides qui semblaient craindre le contact et la lumière.

Les véhicules s'éparpillèrent aux quatre coins du continent. Vers toutes les grandes universités. Lieux de grande discrétion. Dans lesquels on prit, semble-t-il, grand soin des vessies et de leur invisible contenu, mais où jamais, au grand jamais, vous ne trouverez personne qui vous dira avoir connu, ni de près ni de loin, le docteur von Beckenheim...

Placard interdit !

Si vous vous mêlez d'observer les pratiques dites magiques et d'en éplucher la crédibilité, gardez-vous bien de les critiquer à la légère ! Demandez-vous d'abord où l'acte s'est déroulé, et d'où vous portez votre jugement. Car les critères d'appréciation de ce qui est « normal » et de ce qui ne l'est pas varient considérablement à quelques kilomètres près. A fortiori ceux qui définissent la « paranormalité ». Ce qui est impensable ici n'est que la moindre des bagatelles là.

Exemple : au moment où nous composons ce livre (Il vous plaît ? Merci.), l'un de nous habite en France, l'autre séjourne « sur Suisse ». Eh bien, il nous a fallu débattre férocement pour déterminer si l'aventure que voici devait se classer parmi des dossiers défiant la raison ou si elle relevait de la normalité la plus normale.

Nous avons fini par trouver un terrain d'entente, sous la forme d'une « théorie sur la formule magique ». Elle vaut ce qu'elle vaut, mais elle explique tout. Absolument tout.

– Ménégoz... Je me nomme Alfred Ménégoz... Ménégoz, Alfred, Émile, 5, rue de l'Industrie.

De l'autre côté du comptoir de chêne clair verni, l'agent de police note posément, avant d'énoncer la moindre question : chaque chose dans l'ordre, chaque chose en son temps. C'est une devise naturelle en Suisse, chacun l'applique depuis l'enfance, et tout le monde s'en porte bien. Rien ne presse, et particulièrement en ce samedi matin, alors qu'un soleil printanier commence à colorier de rose les façades genevoises.

— Nous disons : Ménégoz, donc... G-O-Z... Rue de l'industrie, numéro 5... C'est ça ?

— C'est bien ça, monsieur l'agent.

— Et alors, monsieur Ménégoz... on peut vous aider, ou bien ?

Sur ce, M. Ménégoz Alfred, Émile fait sa déclaration, en s'arrêtant aussi souvent que nécessaire, pour permettre à l'agent de police de prendre par écrit : Mme Ménégoz (Charlotte, Lucienne, quarante-neuf ans) a disparu du domicile conjugal depuis le lundi précédent.

L'agent de police soulève un instant du bloc-notes son stylobille :

— Attendez-voir, monsieur Ménégoz... Votre femme, vous me dites qu'elle a *disparu* de votre domicile, ou bien qu'elle l'a *quitté* ?

— C'est-à-dire que... lundi au soir, elle a quitté...

— D'accord.

— Mais depuis, elle a disparu.

— Oui, oui... Je comprends bien... Et c'est seulement aujourd'hui, samedi, que vous venez nous avertir ?

— Ben... au début, je me suis dit qu'elle avait peut-être seulement quitté, allez savoir... Et donc, je me suis abstenu de vous déranger. Mais après quatre jours pleins, j'ai pensé qu'on pouvait la considérer disparue, voyez ? Et donc là, je viens.

— Oui, oui, je comprends... Et... elle sortait ? Enfin, je veux dire... elle avait un ami, à votre connaissance ?

— Ma femme ? Oh non, pas elle ! Pas Charlotte ! D'ailleurs, je vous ai apporté une photo...

L'agent de police examine le cliché, puis le pose, navré :

— Oui, oui... effectivement...

Au vu du portrait de l'épouse, les probabilités sont nulles pour qu'elle ait été enlevée par un chevalier servant. En dessous de zéro, même...

— Vous vous seriez disputés, ces temps ?

— Oh non ! Il y a très, très longtemps qu'on ne se dispute plus, voyez !

La conversation dure encore un bon moment, après quoi l'agent dit qu'il fera le nécessaire, mais qu'il ne faut pas se bercer d'illusions : les disparitions sont, hélas, très nombreuses, chaque année… Même dans un pays réputé tranquille comme la Suisse, on ne peut rien promettre, surtout lorsqu'il s'agit d'une personne adulte. C'est peut-être un départ volontaire. La triste et décourageante litanie qu'entendent tous ceux qui viennent signaler aux autorités la disparition d'un proche.

Puis l'agent précise que quelqu'un se déplacera au domicile du déclarant, pour relever quelques témoignages éventuels auprès des voisins.

– D'ici là, monsieur Ménégoz, n'hésitez pas à interroger les amis, la famille, et à nous rapporter le moindre détail. Et il ne faut pas perdre l'espoir ni, surtout, le moral : on a déjà vu des disparus rentrer d'eux-mêmes après bien plus de quatre jours !

Sur le chemin qui le ramène à son appartement, M. Ménégoz se dit qu'il est bien brave, cet agent, avec ses encouragements. Bien brave, mais rien ne fera revenir Charlotte… Non, vraiment rien, vu que Charlotte, depuis lundi soir, elle est morte.

C'est même lui, Ménégoz, Alfred, Émile, cinquante-quatre ans, chef-magasinier à l'entreprise générale d'électricité Blanvallet, c'est lui qui l'a tuée, sa femme Charlotte.

C'est regrettable, mais c'est ainsi ! Il l'a tuée, assassinée… Étranglée, si vous voulez tout savoir ! Ah, ne lui jetez pas la pierre, à M. Ménégoz : croyez-vous donc qu'il en soit arrivé là de gaieté de cœur ?

D'ailleurs, il se le reproche assez lui-même, depuis lundi ! Il a été vraiment brutal, et ça, non, ça ne lui ressemble pas ! Si c'était à recommencer, il ferait plus attention. Parce que, sur le moment, assurément, ça soulage, il aurait mauvaise grâce à le nier. Mais après ! C'est l'*après*, qui est pénible. Vous ne pouvez pas imaginer à quel point, si vous n'avez jamais tué votre conjoint.

Et puis, les embêtements, qui est-ce qui les a, ou qui risque de les avoir ? Ce n'est pas Charlotte ! Là où elle est, les complications la laissent complètement froide !… Déjà, M. Ménégoz s'en veut de ce vilain, vraiment très vilain jeu de mots qui lui a traversé l'esprit. Décidément, il ne se serait jamais cru capable d'avoir des pensées aussi cruellement cyniques envers cette pauvre Charlotte : après tout, elle non plus n'a pas demandé ce qui lui arrive !

Quoique... si l'on y réfléchit bien, elle ne l'a peut-être pas *demandé*, mais elle l'a quand même bien *cherché* ! Vingt-quatre ans... Vingt-quatre ans de mariage, à quelques mois près. Et depuis vingt-quatre ans, elle le brimait.

Il n'y a pas d'autre mot : M. Ménégoz était un mari brimé. Oh, pas sur des choses très importantes : elle ne l'empêchait ni de faire de la politique ni de courir le jupon. De toute façon la politique ennuyait M. Ménégoz ; quant aux femmes... il en avait une, et, compte tenu de cette expérience, il aurait fallu être fou pour en chercher une autre !

Donc, Charlotte ne le brimait pas à propos de choses graves : il n'en commettait aucune. Mais elle le persécutait, le houspillait, le harcelait sur tous les petits riens qui constituent le sel de l'existence. Prenons pour exemple le cigare. Oui, *le* cigare, l'unique cigare que M. Ménégoz se permettait de fumer après souper, à 19 h 30 tous les soirs :

– Alfred ! Ta cendre ! *Ta* cendre est trop longue... Alfred ! Ton gilet ! Tu vas encore *me* faire des trous dans ton gilet !... Alfred ! La fumée ! Elle sent mauvais, *ta* fumée ! Ça va s'imprégner dans *mes* rideaux ! Ouvre la fenêtre, Alfred !

Si vous êtes amateur de cigares, vous le savez : il n'y a rien de plus impossible que de goûter pleinement l'arôme du tabac dans un courant d'air ! Rien qui gâche davantage la concentration que d'entendre une remarque à chaque bouffée ! Et pourtant, pendant vingt-quatre ans, c'est-à-dire tout au long de *huit mille sept cent soixante cigares*, tel fut le lot de M. Ménégoz. Vous commencez à le comprendre, nous en sommes certains.

Nous citerons encore, au hasard, la radio. Ses jours de congé, le brave Alfred attendait le moment, en début d'après-midi, d'écouter sur les ondes de la Radio Suisse Romande la voix chaude et prenante de son conteur favori (un dénommé Grégory Frank) qui le captivait par des récits intenses au style percutant. Or le démarrage du générique semblait être le signal qui déclenchait l'aspirateur. Et, par-dessus le vacarme, la voix de crécelle de Charlotte intimait :

— Alfred ! Bouge-toi ! *Ton* fauteuil est au milieu de *mon* chemin ! On voit bien que tu préfères te tourner les pouces, et ça ne te dérange peut-être pas de vivre dans une porcherie, mais *moi,* je ne supporte pas un pareil chenil[1] !

Pourtant, Charlotte était femme au foyer, elle aurait pu choisir un autre moment que celui où son époux se reposait. Il faut croire que passer l'aspirateur ne lui eût alors pas procuré le même plaisir... Mais les autres jours, elle était bien trop occupée : lorsqu'il rentrait, M. Ménégoz la trouvait étendue sur le canapé, des monceaux de journaux découpés, éparpillés alentour :

— Alfred ! Fais attention où tu mets tes pieds ! Ne va pas mélanger ma documentation ! J'ai passé la journée à trier, *moi* ! Et toi ? Je suis sûre que tu n'as même pas pensé à renvoyer tes ordonnances à l'assurance ? Et le loyer ? L'électricité ? T'as expédié les bulletins de paiement ? Tu ne veux pas que ce soit moi qui le fasse, en plus ?

Si M. Ménégoz manifestait la moindre velléité de répondre que, éventuellement, ce serait peut-être bien que... Charlotte le cueillait au menton avec cet uppercut imparable :

— Et ton augmentation ? Tu as eu enfin le courage d'aller la demander, ton augmentation ? Non ? Ça veut dire que tu as l'intention de me faire vivre encore longtemps dans ce gourbi encombré qui pue le cigare ?

Parlerons-nous du triste épisode de la maquette de bateau ? Cette maquette à assembler, Alfred l'avait gagnée au supermarché, lors des trois jours d'action[2] pour le thon en conserve. Il s'était fait une joie enfantine à l'idée de la construire dès que possible. Mais le week-end suivant...

— Qu'est-ce que tu fouilles partout, Alfred ? C'est pas ta boîte de jouet que tu cherches, par hasard ? Je l'ai ouverte et j'ai senti

---

1. Sympathique helvétisme, qui se prononce *cheni.* En français : foutoir, désordre.
2. Promotion.

ta colle : elle pue ! J'ai fichu toute cette saleté à la poubelle ! La pollution, ça suffisait déjà avec ton cigare !

Charlotte avait probablement été éduquée dans la conviction que le moyen le plus sûr d'avoir un homme, c'est de l'avoir à l'usure.

Ménégoz avait fini par adopter profil bas sur tout. Il avait fait de sa vie une succession de renoncements, rétréci son espace vital à la seule surface nécessaire à son fessier sur un bord de chaise. Il ne respirait même plus à fond, de crainte qu'on ne vienne lui contester la légitimité de la goulée d'air qu'il venait d'avaler.

Le dernier retranchement d'Alfred, son ultime terrain de survie, qui ne demandait rien à l'extérieur, c'était son propre corps. Pourtant, il avait fini par être menacé lui aussi :

– Alfred ! J'en ai encore retrouvé quatre dans le lavabo !

Ses cheveux étaient de trop ! Non conformes ! Inadéquats ! Il n'en possédait pourtant qu'un nombre restreint ! Cependant :

– Tu sais bien que tu bouches le siphon, avec tes cheveux, Alfred ! Et tu es ridicule, avec ta coquetterie de laisser pousser cette mèche au-dessus de l'oreille, pour la ramener sur ton crâne ! *Tout le monde* sait que tu es chauve, Alfred ! Tu vas *me* faire le plaisir d'aller *me* faire couper ces cheveux comme tous les hommes de ton âge, Alfred !

Il suffit. Vous avez saisi : il vivait les pires enfers qui soient. Ceux qui nous sont infligés à bas bruit, insupportables pour celui qui les subit, indétectables par les autres. Vous ne pouvez même pas espérer la compassion des voisins. Et votre bourreau est tranquillement assuré de l'impunité.

Vous allez dire : « Ce n'est pas pour autant qu'il faut assassiner sa femme ! » Ne soyez pas de mauvaise foi : si vous ne supprimez pas votre conjoint lorsqu'il vous pourrit la vie, quand le tuerez-vous ?

Quoi qu'il en soit, maintenant, c'est fait ! Et ce ne sont pas vos reproches qui ressusciteront Charlotte, pas vrai ? Ni les regrets ? Donc, ce samedi matin, M. Ménégoz, Alfred, Émile, rentrant du poste de police, ne peut s'empêcher de ressentir un intense soulagement, malgré tous les soucis qui l'attendent chez lui.

Chez lui, c'est dans une rue étroite, dans le quartier des Grottes, au-dessus de la gare de Cornavin. Des pavés, des boutiques d'artisans, obscures. Des maisons pelées, mal entretenues par des régies négligentes, qui n'y trouvent pas leur compte avec les loyers souvent dérisoires. Mais c'est un coin de ville vivant, chaleureux pour ceux qui s'y cramponnent.

M. Ménégoz monte l'escalier noirâtre, ferme doucement derrière lui la porte de l'appartement.

– Alfred ! Enlève tes chaussures ! C'est pas la peine que je me tue à cirer ce parquet !

C'est fou, l'habitude, tout de même ! Un instant, il a cru que la voix de Charlotte allait crisser son refrain... Mais non, pas aujourd'hui ! M. Ménégoz prête l'oreille, et seul un bienfaisant silence lui répond.

« Charlotte, ma grande, désormais, plus besoin de te "tuer" à cirer le plancher ! Bon, c'est pas tout ça, mais maintenant, il s'agit de s'organiser ! » Alfred fait l'inventaire d'une pile de denrées qui s'entassent dans l'évier : il va falloir rapidement cuisiner tout cela, autrement ce sera perdu ! Déjà, en quatre jours, plusieurs articles se sont gâtés. C'est que le surgelé, ça ne tient pas très longtemps dès qu'on le laisse à la température ambiante. Mais il a bien fallu vider le congélateur : il y avait une priorité urgente ! Alfred soulève le couvercle du gros caisson d'émail blanc, près de la cuisinière. Le joint de caoutchouc chuinte. Alfred se penche et, dans la buée glaciale, regarde Charlotte.

Charlotte recroquevillée dans le bac à froid, la peau d'un joli bleu pâle. Elle porte sa robe de chambre en nylon matelassé, orange avec de grosses fleurs brunes.

Alfred est très perplexe : l'agent de police, tout à l'heure, a dit que quelqu'un viendrait, dans le courant de la semaine, recueillir les témoignages à domicile. C'est normal, c'est leur travail. Ce serait étonnant qu'ils pensent à regarder dans le congélateur. Surtout si l'on pose dessus deux plantes vertes et la cafetière... Mais tout de même, c'est un peu risqué. Il n'aurait pas dû aller signaler la disparition avant d'avoir fait disparaître le corps pour de bon.

Mais d'un autre côté, attendre plus longtemps aurait pu éveiller des soupçons. Jusque-là, chaque soir, il s'était promis : « Je ferai ça demain. » Mais vous savez comment cela se passe avec les corvées désagréables : on se dit « demain, demain », et on finit par ne jamais le faire.

D'ailleurs, à propos, combien de temps un corps peut-il être conservé à moins dix-huit degrés ? La notice parle de plusieurs mois, pour les aliments soigneusement emballés. Mais du point de vue emballage, Charlotte laisse à désirer. Elle est juste vaguement posée dans la toile cirée qui couvrait la table. Alfred a pris ce qu'il avait sous la main. La toile empêche seulement Charlotte de coller à la paroi givrée.

M. Ménégoz referme pensivement le couvercle. Pas de doute, il faut agir avant de retourner au travail lundi. Mais comment faire ? Là encore, si vous n'avez jamais eu à vous débarrasser d'un cadavre en habitant en ville, vous ne pouvez pas vous figurer les problèmes concrets que pose l'opération !

Alfred a une pointe de regret : si seulement il avait accepté l'idée de Charlotte, il y a quatre ans ! Elle voulait quitter Genève et aller habiter dans le canton de Vaud, une petite maison à louer, tranquille, avec un bout de jardin... Avec le jardin, ce serait un jeu d'enfant, comme dans les films à la télé ! Tandis qu'ici, la seule solution, c'est le Rhône. Mettre cette pauvre Charlotte dans une grande caisse, attendre la nuit, la charger dans la 4L, et aller la jeter dans le Rhône, bien lestée de quelques grosses pierres... Oui, c'est la solution.

Mais encore faut-il disposer d'une caisse assez vaste ! L'acheter ? Demander un objet aussi volumineux dans un magasin, le faire sortir de la réserve, le porter sur le trottoir ? Les commerçants ont de la mémoire... Non, non, c'est trop risqué... À moins que... Mais oui, bien sûr : il y a un endroit où l'on peut trouver ce genre d'articles sans se faire trop remarquer : le marché aux puces ! Et justement, c'est le samedi qu'il a lieu ! Décidément, il y a, sinon un bon Dieu, du moins un bon ange pour les assassins débutants !

Sur la plaine de Plainpalais, vaste place publique où, chaque année, le cirque Knie dresse son chapiteau, le marché aux puces de Genève étale ses trésors hebdomadaires et poussiéreux. Sur le stand d'un certain Félix, barbu-chevelu-ventru, traîne une caisse métallique énorme, invendable. Ce que l'on appelle une « cantine », de quoi contenir tout un déménagement.

– J'en veux cinquante balles !

– J'en donne trente, pas un centime rouge de plus !

– Bon. Disons quarante, mais vous me débarrassez aussi des bouquins qui sont dedans !

Félix aide Ménégoz à charger la malle dans la 4L. Ça entre de justesse. M. Ménégoz gare sa voiture à quelques rues de chez lui. Il attendra le soir pour effectuer discrètement le transport. D'ici là, il lui faut vider la caisse des vieux bouquins.

Alfred procède par petits tas, en utilisant un cabas à commissions. Au troisième voyage, il se dit que ses vingt ans sont loin : les jambes, ce n'est plus ça... Il s'octroie un peu de repos. Assis dans la cuisine, il feuillette un livre ou deux. Et le voici qui tombe en arrêt sur un titre curieux :

MANUEL DE MAGIE PRATIQUE
*De l'utilisation des forces blanches ou noires de l'Univers
pour l'accomplissement de toutes actions réputées impossibles
dans la vie quotidienne*

M. Ménégoz a toujours été secrètement attiré par ces sujets, mais il n'osait ni en parler ni acheter des ouvrages spécialisés, à cause des moqueries de sa femme. Il parcourt la table des matières. Il y a vraiment de tout, là-dedans... Breuvage pour retrouver les forces défaillantes, retour d'affection... Comment vous rendre invisible vous-même ou la personne de votre choix !

Tiens, ça, ce serait idéal : rendre invisible le corps de Charlotte ! Ce serait plus facile que de le jeter au Rhône ! Malheureusement, ce sortilège ne compte pas moins de cent vingt-trois opérations, et nécessite l'onction du sujet avec une mixture à base de plantes cueillies au clair de lune, la nuit de la Toussaint. Dommage, vraiment dommage...

Ah, voici par contre qui paraît plus accessible :

Chapitre IV
LE PENTACLE DE SIMÉON
*Figure de puissante magie
pour rendre strictement impénétrable tout endroit de votre choix !*

D'un coup, l'idée germe dans l'esprit de M. Ménégoz : il connaît, dans les caves de l'immeuble, un réduit vide. Un moment, il a eu envie de s'y ménager un atelier, pour bricoler tranquille : Charlotte ne descendait jamais dans les sous-sols, prétendant qu'ils pullulaient d'araignées et de rats énormes... Alfred voulait solliciter auprès de la régie l'autorisation d'utiliser ce local. Mais il craignait qu'on ne lui réclame une augmentation de loyer (vous imaginez la corrida !). Or, depuis, le réduit est toujours vacant. Le plan se précise rapidement, au fur et à mesure qu'Alfred déchiffre le chapitre IV. La décision est prise.

Il manque quelques accessoires. Le samedi, les magasins ferment tôt. M. Ménégoz a juste le temps d'aller acquérir, dans une boutique de bricolage Do It Yourself, un gros cadenas, deux sacs de ciment et divers outils.

Après souper, la maison est tranquille : à Genève, même les habitants des quartiers les plus modestes ont coutume, dès les beaux jours, d'aller passer le week-end dans les chalets du Jura, tout proche. Alfred apporte la cantine de métal directement à la cave. Puis il attend l'obscurité pour la suite.

Et, pour cette suite, nous préférons vous avertir : âmes sensibles, s'abstenir !

Imaginez la corvée : extraire du profond congélateur le corps bleu de Charlotte, l'envelopper dans des couvertures pour éviter d'être gelé à son contact.

Un corps raide qui a pris la position demi-assise imposée par le bac à froid, ce n'est pas facile à transporter. Il faut, avec une ficelle triple, improviser des poignées pour avoir une prise stable. Il faut, avec sur le dos cette sculpture macabre et surréaliste, descendre un étage jusqu'au rez-de-chaussée, tourner à droite, un autre étage jusqu'à la cave... Il faut suivre le dédale de couloirs moisis bordés de tuyauteries suintantes... Et puis, à la lumière d'une lampe de poche, un travail abominable. Placer la cantine de métal dans un coin du réduit. Il faut y faire entrer le cadavre gelé. Rien à faire, les jambes dépassent. M. Ménégoz empoigne la scie toute neuve.

Un corps surgelé, c'est dur, très dur. Mais d'un autre côté, le passage de la scie ne produit qu'un peu de poussière de glace. Un coup de balayette et il n'y paraît plus.

Les jambes de Charlotte sont déposées sur le dessus du corps. Un essai… C'est presque parfait, mais une main, restée bêtement figée de travers, empêche la fermeture du couvercle. Obstacle insignifiant : les doigts se cassent tout seuls. Enfin, presque.

Ça y est : tout tient dans la caisse. Ensuite, couler du ciment, jusqu'en haut de la cantine. Ciment à prise rapide. Fermer le couvercle, fixer le cadenas.

Puis vient la partie la plus incroyable : Ménégoz, Alfred, Émile, un homme civilisé de cinquante-quatre ans, pose devant lui le *Manuel de magie pratique*. Et, seul, dans cette cave, commence à dessiner sur le seuil du réduit l'« infaillible pentacle de Siméon », figure de puissante magie pour interdire l'accès à tout être humain !

Il faut accomplir une soixantaine d'étapes, scrupuleusement, une chandelle en main. Il faut tracer la figure complexe sur le sol, dans un ordre précis, en psalmodiant des paroles presque imprononçables.

L'auteur du livre n'est pas stupide : avec toutes ces contraintes, il y a toutes les chances de commettre au moins une petite erreur, et si le pentacle ne fonctionne pas, ce sera la faute de l'officiant ! Mais l'enjeu est de taille, et Alfred Ménégoz est minutieux. Rien ne le presse. Il est 4 heures du matin lorsqu'il souffle sa chandelle et referme le réduit.

Il remonte chez lui un peu fourbu, mais prend encore le temps de nettoyer et ranger ses outils. Il ne reste plus qu'à espérer que ce livre soit sérieux, et le charme efficace…

Et puis, à la réflexion : deux précautions valent mieux qu'une ! Alors, Alfred découpe le dessus d'un carton à chaussures et, bien proprement, à la règle et à l'encre noire, il écrit en gros :

DÉFENSE D'OUVRIR

Et il redescend punaiser l'écriteau sur la porte du réduit. Cela fait, il se glisse dans ses draps et s'endort. Sans mettre le réveil. Après tout, c'est dimanche.

Douze ans plus tard. Oui : *douze années !*

Genève entame une cure de rajeunissement. La plus grande partie du quartier des Grottes tombe sous la pioche des démolisseurs. Les immeubles ont été rasés jusqu'au sol, on en vient aux sous-sols. Un petit engin sur chenilles, d'un coup de pelle griffue, explose la porte du placard interdit.

La lumière du jour éclaire l'intérieur du réduit. Le conducteur, Mario Botazzi, aperçoit un coffre de métal poussiéreux. Comme il a déjà lu dans les journaux que des confrères ont ainsi trouvé des trésors, il coupe le contact et va examiner l'objet.

Le cadenas tient bon. Pour l'ouvrir, à l'abri des regards des collègues et ne pas avoir à partager la trouvaille, Mario tente de soulever le coffre : il semble soudé au sol. L'ouvrier empoigne un marteau, un burin. Le cadenas cède. Mario Botazzi, un mètre quatre-vingts, cent deux kilos, tombe dans les pommes.

La police constate la présence du corps momifié d'une femme, dont seuls deux bras dépassent d'une gangue de ciment. Dans une position normalement impossible.

La piste est rapidement remontée jusqu'à la disparition d'une certaine Charlotte Ménégoz. Mais où est le mari ?

Alfred, le pauvre Alfred, cet homme si brave que tout le quartier chouchoutait depuis qu'il s'était retrouvé seul ? Il a eu bien des malheurs ! Il a soixante-six ans maintenant, et il s'étiole dans un hospice de la banlieue, cloué sur une chaise roulante. Il a été pris d'une attaque, voilà deux ans. Il n'aura pas profité longtemps de sa retraite, le pauvre ! Il est vraiment gentil, cet homme-là, et il répond bien volontiers à l'inspecteur qui vient l'interroger :

— Ah, oui, oui, c'est moi qui ai tué ma femme, oui... Mais je m'en suis beaucoup voulu par la suite, vous savez ! Et je n'ai rien fait de malhonnête : je n'ai jamais réclamé un sou aux assurances !

Malgré sa bonne foi manifeste, qui laisse penser qu'il ne s'accuse pas de meurtre à la légère, une telle sérénité pousse les enquêteurs à vérifier : on lui demande, quand même, quelques précisions. Il les donne amplement : tout ce que l'on pouvait redouter d'entendre, concernant l'assassinat de Charlotte, son « stockage » à l'état de surgelé, dont la présence échappa totalement à la visite policière, puis l'horrible travail effectué à la lumière de la torche électrique.

Mais là où il dépasse tout ce que l'on aurait pu supposer, c'est lorsqu'il entre dans le récit de sa méthode « magique » : il est réellement persuadé que c'est la cérémonie occulte, menée avec soin et précision, qui est à l'origine de l'invisibilité de la malle funèbre pendant autant d'années !

– Ça a très bien marché ! Je pense que si on n'avait pas tout démoli, ce serait même resté ainsi pour toujours ! Le coffre était invisible à l'œil humain ! Mais c'est une machine qui a brisé le charme. Le livre n'envisageait pas cette possibilité.

Alors vous allez dire : « Ce malheureux a plongé dans la folie. » Certainement… C'est donc maintenant que nous nous permettons de vous proposer notre théorie. Originale et hardie, certes, mais qui se tient.

Partez de cette réalité indéniable : pendant toutes ces années, le placard interdit pouvait être ouvert par n'importe qui, d'un seul tour d'une clef très courante. La même clef qui ouvrait d'ailleurs toutes les portes des caves. Et nul ne s'en est approché.

Nous avons toutes les raisons de supposer que tous ceux qui sont passés devant le réduit et sa malle funèbre ont bel et bien été « ensorcelés » ! Or il est exclu que le pentacle de Siméon et sa formule cabalistique aient pu accomplir un prodige, n'est-ce pas ? Donc, le sortilège vient d'ailleurs. Et nous allons vous le révéler.

C'est à Genève que M. Ménégoz a commis son forfait. Quoi de plus ressassé, ici, depuis des siècles, que les préceptes d'éducation ou de comportement social ? Chez nos amis suisses, nous admirons ce sens admirable de la vie privée, cette capacité à respecter la discrétion, la propriété d'autrui, voire le droit au secret (pas seulement bancaire) de chacun. Est-il possible qu'à force de répétition ces préceptes aient fini par produire des effets qui dépassent la normalité, autrement dit : de type « surnaturel » ?

Sur la porte du réduit était écrit « Défense d'ouvrir ». Formule magique. Dès lors, il devenait réellement *impossible* à qui que ce soit de passer outre. Pour des Français, c'est purement phénoménal.

Pour des Suisses, rien que de très naturel. Voilà pourquoi M. Ménégoz maintient mordicus sa croyance aux recettes de son manuel, et tient même à se justifier jusqu'au bout :

— En plus, je me suis dit que mon expérience pourrait rendre service à la communauté et j'ai fait mon possible pour en faire profiter le pays : j'ai attendu cinq ou six ans et, quand j'ai constaté que mon système fonctionnait si parfaitement, j'ai écrit des lettres à plusieurs banques. Je leur recommandais l'utilisation du pentacle de Siméon pour rendre les chambres fortes suisses encore plus inviolables. Mais, évidemment, je devais me contenter de simples affirmations sur l'honneur : je ne pouvais pas apporter la *preuve* de ma réussite ! Ma parole n'a pas suffi aux banquiers. Personne ne m'a fait confiance. Ils ont tort, vous savez, ils ont tort !

Le rêve gigogne de Pascal Chevalier

Lorsque des événements inhabituels se produisent, et que l'on prétend qu'ils avaient été « annoncés » par une prémonition, il existe toujours un doute : et si l'annonce avait été inventée par la suite ?

Le cas que voici s'est déroulé en deux temps : la prédiction et son accomplissement, espacés de vingt-deux ans. Et, ce qui est rassurant, c'est que l'un de nous fut témoin du premier épisode.

Rassurant ? Si l'on peut dire...

Avant de laisser tourner la caméra, nous avons disposé un décor des plus simples, mais des plus efficaces : un mur blanc, fortement éclairé, un fauteuil, un micro.

Le personnage qui a accepté de nous conter son aventure nous a en effet demandé de passer à l'écran à contre-jour.

– Moins on me reconnaît, mieux je me porte...

Un tel désir de rester dans l'ombre a, pour notre homme, une bonne raison d'être, vous le comprendrez tout à l'heure. Il se trouve aussi que c'est cette volonté de discrétion qui nous a convaincus, car elle est le gage d'une certaine sincérité...

Notre assistant va chercher notre « sujet » dans la pièce voisine, où nous l'avons laissé se détendre pendant les préparatifs. Dans l'éclairage ambiant, nous pouvons juger qu'il est décontracté.

Un type de cinquante-deux ans, en parfaite forme. Belles épaules, chevelure souple bien fournie, bronzage permanent, costume Armani et mocassins Berlutti. Tel nous apparaît celui que nous nommerons ici Pascal Chevalier, le héros de cette aventure.

Le héros ? Disons plutôt le rescapé, parce que notre chevalier est vraiment passé à quelques centimètres de la fatalité... Il s'installe dans son siège, croise les jambes.

— Vous êtes prêt, Pascal ?

— Il me semble qu'il y a encore un peu trop de lumière ? Vous êtes sûrs que l'on ne peut pas m'identifier ?

L'assistant tourne vers lui un écran de contrôle.

— L'œil humain s'accoutume, mais, vous voyez, l'objectif est saturé : pour lui, vous n'êtes qu'une silhouette.

— Merci. Excusez-moi, c'est un peu paradoxal de venir devant les caméras et de se cacher ! Mais autant je souhaite ne pas être assailli de sollicitations, à cause de ma situation, autant je serais heureux que mon... aventure... mon cauchemar, je ne sais pas comment l'appeler... puisse être utile à d'autres... Qu'elle puisse rassurer ceux qui traversent de tels phénomènes, leur dire qu'ils ne sont pas les seuls et, surtout, qu'ils ne sont pas dingues ! Qu'il faut *écouter* ce genre de signal, même si on met des années à en comprendre l'utilité !

Des années, c'est le cas en ce qui concerne Pascal, puisque l'ensemble de cette histoire se déroule sur vingt-deux ans. Il a d'ailleurs fallu des circonstances particulièrement tragiques pour que la mémoire se réveille d'un coup...

— Ça tourne, maintenant ! Donc, monsieur X, de quelle manière avez-vous pris conscience que vous viviez un phénomène qui défie la raison ?

— À la toute fin, seulement ! À l'instant du drame ! Le reste, l'inouï, le début de l'enchaînement, je l'avais complètement oublié vous pensez bien ! Après toutes ces années, et avec les changements survenus dans ma vie... Il a fallu cette *odeur* pour que ma mémoire fasse comme un saut en arrière à travers le temps... Donc, pour moi, tout a commencé... par la fin, si j'ose dire...

— Nous allons, néanmoins, vous demander de raconter dans l'ordre chronologique, sinon nos auditeurs n'y comprendrons rien.

En 1980, Pascal est correcteur dans une maison d'édition. Un emploi bien obscur, mais qui lui donne l'occasion, parfois, de lire un chef-d'œuvre en avant-première. Il lui permet aussi de prendre des vacances à tout moment de l'année, pour se rendre à la bonne saison sous d'autres latitudes.

– Les voyages, c'était ma passion. Bien sûr, je gagnais très peu, avec ce boulot, mais je voyageais à la mode routard, et je vivais avec trois fois rien. « Le fric, c'est pas mon trip », c'était devenu un peu ma devise ! Arrivé à la trentaine, je n'ambitionnais pas de devenir riche, mais de rester libre et léger… C'est pourquoi, ce matin-là, j'ai tant fait sourire Grégory…

Flash-back : un matin de septembre 1980, à la terrasse d'un bistrot de Saint-Germain-des-Prés, Pascal prend son traditionnel café-croissant avec son ami, un certain Grégory, qui travaille chez un éditeur concurrent. Un grand soleil inonde Paris, c'est la fin de l'été.

Une saison calme, pour les deux copains : le monde littéraire est en effervescence, tous les livres importants sont en promotion, mais nos deux artisans ont fourni le plus gros de leur travail en amont et ils en regardent le résultat en spectateurs…

– Dis-moi, mon Pascalou… Tu as des réductions chez Vuitton ?

– Pourquoi ? Tu cherches des bagages pas chers ?

– Non, mais toi, tu en as trouvé ! Tu te trimballes une de ces paires de valises sous les mirettes ! Tu aurais fait des folies de ton corps avec une nouvelle fiancée ?

– J'aimerais bien te répondre par l'affirmative, vieux satyre, mais hélas, c'est beaucoup moins plaisant… C'est d'une autre folie qu'il s'agit.

– Qu'est-ce que tu me caches, toi ?

– J'ai mal dormi.

– Il n'y a pas de quoi tirer une gueule pareille ! Je ne vois pas ce que ça a de fou. Un mauvais sommeil, ça arrive à tout le monde.

– Pas comme celui-là… En fait, j'ai… Non, si je te raconte ça, tu vas appeler le SAMU !

– Accouche, on verra après si tu mérites la camisole !

– J'ai très mal dormi *plusieurs nuits*…

– C'est embêtant, mais…

– Attends : j'ai mal dormi plusieurs nuits… *depuis hier soir* !

Le bon copain a beau se gratter la tête, évidemment, il ne comprend rien à cette bizarre formule. Pascal Chevalier repousse les journaux sur la table et raconte en détail le rêve étrange dont il sort à peine…

– J'étais riche, figure-toi ! Immensément, effroyablement riche… Je ne savais ni pourquoi ni comment, et d'ailleurs, je ne me posais pas la question. Ça semblait être mon état normal… J'avais été invité par un de mes amis, un lord anglais, dans sa propriété au cœur de la campagne… Ou plutôt, il m'avait *prêté* cette gentilhommière champêtre, puisque ni lui ni son épouse n'étaient présents. Ne me demande pas comment j'étais au courant, mais je l'étais pleinement, et tout naturellement !

« De la même manière, j'avais très nettement en tête la physionomie de ces deux personnes qui étaient absentes ! Des amis de longue date, en somme… Et ils m'avaient prêté leur résidence pour que je puisse me reposer d'un tournoi de polo complètement épuisant, que je n'avais pas gagné, mais dans lequel mon équipe s'était montrée brillante finaliste ! Tout ça aussi, ça faisait partie de ce que je savais, alors que *ce n'était pas arrivé dans mon rêve*… Ça s'était déroulé *avant*.

– Et donc, dans ton rêve, tu en gardais le souvenir ?

– Pour te dire à quel point c'était indiscutable : je souffrais encore, dans les reins et les jambes, des courbatures de cette saison sportive, les fesses talées comme une pomme tombée de l'arbre, alors que, de ma vie, je n'ai jamais enfourché un cheval !

L'ami Grégory se met à sourire :

– Dis donc… Pour un type qui prétend que le blé n'a aucune importance ! Tu rêves chic et cher ! Tu nous fais une crise de regret, mon gars ? C'est ta vraie nature qui se révolte, il faut consulter Tonton Freud ! Et d'abord, comment pouvais-tu non seulement *savoir* tout ça dans ton rêve, mais *avoir le temps* de le savoir ? Est-ce que tu sais qu'un rêve, c'est très court : on rêve quelques minutes au maximum ! Le temps peut s'étirer, on peut avoir la sensation d'une action plus longue, mais pas à ce point-là !…

238

— Eh bien, c'est comme ça ! Et encore, j'ai à peine commencé ma narration ! Imagine-toi que j'ai vécu *des jours*, dans ce petit château !

— Au cours de la nuit dernière ?

— J'y ai même, dans le jardin, taillé des rosiers grimpants sur une tonnelle ! J'y ai pris des repas d'un goût tout à fait *british* !

— Dégueulasses, tu veux dire ?

— Pas du tout ! Tiens : un gigot d'agneau bouilli, cousu dans un torchon, et servi avec de la sauce au vinaigre et à la menthe, garni d'une gelée rose fluo ! Et la cuisinière qui me les a préparés, Mistress Kernaugh, était dans cette famille de mère en fille, depuis trois générations ! Ça ne s'invente pas, tout de même !

— Ah non, même en rêve ! Fine gueule comme je te connais, tu n'irais pas te concocter une tambouille à la gelée fluo ! Blague à part, c'est prodigieux, ton truc ! Mais dis-moi... Si tu as vécu plusieurs jours dans cet endroit... tu y as passé aussi des nuits ? Tu en as le souvenir ?

Le dénommé Grégory est (soit dit sans fausse modestie) quelqu'un de remarquablement intelligent : il vient de mettre exactement le doigt sur la faille ! L'incohérence qui peut démonter tout cet échafaudage, en apparence tellement réel, et le remettre à sa vraie place : celle de l'invention onirique.

— Bonne question... Si tu as l'intention de me prouver que je débloque !

Pascal Chevalier se ronge un instant l'ongle de l'index, son front se plisse, il hésite devant l'absurdité de ce qui va suivre, et il se décide.

— Effectivement, j'ai aussi *dormi* dans cet endroit ! Je me suis donc endormi... au cours de mon sommeil ! Plusieurs nuits...

— Et donc, il y a eu aussi des matins, où tu t'es réveillé ?

— Oui.

— Réveillé... dans cette demeure ?

— Oui. Et je te précise, avant que tu ne me poses la question : la femme de chambre, Betty, déposait un plateau de petit déjeuner, et tirait les rideaux !... Marmelade d'oranges, sur le plateau...

— Tout ça, toujours au cours de la nuit dernière ?

– Exact. Tu enfonces le clou, et tu as raison ! Parce que c'est exactement là que ça devient impossible à démêler ! Je me réveillais, le matin, fatigué et très mal à l'aise... Je faisais des cauchemars. Ou, plus exactement, *un* cauchemar. Toujours le même.

– Qui racontait quoi ?

– Il ne *racontait* pas ! Il ne s'y déroulait pas un événement. Pas vraiment une situation... Je savais que j'avais eu un cauchemar, mais je ne me rappelais jamais son contenu, c'est ça qui était angoissant ! J'avais l'idée idiote que quelqu'un, dans le parc, avait surveillé la fenêtre de ma chambre...

– Tu es allé vérifier ?

– Jamais, puisque j'étais endormi ! Mais j'avais la certitude de la présence d'un... observateur, sous mes fenêtres... Et ça me troublait tellement que j'en ai parlé à Jenkins !

– C'est qui, Jenkins ? Ton psy anglais ?

– Mais non, andouille ! Arrête de te fiche de moi ! Jenkins, c'est le maître d'hôtel, le majordome de la propriété !

– Dans ton rêve ?

– Ben oui, évidemment, puisque ce château n'existe qu'en rêve !

– Évidemment... Bon, comme on est en plein délire, autant que je te laisse continuer... Que t'a donc dit ce brave Jenkins ?

– Il a eu l'air gêné... Il m'a affirmé : « Il est impossible qu'un étranger se promène la nuit dans le parc, Monsieur. Je veille personnellement à la fermeture des grilles et le garde lâche les chiens... » Et puis il a ajouté : « Je conseillerais à Monsieur de prendre un petit verre de brandy avant d'aller se coucher... C'est souverain pour détendre les nerfs... »

– Tiens donc ! Il te parle à la troisième personne ? Et en anglais ?

– Peut-être pas... Je te traduis simplement la sensation que j'en garde... Donc, je te passe les détails, mais le soir, j'ai effectivement trouvé, sur un guéridon devant la cheminée de ma chambre...

– ... Parce qu'il y a aussi une cheminée dans ta chambre ?

– Oui, avec un feu de bois.

– Pourquoi se priver !

– Arrête de m'interrompre, sans ça je n'arriverai jamais à la partie la plus incroyable… Il y avait donc, sur le guéridon, un plateau d'argent avec un flacon de vieux brandy et un verre. Un verre de cristal, très fin… Je le sens encore sur mes lèvres en te parlant !

– Tu as donc bu un verre de ce brandy ?

– Un verre ou deux. Parce qu'il était fameux, je peux te l'assurer… Disons donc trois verres…

– Alors tu étais pété comme un coing dans ton rêve, veinard !

– Tu ne dirais pas ça si tu connaissais la suite… Je n'étais pas saoul, mais alors que je m'attendais à ce que ça m'aide à m'endormir, je suis demeuré, au contraire, dans un état bizarre, à fleur de sommeil. Tu sais, comme les chats qui ne dorment que d'un œil… Ce qui fait que, cette fois, je me suis rendu compte lorsque mon rêve a commencé. La même impression que les nuits précédentes, mais j'étais *éveillé*… Une sensation de froid, de malheur, et en même temps la certitude d'une présence qui m'observait, dehors. Comme si quelqu'un m'appelait…

– Tu entendais une voix ?

– Non, rien. Une espèce de silence cotonneux, comme dans le brouillard… Mais dans ce silence, un appel flottait. Pas un appel que l'on pouvait *entendre*, mais quelqu'un s'adressait à moi.

– Parfaitement plausible, dans un rêve…

– Ça ne m'a donc pas surpris… Et voilà que je me lève, je vais jusqu'à la fenêtre et je regarde dans le parc…

– Il est éclairé, ce parc ?

– Non, mais c'est comme ça que je me rends compte que c'est déjà le matin : il y a de la brume, et la lumière du petit jour qui se lève… Je cherche les chiens dont Jenkins m'a garanti la présence. Je ne les aperçois pas. Par contre, je le vois… lui… Un homme, qui traîne une caisse… Un homme grand, un peu voûté, qui tire une longue caisse…

– Quelqu'un du château ? Un domestique ?

– Je ne l'ai jamais vu sur le domaine. Ce doit être une sorte de militaire, d'une ancienne armée…

– Encore une intuition ?

– Non, une déduction. Il porte un uniforme. Un uniforme très chamarré, tu sais : une redingote bleue avec de larges revers rouges et des épaulettes dorées… Une large casquette, aussi… Comme un officier ou un musicien dans une fanfare…

– Comme sur la pochette du disque des Beatles *Sergent Pepper* ?

– C'est tout à fait ça ! Donc, ce militaire s'éloigne de la maison, en tirant ce long coffre de bois derrière lui. Il me tourne le dos… Alors, moi, j'ouvre la fenêtre. Il entend le bruit, probablement… Il se retourne vers moi, par-dessus son épaule… il retire sa casquette et il me salue en s'inclinant…

– C'est surréaliste, ton truc !

– Attends, voilà le pire : quand il retire sa casquette, je vois sa tête et son visage. C'est une *ho-rreur* ! Peut-être qu'il me sourit, mais c'est monstrueux… Tout est de travers, dans ce visage : déformé, couturé, la bouche tordue, les yeux pas au même niveau… Indescriptible ! La créature de Frankenstein, à côté, c'est un prix de beauté ! Tu prends tous les éléments d'un visage, tu découpes, tu mélanges et tu fais un mauvais collage ! Un vrai masque d'Halloween !

– Tu as eu la trouille ?

– D'après toi ? Mais tu vas voir la suite… Il m'adresse ce salut, j'ai l'impression qu'il a l'air désolé, qu'il me dit au revoir, ou quelque chose de ce genre… Et puis il remet sa casquette, il fait encore trois pas sur l'esplanade de graviers, et il disparaît derrière les bosquets. Il se perd dans le parc. Et c'est à ce moment-là que je prends conscience de l'*odeur* qu'il a laissée derrière lui…

– Tu rêves en anglais, en couleurs… et maintenant en odeurs ?

– Une odeur de moisi, de bois en décomposition… Autant dire le mot, au point où j'en suis : une odeur… de caveau ! Je réalise que le grand coffre qu'il traînait devait être un cercueil… Et c'est là que je me réveille, trempé de sueur et tremblant comme une feuille !

– Je croyais que tu ne dormais pas. Tu te réveilles dans le château ?

– Non ! Je me retrouve chez moi, dans mon lit, à trois rues d'ici ! Je m'y suis endormi hier soir, j'ai vécu des jours et des nuits dans cette propriété anglaise… Et je me suis réveillé tout à l'heure… Le temps de prendre une douche, et me voilà devant toi… Qu'est-ce que tu en dis ?

Grégory reste quelques instants très pensif, quand même… et puis il allonge une énorme bourrade à Pascal :

— Tu sais, tu racontes tellement bien, et tu as l'air tellement sonné, que j'ai failli plonger, moi aussi ! J'aurais presque pu croire que tu avais ouvert une brèche dans un univers parallèle, ou une fantaisie de ce genre !

— Et qu'est-ce qui te fait penser autrement ?

— Ce qui t'a le plus impressionné ! Ton bonhomme, avec sa gueule tordue et son uniforme d'officier d'opérette ou de musicien d'orphéon municipal ! Sans oublier le cercueil, bien entendu ! C'est un joyeux mélange de souvenirs et de fantasmes ! Entre le croquemitaine de ton enfance, le film de Murnau, *Nosferatu*, qui a dû te marquer, la couverture d'un 33 tours des Beatles, que tu as aimé dans ton adolescence…

— Et tu en déduis… ?

— … Que c'est l'expression de la peur de vieillir, de mourir. Le rêve typique d'un homme qui accède à l'âge mûr, qui se trouve au carrefour de sa vie ! Ton subconscient t'avertit que tu dois faire le point, laisser ta jeunesse derrière toi, et accepter ce qui se présente maintenant !

— Ça ne t'inquiète pas, toi ?

— Pas plus que ça… Tu passes un cap difficile, c'est tout… N'empêche que ton inconscient, il t'a arrangé le coup d'une manière géniale ! C'est fascinant : *tu rêves que tu rêves… dans un rêve* ! On dirait les emboîtements des poupées russes, les *matriochkas* ! J'appellerais ça un « rêve gigogne » ! Si j'étais toi, je l'écrirais, tel que tu me l'as raconté… Il y a peut-être un scénario à en tirer ?

Pascal Chevalier s'est levé. Il marche de long en large, silhouette découpée sur le mur blanc. La caméra ne le cadre plus.

— Pascal ! Vous êtes sorti du champ… Nous avions convenu que vous resteriez assis !

– Pardon… C'est de revivre cette conversation… Je nous revois encore à cette terrasse : j'étais tellement secoué ! Grégory avait probablement raison : ce « rêve-gigogne », comme il l'appelait, j'aurais dû l'écrire… Mais, vous savez comment vont ces choses-là : j'étais dans les mots toute la journée, pour le boulot. Une fois sorti, j'avais envie de tout, sauf d'y replonger… Et puis, de l'avoir raconté, j'étais déjà moins oppressé. L'émotion s'est calmée. Dans les jours qui ont suivi, notre maison d'édition a remporté un prix, nous avons été entraînés dans un tourbillon : des dizaines de manuscrits ont afflué, on m'a collé en renfort au comité de lecture, bref…

Bref, bien recadré et démystifié par l'explication logique du copain, l'étrange cauchemar prend le chemin de tous les rêves, c'est-à-dire celui de l'oubli…

Heureusement, il a été confié sur le moment à cet ami, qui peut aujourd'hui témoigner sur un point essentiel : cette étrange nuit a bien eu lieu *avant* la tragédie, elle n'est pas une invention ajoutée *a posteriori*…

Vingt-deux années vont maintenant passer, au cours desquelles les événements se succèdent dans l'existence de Pascal : voyages, mariage, divorce, nouvelles rencontres… En somme la vie de tout un chacun.

À une différence près. Une colossale différence…

– Dix-sept millions… dix-sept millions d'euros… J'ai gagné au Loto… Ce n'étaient encore pas les sommes astronomiques d'aujourd'hui, mais d'un seul coup, je me retrouvais richissime !

– *Immensément, effroyablement riche ?*

– Comme dans mon rêve, c'est ça que vous soulignez ?

– Parce que vous, lorsque vous avez touché ce gros lot, vous n'avez pas établi la relation ?

– Vous perdez de vue un détail ! Vous venez pourtant de le dire à l'instant : vingt-deux ans s'étaient passés ! La vie m'avait bigrement secoué. Cet épisode était passé aux oubliettes ! Totalement zappé ! La première réminiscence que j'en ai eue, ç'est avec l'*odeur* !

– D'accord. Reprenez dans l'ordre.

— La première chose que je me suis offerte, ça a été de disparaître, de changer totalement d'horizon pour éviter la ruée des parasites et des quémandeurs... Raison pour laquelle, aujourd'hui encore, je tiens autant à la discrétion. J'ai cru que je pourrais maîtriser ce qui me tombait dessus, devenir un homme différent. En fait, j'ai pété un câble...

Du jour au lendemain, la jet-set voit apparaître une sorte de météorite, surgi d'on ne sait trop où, un charme fou et un appétit de vivre qui dépasse de loin tout ce dont sont capables les habituels blasés. On apprécie ce nouveau venu et on l'accepte sans trop poser de questions...

— C'est comme ça que je reçois cette invitation pour le gala au Covent Garden de Londres. Je raffole d'opéra. Je ne sais pas trop par lequel de mes opulents nouveaux amis ce carton m'est arrivé, mais c'est la classe : puisque je viens de Paris, le billet est accompagné d'une réservation pour la nuit, dans une suite d'un palace londonien...

Pascal Chevalier assiste donc à ce gala somptueux, prolongé par un souper entre gens du monde, au sublime restaurant de l'hôtel. Puis, une fois dégustés les liqueurs et les cigares, les invités se dirigent vers leurs appartements.

On se congratule, on commente cette délicieuse soirée, massés devant l'ascenseur. Les privilégiés sont légèrement agacés : ils ne sont pas gens que l'on fait attendre. Or, l'appareil est coincé au sous-sol depuis un temps fou. Les plaisanteries fusent. Enfin, les portes de fer forgé s'ouvrent sur la cabine d'acajou...

— Il y avait ce liftier dans une livrée ridicule, surchargée de couleurs et de dorures, comme un placier de cirque. Cette livrée bleue à parements rouges. Un placier de cirque ou un musicien de fanfare...

— Là, quand même...

— J'ai eu un flottement, une impression de déjà-vu...

— Pas plus ?

— Toujours pas. Un questionnement, à peine... Ce n'était qu'un employé comme j'en voyais dans tous les palaces. Il trafiquait la manette de laiton, dans le coin de la cabine... Il s'est retourné et il a retiré sa large casquette pour saluer... Un gus ordinaire, avec une grosse moustache. Mais ce geste, ce salut qui me paraissait destiné... Là, j'ai senti arriver un vrai malaise, mais je ne savais toujours pas pourquoi.

Et puis l'air qui était remonté avec l'ascenseur est arrivé sur moi... De l'air froid... imprégné d'un parfum de moisi, de bois pourri... Une vieille odeur de cave, de caveau... D'un coup, la vision du parc anglais dans la brume m'est revenue ! L'homme à la caisse de bois, et l'odeur qui l'accompagnait...

Le liftier regardait vers moi, il marmonnait quelque chose que je n'entendais pas, qui était couvert par les rires et les bavardages... Des gens m'ont dépassé, ils ont empli l'ascenseur. Quelqu'un a proposé : « Venez, mon vieux ! On va vous faire une place ! » Je suis resté cloué sur le sol de marbre. Celui qui avait parlé a lancé : « Bon, allons-y, alors ! On ne va pas y passer la nuit ! » Le liftier a remis sa casquette avec un air chagriné, comme du regret... Il a fermé la grille... Ils sont montés... La suite, vous la connaissez...

Oui, nous l'avons encore tous en mémoire : la tragédie du palace de Londres. Arrivée au treizième étage, la cabine qui se décroche et s'écrase au sous-sol... Quatorze personnes à bord, quatorze victimes...

Nous laissons tourner la caméra. Pascal Chevalier, bras posés sur les genoux, fixe le sol, en silence. Même à contre-jour, son mal-être imprègne le studio. Il se ressaisit, regarde à nouveau l'objectif.

– Lorsque j'ai voulu me renseigner, auprès de la direction de l'hôtel, sur ce liftier, on a paru très embêté, en face de moi. On a toussoté : « C'est-à-dire que... » Cet employé était probablement un ressortissant des Balkans. De quel pays, on ne savait pas trop... On l'avait engagé en extra, l'après-midi même, à cause de l'affluence pour le gala, et, à vrai dire, on n'avait pas eu vraiment le temps de régler la paperasserie... On était navré, mais on ne connaissait pas son nom...

Pascal s'est adressé aux services de police, pour leur demander s'ils pensaient rapidement parvenir à une identification.

Il s'est entendu répondre qu'il y avait peu de chances : d'abord, on était en présence, très probablement, d'un étranger en situation illégale ; s'il avait des compagnons, ils se trouvaient dans le même cas ; ils s'abstiendraient, pour ne pas se faire repérer.

De plus, même en admettant que quelqu'un se présente, il ne pourrait pas *reconnaître* ce malheureux. Le policier l'avait vu, lorsqu'on l'avait extrait des décombres : dans la chute, son visage avait été écrasé, et horriblement déformé...

– Il a employé très exactement ce terme : « Un masque d'Halloween, monsieur... »

Comme un oued au bord du désert

Rien ne prouve rien. Surtout quand on ne veut pas recevoir de preuves...

Ce fut notre faiblesse, confessons-le, lorsque nous avons ouvert ce dossier. Nous avions une certitude : on nous proposait un prétendu « enchaînement inéluctable du sort », et nous allions démontrer, avec une recherche sérieuse, que les élucubrations fondent comme neige au soleil devant les faits ! Nous avons donc recherché. Nous avons réuni les faits.

Et nous avons vu, gros comme un camion, nous arriver dessus exactement... ce dont nous ne voulions surtout pas entendre parler : cette accumulation de coïncidences, qui impose à la raison une seule porte de sortie : le silence.

– Condoléances... Navré... C'est tellement triste... Condoléances...

À mi-voix, avec des airs de circonstance, la file de voisins, d'amis, de collègues de travail et de lointains parents, égrène la litanie des fins de funérailles.

Près de la tombe ouverte, une femme en grand deuil, un homme en costume sombre, les yeux rouges. Avec les condoléances, les poignées de main se succèdent... Un baiser rapide quand c'est une dame ou l'un de ces cousins que l'on ne voit qu'aux enterrements.

Tous essaient de se comporter « normalement », c'est-à-dire font semblant de ne pas remarquer l'absence du curé. Mais chacun sait que l'Église ne peut pas, n'a pas le droit de bénir cette mise en terre.

Plaqué au flanc de la colline, le petit cimetière carré, délimité par un mur de ciment, semble aplati, comme sur les dessins d'enfants qui suppriment la perspective. C'est au mois de septembre 1983. Le temps est beau. Cruellement beau pour un jour comme celui-là. Il devrait faire gris lorsque des parents mettent en terre une fille qui n'avait pas vingt ans...

Là-bas, devant la grille, des voitures soulèvent la poussière en manœuvrant pour repartir : la route qui mène ici ne va pas plus loin. Chemin du dernier parcours... Certains, qui ont suivi le cortège, retournent à leur travail. D'autres se retrouveront dans la maison en deuil pour boire un verre de vin, croquer des gâteaux. C'est la coutume.

Près de la butte de glaise fraîchement retournée, la maman, sous son voile, imagine déjà tous ces gens dans son salon, dans sa cuisine. Il va falloir les écouter regretter, vanter les mérites et la beauté de la disparue... Les entendre soupirer : « Si c'est pas malheureux, tout de même. »

Elle vacille un peu. Son mari lui prend le bras. Elle s'appuie contre lui et assume le pénible devoir social. Après tout, ces personnes sont venues pour Catherine, mais surtout pour soutenir ceux qui restent... Et puis, nombre d'entre eux font quand même le signe de croix... Cela remplace peut-être un peu le sacrement que refuse l'Église...

– Désolé, madame Mauduit... Monsieur, je suis de tout cœur...

Le père en deuil s'apprêtait à répondre mécaniquement : « Merci... » mais il croise le regard de celui qui est là, face à lui, maladroit, regrettant de ne trouver rien à dire de plus original, de plus réconfortant, comme toujours dans de semblables circonstances. Un voisin... Mais un voisin pas tout à fait comme les autres. Mauduit retient la main qu'il est en train de serrer. Il chuchote :

– Excusez-moi... Est-ce que... je peux vous demander de m'attendre ? Je n'en ai plus pour longtemps...

Effectivement, cinq minutes plus tard, Mme et M. Mauduit se retrouvent seuls. Le fossoyeur, deux pas en retrait, attend, accoudé sur sa bêche. Les parents se recueillent un moment puis ils se décident à partir, serrés l'un contre l'autre. Ils sursautent lorsque, derrière eux, la première pelletée de terre résonne sur le cercueil. M. Mauduit aide sa femme à monter dans une automobile, et il se penche vers le conducteur :

– Jean… je te laisse raccompagner Marie… Je préfère rentrer à pied.

Un peu plus loin, à l'écart, le voisin attend, près des thuyas rabougris qui bordent l'entrée. André Mauduit le rejoint. Ils marchent côte à côte, mains derrière le dos. Le gravier de l'allée craque, comme dans un film. Travelling arrière. Mauduit toussote :

– J'espère que… que je ne vous retarde pas trop ?

Le voisin sourit un peu. C'est le premier sourire depuis la mort de Catherine.

– Non, ne vous en faites pas. Mon métier me permet des horaires assez… élastiques !

– Justement… votre métier, monsieur Grégory… C'est bien vous qui faites ces émissions avec Bellemare ? Sur les événements un peu… ? Je ne trouve pas le mot…

– Les événements inhabituels. Oui, je m'y intéresse.

– Excusez-moi de vous demander ça, mais les choses se savent, dans un petit pays comme le nôtre. Quelqu'un qui parle à la radio, qui écrit, ça intrigue. Surtout avec le genre de sujets que vous abordez… Mais ce qui m'arrive est tellement…

– Je peux vous aider, monsieur Mauduit ?

– Oui… Je ne sais pas… Est-ce que vous connaissez des gens… enfin quelqu'un qui pourrait… Mon Dieu, je crois que je vais devenir fou si je ne parle pas de ça à quelqu'un…

– Voulez-vous venir chez moi ?

– Non… pas maintenant… Je… Ma femme, les invités, vous comprenez ? Et puis maintenant… ça ne sert plus à rien… Non… Oubliez ce que je vous ai dit… Excusez-moi…

Mauduit s'éloigne, très vite. Il répète :

– Excusez-moi… Excusez-moi…

Il se retourne et lance :

– Au fait… je ne vous ai pas remercié d'être venu… Excusez-moi !

Le voisin lui adresse un simple signe de la main. Puis, sur une intuition, il se ravise et lance :

– Venez me voir ! Quand vous voudrez ! Ça me fera plaisir !

Mais l'autre est déjà loin. Poings dans les poches, épaules voûtées, marchant à pas pressés, il entre dans le village.

Il est 1 heure du matin lorsque le chien grogne. Quelques secondes plus tard, la sonnette tinte, une silhouette traverse le jardin. Lorsque la porte s'ouvre, le visiteur cligne des yeux, surpris par la lumière du vestibule, comme un papillon cloué sur fond de nuit. Il se dandine sur le seuil.

– Monsieur Mauduit... Entrez donc !

– Excusez-moi... Ça n'est pas vraiment une heure pour débarquer, mais comme les gens disent que vous travaillez la nuit...

– Ils en savent des choses, les gens...

– On voit souvent la lumière, quelquefois jusqu'au matin... Excusez-moi...

– Arrêtez de vous excuser et venez me tenir compagnie ! Il y a du café chaud.

André Mauduit tient sa soucoupe avec une raideur empruntée. Assis sur le bord du fauteuil.

– Ils sont tous partis... Sauf une cousine qui reste deux-trois jours avec ma femme... Je ne peux pas lâcher mon travail, vous comprenez... Ma femme a pris un somnifère... Moi, je préfère éviter... J'ai... j'ai peur de dormir... Toujours ce rêve...

Sans transition, il saute du coq-à-l'âne :

– C'est bien arrangé, chez vous... Ça fait curieux, tous ces objets... Vous aimez les vieilles choses, hein ? Et les... les vieux livres aussi ?

– Jetez un coup d'œil.

– Vous... vous en avez sur... sur la magie ?

Nous y voilà... Il s'agit d'avoir l'air ouvert, mais pas trop intéressé, pour ne pas l'effaroucher... L'essentiel de la technique d'un glaneur de dossiers qui défient la raison :

– Oui... Quelques-uns... Pas mal, en fait... Mais plutôt des livres récents : ce que l'on appelle « magie » intéresse bien des gens, même au siècle de l'atome, vous savez ! La magie est partout...

L'ouverture est offerte. À vous, monsieur Mauduit. Si vous voulez saisir la perche.

– Ah... Alors vous, ça ne vous paraît pas... Par exemple, si je vous disais qu'on m'a lancé une... une malédiction... vous ne vous moqueriez pas ?

– Non.

– À supposer que je vous le dise, hein... vous ne me prendriez pas pour un fou ?

– Non, mais je ne crierais pas tout de suite au diable... J'essaierais de savoir, de comprendre...

André Mauduit se mord les lèvres. Il réfléchit intensément. Son interlocuteur s'attend à une histoire de sorcière de village, assurément... S'il savait comme c'est différent ! Brusquement, Mauduit se décide :

– Pour Catherine, ma fille... vous savez pourquoi le curé n'est pas venu ?

– Oui... Parce qu'elle a... « choisi » de quitter ce monde ?

– Vous dites ça gentiment... Merci. Mais pour sa sœur, Jeanne, vous êtes au courant ?

– Oui... J'étais à l'étranger à ce moment, mais j'ai su que vous aviez perdu votre autre fille l'an dernier. C'est terrible.

– Un an, jour pour jour, monsieur... Elle aussi, elle avait, comme vous dites, « choisi »... Autant prononcer le mot, n'est-ce pas ? Elles se sont suicidées, à un an d'intervalle. Et pour la même raison !

– ... ?

– Attendez, je sais ce que vous pensez... Vous pensez : ce pauvre homme, il ne comprend pas ce qui arrive, alors il essaie d'expliquer le suicide de ses deux filles par une magie quelconque ? Mais ce n'est pas ça... Jeanne et Catherine, ce n'est que la suite d'une série, une série atroce, monsieur... Alors je ne sais pas si je deviens fou, mais c'est pour ça que je voulais en parler avec vous... Il faut m'aider à comprendre... D'abord, écoutez-moi...

Et André Mauduit commence le récit qui va amener une enquête à travers tout le pays, et des découvertes qui font un peu dresser les cheveux sur la tête.

– Jeanne, ma fille Jeanne, elle avait quinze ans à l'été 1981. Elle voulait travailler pendant les vacances… J'ai dit d'accord… C'est même moi qui lui ai trouvé sa place, en ville…

Ici, petite parenthèse pour préciser que « en ville », cela veut dire à vingt-cinq kilomètres du village. C'est une agglomération de moyenne importance, sans rien de spécial. Si ce n'est que, sur la route des vacances, pour les Parisiens, elle constitue une étape, à l'orée de la Bourgogne. Donc, de juin à septembre, on note une nette augmentation de la circulation, et aussi de la fréquentation des magasins d'alimentation. Retour au récit de M. Mauduit :

– Jeanne, je lui avais trouvé une place à la boulangerie du centre. Je connais la patronne. Elle lui prêtait même une chambre, pour lui éviter les déplacements. Les premiers jours, ça allait bien… Et puis *il* est arrivé… Au milieu du carrefour, qu'il s'installait… L'agent, pour la circulation. La municipalité l'avait engagé en contrat temporaire, pour l'été. À cause des embouteillages, qui avaient gêné tout le monde les années d'avant… De sa boutique, Jeanne le regardait. Elle est tombée en arrêt devant lui. Elle ne nous l'a pas caché, d'ailleurs : c'était une gamine franche… On se disait tout. Elle en a parlé à table. Sa mère et moi, on a souri : à quinze ans, c'était mignon… C'est Catherine, l'aînée, qui a piqué une rogne : « Il ne faut pas rigoler avec ça ! qu'elle a dit. Ça peut être très sérieux ! » Elles sont parties toutes les deux dans leur chambre. Et puis, après un moment, on les a entendues rire, ma femme et moi… Ça nous a rassurés.

Les jours suivants la grande sœur, qui voit Jeanne un jour sur deux, à sa pause de midi, rapporte aux parents l'évolution de ce coup de foudre :

– La petiote est vraiment amoureuse ! Elle s'arrange pour aller servir des glaces, sur le trottoir. Lui, il reste à son carrefour par périodes de deux heures, à cause des gaz d'échappement. Il a fini par la remarquer, ils se sont parlé.

Les Mauduit sont tout de même anxieux, mais le lundi, jour de congé, ils voient revenir une Jeanne toute transformée :

– Il est génial ! Il s'appelle Patrick, il a vingt-trois ans. Gardien de la circulation, ce n'est pas son vrai métier… Il fait ça en attendant. Il est mécanicien auto… Mais intelligent, attention :

il a inventé un système pour économiser l'essence ! Il lui manque juste l'argent pour démarrer sa boîte à lui. Et puis il y a des gens qui veulent lui voler son brevet ! Il est malheureux, Patrick... À part moi, personne ne le comprend... Même sa femme...

Au souvenir de ce moment, André Mauduit revit la scène. Il empoigne le bras de son voisin :

– Alors là, sa mère et moi, on n'a fait qu'un bond ! « Sa femme ? Et puis quoi ? Il a peut-être des enfants, tant qu'on y est ? »... Eh bien, monsieur, elle nous regarde bien en face, du haut de ses quinze ans, et vous ne savez pas ce qu'elle nous dit ? Elle nous dit : « Bien sûr qu'il en a, des enfants ! Deux. Il s'est marié très jeune... Mais qu'est-ce que ça peut faire, puisque je l'aime ! » Non, mais vous vous rendez compte ? Quinze ans ! Ça ne mérite pas une douche froide, ça ? Tenez, je vais vous dire : même aujourd'hui, je ne peux pas penser autrement ! Même après ce qui s'est passé...

– Oui... justement, monsieur Mauduit... Si nous en venions à ce qui s'est passé ?

– Hmm... Excusez-moi, je me perds un peu dans des détails... Mais je vous raconte tout ça pour que vous compreniez que, au départ, ça ressemblait à une de ces histoires de famille... courantes, quoi ! Toujours est-il que, de fil en aiguille, ça s'est envenimé. Ma femme insistait pour que je prenne des mesures. Catherine, la grande, défendait sa sœur... Qu'est-ce que je pouvais faire ? Interdire à la petite de continuer ? Elle le voyait tous les jours, son Patrick... Lui faire arrêter son travail, en pleine saison, alors que c'était moi qui l'avais recommandée à la boulangère ? Finalement, j'ai pris le parti d'aller voir le type...

Le père en colère est persuadé qu'il va avoir affaire à un coureur de jupons, un quelconque godelureau de province. Surprise : il se trouve devant un garçon sérieux, cultivé, très conscient et... très ennuyé de ce qui arrive à Jeanne. Et aussi plein d'une affection sincère pour cette gamine, malgré lui, malgré sa situation de famille.

Il jure qu'il ne s'est rien passé (rien de ce que redoute un père) entre elle et lui. Au départ, il a été touché par l'amitié de cette petite. Puis il s'est rendu compte qu'il s'agissait pour elle de bien autre chose. Et peut-être pour lui également.

Aussi, avant que le point de non-retour ne soit atteint, c'est lui qui propose de mettre un point final. Il dispose, dans la campagne, d'une cabane... Une simple baraque où il bricole ses voitures... Quelquefois, il va y dormir, et écouter tout seul de la musique classique, parce que sa femme n'aime pas le bruit. Il n'en a même pas encore parlé à Jeanne. Par prudence. Mais dans cet endroit tranquille, en tête à tête, il pourrait la mettre en face de la réalité, en douceur, sans lui faire trop de mal. Alors, loyalement, il demande à Mauduit l'autorisation d'inviter sa fille, en tout bien tout honneur.

— Je l'ai cru sans problème : je voyais que c'était un garçon vraiment correct. Il aurait pu faire ça derrière mon dos, et depuis longtemps déjà... Je lui ai donné mon accord. Il est donc allé chercher Jeanne après son travail. La suite, je ne l'ai sue qu'après, bien entendu...

Patrick avait préparé un petit pique-nique dans sa cabane. Il a expliqué très gentiment à Jeanne qu'elle avait fait un joli rêve romantique, mais un rêve de petite fille. Elle devait se rendre compte qu'il ne se réaliserait pas.

Il a vu qu'elle réagissait bien. Elle disait qu'elle comprenait, que rien ne serait possible. Il a annoncé qu'il ne la reverrait plus. Elle a dit que c'était effectivement mieux comme ça. Mais elle voulait dormir là, avec lui. Juste dormir, une seule fois. Il a cédé. Au matin, il s'est réveillé seul... Il a cherché... Jeanne était dans la voiture. Les vitres fermées. Il n'avait rien entendu.

— Elle avait dû fouiller dans ses affaires. Il gardait là un pistolet, pour tirer sur des boîtes de conserve. Jeanne s'était enfermée dans l'auto... Elle s'était tiré une balle dans la bouche...

André Mauduit renifle un peu trop fort. Sa lèvre tremble. Il redemande du café.

— Oui, je sais : vous ne voyez toujours pas où il y a quelque chose d'étrange ? Ce n'était qu'une folie de jeune fille, qui trouve le monde trop dur. Mais l'aînée, monsieur... Catherine, celle que vous avez accompagnée ce matin au cimetière avec nous... Après la mort de sa sœur, elle s'est mise à détester ce Patrick. Elle est allée le voir, pour lui cracher sa haine à la figure. Elle en est revenue transformée... Un peu après, sa mère et moi, on s'est rendu compte qu'elle avait... comment dire ? qu'elle avait... pris le relais de l'amour de sa sœur ! Je ne vois pas d'autre terme : le relais. Elle devenait sombre. Dans sa chambre, elle avait mis la photo du garçon au mur. Elle respirait tout le temps un de ses mouchoirs, qu'elle avait dû lui chiper... Sa mère et moi, on n'osait trop rien dire : on avait peur d'un autre désastre... Il est arrivé quand même. Un an, ça a duré. Un an jour pour jour. On a retrouvé Catherine... vous devez savoir comment... pendue dans la cabane du Patrick, avec ce mouchoir, ce sacré mouchoir noué autour du poignet !

— Et vous pensez que ce Patrick aurait...

— Non, je vous arrête ! Il n'y est pour rien ! Il a assez d'embêtements. Il n'a rien encouragé, chez aucune de mes deux filles ! D'ailleurs, sa femme était au courant, pour Jeanne. Depuis, il ne quittait pour ainsi dire jamais plus sa maison, sauf pour travailler... Non, c'est venu comme ça... C'était Catherine qui avait la tête retournée !

— Je comprends, monsieur Mauduit... Mais on peut penser que le choc, l'émotion de la mort de sa sœur... Une sorte de romantisme... Vos deux filles avaient peut-être une certaine... fragilité... une prédisposition commune à...

— Non, monsieur. Interrogez ceux qui les ont connues : c'étaient des personnes solides, normales ! Mais maintenant, écoutez-moi bien : tout ça, c'était pour vous montrer que c'est arrivé en partant de rien ! Je veux dire rien de sérieux. Et la mort les a trouvées au bout.

— Je comprends votre douleur. Perdre deux enfants, c'est...

— Mais ce n'est pas deux enfants que j'ai perdus ! C'est *quatre* !

— ... ?

— J'avais quatre enfants, et ils sont morts en huit ans ! Tout ça, personne ne le sait, dans le pays, parce que, avant, nous habitions dans l'Est, près de Metz... D'abord, mon fils, Nicolas. Apprenti câbleur chez EDF. Dix-sept ans. Électrocuté en 1975. Ensuite, la plus jeune de toutes : Nathalie, sept ans. En 1977, le 7 mars, elle va me chercher des cigarettes, comme elle le fait trois fois la semaine. On la retrouve en bas du pont, sur la voie de chemin de fer. Une chute de douze mètres. La nuque brisée. Vous le voyez bien : nous avons une fatalité contre nous !

— C'est atroce, je vous le concède. Mais est-ce que le traumatisme causé par la disparition de Nicolas et de Nathalie n'aurait pas prédisposé Jeanne et Catherine à… ?

— … À souhaiter plus ou moins consciemment la mort ? Croyez-moi, j'y ai pensé. Je vais vous dire même plus : j'ai *souhaité* que ce soit l'explication ! Oui : j'aurais tellement voulu que ce soit aussi simple que ça ! Et vous savez pourquoi ? Parce que c'est une porte de sortie *raisonnable*. Autrement, si c'est l'autre solution… ce serait à devenir fou !

— Ah ? Parce qu'il y aurait une autre cause possible ?

— Oui, monsieur. Une autre, que je repousse de toutes mes forces ! Et, en même temps, je ne peux pas m'empêcher d'y penser jour et nuit ! Et c'est pour ça que je suis venu vous voir ! Pour vous entendre me dire que ce n'est pas possible !

— Je vous le dirai peut-être… si vous voulez bien, enfin, m'éclairer !

— Il y a vingt-cinq ans, j'ai reçu une… malédiction.

Quand un individu lambda se pointe, à 1 heure du matin, dans votre maison, pour vous servir une extravagance de ce calibre, vous vous marrez doucement ? Lorsque vous êtes face à un père meurtri par des épreuves au-delà de toute souffrance, vous n'en avez pas envie… Et si, en plus, vous êtes chasseur d'étrange, vous levez juste un sourcil, et vous faites signe de continuer.

— Il n'y a pas d'autre mot. Une malédiction. Qui condamnait… Je vous cite les mots : « qui condamnait mon sang à se tarir ». C'est-à-dire ma descendance à s'éteindre ! Et c'est arrivé. Nous étions cinq. Cinq hommes à qui on a jeté le même sort… Je n'ai jamais pu savoir si une chose semblable était arrivée aux autres. Je les ai perdus de vue depuis si longtemps… J'ai pensé que vous, avec vos relations… J'ai pensé que vous alliez pouvoir m'aider à savoir… Vous voulez bien, dites ?…. S'il vous plaît ?

André Mauduit se voit resservir d'autorité une tasse de café.

— Cette… malédiction, monsieur Mauduit, il y a vingt-cinq ans, dites-vous ? Elle date donc de 195… ?

– 58. Février 1958. C'est facile à se rappeler... C'était juste après le bombardement de Saquiet Sidi Youssef...

Février 1958. Un petit détachement de soldats français patrouille dans les Aurès. Tous des jeunes gars du contingent, de braves types. Ils n'ont pas demandé à être expédiés ici, mais maintenant qu'ils y sont, ils ne se posent pas de questions. Ils font partie de ces unités triées sur le volet, d'où l'on a banni la « mauvaise graine », les appelés qui sont « rongés par la politique ». Dans cette section, aucune objection de conscience potentielle, aucun doute, aucun flottement d'opinion. Le combat est clair : le mauvais, c'est l'autre. Le basané, le *sidi*, le bougnoule...

– Tous des fellaghas, terrés dans leurs trous de rat, prêts à vous planter un couteau dans le dos. Il faut les avoir avant qu'ils ne vous aient...

Ce jour de février, les gars du détachement sont gonflés à bloc : l'avant-veille, des francs-tireurs, dans la montagne, ont descendu Jolivet et Bruneau, deux copains. Le lieutenant a décidé un raid de représailles sur le prochain village. Dans les journaux, cela se nomme « réduire une poche de résistance ».

Il a fallu marcher un jour et demi pour y arriver, mais on va leur faire payer, aux Arabes. Quels qu'ils soient. Le lieutenant explique la manœuvre :

– Par groupes de cinq, comme d'habitude ! Ratissez tout ! Soulevez les plumards, les planchers, les plafonds... Ils ont sûrement planqué des armes ! Ne prenez aucun risque : si vous n'êtes pas sûrs d'un local, nettoyez avant d'y pénétrer !

« Nettoyer » signifie envoyer d'abord une rafale dans la pièce. Le lieutenant a une autre préoccupation : le détachement comporte deux harkis. Deux guides algériens volontaires. Mais, c'est instinctif, il se méfie un peu de leurs réactions au cours des opérations spéciales. Il glisse à voix basse :

– Moi, je garde Kacem, et toi, Mauduit, tu prends Youssef... Fais gaffe quand même, hein !

Le caporal-chef André Mauduit acquiesce et pointe l'index sous sa paupière :

– Je l'ai à l'œil.

Maintenant, Mauduit et les trois autres progressent en rasant les murs de torchis. Youssef, on le fait marcher devant.

C'est vraiment un pauvre village, mais qui semble abandonné. Vide. Mauduit murmure par-dessus son épaule :

– Même les poules, ils les ont planquées !

Le soldat, derrière lui, commente :

– C'est ça, le téléphone arabe !

Ils sont arrivés devant une porte basse, fermée.

– Pousse-toi, Youssef !

Un patrouilleur lance un coup de talon. Le panneau de bois éclate. L'intérieur de la pièce est d'un noir d'encre. Une odeur de friture.

– Il y a quelqu'un ? Sortez d'ici !

Pas de réponse.

– Sortez ou je tire !

Quelque chose vole et s'écrase dans la ruelle en fumant. Une casserole d'huile d'olive bouillante. Et des cris. Une voix féminine. L'un des soldats se risque sur le seuil. Une pluie de pois chiches crépite sur son casque. Il éclate de rire :

– Hé, venez voir ça ! Une vraie furie !

Dans la pièce, une gamine se démène et lance vers les envahisseurs tout ce qui lui tombe sous la main. L'un des soldats la ceinture et la soulève du sol. Sur ses cheveux, elle porte une coiffe composée de pièces de monnaie, et sur le front sont peintes des taches de couleur. Youssef commente :

– C'est une fiancée qui prépare son mariage !

– On va la faire parler, cette petite ! Elle doit bien cacher un frère ou un cousin fell'. Hé, Youssef ! Tu peux sortir ! Pas besoin de traducteur, on va l'interroger dans un langage… international !

Le rire gras qui suit dégoûte Mauduit :

– Non, les gars… C'est une gosse… Elle a peut-être douze ans, pas plus !

– Charrie pas, caporal ! Chez les crouilles, les filles commencent de bonne heure ! D'ailleurs, t'as entendu Youssef : elle est fiancée ! Alors…

André Mauduit se retrouve dehors avec le harki. Dans la pauvre baraque, on entend les gémissements de la fille, aux prises avec les trois hommes.

Le premier ressort en rajustant son treillis :

— Hé, caporal ! Tu devrais en profiter ! Au début, elle râlait un peu, mais maintenant, elle dit plus rien. Tu vas voir que dans un moment, elle va en redemander !

Nouveau rire gras. Puis un cri à l'intérieur :

— Oh ! Venez voir ! C'est pas croyable, ça ! Allez ! Sors de là, vieux salaud !

Les deux autres, encore débraillés, extirpent un vieillard de sous une pile de peaux de chèvre, dans un coin sombre.

— Il était là pendant tout ce temps, ce vieux porc ! Il se rinçait l'œil, ma parole !

Le vieillard redresse sa tête, magnifique comme un parchemin ancien. Il se met à cracher des invectives, en arabe. Youssef tremble :

— Hé, le harki ! Qu'est-ce qui se passe ? Qu'est-ce qu'il nous baragouine ?

— C'est... c'est le grand-père de la fille ! Il dit... il dit...

— Eh ben quoi ?

— Il dit : « Vous êtes pires que des bêtes... » Il dit aussi... il dit...

— Crache-la, ta Valda !

— C'est les paroles de la vieille magie... Ça veut dire : « Votre sang va tarir comme l'eau de l'oued, au bord du désert ! »

— Elle est bonne, celle-là ! Il se prend pour Dracula ! Il veut boire notre sang ?

— Non... Ça veut dire... ta lignée, ta descendance... Elle doit s'arrêter pour toujours !

— Comment ça, la mienne ? Alors, la tienne aussi mon vieux Youssef ! Pareil pour celle du caporal ! Vous faisiez le guet, les gars... Vous êtes dans le coup autant que nous ! Non, allez, je rigole ! Vous allez pas vous mettre à croire les trucs de sorcière de ce vieux machin ! Tiens ! V'là une prime pour lui apprendre à insulter l'Armée française !

La crosse du pistolet mitrailleur a frappé à toute volée le beau visage de parchemin. Le nez en bec d'aigle et l'arcade sourcilière ont éclaté... Peut-être l'œil aussi... Derrière le rideau de sang, on ne voyait pas exactement... Juste les lèvres qui continuaient à marmonner les mêmes paroles, encore et encore...

André Mauduit revient dans le présent. Il se passe une main sur le front :

— Il avait raison, celui qui disait que le vieux nous avait maudits tous les cinq ! Moi, je n'y ai pas touché, à la fille... Ça m'était pourtant resté sur la conscience, le visage en sang de ce vieillard... On en a vu d'autres, je vous assure... Et puis, j'ai toujours eu un esprit rationnel ! Mais ces paroles, qu'il marmonnait, sans même essayer de se protéger des coups, ça m'avait fait un drôle d'effet... Par la suite, j'ai été soulagé, à la naissance de mon premier enfant... Chaque fois que ma femme m'annonçait qu'elle était enceinte, je ne pouvais pas m'empêcher d'y penser, à ce vieux... Comme si je lui faisais la nique : « Ta malédiction, vieux bouc, c'est des foutaises ! Regarde ma descendance : elle ne risque pas de s'éteindre ! » C'était d'autant plus idiot d'avoir une pensée pareille que je ne croyais à rien de ces balivernes ! Et puis mes quatre enfants ont été fauchés... Ça a mis vingt ans, mais c'est arrivé...

— Monsieur Mauduit, vous aviez parlé de cet épisode dans les Aurès, à votre famille, avant toutes ces disparitions ?.... Je veux dire : vous avez pu « suggestionner » votre entourage ?

— Vous êtes fou, non ? Vous croyez que c'est le genre de prouesse dont on se vante ! J'ai plutôt envie de vomir quand je raconte ça ! Et puis... au fur et à mesure que les enfants ont grandi, j'avais un peu oublié... Je n'y ai repensé que lorsque Nicolas est mort. J'ai tout de suite rejeté cette idée. C'était un terrible accident, mais juste un accident ! Après la chute de Nathalie, je me suis dit : « Et si c'était une suite ?... » Et j'ai revu ce vieil Arabe... Aujourd'hui que je les ai perdus tous les quatre, je suis certain, même si on me prend pour un dingue, je suis certain qu'il y a un lien ! Vous comprenez pourquoi je voudrais savoir ce qui a pu arriver aux autres gars du groupe ?

— Maintenant, oui. Pouvez-vous me donner leur nom ?

— Je ne les ai pas, monsieur ! J'ai oublié ! Vous pensez que si je les avais sus, j'aurais vérifié moi-même !

— Bon... Je peux essayer... Je veux le maximum de précisions... Ce sera pénible pour vous, mais nous allons devoir reprendre tout dans le détail. Et je ferai mon possible.

Il n'est pas très difficile d'admettre qu'André Mauduit, hélas, ne se rappelle plus exactement les noms de ses compagnons. On le comprend... C'est un souvenir sur lequel l'inconscient préfère abaisser le voile de l'oubli. Il va donc falloir, dans un premier temps, enquêter auprès des services de l'armée.

– Qui vous êtes ? De quel droit ? Pourquoi voulez-vous savoir le nom des soldats ayant participé à telle opération ?

On est très méfiant, dans les bureaux. Même vingt-cinq ans après, il peut s'agir d'une vengeance, d'une affaire politique... Heureusement, pour tout enquêteur persévérant, il y a toujours moyen de se faire comprendre et entendre. À cette époque, des émissions sur les médias grand public nous valent une certaine renommée, qui ouvre de nombreux classeurs mis sous clef.

Après d'innombrables coups de téléphone, de rendez-vous annulés en dernière minute, de déclarations en langue de bois, il devient néanmoins à peu près possible de reconstituer la composition du petit détachement.

Une section... Une trentaine d'hommes... Une trentaine de noms, de prénoms, sur une liste que nous donnons pour examen à André Mauduit.

– Celui-là, avec un nom méridional... oui, il y était : c'est lui qui a fait sauter la porte. Il est entré le premier... Et celui-là... oui... le dernier c'était lui, je crois bien... Un gars du Nord... Le harki, ce sera facile, à cause du prénom, Youssef... Ah ! zut ! Il y en a deux ! Je ne peux pas vous dire lequel c'était : à l'époque, les Arabes, on ne savait jamais leur nom de famille... Mais pour les autres... c'est ceux que je vous ai pointés sur la feuille... J'en suis certain, maintenant.

Voilà donc trois noms français, deux noms arabes. Il faut vérifier des adresses, suivre des déménagements. La routine. Quatre destins à vérifier, et nous saurons.

Enfin, une première visite. Un premier contact... Une barre d'immeubles, bétonnée sur la ceinture de Paris. Un homme, dans une petite voiture, qui rentre du travail. Costume gris, petite moustache carrée, cheveux frisés. Les yeux marron sont inquiets. L'homme parle presque sans accent, en prenant soin de ses phrases. Il se sent immédiatement agressé :

– Oui, je m'appelle Youssef… Et pourquoi vous voulez me poser des questions ? Pour la radio ? C'est à cause des élections ? J'ai rien à dire sur le racisme, monsieur ! Vous voyez ces trois fenêtres ? Il y a ma famille, là-haut, monsieur ! Je travaille pour elle ! Je paye mon loyer ! J'ai droit à la tranquillité ! Ah ? C'est pas pour les élections ? Et qu'est-ce que ça peut vous faire, où j'étais en 1958 ? Oui, je faisais partie de cette unité ! Et comment vous le savez d'abord ? Non, monsieur, j'étais pas dans la montagne avec le lieutenant ! Mais j'étais pas un planqué ! En février 1958, j'étais à l'hôpital ! J'étais blessé dans l'exercice du devoir ! Vous voulez voir ma jambe ? Tenez, regardez : oui, regardez ! Une mine artisanale, fabriquée avec une boîte de conserve ! J'ai donné mon sang pour la patrie, monsieur ! Je suis un Français ! Peut-être plus français que vous ! Voilà pourquoi j'étais pas avec le lieutenant ! Fichez-moi la paix, maintenant !

Fausse piste. Ce n'était pas le bon Youssef.

Le vrai Youssef, lui, ne répondra à aucune question.

Sa dernière adresse connue était une cité aux alentours de Périgueux. Cité ? Disons un camp. Un endroit à l'écart de la ville, où sont concentrés de nombreux anciens harkis. Mais il n'y est plus, le vrai Youssef. Son adresse actuelle ? Le cimetière.

Archives du journal local : Youssef avait un fils unique, Kader. Devenu adolescent, Kader s'ennuyait ferme dans le ghetto des réprouvés. Pour suivre ses copains, il s'était mis à fréquenter une petite mosquée, ou ce qui en tenait lieu, dans une ancienne loge de gardien. Il y a découvert le Coran et, endoctriné par des extrémistes, il s'est fabriqué une vague conscience politique, rudimentaire, manichéenne.

Il a redécouvert ses racines, mais du même coup, il a réalisé que sa filiation lui interdisait de remettre le pied sur le sol de ses ancêtres. Il s'est mis à haïr son père, lui reprochant d'avoir trahi l'Algérie et d'avoir fait de lui un paria, là-bas comme en France. Un être sans devenir possible, qui n'aurait connu que les murs de ces maisons préfabriquées, ce camp ceinturé de grillages. Le jour de ses dix-sept ans, Kader a tué son père. Appréhendé après ce crime, il s'est suicidé dans sa cellule.

Comme celle d'André Mauduit, la lignée du harki Youssef est éteinte.

Laissons passer un silence, voulez-vous ?

Un café, dans une ville du Nord. Une ville encore noire, bien que le charbon ne la fasse plus vivre... À 4 heures de l'après-midi, des chômeurs tapent le carton au milieu de chopes de bière vides.

L'homme a été prévenu de la visite d'un reporter. Mais sous le prétexte général d'évoquer la guerre d'Algérie et ses suites. Ce qui frappe d'emblée, c'est la largeur extrême de son buste, des épaules énormes, carrées :

– Ah ! C'est vous, pour la radio ? Asseyez-vous avec mes copains. Prenez un verre...

– Je crois qu'il serait préférable de nous voir en tête à tête... C'est un sujet un peu... spécial.

– Eh bé ! En voilà du mystère ! Bon, allez dans la salle du fond, j'arrive.

Il repousse sa chaise, et on comprend alors la raison de sa carrure exceptionnelle : il ramasse à terre deux béquilles, et il se hisse à la force des bras. Avec aisance, il tire entre les consommateurs attablés sa silhouette disproportionnée, énorme et musclée par le haut, inerte et atrophiée par le bas.

C'est un homme enjoué, malgré son handicap.

L'Algérie ? Oh oui, plutôt de bons souvenirs. De fortes amitiés... Au retour, il a épousé sa fiancée. Son visage s'assombrit.

– Et puis, presque tout de suite, j'ai eu mon accident.

Il était conducteur d'engin, sur un chantier. La machine s'est retournée. Il a eu le bassin écrasé. Mais il ne se plaint pas :

– Ma femme m'a beaucoup aidé. Notre seul regret ? Oh, c'est que ce soit arrivé après seulement six mois de mariage. On n'avait pas eu le temps d'avoir d'enfant. Et maintenant, c'est fichu... Le bassin, vous comprenez ?

Et de deux. Laissons passer un autre silence, n'est-ce pas... ?

Le troisième, sa mère n'a pas voulu nous laisser le rencontrer. Elle est desséchée, toute blanche de peau et de cheveux. Elle pleure sans discontinuer :

– Quand il est revenu de là-bas, il n'était plus pareil... Voilà pas qu'il nous annonce, à son père et à moi, qu'il veut entrer dans les ordres... Un curé ! Dire ça en face à son père, qui avait fondé la section communiste dans son usine ! Ça lui a porté au cœur, à mon pauvre défunt. Il en est mort en trois ans... Et tout ça pour rien, parce que son Église, elle en a pas voulu, de mon fils ! Je ne sais pas ce qu'il est allé leur raconter, à ces gens-là, mais ils ont prétendu qu'il n'avait pas la vocation... Pas la vocation, vous vous rendez compte ? Depuis son retour, il ne pensait plus qu'à ça ! Servir, qu'il disait ! Il voulait même tellement servir qu'il s'est laissé embobiner par cette secte, là, qui ramasse tout ce qui traîne comme illuminés ! Trois ans, il est resté chez eux... Maigri de quinze kilos, à ne manger que des herbes... Pendant ce temps-là, ses responsables venaient m'assommer de paroles... « Pour soutenir le salut de mon fils », qu'ils disaient ! Pour le fric, oui ! Ils disaient que je devais lui faire don tout de suite de sa part d'héritage, pour qu'il puisse faire le bien ! Pour que ça retombe dans leurs caisses... Je n'étais pas si naïve ! Quand ils ont compris que je ne signerais jamais, ils l'ont laissé tomber. Comme une vieille chaussette, du jour au lendemain. Ça lui a porté au cerveau... Depuis, il entre à l'asile, il en ressort, il y retourne... En ce moment, il y est. Sans ça, vous le verriez dans sa chambre, à dire des messes, jour et nuit... Il s'est construit un autel, avec tout l'attirail de curé autour. Il dit que, même si l'Église des hommes n'a pas su le reconnaître, lui, il est prêtre devant Dieu. Jusqu'à sa mort et au-delà... Amen ! Ce qui me fait peine, dans tout ça, c'est que jamais il ne me rendra grand-mère...

Troisième silence.

Le dernier ancien soldat pointé par Mauduit sur la liste, celui qui porte un nom italien, est marié. Il est père d'un enfant. Un enfant vivant. Un enfant en bonne santé.

266

Physiquement en bonne santé. Car ce garçon de vingt ans ne dépassera jamais l'âge mental de sept ans.

Le père, très choqué par cette pénible certitude, a demandé l'avis de nombreux médecins : le handicap provient presque certainement d'une tare génétique. Qui peut frapper à nouveau. L'homme ne veut plus courir ce risque. Jamais.

André Mauduit nous avait mandatés parce qu'il voulait la vérité. Nous lui avons, en toute franchise, rapporté le résultat de nos investigations. Pour le ménager, néanmoins, nous avons atténué, adouci les angles :

– Vous savez... la vie est tellement pleine de... On ne peut rien affirmer. Tout cela ne prouve rien !

Pathétiques, nous étions ! Remarquez, c'est vrai : rien ne prouve rien.

Madame Selena

Voulez-vous quelques recettes de charlatan pour vendre des salades de « pouvoirs paranormaux » ? Rien de plus simple.

« Des signes inexpliqués, selon la faculté de médecine » : M. X se rend dans un centre hospitalier, se plaint successivement de divers maux, vagues, mais dont il souffre depuis toujours. Il fait effectuer des examens, qui ne donnent, et pour cause, aucun résultat probant. Et il persiste à se plaindre. Il finit par tomber, à la longue, sur un médecin, lassé, qui rédige un certificat selon lequel « les symptômes développés par M. X depuis son enfance n'ont pas pu trouver d'origine déterminable ». Et hop ! M. X, « médium de naissance », insère dans ses publicités des extraits du certificat soigneusement tronqué (pour raison de discrétion médicale, bien sûr).

« Des prédictions constatées par huissier » : un officier ministériel de Bruxelles est mandé pour attester que « M. Y, devin de profession, demeure bien à telle adresse, à Paris, et, par-devant nous, maître Untel, s'est livré à une prédiction, dont il a déposé le texte intégral, en une enveloppe scellée, confiée à la garde de l'étude ». Ce qui est la stricte vérité. Le digne maître n'est en aucun cas payé pour vérifier l'exactitude de la performance. Et hop ! Un extrait judicieusement choisi vient entériner les dons extraordinaires vantés dans les pubs du « professeur Y », devin de renommée… internationale, puisque l'huissier est belge !

Mais voici qui est bien plus fort, et pas à la portée de chacun : une « voyante », traquée par la justice, a réussi à retourner magis-

tralement la situation, et à faire reconnaître ses « capacités », dans un jugement !

— C'est un scandale, monsieur l'inspecteur ! Nous exigeons une enquête ! un procès ! une condamnation !

Le lieutenant Paul Matheson, de la 6e brigade de police de San Francisco, n'a pas eu encore le temps de placer une phrase depuis que ce couple terrifiant a envahi son bureau. Un homme et une femme, la soixantaine largement dépassée, et pesant chacun au moins cent vingt kilos.

Ils ont le teint rouge brique et sont vêtus identiquement de blue-jeans, au tour de taille gigantesque, et de chemises bariolées illustrées de palmiers vert vif, avec filles en bikinis roses faisant du ski nautique. Détail incongru et plutôt choquant : sur la manche courte de cette chemise, chacun a passé un brassard de crêpe noir. Un crêpe de deuil. Et ils agitent leurs bras boudinés et bronzés en noyant Matheson sous un flot d'invectives, de réclamations, de protestations, d'imprécations :

— C'est un monstre ! Une escroquerie criminelle ! Enquête ! Procès ! Condamnation !

Derrière eux surgit l'agent de faction affolé :

— Excusez-moi, lieutenant ! J'ai essayé de les retenir, mais ils ont foncé comme des bulldozers !

— Ça ira, Johnson, je survivrai ! Retournez à votre poste. Monsieur, madame, on se calme, maintenant. Et, pour commencer, puis-je savoir qui vous êtes ?

La grosse femme se penche sur le bureau :

— Mais nous sommes les Bernstein ! Nathan et Gloria Bernstein ! Et moi, je suis la sœur !

— La sœur de qui, madame Bernstein ?

— Mais la sœur de la victime, Clara Golder !

Matheson n'aurait jamais fait le rapprochement entre cette mégère glapissante et la certes très vieille, mais encore très belle et très mince Clara Golder.

Mlle Clara Golder, c'est vrai qu'elle était magnifique ! Il n'est pas près de l'oublier : tranquille et presque souriante, au milieu des lis... Elle tenait, serré contre elle, son ours en peluche. Comme pour une courte sieste, sur son immense lit de satin rose. Au milieu des lis. Les lis qu'elle avait dispersés elle-même, pour sa dernière apparition en public.

– Ah oui ! Parfaitement, madame Bernstein ! C'est bien moi qui me suis occupé du décès de votre sœur, voici une dizaine de jours... déjà !

Le petit mot en forme de reproche fait mouche. La vociférante baisse de deux tons, un brin d'excuse dans son sourire jaune :

– Avec mon mari, nous passons notre retraite en Floride ! Nous étions en excursion et nous avons appris l'affreuse nouvelle au retour, par notre homme d'affaires ! Nous sommes venus directement à notre descente d'avion... Et c'est donc en tant que sœur de la victime que je réclame justice !

– Ou bien je vous comprends mal, ou bien votre homme d'affaires vous a mal informés : Mlle Golder n'a été *victime* de rien ni de personne ! Si ce n'est de la solitude, peut-être ! Elle a laissé une lettre très claire. C'est *volontairement* qu'elle a absorbé une dose mortelle de barbituriques. Votre sœur, hélas, s'est bien suicidée !

– Mais pas du tout ! C'est un meurtre ! Ma pauvre Clara a été poussée à se détruire par une épouvantable créature, entre les mains de qui elle était tombée ! Ma sœur, lieutenant, consultait une voyante !

– Oh ! C'est une chose bien commune, madame ! Ouvrez donc un journal à la page des petites annonces et vous en verrez des dizaines ! Et si elles vivent de leur métier, c'est qu'il y a quelques millions de gogos pour les nourrir ! D'ailleurs, les charlatans n'ont aucun intérêt à scier le moral de leurs clients : c'est leur gagne-pain, mieux vaut leur prodiguer l'espoir et les maintenir en vie ! Votre sœur était bien seule. Pas très étonnant qu'elle soit allée se faire redonner du courage par une diseuse de bonne aventure !

– Mais justement, lieutenant ! Cette voyante-là, cette Madame Selena, c'était tout le contraire ! J'ai eu ma sœur au téléphone, deux ou trois fois au cours de cette dernière année. Et son moral, il était épouvantable ! Elle passait son temps à se recueillir, pour se préparer à quitter le monde. Alors, moi, vous pensez bien, je lui dis : « Mais qu'est-ce que c'est que ces vilaines paroles, Clara ! Tu as une santé de fer, pour ton âge ! ». Elle me répond : « Ma santé n'a rien à voir. Il est écrit dans le Grand Livre du Temps que mon heure est bientôt venue ! » Alors, moi, je lui demande : « Qu'est-ce que c'est que ce charabia, ce Grand Livre du Temps ? » Alors, vous savez ce qu'elle me répond ? « C'est le Livre de l'Éternité, où est inscrit le destin de chacun ! Et le tien aussi, ma pauvre Gloria, même si tu n'y crois pas ! » Alors, moi, je lui demande où il est ce fameux Grand Livre. Et elle me répond : « Il est partout ! Mais seuls peuvent le lire les yeux de ceux qui savent voir ! » De fil en aiguille, voilà ma Clara qui se met à me parler de cette Madame Selena qui, elle, savait lire dans le Grand Livre ! Et elle prédisait à ma sœur, jour après jour, ce qui était censé lui arriver. Elle n'arrêtait pas de lui parler de sa mort ! De sa mort, lieutenant ! Elle lui a mis toutes ces idées noires en tête, et elle l'a poussée à se tuer, comprenez-vous ?

– Je comprends surtout, madame, si vous me permettez d'être franc, que vous ne vous occupiez pas tellement de votre sœur et que, maintenant, vous avez tendance à vouloir accuser une inconnue des conséquences de cet abandon !

Le couple Bernstein échange un regard gêné :

– Nous étions très occupés, n'est-ce pas... Nous ne sommes plus très jeunes non plus, et nous tenons à profiter au maximum du bon temps qui nous reste... À vrai dire, Clara n'était pas très drôle, et, au téléphone, je prenais toutes ses plaintes un peu à la légère, comme des lubies de vieille dame... Mais maintenant, je me rends compte : cette voyante, cette Madame Selena, elle avait bel et bien embobiné ma pauvre sœur, et elle l'a tuée ! Appelez cela comme vous voudrez, je vous répète que c'est un meurtre ! Et d'ailleurs, il est signé ! Il n'y a qu'à voir à qui profite le crime ! J'étais la seule parente de Clara et elle ne m'a rien laissé !

Matheson se remémore alors une série de chiffres impressionnants. Il a lu un compte rendu de l'ouverture du testament de Clara Golder : des immeubles, des supermarchés, des villas, des parts dans une quantité de sociétés, des titres, des bijoux...

Vraiment une fortune, amassée par la vieille demoiselle au cours d'une vie étonnante.

Clara Golder avait été mannequin à Paris, puis avait assuré sa reconversion avec panache en créant une ligne de parfums et de cosmétiques. À la cinquantaine, elle s'était soudain retirée en vendant ses parts à une multinationale. Depuis, elle ne voulait pas que ses anciennes relations assistent au flétrissement de sa beauté.

Elle avait atteint le grand âge, seule dans une grande maison peuplée de domestiques silencieux, au fond d'un parc. Puis elle avait choisi de partir en douceur, avec son ours en peluche pour seul compagnon.

Elle ne s'était jamais mariée, n'avait pas d'enfant : tout ce qu'elle possédait, Matheson s'en souvient nettement, est allé à une association caritative. Rien pour la grosse Gloria et son énorme mari !

Le policier a un sourire narquois vers le couple à chemises bariolées, qui, dès son intrusion dans ce bureau, ne lui a inspiré aucune sympathie :

– Ah ! C'est donc cela, madame Bernstein ! Vous m'en direz tant ! Navré pour vous, mais votre sœur avait absolument le droit de disposer de ses biens comme elle l'entendait ! Vous pouvez toujours attaquer son testament en nullité !

– Oh, ce n'est pas du tout ce que vous pensez, inspecteur ! M. Bernstein et moi, nous sommes à l'abri du besoin, Dieu merci !

– Eh bien, félicitez-vous, dans ce cas ! La fortune de votre sœur profitera pleinement à une institution charitable !

– Charitable ! Vous avez de ces mots !

– Eh bien quoi ?.... L'Œuvre de la Côte Ouest pour le premier secours... Ça vous déplaît ?

– Oh oui ! Pour la bonne raison que l'œuvre en question... c'est cette Madame Selena, ni plus ni moins !

Pour le coup, Matheson se lève, comme si son fauteuil était devenu brûlant :

– Qu'est-ce que vous racontez ?

— La vérité ! En apprenant à la fois la mort de Clara et le fait que nous étions déshérités, notre homme d'affaires a pris tout de suite des renseignements.

La grosse Mme Bernstein s'empare du sac de voyage en nylon de son époux et l'ouvre sur le bureau :

— Tenez : voilà tout le dossier !

Effectivement, l'homme d'affaires des Bernstein a bien travaillé : l'Œuvre de la Côte Ouest pour le premier secours, légataire universel de Clara Golder, a été fondée il y a seulement quelques semaines.

On ne sait pas à qui elle a l'intention de prodiguer des secours, mais sa seule activité à ce jour a été de recevoir l'héritage et de commencer à placer les fonds en employant à temps complet un cabinet de conseillers financiers.

La promotrice de cette œuvre est une certaine Evangeline Fox, dite « Madame Selena ». Le lieutenant confie aussitôt le dossier à deux adjoints :

— Trouvez-moi tout ce que vous pourrez là-dessus. Moi, je vais rendre une petite visite à cette Selena !

Madame Selena vit dans un appartement noir. Tout est drapé de tentures couleur de nuit, jusques et y compris les fenêtres. Dehors il fait plein soleil, et ici on a du mal à ne pas se heurter contre les meubles (meubles noirs, évidemment) à chaque pas. Des torches surmontées d'ampoules en forme de flammes sont tenues par des bras d'ébène sortant des murs. Le policier entend une voix grave, un peu voilée :

— Entrez, lieutenant... D'ordinaire, je n'ouvre pas ma porte moi-même, mais je vous attendais.

Matheson ricane :

— Si vous m'aviez dit le contraire, ça n'aurait pas fait sérieux, pour une voyante !

Il cligne des yeux pour distinguer son interlocutrice. Il n'entrevoit que deux mains et un visage qui semblent flotter dans l'obscurité. Deux mains aux ongles très longs et très rouges, et un masque d'une pureté remarquable, sans aucun maquillage. Un ovale pur, très pâle, des yeux verts en amande, des pommettes hautes. Cette femme approche sûrement la cinquantaine, mais avec un charme inouï et une conscience absolue de sa beauté. De nouveau, la voix basse :

– Eh bien, monsieur le policier... vous vous attendiez à une vieille sorcière un peu moustachue, avec un chat aveugle sur l'épaule ?

Le ton est ironique, sans excès. Matheson distingue maintenant la silhouette : robe noire, avec juste une fine broderie d'argent au bord du décolleté. Aucun bijou. D'un geste, la main aux griffes carminées désigne un salon, deux chaises autour d'un guéridon. Matheson s'installe et décide de brusquer les choses. Avec cette femme, sûrement inutile de finasser :

– Vous êtes Evangeline Fox, dite « Madame Selena » ? Une plainte va sans doute être déposée à votre encontre, par les époux Bernstein, respectivement sœur et beau-frère de Clara Golder. Mme Bernstein m'a, entre autres, rapporté plusieurs conversations au cours desquelles votre cliente lui avait affirmé que vous étiez en train de lui miner le moral, de la pousser au désespoir...

– Cette dame Bernstein a employé *exactement* ces termes ?

– Non, pas mot pour mot, mais en substance...

– Ah bon ! Tant mieux. Tant mieux pour elle, s'entend. Parce que, le cas échéant, elle se serait rendue coupable d'une grave diffamation !

– Ouh là là ! Si vous commencez sur ce terrain, on n'est pas sortis de l'auberge, chère madame ! Vous n'avez pas intérêt à trop chercher la petite bête, parce que, vous le savez, les gens qui font votre métier n'ont pas tellement bonne presse !

– Bonne *presse*, inspecteur ? Vous parlez de presse ? Aimeriez-vous par exemple que quelques journalistes s'intéressent à votre manière de vous introduire chez les gens, au seul prétexte qu'une plainte va *peut-être* être déposée ?

– Vous y seriez mise en cause, et votre réputation...

– Peu importe... Tout article publié me vaut chaque fois un afflux de clientèle... Maintenant, pour répondre en bloc à toutes vos questions, à vos insinuations devrais-je dire, voici : tout ce qui concerne mon activité professionnelle est parfaitement légal et contrôlable. Je paie mes impôts sans rien dissimuler ! De *très gros* impôts, car je gagne beaucoup d'argent et j'en suis fière. Le fait d'avoir hérité de Clara est un honneur pour moi, une preuve de la confiance qu'elle me témoignait. Je m'emploierai à en être digne. J'ai d'ailleurs fondé une association, où je n'ai ni poste ni rémunération, dans le but de gérer cette fortune. Dernier point : en ce qui concerne le contenu exact de mes entretiens avec les personnes qui me consultent, vous me permettrez d'invoquer la moindre des discrétions d'honneur ! Voilà. Admettez que, face à une visite policière tout à fait illégale, j'ai fait preuve d'une certaine patience ! Je ne vous retiendrai pas plus longtemps, lieutenant !

Et c'est au moment où, désarçonné par l'aplomb de cette maîtresse femme, il est prêt à se laisser congédier comme un débutant fautif... c'est à ce moment que Matheson réalise ! Pour un peu, il se giflerait ! Il avait bien senti que quelque chose clochait, mais il a d'abord été infichu de mettre le doigt dessus ! Et il l'avait eu sous les yeux, dans le rapport ! La *chronologie* !

– Minute ! Vous venez de reconnaître que vous avez constitué votre fondation *dans le but* de recueillir et gérer cet héritage ?

– C'est ce que j'ai dit.

– C'était *avant* le décès de Mlle Golder ?

– Effectivement. La date du dépôt des statuts est de notoriété publique.

– Vous saviez donc que vous hériteriez bientôt ?

– Absolument.

– D'une personne âgée, certes, mais en parfaite santé ?

– Oui, mais elle allait mettre volontairement fin à ses jours !

– ... ?

– J'en étais *prévenue* ! Et je l'ai dit à la chère Clara pour qu'elle puisse prendre les mesures matérielles dans ses affaires, sans être devancée par le destin.

– Et vous avouez cela en toute tranquillité ? Vous avouez avoir répété, jour après jour, à cette vieille personne que son temps était écoulé, la poussant au désespoir ?

– Ne soyez pas infantile, lieutenant ! Je n'avoue rien et je ne l'ai poussée à rien ! J'ai simplement transmis ce que mes yeux pouvaient lire dans le Grand Livre de l'Éternité ! D'ailleurs, je ne faisais que mon travail, à la demande de Clara elle-même !

Elle me payait pour cela. Nul ne l'y forçait, c'était son désir de savoir. De toute façon, ce qui est arrivé *devait* arriver, que je le lui dise ou non !

Matheson est sur le point de répliquer vertement, lorsqu'un bruit insolite attire son attention. Il se lève, écarte une tenture qui dévoile une porte. La voyante lance un peu trop vivement :

– Pas par là, je vous prie ! Ce sont mes appartements privés !

– Juste un petit coup d'œil ?

– Vous n'avez pas de mandat de perquisition !

– Je ne perquisitionne pas, chère madame ! Disons que... je cherche les toilettes et que je me trompe de porte !

Matheson ouvre. Le contraste l'éblouit une seconde. Un bout de couloir blanc, éclairé au néon. Plus de mystère : du fonctionnel. Deux rangées de classeurs. Et voici la source du bruit singulier : un téléscripteur qui crépite en crachant une bande de papier. Matheson se penche : c'est la réponse d'un agent de change londonien à un ordre de transaction boursière. Dans une pièce attenante, deux hommes en manches de chemise et une secrétaire s'affairent sur des documents.

L'inspecteur fait coulisser le tiroir d'un classeur : des centaines de fiches, qui semblent contenir des renseignements systématiques sur des personnes, le fichier clientèle de Madame Selena.

Lorsque Matheson revient, deux jours plus tard, cette fois dûment mandaté par un juge, le fichier a disparu. Pas moyen de parler de son existence sans faire mention de la première visite, parfaitement illégale, et de rendre juridiquement nulle toute l'action.

Par contre, tout le reste, le bureau, les collaborateurs, tout est là, dans l'appartement contigu au cabinet noir. Ainsi que le précise l'avocat qui suit la voyante comme son ombre et répond à sa place, « Madame Selena ne cache rien ».

Même les agents du fisc, le terrible fisc américain, ne trouveront rien. Tout est limpide, transparent.

Par contre, l'interrogatoire des domestiques de la villa Golder réveille les suspicions. Ils conviennent que les visites quotidiennes de Madame Selena avaient le don, au début, d'être assez toniques et bénéfiques à la vieille Clara. Mais ils affirment que, « depuis un certain temps », chaque passage de la voyante la laissait plus sombre et plus abattue. Or tout laisse présumer que ce « certain temps » correspond au moment où Clara a modifié son testament.

– Notre pauvre demoiselle, elle semblait fondre ! Elle, si active, qui avait toujours eu un projet après l'autre… elle était comme figée ! Elle n'osait plus faire quoi que ce soit ! Elle avait des paroles bizarres, dans le genre : « Le jour approche ! Je dois m'abstenir d'agir ! Il ne faut pas que je risque de commettre un péché, car il se peut que je n'aie pas de lendemain pour le racheter ! »

Mais tout cela n'est qu'une indication, un soupçon. C'est bien approximatif face à quelqu'un d'aussi bien défendu qu'Evangeline Fox. Elle hausse les épaules :

– Allons ! Prétendez-vous retenir contre moi des bavardages de domestiques ? Des bribes de conversations saisies en apportant le thé, et mises bout à bout au gré de la fantaisie et de la médisance ?

– Avez-vous pu, par vos paroles ou vos actes, persuader Clara Golder que la fin de ses jours était arrivée ?

– Je ne l'ai en rien *persuadée* ! Je *savais* que son heure était venue. Qu'elle allait nous quitter. Je me suis contentée de le lui dire. À sa demande spécifique, j'insiste à nouveau. Sa fin était inéluctable.

– Vous n'étiez pas forcée de le lui dire. Vous auriez pu la ménager.

– En lui mentant, alors que je connaissais la vérité sur un sujet aussi grave ? Caresser le client dans le sens du poil, ce sont des méthodes de charlatan, lieutenant ! Pas les miennes.

Influence ? Incitation au suicide ? S'engagea alors une longue bataille juridique, assez incroyable, qu'il faut résumer pour en arriver au plus étonnant : sa conclusion.

L'instruction de l'affaire Golder dura quatre années, sous la férule du juge Norris. Il affronta une armée d'avocats qui réfutaient chaque virgule de chaque rapport. Norris se plaignait surtout de ne pas pouvoir approcher d'autres clients de Madame Selena. Des barrières sans nombre étaient dressées à chacun de ses pas. Les clients en question semblaient être pour la plupart des hommes puissants, industriels, politiciens. Norris disait :

– J'ai l'impression de progresser dans un champ de mines !

Puis il vit atterrir sur son bureau un dossier nouveau, qui allait pouvoir faire basculer toute l'affaire sur un plan plus matériel : celui de la délinquance pure et simple.

C'était le dossier d'une certaine Angelina Pritchard, de Vancouver, Canada. Soupçonnée d'avoir capté l'héritage d'un vieil homme fort riche, dont la mort était survenue dans des circonstances douteuses.

Angelina Pritchard, voyante, comme Evangeline Fox... Mêmes méthodes, curieuse ressemblance des prénoms... Le cas n'avait jamais été jugé : la dame Pritchard avait disparu du Canada grâce à l'aide providentielle de quelque complicité haut placée. Voilà qui promettait d'être intéressant.

Il manquait à ce dossier les éléments d'état civil complet, les photographies de l'identité judiciaire et les relevés d'empreintes qui auraient permis d'établir qu'Angelina Pritchard et Evangeline Fox était une seule et même personne. Le juge Norris demanda à ses confrères canadiens un complément d'information, mais avant de le recevoir, le magistrat se tua dans un accident de la route. Un « malencontreux accident ».

Au défunt Norris succéda le juge Bowie. Lorsqu'il reprit l'affaire Golder, il réclama les pièces canadiennes, toujours manquantes. Il lui fut répondu, sur un mode navré, que le dossier Pritchard s'était inexplicablement *égaré* dans les services.

Bowie tempêta, exigea qu'on remette la main dessus. Le peu que l'on retrouva ne contenait plus assez d'éléments pour permettre de déterminer si Angelina Pritchard pouvait être Evangeline Fox.

Les avocats reprirent la position de défense idéale :

– Notre cliente n'a en rien influencé le cours des événements. Elle se contentait de dire ce qu'elle *savait à l'avance* sur des faits inéluctables et indépendants de sa volonté. C'est à l'accusation, si elle prétend le contraire, de le prouver !

Allez donc prouver qu'une voyante ne voit pas... Pourtant, le juge Bowie décida de le tenter. Il appela le lieutenant Matheson :

– Paul, tout cela ne sent pas bon ! Je pense que l'accident qui a écarté un peu trop à propos mon prédécesseur, Norris, n'est pas tout à fait dû au hasard... Cette femme est dangereuse. En plus, nous sommes en train de nous laisser embourber par ses avocats. Mais je crois que j'ai un moyen pour la traîner devant un jury. Si nous n'avons pas de preuves formelles (et nous n'en aurons probablement jamais), la loi nous permet d'établir un faisceau de présomptions suffisantes, O.K ? Alors, j'ai obtenu l'accord du procureur pour constituer une commission d'enquête extraordinaire. Puisque nous ne pouvons pas prouver que la voyante a influencé Clara Golder, nous prouverons qu'elle était, par contre, *incapable* de lui révéler *à l'avance* des événements inéluctables.

La commission fut constituée. Elle soumit Evangeline Fox à des épreuves contradictoires. Or, si la teneur de ces épreuves n'a jamais été révélée au public, la conclusion fut :

« Il paraît avéré que la dame Fox a bien parlé à la demoiselle Golder du décès probable de celle-ci. La dame Fox convient elle-même avoir été rémunérée pour ces entretiens, et avoir effectivement évoqué avec la demoiselle Golder la disparition prochaine et volontaire de cette dernière, afin qu'elle puisse prendre toutes dispositions qui lui sembleraient judicieuses en vue d'une telle éventualité. *Néanmoins, il n'y a pas lieu de présumer que par ses prévisions, la dame Fox ait en quelque manière, influé sur le cours proprement dit de l'existence de la demoiselle Golder.* »

En conséquence, les poursuites contre la belle Evangeline furent abandonnées.

À notre connaissance, c'est la première fois que la justice attestait de la possibilité de prévoir l'avenir !

La Lance de la Pensée

L'interrogation principale, au fil de ces histoires, porte sur l'existence d'un « pouvoir psi », capacité d'interagir avec autrui directement par l'esprit.

Une hypothèse, sérieusement envisagée, pose que cette faculté réside en des zones cérébrales archaïques. Alors que les humains ne disposaient encore que d'un langage rudimentaire, cette aptitude leur permettait de se transmettre des idées complexes ou abstraites. Elle abolissait aussi les distances, autorisant les informations et les connaissances nouvelles à se diffuser.

Puis la parole se développa, devint plus précise. La technologie permit de se déplacer, de faire parvenir au loin les messages. Nous aurions de moins en moins fait appel à ce mode premier de fonctionnement. Il aurait fini par disparaître chez l'homme moderne, ou, du moins, en aurions-nous perdu le mode d'emploi.

L'instrument perdure-t-il, quelque part, au fond de nous ? Certains de nos contemporains, restés plus proches des racines originelles, en connaissent-ils toujours l'usage ? Séduisant, mais la preuve reste à trouver. Peut-être dans une affaire comme celle-ci ?

Nous comptons, parmi nos dossiers, plusieurs cas relevant de la télépathie pure. En voici un dans lequel la « force psi » serait puissamment intervenue jusque dans le monde du concret, y bousculant l'agencement et le mouvement des molécules qui constituent les objets inertes... ou les corps vivants.

Des assassins qui ont traqué leur gibier humain jour et nuit sur des milliers de kilomètres... Des assassins implacables, certains de l'impunité absolue... Qui agissent devant des centaines de spectateurs...

Un meurtre étonnant, un meurtre parfait, car d'innombrables témoins pourront jurer que les criminels n'ont même pas effleuré leur victime... Un meurtre commis de sang-froid, mais avec une arme invisible, une arme venue du plus profond des âges de l'humanité, et dont nul ne pourra prouver l'existence. Une arme pourtant impitoyablement efficace.

Voici un document inhabituel, qui va nous entraîner bien loin des assassins de tous les jours, bien loin de notre logique d'hommes civilisés.

Hôtel de police de la ville de Brisbane, Australie. Un building de verre bleu et d'acier, aux impénétrables reflets de scarabée.

Au dernier étage, dans une pièce close, un groupe silencieux. Un groupe qui aurait de quoi surprendre tout spectateur non averti. Aux angles de la pièce carrée, quatre policiers en uniforme, debout, jambes écartées, mains derrière le dos, menton levé. La jugulaire de leur casquette rigide souligne les jeunes visages imperturbables, sur lesquels la transpiration dégouline sans discontinuer. La climatisation a été coupée, à la demande des avocats. Motif : elle pourrait nuire à la santé de leurs clients...

Les voici, les avocats : assis sur des banquettes de plastique orange, le long des murs. Quatre hommes en costumes sombres, serviettes de cuir sur les genoux. Eux, ils se permettent d'essuyer de temps à autre leurs faces luisantes avec des mouchoirs qui commencent à n'être plus très présentables.

Et enfin, au centre du groupe : deux petits hommes, entièrement nus, assis sur leurs talons, les avant-bras posés sur les genoux, le regard fixé sur un horizon invisible, bien au-delà des murs de verre et d'acier. Deux petits hommes, représentants d'une des ethnies les plus énigmatiques de notre monde. Un lignage qui semble avoir traversé sans changement les millénaires depuis l'âge de la pierre. Leur visage, au nez épaté, est presque entièrement caché par une chevelure et une barbe dures, frisées comme des copeaux de métal rouillé. Tout leur corps est recouvert d'un mélange brun et malodorant. Du sang humain et de l'argile. Des mouches, par dizaines, bourdonnent autour d'eux, viennent se poser sur leur figure, et même sur leurs yeux aux pupilles noires en boutons de bottine. Mais à aucun moment les petits hommes nus ne frémissent. On pourrait croire d'antiques statuettes, disposées à rester là pour l'éternité.

Entourés par des policiers et des hommes de loi blancs, au dernier étage de l'hôtel de police, deux Aborigènes silencieux, deux Bushmen accroupis. Les responsables d'une étrange affaire criminelle qui passionne et bouscule tout le continent.

Deux étages plus bas, Herbert Cardwell, chef de la police de Brisbane, est prêt à s'arracher les cheveux :

– Non, mais c'est complètement dingue ! J'en avais entendu parler, mais pour moi, c'était une légende !

Cette explosion a pour seul auditeur un gentleman élégant, le professeur Christopher Lindon, un ethnologue d'origine anglaise. Il étire posément ses longues jambes :

– Eh bien, vous le voyez, ce sont des légendes qui ont la peau dure ! De plus, pour des légendes, elles sont opérantes, non ?

– Ça, vous pouvez le dire ! Je me coltine un scandale sans précédent, la presse et les écologistes sur mon dos ! Et un cadavre ! Un *petit* cadavre, certes, mais bougrement encombrant !

– N'exagérons rien ! Ce n'est pas encore un cadavre ! *Médicalement parlant*. Si vous êtes déjà certain que Djiniyini Webster va mourir, c'est que vous commencez vous aussi à croire aux fables !

– *Policièrement parlant*, Lindon, merde ! Vous n'êtes pas là pour chercher à me coincer. Vous êtes censé m'aider, non ?

– D'accord, d'accord, chef ! On va voir ce qu'on peut faire !

Tandis que le professeur feuillette avec flegme le dossier, le chef de la police grogne :

– La télévision, Lindon ! Ils ont fait ça devant les caméras de la télévision ! Vous avez vu comme moi ! On a repassé toute la séquence au ralenti ! Image par image ! Ils étaient à vingt mètres de Webster ! Ils ne l'ont pas touché ! Ils n'ont rien lancé sur lui !

– Oui... Enfin, oui et non !

– Vous les avez vus lui balancer quelque chose ?

– Ce ne serait pas le terme exact… Je dirais « projeter », peut-être ?

– Oh, vous, avec votre manie de la langue ! Bon sang, ces sauvages ont indiscutablement *fait* quelque chose ? Alors, appelez ça comme vous voudrez, mais dites-moi enfin comment ils s'y sont pris ! Que je les inculpe et que je retrouve ma tranquillité !

– Ces sauvages, comme vous dites, Cardwell, sont des hommes qui détiennent des secrets capables de nous mettre en échec, nous, notre science et notre police ! La preuve !

– N'empêche ! J'aimerais bigrement savoir ce que je dois décider ! Pour l'instant, ils sont en garde à vue pour désordre sur la voie publique ! Et les organisations écologistes se sont cotisées pour leur payer les meilleurs avocats ! De vrais pitbulls ! Je ne vais pas pouvoir les retenir cent sept ans ! Alors, au boulot !

Reprenons dans l'ordre chronologique. Fin 1965, dans la ville de Darwin, un certain Djiniyini Webster comparaît devant le jury de mise en accusation, une instance qui doit décider si un procès peut avoir lieu.

Webster a presque l'air d'un vieil homme, mais il est approximativement âgé de vingt-six ans. On ne connaît pas sa date de naissance exacte : c'est un Aborigène, originaire de Yirrkala, en terre d'Arnhem, dans le Territoire du Nord. Mais c'est un Aborigène « civilisé », ce qui explique qu'il ait un nom de famille anglo-saxon.

Entendons-nous sur le mot « civilisé » dans le cas de cet homme. Il a été déraciné. Les Blancs qui gouvernent font tout pour réduire à néant les spécificités des Bushmen, et même leur existence, au point qu'ils seront accusés de génocide. Sous leurs incitations et leurs contraintes, Djiniyini Webster a quitté son clan, qui vit à la manière des hommes de la préhistoire, au milieu des rochers rouges. Il a sauté sans transition dans le XXe siècle.

Petit, râblé, il cache sa grosse tête sous un stetson crasseux, volé sur le portemanteau d'un bar. Son ventre, comme un ballon de foire trop gonflé, semble vouloir s'échapper de son unique chemise à carreaux verts et rouges. Ses jambes courtes et torses l'obligent à retrousser sept ou huit fois ses blue-jeans.

Il accepte les tâches les plus salissantes, les boulots dont personne ne veut, en échange de quelques miettes du progrès. Sa maigre paye lui permet surtout de perdre rapidement toutes ses dents, car il se nourrit presque exclusivement d'*ice-creams*, de sucreries chimiques et d'alcool.

Malgré tout, Djiniyini Webster parvient à entretenir une famille : une femme, aborigène comme lui, et deux enfants un peu rachitiques, qui ne fréquentent aucune école. Suprême fierté : Djiniyini a appris à conduire. Il a déniché une camionnette hors d'âge, et c'est là-dedans qu'il loge, avec sa petite tribu, au gré de ses embauches.

Bien qu'il soit tout à fait incapable de déchiffrer un calendrier occidental, il disparaît plusieurs fois chaque année : il va assister aux fêtes rituelles de son clan. Il n'est prévenu par aucun courrier, par aucun coup de téléphone, évidemment. Mais où que se trouve le groupe dans les étendues désertiques, Djiniyini le rejoint à l'endroit et au moment précis où se déroule la célébration. C'est comme s'il était relié à ceux de sa communauté d'origine par un fil invisible.

Voici donc le curieux personnage qui se présente, fin 1965, devant le jury de mise en accusation de Darwin. Jury très perplexe, car Djiniyini est venu de son plein gré se constituer prisonnier, s'accusant lui-même d'avoir tué un membre de sa tribu, par accident, au cours d'une dispute. Cependant, les enquêteurs des affaires indigènes dépêchés sur place ont été confrontés à un silence obstiné. Et ils n'ont trouvé aucun cadavre !

Pas de cadavre, pas de crime. Le jury rejette l'accusation : il n'y aura pas de procès. Dès qu'il comprend qu'on le considère hors de cause, Djiniyini glapit :

– Vous devez me garder ! me protéger ! Ils veulent la mort ! Ils vont tuer Djiniyini !

Et l'on voit cette scène exceptionnelle : un accusé volontaire, innocenté, que l'on est obligé de pousser de force hors du tribunal, et qui s'accroche désespérément à tous les obstacles pour rester à l'intérieur !

On le met quand même dehors, en lui conseillant de boire à l'avenir moins d'alcool. Djiniyini Webster, en pleurant, monte dans sa vieille camionnette et démarre. Il jette autour de lui des regards de bête apeurée. De bête traquée.

Et c'est bien le cas : une chasse vient de commencer. Une chasse dont il est le gibier. Une longue traque qui va se poursuivre sur des milliers de kilomètres et qui va trouver son invraisemblable dénouement six ans plus tard.

Djiniyini Webster est bien le gibier. Si la justice des Blancs n'a pas voulu de lui, il en sent planer une autre sur sa tête, bien plus effrayante : celle, millénaire, de sa horde. Pas de procès, pas d'avocat, pas de plaidoyer possible ! La mort à coup sûr. Djiniyini le sait. Les chasseurs sont sur ses traces. Et quels chasseurs !

Ce sont les *kurdaïtcha*, les tueurs rituels de la tribu. Leur nom vient des sandales qu'ils portent lorsqu'ils partent pour une « chasse de justice ». Ce sont des sandales légères, tissées de plumes de cacatoès et de cheveux humains. L'homme qui les porte ne laisse aucune empreinte, même dans le sable le plus fin.

Les *kurdaïtcha* sont investis de leur mission sacrée au cours d'une cérémonie où le sorcier leur couvre le corps de poils de kangourou, collés sur leur peau à l'aide d'argile, pétrie de sang humain. Du sang collecté auprès de chaque membre de la tribu. Ainsi le chasseur-justicier porte-t-il la force de tous, la vengeance qu'il accomplira sera celle de chacun. Devant son visage, le *kurdaïtcha* porte un masque fait de plumes d'émeu, cet oiseau coureur qui ressemble à une petite autruche.

Cela peut faire sourire ou, tout le moins, paraître gentillet et bien dépassé devant les ressources qu'offre le progrès ! Si Djiniyini, le coupable, est possesseur d'un véhicule à moteur, et qu'il a quelques centaines de kilomètres d'avance... la partie n'est pas égale ? C'est vrai. Mais le plus défavorisé, celui qui *déjà* a perdu, n'est peut-être pas celui que vous pensez. Car les *kur-*

daïtcha sont réputés ne jamais lâcher leur proie, et, selon les croyances de leur peuple, *ils ne peuvent pas échouer.*

Ils ne le peuvent pas, car ils sont porteurs du bon droit tel que le dicte le sens de l'Univers. Et surtout... surtout ils ont une arme étonnante et terrible avec laquelle ils exécutent la sentence. Mais nous y viendrons.

Donc, Djiniyini Webster est remis en liberté fin 1965 à Darwin, tout au nord de l'Australie. Sa fuite commence et il va sillonner le continent. On le verra jusqu'à Woomera, dans le Sud. Puis dans le Queensland, à l'Est. Rappelez-vous que, sur ces étendues, il faut penser en milliers de kilomètres ! Pour autant, ni la distance ni le temps n'y feront rien.

Le même scénario se déroule à chaque halte : la camionnette de plus en plus brinquebalante arrive, Djiniyini se propose pour n'importe quel travail, pour n'importe quel salaire. Dans l'auto, par tous les temps, l'attendent sa femme aux yeux craintifs et ses enfants qui grandissent comme ils peuvent. Djiniyini effectue son labeur, puis revient avec quelques provisions. Et surtout beaucoup d'alcool et de sucreries pour sa consommation personnelle. Car la peur semble avoir encore augmenté sa gourmandise et son ivrognerie.

Cette vie de misère se poursuit quelque temps, puis, immanquablement, le poste de police du lieu voit arriver Djiniyini, tremblant, échevelé, effaré :

– Djiniyini veut la protection des Blancs ! Djiniyini ne veut pas mourir !

– Qu'est-ce qui t'arrive, petit homme ? Quelqu'un t'a menacé ?

– Ils sont là ! Ils approchent ! Ils veulent tuer Djiniyini !

On se renseigne rapidement aux alentours : personne n'a rien vu de suspect à des lieues à la ronde. Tout se passe comme si, conformément à leur légende, les tueurs rituels que décrit le fugitif avaient le pouvoir de se rendre invisibles. Et, quand on lui demande si on l'a bien compris, Djiniyini agite sa tête hirsute :

– Oui, c'est ça ! C'est bien ça ! Ils ont la magie qui les rend invisibles ! Ils ne laissent aucune trace quand ils marchent ! Et on ne peut les voir que juste avant qu'ils tuent ! Juste avant !

Vous imaginez bien l'effet que peut produire un tel discours : nul ne veut de cet encombrant Aborigène. Même si on l'enfermait dans un asile psychiatrique, que ferait-on de sa femme et de ses gosses ? Les avoir à la charge de la communauté ? Non, merci ! Alors on se débarrasse au plus vite du problème social et de Webster : ouste ! dehors ! qu'il aille voir plus loin !

Et Djiniyini repart plus loin. Toujours plus loin. Toujours fuyant devant une menace qui n'existe pour personne, à part lui.

Bien sûr, il choisit de s'arrêter dans des villes : plus elles sont grandes, plus il y a de macadam et de lumières, plus il se sent en sécurité.

Et pourtant... pourtant c'est là, au cœur d'une cité de béton, que le dénouement va se jouer.

Brisbane, 1971, presque six ans après le début de la chasse.

Sur une grande place, un samedi. Une place grouillante de monde, de bruit, de musique. Djiniyini Webster, déjà un peu gris de mauvais alcool, se laisse bousculer par cette foule. Aujourd'hui se tient une grande fête folklorique. Les tambours rythment les démonstrations de danses rituelles. Djiniyini sent confusément qu'il ne devrait pas s'approcher, mais il est attiré, comme capturé par un fil dès qu'il entend les échos de la musique de son peuple.

Et voici qu'un groupe de danseurs, courbés, serrés les uns contre les autres, se tenant mutuellement par les épaules, comme dans une mêlée de rugby, voici que ce groupe éclate soudain, se disperse, et révèle en son centre deux petits hommes que nul n'avait vus jusqu'à cet instant...

C'est vrai que cela ressemble à la légende qui terrifie Djiniyini : jusque-là, ces deux petits hommes étaient « invisibles » aux yeux du commun des mortels, et ils « apparaissent » tout à coup...

Ils sont nus, couverts d'un mélange brunâtre où adhèrent des poils de kangourou. Leurs pieds sont chaussés de sandales bizarres, qui semblent ne laisser aucune trace dans le sable répandu sur la piste de spectacle.

Les danseurs bondissent, et la foule a un réflexe collectif : elle s'écarte, se creuse, laisse devant les petits hommes nus une tranchée vide. Des femmes poussent des cris délicieusement apeurés, les hommes photographient. Les caméras de la télévision, qui retransmettent le spectacle, se braquent vers cet épisode imprévu.

La foule finit de s'écarter et, dans l'espace rectiligne, libéré entre les spectateurs, une seule silhouette demeure. Un Aborigène en stetson et blue-jeans trop longs, figé, tremblant comme un lapin pris dans les phares d'une voiture.

Les « chasseurs de justice » mettent un genou à terre. Ils sont à quinze mètres, peut-être vingt mètres… Oui, vingt mètres de lui. Ensemble, ils lèvent un bras en arrière, puis le balancent, tendu, vers la poitrine. Djiniyini blêmit, son regard devient vitreux, ses traits se déforment horriblement. Il veut crier, mais les sons s'étranglent dans sa gorge. Sa bouche déverse une écume rosâtre. Les muscles de son corps tout entier se nouent. Il devient raide comme une branche et il s'écroule en avant, d'un bloc.

C'est dans un état de coma profond qu'une ambulance le recueille et l'emporte, tandis que les deux chasseurs se laissent arrêter, sans la moindre résistance.

Voilà, d'un bout à l'autre, le dossier qu'examinent ensemble Herbert Cardwell, chef de la police de Brisbane et le professeur Christopher Lindon, l'ethnologue appelé en consultation. Cardwell questionne à nouveau :

— Mais quelle arme ont-ils utilisée ? Même les caméras n'ont rien enregistré !

Lindon pose sur le bureau deux objets :

— Voici ce que j'ai trouvé. Ils le serraient dans leurs poings, mais ils n'ont fait aucune difficulté pour me les remettre. Ça ne leur servait plus à rien. Cela s'appelle des *kundelas*.

Cardwell s'efforce d'en prendre un pour l'examiner, mais il ne peut empêcher un léger frémissement de sa main. Devant le demi-sourire de l'ethnologue, il hausse les épaules :

— Ben quoi ? J'évite seulement de toucher des pièces à conviction… Et puis, ça m'a l'air assez cradingue… On dirait de l'os ? C'est… juste un bout d'os ?

– Exact. C'est un os taillé en pointe. À l'autre extrémité, on a collé, avec la résine d'un buisson, des cheveux tressés.

– Et alors ?

– Le *kundela*, c'est l'os de la mort.

– Ah ! Nous y voilà, Lindon ! Vous auriez pu commencer par là : les deux suspects étaient porteurs d'une arme mortelle !

– Non, non, le *kundela* n'est pas une arme.

– Encore une de vos finesses de vocabulaire ?

– Non, une volonté d'exactitude. Nous sommes devant une accusation de tentative de meurtre ! Le *kundela* n'est pas une arme, dans le sens où *ce n'est pas lui qui tue*. Rappelez-vous : ces objets, de quelques centimètres de long, n'ont pas quitté la main des chasseurs, qui sont restés à vingt mètres de la victime ! D'ailleurs, la victime ne montre aucune blessure !

– Alors, c'est quoi, au juste, ce machin-chose ?

– Le *kundela* est juste un support. L'arme proprement dite, elle, a bel et bien été *projetée*.

– Vous m'embrouillez ! Il y a donc bien une arme ? Où est-elle ?

– Ce n'est certainement pas moi qui pourrai vous la trouver, et vous la mettre comme pièce à conviction dans un sac de plastique ! Cette arme, c'est… *la force de vengeance* !

– … ?

– La force vitale du clan. Les Aborigènes l'appellent la « Lance de la Pensée ».

Herbert Cardwell commence déjà à protester contre ces inepties qui n'ont aucune base sérieuse, lorsqu'un jeune policier passe une tête rouge et transpirante par la porte :

– Agent Byrd, monsieur ! Excusez-moi, mais… je suis de garde là-haut, et les deux suspects font des trucs curieux depuis cinq minutes.

– Ne me dites pas qu'ils sont en train de redevenir invisibles ?

Le jeunot écarquille les yeux :

– Ah… Parce qu'ils pourraient… ?

– Non, j'essaie de détendre l'atmosphère… Qu'est-ce qu'ils font de… curieux ?

— Jusque-là, ils étaient restés accroupis, mais ils se sont levés, et ils… comment dire ? ils chantent ! Si on peut appeler cela « chanter »… Ils sortent des sons du fond de leur gorge… Nous sommes un peu eff… Enfin, je veux dire : les *avocats* sont un peu effrayés !

Le flegmatique Christopher Lindon sourit vaguement :

— Ah, je vois : ils ont sûrement appris une bonne nouvelle !

Cardwell tonne :

— Byrd ! Vous les avez laissés communiquer avec l'extérieur ?

— Pas du tout, monsieur !

— Leurs avocats, alors ?

— Absolument pas non plus ! Tout le groupe est isolé au dernier étage, dans une salle sans téléphone !

— Ah, vous voyez bien, Lindon…

À cet instant, le récepteur sur le bureau de Cardwell se met à bourdonner :

— Allô ? Oui, moi-même !… Bonjour, Pollock ! Quoi de… ? Répétez ? Non de… ! Procédez d'urgence à une autopsie ! Je veux les résultats avant le journal télévisé !

Le chef de la police, un peu pâle, repose le combiné :

— Bon sang, Lindon ! Moi aussi, je viens d'apprendre une nouvelle ! C'était l'hôpital ! Webster est mort ! Il y a un quart d'heure !

— C'est bien lent, le téléphone… Là-haut, ils l'ont su avant vous !

Au journal de 20 heures, ce soir-là les caméras sont en direct sur le perron de l'hôtel de police de Brisbane. Les micros se tendent, les flashs crépitent dans les yeux du chef Cardwell :

— Mesdames et messieurs, je ne prendrai pas la parole très longtemps. Juste pour vous dire que les deux… hum… les deux *artistes aborigènes,* qui avaient été interrogés suite au tragique incident du festival de danse, viennent d'être libérés. Ils ont rejoint la troupe folklorique de leur clan, qui est actuellement escortée vers son territoire d'origine, afin d'éviter tout incident avec la population de notre ville. Je laisse maintenant la parole au professeur Christopher Lindon, l'éminent ethnologue.

– Merci. Je vais parler en mon nom et aussi en celui du docteur Pollock, médecin légiste. Vous avez tous appris le décès, après un coma prolongé, de Djiniyini Webster. Le docteur Pollock a procédé à une autopsie, qui n'a révélé aucune atteinte physique, aucun empoisonnement. Docteur, les causes exactes ?

– La mort est due à un arrêt de l'irrigation sanguine. Il s'agit d'une contraction généralisée et brutale de tous les vaisseaux, suite à une surproduction d'adrénaline.

– On nomme cela « tétanisation », je crois ?

– Oui. C'est un trouble qui peut survenir lors d'une frayeur intense. D'où la perte de connaissance quasi instantanée. Si elle se prolonge, elle peut évoluer en coma. Puis conduire, si le cycle normal ne se rétablit pas, à l'arrêt de toutes les fonctions vitales. Sur les origines de cette frayeur intense, le professeur Cardwell a quelques précisions.

– Cette peur a été causée par une croyance profonde à des légendes effrayantes. Anxiété entretenue et aggravée par l'état de délabrement mental et l'atteinte alcoolique profonde dont souffrait M. Webster depuis des années. Pour vos lecteurs et vos auditeurs, le docteur Pollock et moi-même, nous proposons le terme plus général et plus compréhensible d'« autosuggestion ».

– Exactement : c'est par une très forte *autosuggestion* que M. Webster a littéralement bloqué les systèmes vitaux de son organisme. Je vous remercie.

Le cordon de policiers maintient à distance les journalistes qui se dispersent, plus ou moins déçus. Cardwell, Lindon et le médecin légiste se retrouvent dans le grand hall de l'immeuble de verre et d'acier. Cardwell leur serre chaleureusement la main :

– Merci, docteur ! Et surtout, merci à vous, Lindon ! Vous nous avez retiré une belle épine du pied ! Vous avez été très bien, là... Si, si : très, très bien ! Et alors, votre explication, c'était parfait ! J'avoue que j'aime mieux ça que toutes vos suppositions fantaisistes, dans le bureau ! *La Lance de la Pensée !* Je me doutais bien qu'un scientifique comme vous ne pouvait pas y croire vraiment... Tandis que l'autosuggestion, voilà qui est limpide, dans notre monde moderne ! Aujourd'hui, le public entier sait que l'autosuggestion existe !

– Indéniablement. Elle est reconnue par la science...

– Vous auriez pu me dire tout de suite que c'était ça, au lieu de me laisser patauger dans vos légendes folklo !

Cardwell s'interrompt, car il vient de percevoir une sorte de sourire de connivence entre l'ethnologue et le docteur :

– Quoi, quoi ? Qu'est-ce que j'ai dit qui vous fasse marrer ?

– Le docteur et moi sourions, monsieur le chef de la police, parce que, d'une part, nous apprécions votre compliment pour cette explication que nous avons établie ensemble. Elle est, en effet, frappée au coin de la logique la plus rassurante. *Journalistiquement parlant*, s'entend. Mais, d'autre part, nous sourions surtout parce que, *médicalement parlant*, le docteur et moi, nous savons parfaitement que l'on *ne meurt pas* d'autosuggestion !

Renvoi de balle

Cette fois, nous en étions assurés : quelques calculs de balistique élémentaire, faisant intervenir la vitesse du vent et la flexibilité des queues de vache ; un peu de bon sens, et en deux coups de cuillère à pot, nous allions vous prouver que des faits, rapportés comme « fantastiques », pouvaient recevoir une explication parfaitement raisonnable !

Seulement, voilà... Le tragique épisode avait été précédé de l'omniprésence d'un arbre centenaire et noueux, et la promesse de vengeance... d'un mort !

Nous fûmes donc bien contraints d'estampiller ce dossier du tampon officiel « abracadabrant ».

Quel est, à votre avis, le temps le plus long que puisse mettre une balle de fusil pour parcourir la distance entre le canon d'une arme et sa cible ? Curieuse question.

Ne commencez pas à dire que tout dépend de la puissance de l'arme, de son calibre, de l'éloignement avec l'objectif. Ne griffonnez pas de complexes équations ! De toute manière, vous ne trouveriez pas : le record, à notre connaissance, est de neuf ans, cinq mois, dix-sept jours et quelques heures. Curieuse réponse.

Mais il va de soi que ce parcours s'est effectué d'une façon qui défie la raison.

— Non, non et non, Duddley ! Jamais je ne te donnerai mon autorisation pour ça ! Jamais, tu m'entends !

— Eh bien, je m'en passerai, de ton autorisation, Sam !

Une fois de plus, une altercation vient d'éclater entre les frères Duddley et Sam Sheppard. Pour en comprendre à la fois la signification… et la sottise, il vous faut prendre un peu de recul et survoler le site.

Une ferme à deux vastes corps d'habitation, réunis par une haute grange, autour d'une cour. Le tout, en somme, dessine un vaste U : la grange au fond, les maisons sur les côtés.

Et, au centre de la cour, l'objet du litige : un arbre. Un orme. Gigantesque, impressionnant, solide et large, un orme dont les branches principales s'étendent comme des bras noueux sur la cour.

Vous avez bien l'endroit devant les yeux ? Alors, maintenant, l'histoire des lieux et des circonstances. La ferme est située au milieu d'une exploitation de plusieurs centaines d'hectares, au sommet d'une douce colline, non loin de Morristown, dans le Tennessee. Elle est la propriété de Sam et Duddley Sheppard, les frères ennemis.

Jamais ces deux-là n'ont pu s'entendre, avant même de savoir marcher. Ils avaient un peu moins d'un an de différence et auraient pu partager le même parc. Mais pour avoir un peu de tranquillité, leur mère avait été forcée d'élever, au milieu du parc, une planche plus haute que les barreaux. Et encore les deux mini-terreurs parvenaient-elles, on ne sait comment, à s'éborgner mutuellement par-dessus la séparation !

Cela ne fit qu'empirer dès qu'ils furent en âge de circuler librement et cet antagonisme irréductible usa prématurément le cœur de leur mère, qui mourut en 1950. Le père Sheppard, lui, quitta ce bas monde en 1957, après un vol plané en réparant la toiture. Mais connaissant ses fils, il avait depuis longtemps rédigé un testament qu'il croyait équitable et judicieux.

Équitable, certes : tout était scrupuleusement réparti entre les héritiers. Mais judicieux… on ne peut pas vraiment l'affirmer. En effet, tout devait être partagé en deux. Mais partagé *par le milieu* ! C'est-à-dire que chacun des fils recevait la moitié, en surface et en qualité, de tous les terrains, plus une habitation (l'une des branches du U), plus la moitié du bâtiment central, grange et remises.

La ligne de démarcation (la frontière, en somme) passait par le mitan du portail. Et par le gros orme, l'arbre séculaire, sis au centre exact de la cour. Ce colosse végétal, le seul bien qui n'existait qu'à un exemplaire, ne pouvait être divisé. À ce propos, la volonté du père Sheppard était : « On conservera cet arbre honorable qui a donné son nom à notre ferme : le Big Elm Ranch. Cet arbre abrita mon enfance, et celle de mon père avant moi. Cet orme a été l'ami et le protecteur de plusieurs générations de Sheppard, et il ne pourra y être porté atteinte, par mes héritiers ou leurs descendants, que si d'impérieuses nécessités pour le bien de l'exploitation les y contraignent ! »

Remarquez le pluriel : « *Les* héritiers ne pourront toucher à cet arbre que si d'impérieuses nécessités *les* y contraignent ! » C'est-à-dire que si *un seul* des deux frères rencontrait une nécessité, même majeure, il ne pourrait légitimement toucher à cet arbre sacré qu'*avec l'accord de l'autre* !

Bien sûr, c'est du « pinaillage », comme on dit. Mais pour pinailler, vous pouvez faire confiance à nos deux paysans...

Suivez bien l'évolution de l'affaire : dès la mort du père, les deux frères firent, pour une fois, quelque chose d'un commun accord. On vit courir à travers la prairie une barrière de fil barbelé. Deux équipes, respectivement dirigées par Sam et Duddley en personne, chacun secondé par son propre géomètre arpenteur, effectuèrent la pose au centimètre près.

La délimitation fut donc matériellement établie depuis l'extrême limite des terrains, jusque devant le portail de la ferme. Là, les barbelés furent abandonnés : on ne pouvait décemment pas installer un dispositif aussi voyant en travers de la cour ! Qu'aurait donc dit le voisinage ! De plus, les deux frères devaient utiliser ce même portail pour entrer, avant de bifurquer l'un à droite et l'autre à gauche : chacun fit tracer et empierrer son propre chemin, pour rejoindre la route du comté !

Ils renoncèrent donc aux piquants métalliques pour l'intérieur, au profit d'une démarcation bien plus stricte : une ligne invisible et absolument infranchissable, qui partait de l'entrée et passait juste par le milieu de la cour, où trônait le vieil orme, indéracinable et tutélaire, seule propriété commune des deux frères dorénavant.

C'était stupide, et la solution de bon sens eût été que l'un des deux parte habiter ailleurs, quitte à vendre son bâtiment à l'autre. Mais évidemment, aucun des deux n'aurait voulu avoir l'air de céder, de battre en retraite. Alors, ils restèrent.

Contrairement à toute attente, il faut bien constater que cela se passa plutôt bien. Tout du moins en apparence. Car si Duddley et Sam ne s'adressaient pas la parole, ils se battaient farouchement par en dessous.

Comme l'exploitation d'origine était coupée en deux, chaque moitié devenait trop petite pour rester rentable, avec les méthodes modernes, les grosses machines et la chute des prix céréaliers... Ils s'endettèrent, pour annexer la moindre portion de terre qui se libérait sur la commune... Chacun ne pensait qu'à agrandir son domaine, pour dépasser l'autre, et ils achetaient tout ce qui était achetable aux alentours. Jusqu'au jour où se produisirent deux accrochages, qui n'ont apparemment aucun lien entre eux. Mais on sait bien que rien n'est simple dans les affaires paysannes.

En quelques mots : un exploitant retraité, Omer Purdey, avait mis en vente une superficie importante. Deux acquéreurs potentiels se placèrent sur les rangs : Duddley et la coopérative. Duddley fit une proposition alléchante. L'offre de la coopérative était inférieure. Duddley allait remporter le marché. Un outsider surgit alors, dans la dernière ligne droite : Sam. Il se présenta, sur les talons de son frère, pour renchérir. Omer Purdey se laissa tenter. Tope là !

Lorsqu'il apprit cela, Duddley, qui se croyait assuré de la victoire, se propulsa chez Purdey, le traita de margoulin, d'affairiste, de retourneur de veste, et le menaça du pire s'il vendait à son frère. Sur quoi Sam fit de même, haussant le ton d'un cran, promettant à Omer un sort d'épouvante, s'il osait revenir sur la parole donnée.

Résultat : de peur de fâcher l'un ou l'autre des terribles Sheppard, Omer Purdey céda son carré de glaise à la coopérative. Et pour bien moins cher, histoire de ne plus avoir les frangins d'enfer sur le dos ! D'où l'accrochage de départ.

Pour la première fois depuis l'installation de la « frontière », Duddley interpelle son frère à travers la ligne invisible :

— Alors, t'es bien avancé, maintenant, tête de lard !

Sam feint de se plonger dans l'examen du moteur de sa vieille Dodge. Par-dessus son épaule, il lance :

— C'est à moi que tu parles, Dudd ?

— Tu vois quelqu'un d'autre, ici ?

— C'est donc moi que t'appelle « tête de lard » ?

— Ouais, c'est bien toi ! Parce que t'es rien d'autre qu'une tête de lard !

— Et je peux savoir pourquoi ?

— Ah ! Parce que t'es pas au courant, bien sûr ? Figure-toi que le résultat de tes conneries, c'est que le vieux Purdey, il a vendu ses terrains à la coopé !

Sam sursaute si brusquement qu'il se cogne la tête dans le capot levé.

— Tu me racontes une blague ?

— J'ai jamais eu le sens de l'humour, frérot ! Omer, qui me faisait lanterner, pour tirer le maximum, il a signé pas plus tard que ce matin, comme s'il avait le feu au cul ! Avec la coopé ! Et c'était moi qui lui avais fait la première offre ! T'avais pas besoin de passer derrière !

— C'était de bonne guerre ! Mon offre était meilleure que la tienne ! T'aurais dû t'écraser, Dudd ! Au lieu de ça, t'es retourné voir le vieux !

— C'était mon droit !

— Ton droit, ton droit, c'est ça ! Tu lui as fait un tel numéro, tu lui as tellement filé les miquettes, qu'il a préféré perdre du fric !

— N'empêche, Sam ! Le vieux Purdey, c'est moi qui l'avais décidé à vendre ! J'ai perdu cette affaire, et je te considère comme responsable ! Je te garde un chien de ma chienne !

Sam Sheppard ricane, crache par terre, hausse les épaules et tourne les talons. Il a tort de prendre cela à la légère, car quelque temps plus tard éclate l'incident du gros orme.

C'est Duddley qui est demandeur : il manifeste l'intention, ni plus ni moins, que d'abattre l'orme ! Pour raison majeure, évidemment. Comme il connaît bien son frère, il sait qu'il ne peut agir de sa seule initiative. Il a tenu à faire les choses en règle : il a fait envoyer à Sam, par son homme d'affaires, une lettre circonstanciée.

Aussi n'est-il pas surpris lorsqu'il trouve ledit Sam debout, jambes écartées, au bord de la ligne invisible, qui l'apostrophe à travers la cour en agitant un rectangle de papier :

— Qu'est-ce que c'est que ce torchon, Duddley ? T'as besoin de passer par les avocats pour me parler, alors que ta fenêtre est en face de la mienne ?

— Allons, Sam ! Si je m'étais contenté de t'en parler oralement, c'est toi qui m'aurais dit de te l'écrire ! Mais ne discutons pas de ça : maintenant, t'es informé ? Alors réponds-moi ! T'es d'accord ?

— Certainement pas ! Notre père ne t'y aurait pas autorisé !

— Si ! Mon avocat l'a dit : j'ai un motif valable, comme c'est écrit dans le testament du père !

— Tes motifs, c'est du bidon, Dudd ! Dans le testament, c'est écrit qu'il faut d'« impérieuses nécessités pour le bien de l'exploitation » ! C'est ce qui est écrit, je le connais par cœur ! Et le véhicule que tu veux faire manœuvrer, c'est ton nouveau camping-car ! Ça n'a rien à voir avec le bien de l'exploitation !

— Je te voyais venir, gros malin ! Et j'ai prévu le coup : le véhicule dont je te cause aujourd'hui, c'est pas mon camping-car, c'est ma nouvelle machine à semer ! Elle non plus je ne pourrais pas la faire entrer jusqu'à la grange !

— T'as une nouvelle machine à semer, toi ?

— Parfaitement !

— Et où elle est ?

— Je signe la commande demain ! Et toc !

— C'est ça ! Seulement, ta lettre pour l'abattage de l'arbre, elle a été postée la *semaine dernière* !

— Eh ben, je t'en enverrai une autre après-demain ! Comme ça, ce sera en règle ! Et toc !

— Je peux prouver que t'es de mauvaise foi !

— T'auras qu'à m'intenter un procès, si t'as rien de mieux à faire de ton argent !

— Je suis prêt à aller devant le juge ! T'as pas le droit de toucher à notre arbre ! Il était sacré pour notre père, et pour son père avant lui !

— C'est des bobards, Sam ! Je t'ai toujours entendu dire que cet orme te gênait aussi, et que plus ça va, plus il rend nos remises inaccessibles ! Alors ne viens pas mêler le souvenir de notre père à ça ! Tu t'en fiches autant que moi, des souvenirs !

— Admettons, Dudd ! N'empêche que je refuse !

— Au nom de quoi ?

— Ça te regarde pas ! J'ai mes raisons !

— Je les connais, tes raisons ! C'est l'histoire des terrains du vieux Purdey que t'arrives pas à digérer !

— Eh ben même ! Même si c'était ça, j'ai le droit de refuser, ça me regarde !

Bref, le genre de dialogue de sourds auquel on peut arriver dans ces querelles. On en vient aux hurlements et la discussion se conclut ainsi :

— Tu peux courir, Duddley ! Jamais je ne te donnerai mon autorisation pour ça ! Jamais, tu m'entends !

— Eh ben, je m'en passerai, de ton autorisation ! J'aurai dégagé cet arbre avant huit jours !

Duddley n'aura pas longtemps à attendre : dès la nuit suivante, il est tiré de son sommeil par la pétarade caractéristique d'un petit moteur à essence. Il bondit à la fenêtre : l'orme est illuminé par les feux croisés de deux tracteurs. Dans le pinceau des phares, Sam, apparemment assez éméché, gesticule, environné d'un nuage de fumée. Il tient à deux mains une tronçonneuse dont il vient d'actionner le démarreur. Duddley crie :

— Arrête ça, Sam ! T'as pas le droit !

— De ce côté-là de la cour, j'ai tous les droits ! Je suis chez moi ! Je m'en vais couper tout ce qui dépasse de cet arbre sur mon domaine ! Y compris le tronc, bien au milieu, juste sur la ligne ! Je toucherai pas à ta moitié, frérot, c'est promis !

— Mais tu sais bien que si tu coupes tout ça, l'arbre va mourir !

— C'est pas mon affaire, Dudd !

Duddley écume littéralement. Il disparaît vers l'intérieur de la maison, et, deux minutes plus tard, il sort sur le seuil. Toujours en pyjama. Mais il tient son fusil de chasse.

Aux fenêtres, au bout des bâtiments, dans les deux camps, quelques ouvriers pointent timidement leur nez sans oser intervenir. L'affrontement des deux frères a lieu juste sur l'invisible ligne-frontière. Sam, dos à l'arbre agite la tronçonneuse fumante :

— Je vais couper, Dudd ! Et tu feras rien pour m'en empêcher ! C'est pas ton fusil qui me fait peur ! Je sais bien que tu tireras pas sur ton frère !

— Tu te trompes ! Regarde mon Remington : je le charge ! Et c'est pas du petit plomb que j'y mets ! C'est des balles ! Des balles à ailettes, comme pour les daims !

Ostensiblement, il glisse dans la chambre de l'arme deux cartouches, terminées par des ogives de plomb de la taille d'un pouce, dont le tour est cannelé, formant de petits ailerons.

— Et je te jure que je suis prêt à t'en expédier une si tu touches à notre arbre !

Sam, à son habitude, crache par terre et se retourne vers l'orme en levant la tronçonneuse. Dans son dos claque la première détonation. La balle qui le frôle va se loger dans le tronc de l'arbre.

— T'as tiré ? T'as osé tirer sur moi, salaud !

— C'était un avertissement, mon gars !

— Un avertissement ? Tu voulais me tuer ! Tu voulais me tuer !

— N'avance pas ! N'avance pas, on pourrait se faire du mal !

Mais Sam, fou de rage, se lance en avant, pointant la chaîne de la tronçonneuse. Les dents tranchantes rencontrent l'acier du fusil, accrochent l'arme qui est arrachée des mains de Duddley. Sam jette au sol sa tronçonneuse, qui cale brusquement. Il ramasse le fusil :

— Tu voulais me tuer, Dudd ! Tu voulais me tuer !

Et, l'écume à la bouche, il appuie sur la détente.

Dans la cour, l'écho du coup de feu résonne encore une seconde contre les murs, puis c'est un trou de silence… Silence absolu…

Duddley Sheppard est encore debout. La balle de son propre fusil lui a traversé la tête, mais il reste debout.

Puis, lentement, ses jambes plient. Doucement, très doucement, il tombe à genoux. Il reste ainsi un long moment, tandis que le sang, par saccades, coule sur ses yeux, sa bouche, dégouline du menton sur le pavé. Et doucement, encore plus doucement, il se couche sur le côté...

Alors, brutalement, tout se remet en marche. Une femme hurle par une fenêtre, des hommes s'interpellent, descendent les escaliers, décrochent un téléphone.

Lorsque la police et une ambulance arrivent, détail affreux : Dudd n'est pas mort. Enfin... pas encore tout à fait mort.

Les bizarreries conjuguées de la balistique et de l'anatomie ont fait que la grosse balle de plomb est entrée par le front, ressortie par le haut du crâne, mais l'homme vit encore ! Il ne voit plus rien, ses membres sont inertes, mais certains centres du cerveau ont conservé leurs fonctions : un peu de conscience persiste et les lèvres remuent. Remuent avec une insistance désespérée. Un policier se penche :

– Vous voulez dire quelque chose ?

Et il entend l'agonisant prononcer cette phrase incroyable :

– Est-ce que... est-ce que j'ai le droit de me venger ?

Il y a des témoins, au procès de Sam Sheppard. Certains ne peuvent être retenus, car ils étaient à son service. Les autres étaient employés par la victime, et ceux-là ne peuvent pas être suspectés d'indulgence ou d'amitié pour l'accusé. Mais tous, honnêtement, racontent ce qu'ils ont vu.

Tous en conviennent : c'est bien Sam qui a provoqué Duddley. Mais avec des mots, des gestes. Pas avec une arme : sa tronçonneuse ne menaçait pas son frère, mais un arbre.

Par contre, c'est Dudd qui a sorti son fusil ! Et qui s'en est servi le premier. Bien sûr, c'est effectivement Sam qui a tiré le coup de feu mortel. Mais il venait d'être lui-même frôlé par une balle ! Certes, il a lâché sa tronçonneuse pour prendre le fusil : il n'était donc plus au sens strict « sous l'empire d'un simple réflexe de défense ». Cependant, il a tiré sans viser !

Bref, il y a quelques circonstances atténuantes. Mais les jurys n'aiment pas tellement les criminels fratricides. Le verdict ne sera donc pas la peine maximale, mais assez sévère tout de même : dix ans de réclusion.

Pendant ces années, il va se passer des choses très diverses, à Morristown.

D'abord, les conséquences du drame. Tout à fait normales : les deux frères n'ont ni femme, ni enfant, ni associé pour reprendre leurs exploitations. Elles sont liquidées, vendues aux enchères et rachetées par la puissante coopérative. Mais ce sont les terrains qui l'intéressent, pas les bâtiments. Ceux-ci sont donc laissés à l'abandon.

Et c'est là qu'adviennent les « autres choses », celles qui appartiennent au folklore campagnard. Tout a commencé avec l'ultime phrase de Duddley, cette incroyable question qu'il a posée, dans son dernier souffle : « Est-ce que j'ai le droit de me venger ? » Les paroles d'un mourant qui ne se rendait pas compte de son état, et n'avait (oserons-nous cet abominable jeu de mots ?) plus toute sa tête !

Cependant, cette phrase étonnante a été connue de la population, et elle a fait son effet sur les imaginations… Vous savez comment cela se déroule dans les petits coins perdus où il ne se passe pas grand-chose ? Le souvenir de cette phrase, amplifié par l'allure délabrée que prennent les bâtiments désertés de la ferme… cela suffit pour faire naître des récits bizarres, que l'on se répète à mi-voix… Des récits où il est question d'une silhouette qui erre autour du vieil orme… D'une silhouette qui attend pour sa vengeance le retour du frère criminel ! Vous voyez le tableau. En fait, des gamins en mal de distractions ont dû apercevoir, de nuit, un vagabond qui profitait de la réputation des lieux pour se loger sans payer et ils se sont inventé des frissons !

Neuf années plus tard (pour être précis : neuf ans, cinq mois, dix-sept jours après le drame familial), le village est secoué, vers quatre heures du matin, par les échos d'une explosion.

Sam Sheppard a bénéficié d'un an de remise de peine pour bonne conduite. Et sa première pensée, à sa libération, a été de revenir à la ferme. Depuis la mort de son frère, il n'avait qu'une obsession : détruire cet orme, responsable de tous les malheurs. Alors, il l'a détruit, en employant les grands moyens.

À peine sorti de prison, il a sauté dans un bus, repéré le chantier de la nouvelle voie rapide, qui passait à travers la montagne. Il s'y est fait engager comme manœuvre. Dès la première nuit, il s'est laissé enfermer. Il s'est introduit dans la réserve d'explosifs, où il a dérobé une caissette de dynamite, qu'il a fourrée dans son sac à dos. En route vers la ferme et vers son vieil ennemi, l'orme !

Seulement, c'est tout un art, de faire sauter de la dynamite. Et le malheureux Sam va s'en rendre compte, mais trop tard : quand le shérif arrive, il trouve Sheppard tassé au pied d'un mur, et bel et bien mort. Soufflé par l'explosion.

Mais le médecin légiste est d'un autre avis :

– Le décès n'est pas dû à l'explosion ! Cet homme a été tué par balle !

– ... ?

– Une balle qui a pénétré entre les deux yeux.

L'autopsie permet de retrouver le projectile dans le crâne de la victime. Il s'agit d'une balle de plomb, une balle à ailettes, large comme un pouce.

Qui a tiré ? Réponse : Duddley, le défunt frère de la victime.

Oui, c'est bien Dudd qui a tiré cette balle. Mais neuf ans, cinq mois et dix-sept jours plus tôt ! Explication : au cours de la confrontation, neuf ans auparavant, deux balles ont été tirées. La première avait frôlé Sam, et s'était incrustée dans le bois de l'orme. Lorsque la charge de dynamite a pulvérisé l'arbre, le bout de plomb a été catapulté, par le souffle de l'explosion, vers la tête de Sam, entre les deux yeux.

Exactement comme lui-même avait tué Duddley !

Il fallait nous y attendre : nous vous entendons déjà ricaner, en nous accusant de suggérer que l'on vient d'assister à une « vengeance posthume » !

« Allez-y, messieurs ! dites-nous. Et pourquoi vous arrêter là ? Vous pouvez faire encore plus glauque ! Changez carrément le titre de votre histoire : "L'orme qui tue !" Cela vous convient-il ? Musique lancinante : violoncelles macabres, trémolos de trompette bouchée… »

L'arbre avait une âme, nourrie de la vénération que lui portaient les Sheppard, depuis des siècles. Il se sentait l'objet de tous les respects, de toutes les vénérations… Et voici que ce mécréant, cet iconoclaste de Sam, au mépris du testament paternel, décide de lui faire la peau, en l'occurrence, l'écorce. Déjà, il n'est pas content, l'orme… Et, pour comble, Sam trucide son propre frère, le défenseur de l'arbre, sous les « yeux » de celui-ci !

Alors, que fait-il, le vieux sage branchu ? Il garde en son tronc noueux la balle que le trépassé destinait à Sam. Il la cache jusqu'au moment propice, car il sait, en son cœur d'arbre, que le meurtrier reviendra mener à bout son forfait. Il attend : le temps n'est rien, pour un arbre séculaire… Et, neuf ans, cinq mois et dix-sept jours plus tard, en mourant, soufflé par la dynamite, il envoie les dix grammes de plomb entre les deux yeux de l'assassin !

À moins que… à moins que ce ne soit l'âme de Duddley qui se réfugie dans l'orme ? Qui entre en communion avec l'esprit de l'arbre ?

De grâce, ne tombons pas dans les enfantillages et raccrochons-nous à la bonne vieille bouée de sauvetage de la raison : le hasard.

Oui, accrochons-nous bien à cette certitude rassurante, quand nous avons peur de couler à pic ! Car si ce « renvoi de balle » n'était pas du hasard, ce serait carrément impossible, n'est-ce pas ?

Mais ce qui serait encore plus impossible… c'est que *ce soit* du hasard !

L'impossible alibi

Nous avons déjà croisé un mort qui se venge de son assassin.

Mais voici un trépassé qui fait plus fort : lui ne se venge pas de celui qui l'a occis, mais il va le sauver ! Lui fournir un parfait alibi ! Comme si cette victime gardait une dette envers son meurtrier. Comme si elle voulait s'acquitter de ce passif, par-delà la mort. Comme si elle voulait, depuis l'autre rive, empêcher les foudres de la justice humaine de s'abattre sur le coupable...

Et, pour fournir le meilleur alibi qui soit, cette victime va même ici défier notre raison.

— Tenez, le voilà. On l'a juste tiré un peu au sec pour qu'il ne soit pas rejoint par la marée... Au cas où vous auriez pris du temps à venir !

Les gendarmes mettent pied à terre. Ils n'aiment pas cette allusion que l'on vient de faire, d'emblée, à leur réputation d'arriver toujours en retard. Ils n'aiment pas non plus être obligés de descendre de cheval sur le sable encore détrempé : le sel, ça n'arrange pas le cuir des belles bottes cirées.

Quelques pas plus loin, une charrette chargée de varech odorant. C'est en venant ramasser les algues dans cette vaste baie d'Audierne que de pauvres gens ont trouvé le cadavre.

Il est là, allongé sur un lit de varech. Costume breton traditionnel, avec gilet et culottes noires bouffantes jusqu'aux genoux. La turbulence de la mer a de drôles de fantaisies : le mollet et le pied gauche sont nus, mais à droite subsistent le bas de laine et même le sabot, qui est resté là on se demande comment.

Le ramasseur de goémon s'approche, tandis que sa femme se tient à l'écart, serrant dans sa longue jupe deux enfants. Le plus jeune des gendarmes se penche, soulève le paquet d'algues qui cache le visage du mort, mais instantanément il se recule, devient verdâtre et court à quelques pas, l'estomac secoué de gros soubresauts. Haussement d'épaules du témoin :

— Ah, ben voyez ça... L'est bien fragile, votre petit collègue... Pardi, c'est pas beau à voir, mais je vous avais prévenus !

Le deuxième représentant de la loi, pour sauver l'honneur de l'uniforme, se force à regarder sans montrer d'émotion. C'est difficile : à l'endroit où il devrait y avoir un visage ne subsiste qu'une masse non identifiable. Lorsqu'il estime qu'il a supporté l'épreuve assez longtemps, le gendarme respire un bon coup et toise le témoin :

— T'as une idée de qui ça peut être ?

— Dame, dans son état ! Je ne sais même pas si Notre-Seigneur lui-même le reconnaîtra... Tout ce que je peux dire, c'est qu'il n'est pas d'ici !

Air étonné du gendarme : à première vue, le mort porte le même costume que le témoin. Or le gendarme est originaire du Périgord. Pour lui, tout ce qui porte un costume breton, c'est du Breton. Le ramasseur de goémon hausse les épaules :

— Évidemment qu'il a ce costume. Mais c'est pas du tout celui de par chez nous ! Il est étranger ici, tout autant que vous... Justement, c'est à la vêture que je vois ça : les broderies de son gilet, et puis ce qui est sculpté sur ses boutons... Ça prouve qu'il n'est pas d'Audierne. C'est un gars de l'intérieur, un paysan...

— Bon. Je vais le fouiller, des fois qu'il aurait sur lui de quoi l'identifier !

— Oh ! C'est pas la peine !

— ... ?

— Il a rien sur lui !

— Ça veut dire quoi, ça ? T'es déjà passé par ses poches, toi ?

— Bédame ! C'était histoire de vous renseigner !

Le gendarme n'est pas dupe : en cette année 1914, la pauvreté est telle dans cette Bretagne, dans ce bout du monde délaissé par le tout-puissant pouvoir central, qu'on a vu des gens manger des racines destinées au bétail ! Des femmes vont jusqu'à vendre leurs cheveux au tondeur de la foire, pour en faire des perruques. Et d'autres abandonnent leurs enfants nouveau-nés pour aller vendre leur lait aux bourgeoises de la ville. Alors, comment s'étonner qu'un pauvre parmi les pauvres ait eu l'idée de fouiller un cadavre ? Mais les papiers d'identité, ça n'a aucune valeur. Le détrousseur les aurait laissés, s'il y en avait eu. Le gendarme n'insiste pas :

– Bien. Je vais interroger ta femme !

– Vous donnez pas ce mal : elle ne parle pas le français. Moi, c'est pas pareil : j'ai fait mon service, on m'a obligé d'apprendre !

Le gendarme observe l'air buté de la femme sous sa coiffe de dentelle blanche. Probablement qu'elle comprend quand même. Mais elle fera sûrement exprès de ne répondre qu'en breton. Les uniformes, la cocarde tricolore, c'est la France, l'envahisseur, le colonisateur.

– Bon. Aide-moi donc à mettre le noyé sur ta charrette. Vous devez m'accompagner pour témoigner.

Le ramasseur de goémon proteste, hurle qu'on lui fait perdre sa journée de travail, et finit par s'exécuter, en jurant que, la prochaine fois qu'il trouvera un mort, il n'avertira personne.

En traversant le bourg, le petit groupe passe devant chez le docteur Le Créhardec, que l'on prend au passage : c'est lui qui fait office de médecin légiste. L'examen du corps a lieu à la gendarmerie, avec les moyens du bord :

– Vous savez, brigadier… mon investigation est sommaire. Je ne pourrai pas me montrer très rigoureux. C'était un homme de trente ans environ. Constitution pas très robuste. Plutôt malingre, même, et probablement tendance à se tenir voûté.

– Quoi d'autre ?

– Eh bien, c'est là que je vais manquer de précision : la mort remonte à trente-six heures au plus et vingt heures au moins.

– Ah… Mais ce n'est pas si vague que cela… Voyons : nous sommes lundi matin… Il s'est donc noyé entre samedi soir 8 heures et dimanche midi !

– Non, non, brigadier, il y a erreur !

– Pardon. Attendez, je recompte…

– Inutile, votre calcul est exact ! Mais j'ai dit effectivement que la *mort* remonte à la nuit de samedi à dimanche ! Je n'ai pas parlé de *noyade* ! Il ne s'est pas noyé, votre bonhomme ! Je suis formel ! Il n'a pas d'eau dans les poumons ! Je vais même être plus clair là-dessus : aucune des blessures de la face n'était suffisante pour tuer, les horribles mutilations du visage ont été faites *post mortem*.

– Alors ? La cause proprement dite ?

– Le décès a été provoqué par un premier choc, très violent, à l'arrière du crâne…

– Oui, oui, je vois… Cela nous laisse deux hypothèses : premièrement, il tombe, se tue et roule dans l'eau, puis il est drossé par les vagues sur les rochers, qui abîment le visage ; deuxièmement, on peut penser à un acte criminel !

– On peut faire plus qu'y penser, brigadier ! En effet, si les profondes meurtrissures de la face étaient dues aux vagues et aux rochers, on en trouverait ailleurs ! Or le reste du corps, les mains, les vêtements… tout cela est intact ! Donc on a frappé cet homme à la face *systématiquement* !

– Un meurtrier en pleine crise de rage ?

– Il aurait alors cogné ici et là… Il subsisterait des zones plus ou moins intactes… Celui qui a commis cela n'a pas laissé un centimètre entre deux impacts. Il s'est appliqué, dirais-je… Une sauvagerie méthodique, pour détruire complètement la physionomie.

– Pour empêcher l'identification ?

– Sans nul doute. Je sais bien que vous auriez préféré un accident, mais il s'agit indiscutablement d'un crime !

La nouvelle se répand très vite dans la petite bourgade. Un cadavre sur une charrette de goémon : le cortège funèbre n'est pas passé inaperçu.

À leur première sortie, les gendarmes recueillent plusieurs témoignages spontanés. Ou presque. L'affaire frappe les imaginations et délie les langues :

– Alors, comme ça, il est mort, ce gaillard ?

– Vous le connaissiez ?

– Connaître, c'est pas le mot…

– Mais vous lui aviez parlé, du moins ?

– Parlé, c'est pas le mot non plus… Tout ce qu'on sait, c'est qu'il venait de l'intérieur. Puis qu'il demandait du travail.

– Et qu'est-ce que vous lui avez répondu ?

– Bédame… Que de l'ouvrage, on n'en avait déjà pas assez pour les gars de chez nous… et que la pêche, c'est un métier ! Ce gars-là, il était plutôt fait pour les vaches, ça se voyait… Puis même qu'on en aurait eu, du travail… avec son allure de squelette et son dos voûté, c'est pas lui qu'on aurait embauché !

Ce n'est pas énorme, comme renseignements, mais l'enquête va faire un bond de géant sur le coup de 2 heures de l'après-midi avec l'arrivée à la gendarmerie de la veuve Pouliquen.

Cette digne femme, depuis que son mari a disparu en mer, tient table ouverte dans la salle à manger de sa maison, qui sert ainsi de débit de boissons et un peu d'épicerie. On y entre sans façon pour boire le café et le « lambic », l'alcool raide, sous les quelques salaisons suspendues aux poutres. La veuve Pouliquen a le menton hérissé de poils durs et elle sent mauvais, mais chez elle, on paye selon ses moyens et elle laisse allumé très tard dans la nuit. Ce lundi après-midi, elle est tout excitée :

– Écoutez, vous autres ! Vous savez que c'est pas mon genre de causer avec la maréchaussée française ! Seulement, votre mort, il paraît qu'il a été assassiné ! Et je ne peux pas laisser un étranger nous faire du tort !

– D'où il est, il ne risque plus !

– C'est pas de lui que je vous cause ! Dieu ait son âme ! C'est de l'assassin ! Lui aussi, c'est un étranger !

Elle lance son affirmation, campée devant les pandores, mains sur les hanches, menton poilu levé.

– Vous avez l'air bien sûre de vous, la mère ?

– Comme deux et deux !

Elle ne sait pas lire, la veuve Pouliquen, mais elle sait compter !

– Parce que, tels que je vous vois venir, il y a pas loin d'ici que vous alliez soupçonner un gars de chez nous ! Et ça, je ne peux pas le laisser dire ! Alors, je suis venue pour que vous cherchiez le bon !

— Et vous, vous le connaissez ?

— Pardine ! Figurez-vous que c'est chez moi qu'il est venu, dans la nuit de samedi, juste après avoir fait son mauvais coup !

— Racontez-nous donc ça !

— C'était peut-être bien minuit. Y a un moment, à cette heure-là, où c'est vide, chez moi : les hommes mariés sont rentrés chez eux, et les autres n'ont pas encore été mis à la porte des cafés… J'étais seule, donc, et c'est là qu'il est entré… Habillé comme un Français, mais avec des vieux vêtements… Tout de suite, je me suis dit que ce gars-là avait fait de la prison. Ils ont un air à part, vous savez… Et puis il portait ce tatouage, près du pouce : les trois étoiles qui veulent dire « mort aux vaches », sauf votre respect… La première chose qu'il m'a demandée, c'est de l'eau. Pas pour boire. Pour se laver. À minuit ! Je lui ai donné un seau. Il s'est rincé la figure et puis il s'est mis à se frotter les mains, à n'en plus finir… De temps en temps, il les regardait comme s'il en avait peur… Après, d'autres clients sont arrivés. Il a bu avec eux. Beaucoup bu. Je lui ai dit de ne pas trop abuser, vu que vous et vos collègues, vous rôdez dans le coin, le samedi, pas vrai ? « Bois pas trop ! » que je lui ai dit. Il m'a répondu : « C'est pas encore assez, la mère ! Pas encore assez, avec tout ce que j'ai à oublier ! » Voilà ce qu'il m'a dit… Sur le moment, j'ai pas compris, mais aujourd'hui… je suis sûre qu'il venait d'assassiner l'autre malheureux. Une affaire d'étrangers, ma main à couper !

Les gendarmes échangent un regard lourd de sens : le mystérieux client de la mère Pouliquen, ils le connaissent. Ils l'ont même eu un bon moment dans leurs locaux, cette nuit du samedi. Pour une vétille : ils l'ont ramassé non loin de la maison de la veuve, à 3 heures du matin, alors qu'il se battait avec d'autres ivrognes. Ils ont emmené tout ce beau monde, tous des gars du coin sauf ce jeune homme, inconnu pour eux.

Les gendarmes ont donc procédé à un relevé d'identité avant de relâcher le trublion. Le nom est là, en bonne place sur le registre : Yannick Le Berre, vingt-trois ans, ouvrier agricole, de passage, venant de Pont-Aven et disant se rendre chez lui, dans un hameau à douze lieues d'Audierne.

On a donc un suspect. Disons dès maintenant qu'il va être retrouvé. Nous pouvons même annoncer qu'il va tout avouer. Mais rassurez-vous : nous ne sommes pas en train de saboter le suspense. Car c'est la conséquence de ces aveux qui va défier la raison.

Très vite, ce premier et seul suspect est appréhendé. Il s'agit bien de Yannick Le Berre. On le retrouve effectivement auprès de ses parents, dans son hameau à douze lieues du bourg, là où il avait déclaré se rendre. Comme quoi il n'a pas vraiment cherché à brouiller les pistes.

Par contre, il a menti, ou plutôt travesti la vérité, sur l'origine de son déplacement. Il ne venait pas de Pont-Aven, mais de plus bas sur la carte : de l'île de Ré. Et le mensonge n'est pas bénin, car l'île de Ré, c'est le bagne. Le Berre vient d'y passer trois ans à exécuter des corvées, voyant transiter par cette sinistre forteresse les bagnards à destination de Cayenne.

Les gendarmes enragent de n'avoir pas eu le même sens aigu de l'observation que la veuve Pouliquen. S'ils avaient remarqué le tatouage sur la main, ils auraient un peu cuisiné l'individu sur ses activités dans les parages. Au lieu de cela, ils l'ont gardé, depuis 3 heures du matin, et libéré à midi ce dimanche, comme les autres ivrognes ! On l'arrête donc, et il ne se fait pas prier pour avouer :

– Oui, c'est moi ! Le mort, il s'appelait Hervé Madec. C'était un salaud ! C'est à cause de lui que je suis allé en prison ! Depuis qu'on était petits, il me détestait, et je lui rendais bien ! Moi, j'ai toujours été le plus fort, par chez nous. Mais lui, ce gringalet, disait toujours que les muscles, ça compte pas ! Tout ça sous prétexte qu'il est allé à l'école, lui !

Et puis, il était plus ou moins rebouteux. Il connaissait les soupes qui guérissent et celles qui font mal au ventre. Il savait soigner les vaches rien qu'en leur passant la main dessous ! Et on disait qu'il savait aussi les rendre malades rien qu'en les regardant ! On lui demandait des services, quand le mal était dans une étable. Mais on savait jamais si c'était pas lui qui l'y avait mis... Les gens en avaient un peu peur.

Et puis, il y a cinq ans, l'année de la mauvaise récolte, qu'on était tous encore plus pauvres que d'habitude, on a commencé à entendre parler de vols dans la région. Des voyageurs se sont fait attaquer, des colporteurs ont été détroussés sur le chemin. Il y a eu des plaintes de portées, et j'ai été dénoncé.

J'avais rien fait, pourtant, je l'ai juré. Mais un colporteur a cru me reconnaître, et Madec est venu dire que lui aussi m'avait vu sur la route ce jour-là... Ça m'a valu d'être condamné à cinq ans. J'en ai fait que trois. J'ai été libéré il y a deux semaines pour bonne conduite. Je suis rentré à pied depuis La Rochelle. Tout le long du chemin, je ne pensais qu'à Madec, et à ce que j'allais lui faire payer. Et puis voilà que j'arrive en vue d'Audierne, samedi soir. Je passais par le chemin de douane qui longe la côte. Je cherchais un coin pour dormir sur la lande, et qu'est-ce que je vois, juste sur ma route ? Ce fichu gringalet ! Il a même pas été étonné de me voir. Comme s'il m'attendait. Je commence à l'apostropher : « Viens te battre, si t'es un homme ! » que je lui dis. Au lieu de ça, il me tourne le dos, sans un mot, comme si je n'existais pas... La colère m'a pris, j'ai ramassé une pierre et je l'ai lancée à toute volée. Il est tombé d'un bloc. J'ai cru qu'il jouait la comédie, mais il saignait derrière la tête... Il avait l'air tout ce qu'il y a de plus mort.

Alors, j'ai pris peur, vous comprenez ! Je me suis dit que si on le trouvait comme ça, juste au moment où je rentrais au pays, on penserait tout de suite que c'est moi ! Que j'étais revenu pour me venger ! Alors, j'ai repris la pierre, et j'ai frappé sur sa figure, pour qu'on ne le reconnaisse pas... J'ai cogné, j'ai cogné, c'était affreux... Ensuite, je l'ai porté jusqu'à la pointe des rochers, et je l'ai jeté à la mer.

Après ça, je me souviens plus très bien... Je marchais, je pleurais... Après encore, je me rappelle que je me suis saoulé, dans un café, et puis je me suis retrouvé chez vous... Et puis vous m'avez relâché, alors je me suis dit qu'on se doutait de rien, que j'étais tranquille !

Tels sont les aveux que passe Yannick Le Berre aux autorités. Très fiers de ce rapide succès, les gendarmes le font connaître à la population. Leur souci est manifestement de montrer que l'affaire a été réglée localement avant que la police judiciaire de Rennes ne vienne s'emparer de l'enquête.

Pour compléter le dossier, on procède même à une reconstitution : on emmène Le Berre sur le lieu de son forfait, on lui fait rejouer la scène de la nuit de samedi.

Pour apporter des preuves sérieuses, on va jusqu'à lancer à la mer, depuis le promontoire où il a jeté le corps, un bloc de bois et plusieurs bottes de paille. Le bois flotte, la paille nage entre deux eaux, mais un courant contourne la pointe, et, en quelques heures, la marée dépose les débris à quelques centaines de mètres de la plage où fut retrouvé le cadavre. Pas de doute, tout est confirmé, large sourire gendarmesque.

Et c'est à ce moment-là que l'on plonge dans l'impossible, l'illogique, le puits sans fond de l'incompréhensible.

Car la nouvelle des aveux parvient au hameau de Yannick Le Berre avec tous les détails. Et le lendemain matin, première heure, arrivent trois carrioles transportant dix-huit témoins. Dix-huit témoins… à décharge ! Car tous affirment ce qui suit, haut et clair.

Ce fameux samedi soir, il y avait veillée au village, chez un dénommé Léon Calvez. Les enfants dormaient déjà, entassés dans les lits clos, les femmes tissaient le chanvre, les hommes faisaient de la vannerie et les vieux racontaient des histoires.

Il était donc 11 heures passées lorsqu'on vit entrer le maigre Hervé Madec, le rebouteux. Cela faisait une semaine qu'on ne l'avait pas vu. Il avait quitté les lieux pour trouver du travail sur un bateau, car les parents de Yannick Le Berre avaient reçu une lettre, rédigée par l'écrivain public de La Rochelle, qui annonçait le retour prochain du prisonnier. Hervé Madec, prudent, avait déguerpi, pour trouver du travail sur un bateau. Or le voici qui revenait déjà, ce samedi soir.

Le silence se fit dans la veillée, car l'arrivant était d'une pâleur extrême. Il vint s'asseoir près du feu, il dit qu'il avait froid, très froid, qu'il était gelé jusqu'aux os. Il refusa le verre d'alcool qu'on lui proposa, et, d'une voix très basse, il commença une étrange confession.

Il dit qu'il avait rencontré l'Ankou.

L'Ankou, pour les Bretons, c'est le Valet de la Mort. Il a les yeux creux et il passe sur sa charrette pour ramasser ceux que réclame son impitoyable patronne.

Devant tous les participants à cette veillée, Madec dit qu'il a imploré l'Ankou de ne pas l'emporter tout de suite. Il a réclamé et obtenu un délai, pour réparer une injustice qu'il a commise sur cette terre, afin de ne pas être maudit pour l'éternité. Cette injustice, c'est d'avoir fait condamner Yannick Le Berre, qui était probablement innocent. Les dix-huit personnes présentes déclarent aussi :

— Il est resté encore un moment à grelotter près du feu, et puis il s'est levé, et il est sorti. C'était juste sur le coup de minuit, ça, on le sait. Parce qu'on a fait la remarque que c'était vraiment la plus mauvaise heure pour quelqu'un qui a peur de l'Ankou !

Voilà ce qui a été déclaré, par dix-huit adultes sains d'esprit, dans des dépositions en bonne et due forme ! Cela semble incroyable, mais c'est bel et bien arrivé dans cette province encore lointaine, à l'aube de ce siècle de progrès, à l'âge du téléphone et bientôt de l'aviation ! Il n'empêche qu'il y a ces dix-huit témoins pour jurer cela mordicus. Parmi eux se trouvent d'ailleurs des villageois qui, de notoriété publique, n'avaient aucune sympathie pour l'accusé ! Mais ils sont venus, par souci de justice.

Ce sont peut-être des légendes de paysans, mais qu'on le veuille ou non, tous ces gens de bonne foi attestent que, au moment où Le Berre est censé l'avoir tué sur la lande à Audierne, Hervé Madec était à douze lieues de là, près d'une cheminée !

Il aurait pu, à la rigueur, en quittant la veillée, se rendre ensuite dans la baie d'Audierne, en admettant qu'il ait eu un cheval et galopé de nuit. Mais ç'aurait été de toute façon *après minuit*.

Et, après minuit, Yannick Le Berre n'a pas pu le tuer, puisqu'il buvait chez la veuve Pouliquen, devant d'autres témoins, puis qu'il a été ramassé par les gendarmes et gardé en cellule jusqu'au dimanche !

Alors, l'opinion publique prend la défense de Le Berre : il est un peu simple d'esprit, dit-on. Et s'il a passé ces aveux, c'est qu'il était effrayé par les gendarmes.

Et la reconstitution exacte de son crime, à laquelle il s'est livré ? Le parcours du courant qui dépose le bois et la paille au même endroit que le corps ? Un hasard, ou, plus vraisemblablement, un choix très directif de l'endroit où mettre à l'eau les objets flottants. Un petit coup de pouce à la justice par les gendarmes qui connaissent bien la côte... et qui veulent trouver un coupable avant l'intervention de la police.

L'instruction piétine. On n'a plus assez d'éléments pour inculper, juger et condamner Le Berre. Surtout que, se sentant soutenu, il revient sur ses aveux ! Les choses en sont là lorsque éclate la guerre.

Yannick Le Berre, prisonnier en préventive, demande aussitôt à s'engager. S'il était coupable, ce serait impossible, mais à ce moment, il n'est encore que suspect. La justice est donc ravie de permettre à cet encombrant « innocent » d'être envoyé en priorité au front. Il est abattu au mois de septembre.

Le dossier est clos, et la France de 1914 a autre chose à faire que chercher une explication au meurtre.

Oh, il y en aurait bien deux... Mais là, vous risquez de vous égarer la raison.

Le samedi avant minuit, Madec le rebouteux erre sur la lande à Audierne. Il voit venir à lui Le Berre, qu'il a injustement fait condamner. Il tourne les talons. Le Berre le tue, ainsi qu'il l'a avoué. En suite de quoi, Madec rencontre, comme il se doit, le messager de la Mort.

Mais il fait valoir à l'Ankou qu'il a une dette d'honneur à respecter. Il lui faut le temps de se racheter du tort causé jadis à Le Berre. Ce que le funèbre charretier admet. Il accorde donc à Madec un sursis. C'est pour accomplir ce devoir sacré que, tout froid qu'il est, Madec se transporte instantanément à la veillée à douze lieues de là : pour un mort, rien de plus facile ! Afin de préserver son assassin des poursuites, il avoue l'avoir fait condamner à tort, et il lui fournit un alibi et dix-huit témoins...

Non, cette hypothèse, c'est du conte de sorcières ! Franchement, qui pourrait croire une chose pareille ?

La deuxième, la logique, est donc sûrement la bonne.

Madec redoute tant la vengeance de Le Berre qu'il devient fou. Dans son délire, il imagine sa rencontre avec l'Ankou, vient la raconter à la veillée, puis sort après minuit. Et s'enfuit à « l'étranger », puisque ce n'est pas lui qui est mort, vu que Le Berre a commis le crime bien avant, et à douze lieues de là ! Ce qui implique que, *par hasard*, quelques heures auparavant, à douze lieues de là, Le Berre avait rencontré et assassiné sur la lande… un parfait sosie de Madec ! Un sosie si parfait, vêtu en plus du costume du village de Madec… que Le Berre avait *cru* tuer le vrai Madec, et l'avait même défiguré, pour égarer les soupçons !

Ben voyons ! Ça, c'est du simple. Et du solide !

Franchement, vous croyez une chose pareille ?

Alors, retour à l'Ankou.

Help me, love me

Si des forces obscures sont enfermées en nous, elles le sont profondément. Pour les faire jaillir, il faut une impulsion qui vienne de plus loin encore, et puissante.
L'énergie du désespoir, parfois ?

Dix-huit jeunes filles, debout, les bras sagement croisés sur la poitrine... Dix-huit jeunes filles debout le long des allées de la salle de classe, dans leurs uniformes d'écolières, chemisier blanc et jupe plissée bleu marine... Dix-huit écolières anglaises qui regardent diplomatiquement les pointes de leurs chaussures vernies...

Sur l'estrade, un grand garçon qui cache son joli regard de myope derrière des lunettes cerclées d'écaille, insuffisantes à lui donner un air sévère... Un grand garçon en pull de shetland à col roulé, en veste de tweed juste assez usée pour lui conférer la parfaite élégance universitaire... Un grand garçon qui semble plutôt embêté en contemplant l'alignement des dix-huit écolières... Alors vous vous dites : « Une école de jeunes filles... Un professeur trop séduisant... » Eh bien, non, ce n'est pas ce que vous pensez. Voici que se profile une histoire d'amour, certes, mais l'histoire d'un amour étrange, qui accomplira réellement des prodiges et nous emportera aux limites de l'impossible...

Jonathan Worth n'est pas né de la dernière pluie : il sait qu'il est en train de jouer une partie importante. Sur le tableau, derrière lui, deux lignes sont tracées en biais, d'une petite écriture tremblante… Quatre mots en grosses lettres :

Help me, love me

« Aidez-moi, aimez-moi… » Dans les rangs, on sent à quelques soubresauts, ici et là, que ces demoiselles ont du mal à se contenir de pouffer de rire… Jonathan se creuse les méninges à toute allure pour trouver une solution, et vite ! En aucun cas, il ne doit capituler : jamais plus il ne pourrait tenir sa classe en main, il le sait. Huit ans de pratique lui ont donné l'expérience de ce genre de situation. Et il n'a jamais craqué.

Huit ans déjà… Oh, bien sûr, il a l'air jeune, et il n'est nullement indifférent au beau sexe. Qui le lui rend bien, d'ailleurs : quelques charmantes aventures pleines de passion le lui ont démontré, si besoin en était. Les femmes sont sensibles au charme qui se dégage de sa grande carcasse nonchalante et de sa mèche brune éternellement rebelle. Oui, Jonathan a pu mesurer son pouvoir de séduction, et il ne fait rien pour le cultiver : à trente-deux ans, il pense qu'il a bien autre chose à faire. Il consacre tout son temps libre et son énergie à un grand projet : une anthologie de la poésie anglaise.

Pour cela, il a besoin de tranquillité. Il pensait l'avoir trouvée en devenant professeur de littérature dans cet institut privé d'Eddington, au cœur de l'Angleterre. Un nombre réduit d'heures de cours pour un salaire tout à fait raisonnable, logement confortable dans un cottage au milieu du parc près du manoir…

Le seul obstacle pour obtenir cette place a été le charme indéniable de Jonathan, justement ! Lors de l'entretien de recrutement, la directrice, l'austère Miss Pritchard, a marqué un visible flottement. Le postulant s'est inquiété :

– Quelque chose vous paraîtrait-il… inconvenant, chez moi ?

Miss Pritchard a passé un index dans le ruban de velours noir qui lui serrait le cou, ce qui lui a permis de laisser filtrer un humour qu'elle était tenue de dissimuler, compte tenu de sa position sociale :

– Voyez-vous... ce n'est nullement *votre* moralité que j'aurais la grossièreté de mettre en doute ! Je pense à ces jeunes personnes si bien élevées et si romantiques... aux yeux de leur maman, tout du moins ! Moi, je *sais* de quoi sont faites leurs conversations, Mr. Worth ! Et cela vous donne une piètre idée de ce qu'est devenu le romantisme de nos jours, croyez-le ! D'où mon hésitation, due seulement à votre évidente... prestance !

Jonathan avait une liste de références si élogieuses et un œil si candide que Miss Pritchard finit par le choisir, mais attention : engagement renouvelable après évaluation, chaque année, des résultats et de la bonne tenue ! Elle l'aurait à l'œil et ne tolérerait aucun désordre ni chahut...

Voilà pourquoi Jonathan Worth sait qu'il joue une partie serrée contre les dix-huit jeunes filles qui, pour le moment, regardent les pointes de leurs chaussures vernies en se retenant de pouffer de rire.

Et il y a de quoi, car la rentrée a eu lieu voici onze jours, et ce texte : « *Help me, love me* », cette phrase aux sous-entendus coquins, c'est la dixième fois que Jonathan la trouve inscrite sur *son* tableau, le matin, en ouvrant *sa* classe !

Jusque-là, il a tablé sur l'indifférence : la farceuse se lasserait. Il effaçait d'un coup d'éponge négligent, et entamait son cours. Mais là, cela commence à bien faire, et une inspection surprise de Miss Pritchard est possible à tout instant. Il faut réagir, maintenant. Jonathan a décidé de sa tactique : il abordera le problème de face et marquera un coup d'arrêt définitif.

– C'est bien, mesdemoiselles... Asseyez-vous, je vous prie... J'aimerais vous dire quelques mots au sujet de cette spirituelle inscription, dont la portée me paraît tout aussi obscure aujourd'hui qu'au premier jour... Procédons à une courte analyse, voulez-vous ? En premier lieu, l'auteure (c'est ainsi qu'il convient de la nommer ?) me semble faire preuve d'un manque d'imagination assez navrant... Pourquoi s'en tenir à ce diptyque pauvret et bien égoïste ? À propos, qu'est-ce qu'un diptyque ?

Silence dans les rangs.

— Une œuvre artistique en deux volets, pour votre information. Bien que je doute qu'aucune de vous ne se hasarde jamais à réutiliser ce mot… Or donc, disais-je, pourquoi la graffiteuse n'essaie-t-elle pas de nous concocter, chaque matin, une formule nouvelle pour commenter le temps qu'il fait ? Ce qui constituerait une contribution appréciable à l'art de la conversation britannique.

Rires dans l'assistance : Jonathan sent qu'il tient son auditoire. Il enchaîne :

— Voilà pour le contenant, voyons le contenu. *Help me,* « aidez-moi »… Cette première partie est tout à fait dans mes cordes, et je m'y emploie, mesdemoiselles ! Je n'aspire qu'à vous *aider* à sortir de l'ignorance crasse qui est la vôtre, concernant nos grands littérateurs. À vous *aider* aussi à obtenir le diplôme qui fera tant plaisir à vos papas, lesquels paient si cher pour cette consécration de votre savoir !

Rires jaunes dans l'assistance… « Tu tiens le bon bout, Jonathan, accroche-toi ! »

— Deuxième partie de la proposition : « *love me* »…

Jonathan promène son doux regard myope sur la classe et sent le frémissement qui la parcourt.

— En ce qui concerne ce volet, je ne saurais imaginer qu'il puisse s'adresser à votre professeur en tant que représentant du sexe masculin. J'en déduis qu'il s'agit donc d'une allusion à… l'amour du genre humain ? Celui qui doit tous nous animer, les uns pour les autres ?

Derrière les tables, on se regarde le bout des ongles.

— C'est celâââ, oui… Alors, je vous dirai que, sur cette question, le spécialiste ici ce n'est plus moi, mais le pasteur Moriarty ! Un homme remarquable auquel vous voudrez bien faire part dorénavant de vos… réflexions dans le domaine de l'ouverture du cœur ! Je pense, mesdemoiselles, avoir été tout à fait clair ?

Toussotements… Jonathan fixe un instant le plafond : c'est le moment de porter l'estocade par un habile changement de ton. Il descend de l'estrade et va délibérément s'asseoir sur un radiateur, près de la fenêtre au niveau du premier rang.

– Bon... Écoutez, les filles... Maintenant que je vous ai fait mon petit numéro de prof, bon chic bon genre, avec phrases ampoulées, humour *british first class* et tout le kit... on dit pouce, d'accord ?

Elles se demandent si c'est du lard ou du bacon...

– Je voudrais simplement mettre le doigt sur un détail, auquel la ou les facétieuses n'ont pas songé... Voilà onze jours que nous travaillons ensemble. Est-ce que je vous ai donné l'impression d'un type à cheval sur le règlement et la discipline ?

Les jeunes filles commencent à se sentir un peu confuses. Signes de têtes négatifs.

– Bon... Merci de me le confirmer... Effectivement (et je vais vous livrer une confidence qui ne doit pas sortir d'ici), à l'extérieur de ces murs, dans ce que l'on appelle « la vie », tout ce qui ressemble à un règlement me fiche en général la nausée... Tout ce qui s'apparente à un uniforme me donne un urticaire géant !

Rires.

– OK, d'accord, nous partageons un même avis... Mais s'il vous plaît, regardez-vous et regardez-moi : nous ne sommes pas dans « la vie » ! Lorsque nous sommes entrés dans cette fabrique de têtes bien faites, nous avons signé un contrat... Mais oui, vous comme moi : un contrat moral ! Vous avez accepté de porter cet uniforme, et moi le mien, à ma manière ! Ayons la dignité d'assumer notre engagement !

Cet appel à la fierté fait mouche : l'honneur est un sens vivace chez ces jeunes filles de bonne lignée.

– Ce contrat inclut le respect du règlement de l'établissement. Lequel comporte un paragraphe délimitant l'accès aux salles de classe. Chaque salle est close à 18 heures, après le dernier cours. Ensuite, seul le concierge, Mr. Dunn, y est admis, pour effectuer le ménage. C'est lui qui a pour mission de fermer à clef. La salle reste bouclée jusqu'au premier cours. C'est le professeur qui l'ouvre. Nous sommes d'accord ?

Elles le sont. Mais où veut-il en arriver ?

– Maintenant, suivez-moi bien : ces petits mots au tableau sont nécessairement inscrits le soir, *après* le passage de Dunn, sans quoi il les effacerait. Il n'existe que trois clefs pour chaque classe. Celle de Miss Pritchard est au coffre. Notre brave concierge promène la sienne sur le trousseau relié à sa ceinture par une chaîne, et il ne s'en sépare même pas pour dormir, à ce qu'affirme son épouse ! Je le sais, parce que cette malheureuse s'est plainte un jour – je la cite – « d'en attraper des bleus quand elle se retourne entre ses draps » !

Rires.

– Reste la troisième clef, la mienne. Le règlement stipule que je dois, comme tous mes collègues, la laisser au râtelier prévu à cet effet dans la salle des professeurs. Ce qui signifie que l'une ou l'autre d'entre vous l'emprunte quotidiennement, en catimini. Et après l'heure à laquelle Dunn termine le nettoyage des locaux. À savoir 21 heures. Et, à cette heure-là, vous êtes censées être dans vos dortoirs ! Si la responsable se fait piquer, c'est le blâme... Ce qui ne saurait tarder, car, maintenant que je suis au courant de cette infraction, je suis normalement tenu de la signaler. Comme je ne me sens pas l'envie de vous cafarder, je garde ça pour moi. Et je deviens donc complice, vu ? Je risque la même sanction que vous ! Alors, entre complices, j'ai parfaitement le droit de dire : « J'en ai marre, je ne tiens pas à me faire taper sur les doigts pour des sottises, et que je veux que tout ça en reste là ! »... Je crois que ça n'amuse plus personne ?

Plus de rires dans la classe.

– Bien. Maintenant, mesdemoiselles, retrouvons le cher William Shakespeare où nous l'avions lâchement abandonné hier !

« Ferme et définitif, se dit Jonathan. J'ai été ferme et définitif : elles ont compris. »

Convaincu ? Allez savoir pourquoi, le lendemain, il s'arrange quand même pour arriver cinq minutes avant l'heure. Il pénètre seul dans la classe.

Help me, love me

Les quatre mots sont là, à nouveau. Jonathan ressent un froid désagréable. Il préférerait un franc chahut, avec claquement de pupitres et boulettes de papier ! Il saurait y faire face. Tandis que là... Ces quatre mots, toujours les mêmes... « Aidez-moi, aimez-moi... » Ça a presque l'air d'un... oui : d'un appel au secours ! Pour un peu, on y croirait... Mais qui peut bien... ? Qui, bon sang ?

Jonathan efface, referme et fait semblant d'arriver en même temps que les élèves. Personne n'élèvera le moindre commentaire, et le cours se fait, juste un peu plus guindé qu'à l'habitude. Pourtant Jonathan a pris sa décision : « Je vais l'avoir la main dans le sac ! »

Ce sera pour la nuit prochaine !

Dans les dortoirs, les lumières ont été éteintes, ponctuellement, à 21 heures.

À 21 h 15, Jonathan quitte son cottage par la cuisine, contourne son jardinet à l'abri de la haie.

Dans le parc de l'institut, quelques rares réverbères projettent l'ombre dense des tilleuls. Le prof y progresse sans hâter le pas, d'un mouvement coulé et régulier qui n'attire pas le regard.

L'office est situé en demi-sous-sol. Quelques marches à descendre... L'issue de service n'est jamais verrouillée.

La lueur de l'extérieur entre par les vitres dépolies. C'est suffisant pour contourner les fourneaux d'acier et les chariots vides.

Traversée de la salle du réfectoire. Sur les longues tables, les tasses sont déjà en place, retournées dans les soucoupes, prêtes pour le thé du matin.

Le couloir. À perte de vue.

Les semelles de crêpe, dont Jonathan a pris soin de se chausser, n'éveillent aucun écho sur le carrelage à damiers.

Voici la classe 8, la sienne. Il a « omis », ce soir, de poser sa clef au râtelier. Porte ouverte doucement, un éclair bref jaillit de la lampe de poche qu'il braque sur le tableau : parfait ! Dunn est passé, la propreté règne. Le tableau est nettoyé, tout à fait noir. Vierge de toute écriture.

Jonathan referme la porte à clef. Il sourit dans l'obscurité : au fond, c'est une sorte de jeu comme il en rêvait étant enfant... Il n'avait jamais osé et il lui aura fallu attendre d'être prof pour connaître ça !

Toujours en s'amusant, il arrache un cheveu de sa mèche éternellement rebelle. Il a vu cela dans des films : en mouillant de salive son pouce, il colle le cheveu, par une extrémité, au chambranle, par l'autre au battant de la porte. Même s'il s'endort, il verra si quelqu'un est entré...

Sur la pointe des pieds, il va suspendre sa clef dans la salle des professeurs.

Il revient à l'extrémité du couloir. Il y a là une porte coulissante, dissimulant un minuscule réduit : la lingerie de la cantine. Il s'installe sur des ballots de linge qui lui font une couche somme toute assez confortable.

Il a laissé la porte entrouverte sur quelques centimètres, ce qui lui permet d'avoir tout le corridor bien en vue. Maintenant, on va voir ce qu'on va voir !

Au petit matin, il s'extrait prudemment du réduit, étire ses courbatures, vaguement déçu. La graffiteuse a dû pressentir une surveillance. Ou bien en avoir assez de son petit jeu, tout simplement.

Oui, mais ne s'est-il pas endormi, un instant ? À tout hasard, il vérifie : le cheveu est toujours sur la porte.

Coup d'œil à la salle des profs : deux de ses collègues sont déjà là, qui corrigent des copies en retard. La clef est toujours derrière eux...

Jonathan file chez lui remettre un peu d'ordre dans sa tenue, revient prendre sa clef, échange quelques banalités entre collègues.

Les demoiselles en uniforme sont en rang. Il ouvre et les laisse entrer. Sourire aimable du type qui a passé une nuit sans soucis. Il voit les regards vers le tableau, entend des « oh », se retourne...

Help me, love me

Juste au centre de la surface laissée impeccable par Dunn hier soir ! Dans cette pièce verrouillée par ses soins ! Et dans laquelle personne n'a pu entrer ! *Personne !*

Il efface la ligne d'un coup de balayette en feutre. Sans commentaire. Il en serait bien incapable. Les élèves perçoivent d'ailleurs son malaise : elles ne se livrent pas à la moindre manifestation, n'osent pas un ricanement. Il donne son cours dans un état second, au milieu d'un silence pesant.

Le reste de la journée, il va se promener au bord du lac, avec l'impression de marcher dans le vide. Les mêmes mots ne cessent de tourner, affolants : *personne n'est entré !*

C'est impossible ! Personne !

Le soir, il essaie de se remettre à son étude, mais il s'endort sur ses papiers...

C'est un bruit de chute qui le réveille. Sa lampe de bureau vient de tomber par terre.

Et voici maintenant que, sur le guéridon, le vase de porcelaine glisse. Il *glisse* sur la surface lisse et horizontale !

Jonathan est cloué sur place ! Il regarde ce gros vase s'approcher du bord, centimètre par centimètre, sans que personne... *personne* n'y touche !

L'éclatement de la porcelaine sur le plancher le tire de son hébétude. Il se lève et hurle :

– Arrêtez ! Ça n'est pas vrai ! *Je n'y crois pas !*

Cela va ce soi... Il est comme vous, comme nous, Jonathan Worth : il n'y croit pas ! On ne croit pas à ces choses-là ! Mais, derrière lui, une statuette tombe du piano.

Puis ce sont les ampoules du lustre (des ampoules *éteintes* !) qui explosent l'une après l'autre !

Ensuite, toute la maison est prise dans une sarabande infernale ! Les tableaux se décrochent, les placards s'ouvrent, une pile de vaisselle s'écroule, les livres sont balayés de la bibliothèque !

Alors Jonathan comprend. Il bondit dehors. Il court jusqu'au manoir !

La clef, la serrure, la porte de la classe ouverte d'une poussée, la main sur l'interrupteur.

Help me, love me

Dans la lumière crue des plafonniers, les quatre mots. Ils sont revenus. Jetés sur l'ardoise, comme s'ils étaient pleurés, ou criés, ou gémis... Tout cela à la fois : une écriture violente, cassée...

Et quand son regard est moins blessé par l'éclairage, Jonathan distingue, en dessous, pour la première fois, un cinquième mot.

Tout petit. Ajouté en lettres tremblantes, presque invisibles, comme si toute l'énergie s'était épuisée dans la violence qui a précédé...

Help me, love me
Please

C'est comme une voix minuscule, dérisoire, implorante... Une toute petite voix de désespoir, qui demande avec ses dernières forces, humblement : « Aimez-moi. S'il vous plaît. »

Jonathan ressent cet appel poignant avec tant de force et tant d'émotion qu'il se laisse tomber, assis au bord de l'estrade, et pleure comme un enfant, le visage au creux de son coude.

Il sursaute : une main se pose sur son épaule. Miss Pritchard, la directrice, est debout près de lui.

– Eh bien, Mr. Worth... C'est donc vous qui ébranlez nos vénérables murs avec cette cavalcade au milieu de la nuit ?

Il répond entre deux reniflements :

– C'est fini, elle n'appellera plus... Elle n'aura plus la force... Et je ne sais même pas qui c'était... Elle souffre, vous comprenez ?

– Non, Mr. Worth, je ne comprends rien... Alors prenez ce mouchoir, donnez-vous figure humaine, et expliquez-moi tout depuis le début, voulez-vous ?

Miss Pritchard est loin d'être une mauvaise personne, et loin d'avoir l'esprit fermé. Elle sait écouter. Elle entend l'histoire du tableau noir, de la « planque » et de sa suite « impossible ».

Puis demande à Jonathan de l'accompagner chez lui. Elle peut y constater qu'une tornade a ravagé le cottage. Elle conclut :

– Vous avez raison, Mr. Worth : il y a quelqu'un qui souffre, chez nous... Qui souffre beaucoup pour être capable d'un tel déchaînement... Nous devons l'aider, et je crois savoir comment !

Deux jours plus tard arrive de Londres une femme discrète, toute vêtue de gris. On l'entend à peine quand elle parle, mais elle vous fixe avec des yeux étrangement pénétrants.

Cette femme est une enquêtrice d'un organisme mal connu du public, mais tout ce qu'il y a d'officiel : la Société britannique de recherches parapsychiques. En abrégé et en anglais : la SPR.

La femme en gris se met aussitôt au travail. Elle entendra toutes les élèves, l'une après l'autre, pour une longue conversation privée.

Nous n'avons pas pu obtenir l'autorisation d'accéder aux enregistrements de ces auditions. Mais nous en connaissons la teneur, dans les grandes lignes. Ainsi que leurs étonnantes conséquences.

L'enquêtrice de la SPR relève, dans de nombreux témoignages, un point commun : dans les dortoirs, la nuit, « quelqu'un fait souvent *craquer ses os* ». Ce sont les termes mêmes que les jeunes filles emploient. D'autres disent qu'une de leurs camarades pleure en dormant et que, quand elle pleure, ce sont *les meubles qui craquent*.

Tous ces témoignages portent sur la même fille, Mary-Ann Stewart.

Elle a dix-sept ans, un petit visage fin, presque transparent de pâleur. Le médecin attaché à l'établissement connaît bien Mary-Ann : il la soigne pour une tendance à l'anémie, un manque d'appétit chronique et une nervosité excessive.

Interrogée à son tour, la jeune Mary-Ann, quant à elle, certifie qu'elle n'entend pas les bruits nocturnes, dont ses voisines de dortoir ont toutes attesté l'existence. Elle dort très profondément. Mais elle fait sans cesse des cauchemars. Elle rêve qu'elle est en prison, toute seule. D'ailleurs, elle l'avoue, elle se sent réellement en prison dans ce pensionnat : elle estime injuste que son père, diplomate de carrière, l'enferme là, alors qu'il emmène sa jeune sœur dans ses voyages.

Mary-Ann n'a pas conscience d'avoir provoqué quelque phénomène que ce soit. Interrogée sur les fameux graffitis au tableau, elle se déclare perplexe, comme tout le monde. Mais elle convient :

— Je n'oserais jamais faire une chose pareille ! Mais c'est vrai, moi aussi, j'aimerais juste que quelqu'un m'aide... Que quelqu'un m'aime...

Lorsqu'on lui demande, incidemment, ce qu'elle pense de Jonathan Worth, elle rougit :

– Oh, c'est... c'est un très bon professeur... Il... il écrit de si jolies choses !

Et Mary-Ann cite un poème, joli, mais totalement inconnu. On en donne le texte à Jonathan.

– Ça me dit vaguement quelque chose...

Intrigué, il fouille dans son garage, où dorment de vieilles malles, qu'il n'a pas ouvertes depuis son emménagement au cottage. Il finit par retrouver le poème, dans un cahier froissé.

– J'ai dû écrire ça quand j'avais seize ou dix-sept ans ! Je ne l'ai jamais lu à qui que ce soit !

C'est suffisant pour l'enquêtrice de la SPR. Munie de son dossier, elle va rencontrer les parents de Mary-Ann. Elle va devoir s'employer à vaincre, bien sûr, un mur d'incrédulité. Elle va leur prouver que leur fille possède un très intense... don de médium ! Si on la laisse isolée, « emprisonnée », comme elle le dit, sa santé mentale court de grands risques.

Par contre, Mary-Ann pourrait être accueillie dans le centre spécialisé de la SPR, où elle trouvera des gens qui la comprendront car tous possèdent, comme elle, l'un de ces dons incompréhensibles. Et tous, à un moment de leur vie, se sont sentis rejetés par leur entourage.

Quelques semaines plus tard, Mary-Ann Stewart quitte le pensionnat pour cet endroit secret du territoire britannique. Elle va y terminer ses études tout en cultivant son surprenant pouvoir et travailler avec des scientifiques à développer la connaissance des couches obscures de l'esprit.

Quatre années, qui vont faire d'elle une jeune femme de vingt et un ans épanouie, heureuse enfin. Et assez mûre, maintenant, pour épouser un professeur de lettres de trente-six ans. Différence d'âge tout à fait acceptable, et même idéale, selon ses parents, pour assurer l'équilibre d'un couple...

Ce qu'il est amusant de noter, c'est que, au cours de ces quatre ans, d'anciennes élèves venaient revoir Jonathan et lui demandaient s'il avait des nouvelles de Mary-Ann. Le professeur répondait :

– Oui, oui... elle va très bien !

Parfois, il ajoutait un commentaire :

– Oui, mais elle étudie une nouvelle matière, cette saison... Elle est un peu fatiguée, ces derniers temps...

Pourtant, pendant ces quatre ans, ils ne se sont jamais écrit, jamais téléphoné, jamais revus...

Mais ils ne se sont simplement jamais quittés.

Juste quelqu'un d'autre...

Nous aimons cette histoire parce que – vous le verrez à la fin – elle est de celles où le mystère que notre raison refuse, de peur d'en être désemparée, revient sans cesse à la charge, obstinément.

Cette fin nous oblige aussi à nous demander ce qu'il y a de plus insondable : le fantastique, ou les replis de l'âme ? Ou ne seraient-ils qu'un seul et même abîme ?

Jeronimus Blom, malgré son nom aux allures vieillottes, est un jeune magistrat. Au Danemark aussi, on qualifie de « jeune » un juge dans la quarantaine. Cette appellation, dans cette fonction, laisse supposer, à tort ou à raison, une vigueur, une énergie, qui dépoussièrent quelque peu le système.

Sur ce plan, le juge Blom ne déçoit pas les attentes : sa pugnacité a mis à mal quelques malfrats et politicards pourtant bien défendus. En contrepartie, plusieurs innocents, cernés par des présomptions abusives, n'ont eu qu'à se féliciter d'être tombés sur lui : il ne lâche pas une affaire avant d'avoir mis en lumière tout ce qui pouvait être éclairci.

Si le critère de l'âge introduit une nuance en ce qui concerne un magistrat, un prévenu dans la trentaine, lui, même au Danemark, reste un prévenu, tout court. C'est donc un prévenu tout court qu'un policier vient de faire asseoir de l'autre côté du bureau.

Blom le jauge d'un œil rapide et fait un signe du menton.

– Enlevez-lui les menottes.

L'agent désapprouve manifestement : avec les dingues sanguinaires, la prudence devrait s'imposer. Néanmoins, il donne le tour de clef requis, et sort attendre dans le couloir.

Le prévenu se frotte les poignets et regarde la table de palissandre : un seul dossier, le sien, un stylo noir avec agrafe d'argent, les murs lambrissés, le drapeau bleu et jaune, la photo de la reine.

Il observe ce juge, à peine plus âgé que lui, *son* juge, qui feuillette les pièces du rapport de police… Là-bas, à une petite table, derrière une machine à écrire, l'homme chauve en veste étriquée, silencieux, c'est sûrement un secrétaire. Ou bien dit-on un « greffier » ?… Il regarde tout cela, le prévenu, avec l'air intéressé d'un écrivain qui se documenterait pour son prochain roman.

Le juge lève les yeux et croise ce regard, curieux sans excès. Un regard de myope, dans un visage fatigué par les heures d'interrogatoires et les mauvaises nuits en prison. Une barbe néanmoins bien taillée, courte. Un costume pas trop froissé, chemise sans cravate, mais propre. Le détenu a dû payer un gardien pour se faire apporter une tenue correcte.

Une allure de prof, ou de flûtiste classique, pense Blom. Et cela l'agace : il est grand amateur de flûte. Il décide de laisser au prévenu le temps de se détendre un peu. Certains collègues pratiquent la stratégie du stress. Ce n'est pas la sienne. Il pense que moins l'interlocuteur (et non pas l'ennemi) sera sur la défensive, plus on gagnera de temps.

L'homme, pourtant, ne semble pas tendu, à proprement parler : les petits voyous, lorsqu'ils sont dans ce fauteuil, s'asseyent bien au fond, se calent, s'étalent parfois, semelles en éventail, pour bien montrer qu'« on ne la leur fera pas ». Les gros industriels du crime croisent presque toujours les jambes pour signifier qu'ils se sentent à l'aise et sont prêts à « jouer le jeu ». Les braves types qui ont commis une sottise gardent les genoux serrés, et agitent en saccade leurs pieds recroquevillés sous le siège. Cet homme-là n'entre dans aucune catégorie : il est assis comme pour une première entrevue avec un employeur, sans timidité excessive, mais sans affectation.

Une différence essentielle avec les autres criminels, quels qu'ils soient : il se présente seul dans ce bureau. Sans avocat. Blom a été averti, mais ce détail le préoccupe vraiment. Il va falloir y venir rapidement. Mais chaque chose en son temps :

– Vos nom et prénom, s'il vous plaît ?

– Thorwald, Pierre-Jean.

– Vous êtes citoyen danois ?

– Oui, monsieur le juge.

– Pierre-Jean... Vous avez des origines françaises ?

– Par ma mère.

– Je lis également que vous êtes né le... 11 avril 1951 ? À Long Island, État de New York, États-Unis ?

– Mon père était diplomate. Il est resté un temps en poste auprès des Nations unies.

– Avant d'aborder les faits graves pour lesquels vous allez être poursuivi, j'aimerais vous faire préciser pourquoi vous refusez d'être assisté par un avocat.

– Je désire assurer moi-même ma défense, monsieur le juge. D'une part, j'ai fait mon droit et, par ailleurs, je crois que la loi m'autorise à me passer d'un défenseur, jusqu'à ma comparution devant le tribunal ?

– Effectivement... Mais je vous invite à bien peser votre choix : à ce que j'ai cru comprendre, vous exercez en tant que conseil d'entreprises ? Entre la rédaction d'un contrat commercial et une affaire criminelle, il y a un monde ! Vous savez que vous risquez la perpétuité ?

– Certes, monsieur le juge ! Mais soyons clair : je n'ai nullement l'intention d'échapper à cette peine, si ma liberté menace réellement la société !... Seulement, pour le savoir, je crois que j'aurais davantage besoin d'un psychiatre que d'un avocat !

Hmm, hmm ! Méfiance : ce prévenu qui commence à faire allusion, avec un parfait bon sens, à son éventuelle démence... De plus, en se présentant seul, il sait très bien qu'il met le juge en situation délicate : dans le hall du palais, Blom a dû traverser ce matin la bousculade de centaines de journalistes ! Et les deux questions qui fusaient derrière les flashs et les micros étaient effectivement :

— Le suspect est-il fou ?

— Refuse-t-il vraiment de se défendre ?

Maintenant qu'il l'a en face de lui, Blom a la certitude que ce type-là, aujourd'hui en tout cas, a toute sa raison. Entre refuser de se défendre et assurer sa propre défense, il fera parfaitement la différence ! Par contre, les journaleux vont se faire une joie de patouiller dans l'amalgame, et il s'en trouvera toujours quelques-uns pour pondre des lignes émouvantes, à propos de ce « David, seul face au Goliath de la justice », histoire de faire monter le tirage !

— Bien… Si c'est votre volonté expresse, j'en prends acte. Nous allons pouvoir procéder à votre examen. Néanmoins, je vous propose ceci : commençons l'instruction en tête-à-tête, ainsi que vous le souhaitez, et convenons qu'à tout moment, si vous en sentez la nécessité, vous pourrez faire appel à un avocat.

— Cela me convient, monsieur le juge. Votre sollicitude me touche réellement.

Aucun défi dans cette formule, aucune trace d'un quelconque second degré caustique : il pense ce qu'il dit.

Un point important vient d'être acquis. Blom attend que le cliquetis de la machine ait bien pris note de sa proposition explicite, ainsi que de l'accord de Thorwald, qui assurent ses arrières. Sans trahir le secret de l'instruction, il pourra faire mention de cela au cours de la conférence de presse, que l'on ne manquera pas de lui faire improviser au détour d'un ascenseur : « Sur mon conseil, le prévenu s'est dit prêt à faire intervenir un avocat, dès qu'il l'estimera opportun. » Parfait.

— Voyons alors les faits dans l'ordre où ils sont portés à ma connaissance : le 14 mai, à 23 h 30, au quatrième étage de la résidence meublée Baltica…

Que l'adjectif « meublé » n'induise pas à votre imagination une quelconque imagerie de petit hôtel, moyennement propre, destiné à des familles en mal de logement : la résidence meublée

Baltica est un ensemble cossu, avec portier, dans le quartier bourgeois proche du centre de Copenhague.

Elle donne sur un jardin bien entretenu qui l'isole de l'avenue. Elle abrite en général des cadres supérieurs de multinationales, dont le loyer est payé par l'entreprise. Quelques artistes ont également choisi d'y vivre. Tous les locataires sont des gens qui voyagent fréquemment, déménagent souvent. Ils choisissent la commodité du meublé pour ne pas s'encombrer de mobilier personnel. La résidence met également à leur disposition voituriers, blanchisseurs, cuisiniers à la demande et autres extras, pour ceux qui reçoivent beaucoup.

Le 14 mai, vers 23 h 30, Mlle Hirsch (la pianiste) revient d'un souper en ville. En arrivant au troisième étage, elle remarque, sur la moquette couleur coquille d'œuf, de vilaines taches brunâtres, régulièrement espacées, comme des traces de pas. Pourtant, il ne pleut pas et le sol du parc est sec.

Comme les traces maculent le couloir jusqu'au palier, Mlle Hirsch suppose que quelqu'un aura marché dans une flaque d'huile, au garage. Les traces s'arrêtent devant l'appartement 402, celui de Mlle Cole (cette fille un peu voyante, qui travaille dans les ordinateurs).

La concertiste se demande un instant si, malgré l'heure tardive, elle peut se permettre de sonner, pour signaler que quelqu'un est en train de dévaster la moquette à coups de semelles souillées : c'est peut-être un service à rendre, si personne ne s'en est aperçu ? En se posant la question, Mlle Hirsch fixe la porte du 402. Et il semble que celle-ci ne soit pas bien fermée…

Coup de sonnette, pas de réponse. La pianiste pousse le battant, appelle. Toujours rien… Coup d'œil vers le sol… La visiteuse se retient de pousser le hurlement habituel aux dames qui découvrent une mare de sang, et aperçoivent un bras et le haut d'un corps dans la lumière d'un lampadaire renversé… Car c'est bien cela qu'elle voit !

Elle préfère retourner à l'ascenseur, descendre avertir le portier. Qui alerte le commissariat avant de monter à son tour. C'est lui qui se rend le premier auprès du corps et constate que Jennifer Cole, une ravissante Américaine de vingt-neuf ans, experte en gestion de clientèle chez un géant de l'informatique, a cessé de vivre.

– J'ai résumé. Rien à ajouter, jusque-là, monsieur Thorwald ?

– Jusque-là, je n'étais pas présent, monsieur le juge.

C'est dit encore sans sourire, sans affectation, respectueusement. Un point pour lui. Le juge préfère enchaîner.

Les constatations médicales sur place permettent de supposer que le décès a eu lieu vers 23 heures. Elles seront confirmées par l'autopsie, qui détermine que la victime a reçu dix-sept coups de couteau, dont six, au moins, étaient mortels. Les blessures n'ont pas été précédées de coups, ni de violences. Pas non plus de relations sexuelles.

La jeune femme a, par contre, subi une mutilation *post mortem* : l'annulaire de sa main droite a été sectionné, hâtivement et par quelqu'un qui n'a pas de notions de chirurgie. Le doigt n'a pas été retrouvé sur place. L'arme non plus. On peut supposer qu'il s'agit d'un poignard, qui manque dans une panoplie d'antiquités indiennes, au mur.

Quelques objets, comme le lampadaire, la table basse et un tourne-disque, ont été bousculés. Le tourne-disque était allumé. Deux verres ayant contenu de l'alcool sont tombés sur la moquette. La porte de l'appartement, que Mlle Hirsch a trouvée entrouverte, n'avait pas été forcée.

Le premier scénario imaginé par les enquêteurs est celui-ci : Jennifer Cole ouvre librement à cette heure tardive, donc à un familier. Elle est en train d'écouter un disque, ou elle en met un à ce moment-là. Elle sert deux verres.

Une dispute s'élève alors, mais n'attire pas l'attention des voisins : la résidence est bien insonorisée. Puis, sans bousculade préalable, le visiteur s'empare d'un poignard dans la panoplie. Il frappe, à plusieurs reprises.

Les premiers coups ne causent pas la mort : la jeune femme saigne abondamment, tente d'atteindre l'entrée et se raccroche à quelques meubles, qu'elle renverse. Elle tombe sur le seuil du salon. Crie-t-elle ? Personne ne l'entend. Peut-être essaie-t-elle de raisonner son agresseur en se retenant de hurler, pour ne pas accroître sa colère ? Il la rejoint, lui porte encore de nombreux coups, principalement à l'abdomen et à la poitrine. S'assure-t-il qu'elle est morte ? Pourquoi lui tranche-t-il un doigt ?

Il sort, marchant au passage dans le sang. Il emporte l'arme et le doigt sectionné. Volontairement ? Dans l'affolement ?

– Maintenant, vous entrez en scène, Thorwald. Du moins, votre nom est-il cité d'emblée par le portier : il déclare vous avoir vu arriver peu avant 23 heures. L'heure de l'agression. Vous ressortez un peu moins d'une demi-heure plus tard, sans saluer l'employé comme vous le faites habituellement. Mlle Hirsch découvre le drame peu après. Les agents de police du quartier sont rapidement sur place et, à 23 h 56, lancent un appel aux patrouilles de surveillance. Vers 1 heure du matin, l'une d'elles vous repère sur une petite place, à moins d'un kilomètre de la résidence. Vous êtes assis au bord d'une fontaine publique, vêtu d'un costume et d'un imperméable clair. Tous vos vêtements sont mouillés. Il semble que, depuis un moment, vous laviez abondamment votre visage et vos mains. Vous vous laissez appréhender sans résistance. Vous déclinez votre identité et donnez vos papiers sans trouble apparent. Puis vous tombez sur place, sans pour autant perdre connaissance. Fait singulier, les agents qui se penchent sur vous précisent que, à cet instant, vous prononcez cette phrase : « Excusez-moi, c'est l'émotion » ?

– C'est possible, monsieur le juge... Je n'avais jamais été arrêté par la police...

– L'un des agents remarque une tache de sang sur le pan de votre imperméable. Il vous demande si vous êtes blessé. Vous fouillez alors dans votre poche, et vous tendez au policier, sur votre paume ouverte... un doigt humain. Dans le bassin, on retrouve le couteau de guerrier cheyenne manquant à la panoplie de Mlle Cole...

Le prévenu est devenu blême et se détourne :

– Serait-il possible d'abréger ce passage, monsieur le juge ? Je sais que vous êtes tenu à ce rappel des faits, mais... il s'agit de détails particulièrement horribles. Il m'est très pénible d'avoir à entendre tout cela !

— Dites, Thorwald… Est-ce un trait d'humour que je saisis mal ? Je ne sais pas si vous êtes au courant, mais je suis chargé d'établir si vous en êtes à l'origine, de ces « horribles détails » !

— Pardonnez-moi, je ne voulais pas vous offenser ! Et je vous prie de croire que je trouverais, autant que vous, cet humour macabre parfaitement déplacé ! D'abord, cela ne me ressemble pas, et surtout, je porte le plus grand respect à la mémoire de Jennifer ! C'était une personne remarquable, j'avais beaucoup d'affection pour elle et je regrette infiniment toute cette horreur !

— Donc, vous reconnaissez votre culpabilité dans cet assassinat ?

— Nullement, monsieur le juge ! J'exprime seulement mes *regrets* que Jennifer ait subi ces atrocités.

— Vous comptez, malgré les preuves accablantes, renier les aveux que vous avez passés devant les policiers ?

— Ce n'est pas cela non plus ! Lorsque je suis revenu de mon malaise, près de la fontaine, j'ai bien déclaré que *j'avais tué* Jennifer. Cela est indiscutable. Mais je n'admets en rien ma *culpabilité* dans cet acte !

Blom devient glacial. Et, quand il le veut, il sait prendre une voix d'iceberg.

— Vous vous trouvez devant un juge, Thorwald ! Pas devant une girouette ! Vous auriez dû prendre un véritable avocat ! Il vous aurait mis en garde contre ce genre de finasseries, qui ne veulent rien dire en termes de justice ! Vous avez *assassiné* cette malheureuse, et vous n'êtes pas *coupable* ? Qu'est-ce que vous comptez plaider ? Pas la légitime défense, j'imagine ?

— Là, c'est vous qui vous moquez !

— Bien. Si vous voulez le prendre sur ce ton… Pierre-Jean Thorwald, avez-vous, le 14 mai dernier, vers 23 heures, tué Mlle Jennifer Cole, à son domicile, de dix-sept coups de couteau ?

— Oui, monsieur.

— Lui avez-vous ensuite tranché l'annulaire de la main droite, à l'aide d'un poignard, de type indien, dont voici la photographie, consigné en tant que pièce à conviction sous le numéro T 051 ?

– Oui.

– Avez-vous emporté avec vous l'arme et le doigt de votre victime ?

– Oui.

– Désirez-vous invoquer un accès de folie, au moment où vous avez commis ces gestes ?

– Monsieur le juge, je perçois très nettement l'occasion que vous m'offrez encore une fois. Et, encore une fois, je vous en remercie. Un avocat me conseillerait probablement de répondre par l'affirmative. Mais c'est, justement, ce pour quoi j'ai souhaité me dispenser d'un défenseur professionnel. Je précise : sur les *circonstances*, sur les faits proprement dits, sur les aveux que j'ai passés devant la police dans la nuit même, je ne compte absolument pas revenir. Ni discuter ni me rétracter ! J'ai, sans aucun doute possible, *commis* les gestes épouvantables que vous avez rappelés. Et j'en ai le souvenir précis ! Cependant, ce que je n'explique pas, c'est la *raison* pour laquelle j'ai fait cela ! Et je veux à tout prix éclaircir ce point, ne serait-ce que pour déterminer mon degré de responsabilité, et donc la sanction que je mérite, selon la loi ! Ensuite de quoi, je vous prie de croire que cette juste sanction, non seulement je ne tenterai pas d'y échapper, mais je la réclamerai ! D'ici à ce que j'aie fondé ma certitude, je considère que, tout comme vous, je suis en train d'instruire mon propre cas, auquel, je l'avoue, je ne comprends rien !

Un tel discours a rarement, peut-être jamais, été entendu au début d'une instruction. Il y a de quoi, pour le moins, faire réfléchir un magistrat. Thorwald est-il un « embrouilleur » ou un « dément lucide » ?

Ses propos n'ont pas ce contenu froid, clinique, détaché, que le juge a déjà connu dans les pathologies d'apparence logique. Certains malades traitent leur acte comme s'il était celui d'une tierce personne et l'observent avec une distance excessive.

Cet homme-là reste empreint d'émotion, comme d'une envie véritable de savoir. Il reste concerné par son acte. Ruse d'une intelligence redoutable ? Et s'il était sincère ?

Blom choisit de ne pas statuer pour l'instant : des expertises psychiatriques ont d'ores et déjà été demandées. Dans quelques jours, au plus quelques semaines, elles fourniront une réponse, ou, au moins, un intéressant complément d'indications.

Le juge se contente donc de signifier au prévenu qu'il « entend » sa prise de position. Il réserve la sienne et poursuit l'audition. Thorwald, avec une apparente bonne volonté, va s'appliquer à apporter un maximum d'éléments au dossier :

– Si je ne comprends pas ce que j'ai fait, c'est que Jennifer était mon amie. Non pas ma *petite amie*, mais une amie véritable, et vous savez comme c'est rare et précieux... C'était une fille délicieuse, drôle, spontanée, mais elle était capable d'une écoute authentique.

Jennifer Cole avait été déléguée par sa maison mère, américaine, pour mettre en place une nouvelle politique de marketing sur l'Europe du Nord. Le cabinet où travaille Thorwald avait été choisi comme consultant, pour établir les bases des contrats futurs avec la clientèle.

– Nous avons sympathisé, puis une relation plus profonde s'est dessinée, sans que nous la recherchions. Une relation faite d'estime, de tendresse...

– Pas plus ?

– C'était déjà beaucoup de chance de nous être rencontrés, et de partager autant, et si vite, vous ne trouvez pas ? Ni l'un ni l'autre n'étions prêts à appeler cela de l'amour : nous savions que Jennifer ne resterait qu'une courte année dans ce pays, qu'elle rentrerait poursuivre son ascension aux États-Unis... Moi-même, je n'avais pas l'intention d'aller m'installer là-bas : j'y suis né, certes, mais je n'y suis resté que mes premiers mois, et toute ma vie est ici. Donc, nous nous en tenions à l'amitié, qui, à la différence d'une relation amoureuse, peut prendre toute sa force malgré le temps et la distance...

– Pourtant, d'après le témoignage du portier...

– ... Je passais parfois la nuit chez Jennifer ? C'est exact. Si cette précision peut s'avérer utile, j'ajouterai sans aucune gêne que Jennifer et moi, nous couchions ensemble. Et que c'était très bien, pour elle comme pour moi. Sur ce plan non plus, aucune promesse, aucune illusion : nous réalisions notre relation d'adultes conscients, à tous les niveaux. Elle conservait ce qu'il est convenu d'appeler sa « liberté », moi la mienne. Je dois dire que je n'en faisais pas usage, et je crois savoir qu'elle non plus... Nous nous suffisions. En somme, nous étions des amis et des amants fidèles, sans aucune obligation de l'être.

– C'est certainement le gage d'une belle rencontre, monsieur Thorwald... Parlez-moi de cette soirée du 14 mai.

– Jennifer avait eu envie de revoir sur grand écran *Le Lauréat*. Elle était fan de Dustin Hoffman. Moi, j'ai passé le début de la soirée chez moi. Je tenais à entendre le concert de Rampal, en direct à la radio. Je n'avais pas pu avoir de place...

Le prévenu se croit tenu d'expliquer que Jean-Pierre Rampal est un grand flûtiste français, qu'il admire. Précision superflue pour Blom : il possède tous les enregistrements de l'artiste. Ce goût en commun avec un criminel fait renaître l'agacement du juge, tempéré par le fait que *lui* a pu assister à ce concert, avec sa femme et leur fille. Il conserve une absolue neutralité pour demander :

– Vous vous êtes rendu à la résidence Baltica vers 23 heures ?

– Oui, je pensais emmener Jennifer souper en ville, mais elle a préféré que nous restions chez elle, pour parler du film. Intéressant, d'ailleurs : je pensais le connaître par cœur, et elle semblait y avoir relevé, cette fois, des nuances qui m'avaient échappé, dans le rôle de Mrs. Robinson... Elle avait sorti une pizza du congélateur et préparé deux martinis.

Blom note : la pizza n'apparaît dans aucun compte rendu de police. Préciser le contenu des verres.

– Vous avez écouté de la musique ?

– Celle du film, par Simon et Garfunkel. Nous avons parlé et... et j'ai tué Jennifer.

– Parlé ? Vous vous êtes plutôt disputés ?

– Pas du tout, monsieur le juge ! Nous discutions du film, de la manière dont nous percevions les personnages... Et puis, d'un coup, j'ai été submergé par... je ne sais pas... autre chose... C'est indescriptible... Autre chose de complètement étranger, qui n'avait aucun rapport avec cet endroit, avec ce moment...

– Cela venait de vous ? de ce qu'elle disait ?

– Aucun rapport avec notre conversation… Aucun rapport avec Jennifer… Ni avec moi ! Un sentiment affreux, que je n'avais jamais éprouvé, que je ne saurais pas nommer ! Comme si… comme si cette fille adorable m'avait *fait du mal* ! Un mal terrible… Je me suis mis à la détester. Une haine absolue ! Elle m'a regardé drôlement. Elle m'a demandé : « Tu ne te sens pas bien ? » Je ne pouvais pas répondre, mais à cet instant, j'avais une certitude : ce mal dont je souffrais, dont je souffrais de toutes mes fibres, à en crier… ce mal, je ne pourrais m'en délivrer *qu'en la tuant* ! En tuant Jennifer !

– Soudain ? Sans aucun motif ? Cela n'a aucun sens, vous vous en rendez compte ?

– Aucun sens, maintenant ! Mais, à cet instant-là, c'était *évident* ! Et je m'en souviens parfaitement.

– Vous avez tenté… d'échapper à cette sensation ? De prendre congé pour vous remettre les idées au clair ?

– Non. Mes idées étaient effroyables, mais claires. J'ai tout de suite pris le couteau dans la panoplie indienne. J'ai frappé.

– Mlle Cole n'a pas cherché à s'enfuir, à se protéger ?

– Pas à ce moment. Elle *comprenait*…

– … ?

– Je crois qu'elle avait compris, depuis plusieurs minutes, qu'il se passait quelque chose de terrifiant, à quoi nous *ne pouvions pas* nous soustraire… Elle est restée sur place. Du moins jusqu'au premier coup. Je me rappelle exactement ce premier coup. Je n'avais jamais blessé, ni même frappé quelqu'un, monsieur le juge. J'avais, dans la main, cette sensation *écœurante* de la lame qui… Non, je ne peux pas…

– Essayez ?

– La lame qui… qui entre dans du *vivant*, monsieur… C'était insupportable… Et, dans le même temps, j'étais empreint de l'évidence que ce geste était…

– … ?

– C'était *juste*…

– … ?

– Aux deux significations du terme : adéquat et équitable ! J'en avais l'intime conviction. Même si toute ma raison, toute ma morale me persuade que ce n'est qu'une monstruosité !

– Vous sentez-vous en état de poursuivre ?

– Oui. Ça ira, je vous remercie... Que désirez-vous savoir d'autre ?

– Vous souvenez-vous à quel endroit vous avez frappé ?

– Oui. Au ventre. Après ce premier coup, Jennifer était debout, elle me regardait. Elle ne criait pas. Elle a lâché un grand souffle, comme si je l'avais seulement... cognée avec le poing. Mais elle a saisi mon poignet et l'a repoussé. Je crois que c'est elle qui a retiré ainsi la lame de son... Non, je ne peux plus.

– Elle a dû essayer de lutter ?

– Non. Elle a parlé. Pas crié : parlé. « Laisse-moi ! » C'est ce qu'elle m'a dit : « Laisse-moi ! »

Elle a voulu marcher vers la porte du salon. Je l'ai rattrapée. Là, elle s'est débattue. Nous avons renversé la table basse. Jenny s'est accrochée au lampadaire. Elle est tombée avec lui. Le deuxième coup, je l'ai porté à la gorge, le troisième au cœur. Elle était déjà morte, peut-être, que je la frappais encore. Excusez-moi, mais à partir de là, je ne sais plus exactement. Je... je crois que je voulais qu'il ne reste pas une partie de son corps sans blessure.

– Vous étiez dans quelle position ?

– À genoux, près d'elle.

– Ensuite ?

– J'ai pris sa main. Elle était contre sa poitrine. Sa main droite. Je l'ai posée sur le sol, pour avoir un appui... Et j'ai coupé un doigt. L'annulaire. Il me *fallait* ce doigt, absolument.

– Pourquoi ?

– Je ne sais pas. Je me suis relevé, je suis allé dans l'entrée. Mon imperméable y était pendu. J'ai mis dans la poche le... le doigt. Ainsi que le couteau. Je suis sorti.

– Sans refermer la porte ?

– Je ne sais plus. J'ai appelé l'ascenseur. Comme il mettait du temps à arriver, je suis descendu par l'escalier. Dehors, j'ai eu froid. J'ai enfilé mon imperméable. J'ai marché. Je me suis arrêté sur cette petite place, pour me laver le visage et les mains dans la fontaine. Je voulais rincer le couteau, aussi. Il m'a échappé...

Je me suis dit que j'étais un idiot, que je venais de tuer la personne que j'aimais le plus au monde.

– Un idiot ?

– Oui, je me sentais stupide. Mais je ne parvenais pas à penser autre chose que : « Il le fallait. » J'ai attendu. La suite est dans le rapport de police, j'imagine…

– Aviez-vous consommé de la drogue ?

– Certainement pas ! Je n'en ai jamais touché de ma vie ! C'est avilissant !

– De l'alcool ?

– Juste ce martini, avec Jennifer.

– Et chez vous, avant ? ou dans un bar, en chemin ?

– Je bois rarement. Pour tenir compagnie.

– Des médicaments ?

– Non. Je suis en très bonne forme.

– Y a-t-il quelque chose que vous aimeriez ajouter ?

– Non. Si : maintenant, je veux comprendre ! Je veux comprendre ce que Jennifer avait compris, lorsqu'elle m'a regardé, sans bouger ! Quelque chose s'est passé en moi, à cet instant. Je veux savoir ce que c'était. Cela ne m'appartenait pas. Je veux mettre un nom sur ce sentiment horrible, poisseux, infect, qui m'a submergé et que je n'avais jamais éprouvé auparavant !

– Quel serait, selon vous, le meilleur moyen ?

– Je vous demande, monsieur le juge, de faire tout ce qui est en votre pouvoir afin que je sois examiné par un maximum de gens compétents, dans quelque domaine que ce soit ! Je me soumettrai à toutes les expertises que vous voudrez bien ordonner, et je le ferai avec honnêteté, parce que je suis le premier à vouloir élucider cela. Est-ce que je suis fou, monsieur le juge ?

– …

– Peut-être l'un des aspects de ma folie est-il de vouloir me croire sain d'esprit envers et contre toute évidence ? Si tel est le diagnostic, je m'inclinerai. Et si je ne suis pas dément, c'est que je suis un monstre ? Mais si j'étais un monstre, je le saurais, non ? Au fond de moi, je le saurais ?

Le juge Blom signifie que ce premier entretien est terminé. Il attend que le greffier ait achevé la dactylographie, constitué et agrafé le nombre de copies prévues par la loi, les ait fait signer, qu'il ait appelé l'agent en faction dans le couloir pour qu'il remmène le prévenu. Alors seulement, Blom ouvre la fenêtre et s'accorde une profonde inspiration. L'air du soir est chargé d'une promesse de fleurs. Heureusement.

Les experts psychiatriques se sont prononcés : selon eux, Pierre-Jean Thorwald est un homme équilibré, doté d'un sens aigu et solide du bien et du mal, d'une notion des limites bien construite.

Ils vont jusqu'à estimer que, pour un garçon de sa génération, bien qu'il ne pratique aucune religion et ne soit pas vraiment croyant, il possède une morale un peu surannée, voire rigide.

Question : ces principes stricts ne sont-ils pas venus en conflit avec la « liberté de relation » dont Jennifer Cole et son « amant-ami » avaient convenu ?

Leurs quelques amis communs attestent que, sans s'être jamais rien promis, Pierre-Jean et Jennifer étaient fidèles l'un à l'autre, et heureux de l'être. Cela exclut l'hypothèse d'une dispute de jalousie, ou de dépit amoureux.

D'ailleurs, un examen plus détaillé de l'appartement ainsi qu'un interrogatoire plus poussé des voisins confirment qu'il ne semble vraiment pas y avoir eu de dispute ou de bousculade avant le crime proprement dit. Ce qui correspond aux déclarations de Thorwald.

Question : *quid* d'une crise de démence passagère, bien que le criminel ne fasse état d'aucune perte, même brève, de souvenir ou de sensation, comme c'est généralement le cas ? Des investigations médicales ont été menées sur tous les plans : les radiographies et scanners ne révèlent la présence d'aucune anomalie, d'aucune tumeur cérébrale. Les analyses montrent des fonctions endocriniennes régulières, tout à fait dans la norme, et ne détectent aucun usage de stupéfiants.

Il apparaît que Thorwald, qui aurait pu aisément tenter de feindre un désordre ou une amnésie, donne au contraire, ainsi qu'il l'a promis, tous les détails qui pourraient aider à la compréhension de son acte. Il a enfin, au grand soulagement du juge, accepté de confier son dossier à un avocat, non un ténor des assises, mais un bon professionnel, apprécié par l'ensemble de l'appareil judiciaire pour son sérieux.

Le défenseur, lui aussi, est désarçonné par l'attitude de son client : la planche de salut de la « crise de folie insurmontable » pouvait le sauver. Thorwald, contre toute tactique à son avantage, a fait le maximum pour qu'elle lui soit impossible. Il jubile même lorsque les experts communiquent leurs conclusions : il arrive à l'audition suivante en agitant le rapport.

– Vous voyez, monsieur le juge ? J'en étais certain : *je suis sain d'esprit !* Je ne veux pas me soustraire à la sanction que la loi prévoit pour un geste aussi inqualifiable !

Il tempère aussitôt, avec sa perpétuelle dialectique paradoxale :

– Par contre, si j'assume l'acte, si j'en assume la conscience, je veux plaider que je n'en assume pas la *volonté* !

– J'entends ce que vous me dites. Là se borne ma fonction d'instruction et je ne suis aucunement habilité à vous donner des conseils... Mais regardez votre avocat : vous le désespérez ! Le système de défense que vous lui imposez est sur le fil du rasoir : il n'a aucune marge ! Votre position risque d'être intenable.

– Je veux être jugé en toute équité et, le cas échéant, en toute sévérité, mais en connaissance de cause. Et je continue à vous le demander comme une faveur : ni monstre ni fou... alors, dites-moi ce que je suis !

Le juge Blom ne trouve pas la réponse à cette question. Et elle le met devant un dilemme éthique. On peut estimer que Thorwald est « dérangé », en ce sens qu'il est « perturbé » par son geste et l'incompréhension qui s'ensuit. Mais il n'est pas fou. Loin de là. Donc, c'est un criminel sanglant, et il doit être déféré devant les assises ?

Or, en son âme et conscience, Blom ne parvient pas à s'en tenir à cette issue. Parmi les qualités d'un bon magistrat figure aussi l'intuition, et la sienne lui dicte que ce cas dissimule quelque chose de vraiment inhabituel. Quelque chose qu'il n'a rencontré ni au cours de ses études ni dans son expérience... Quelque chose que ni la loi ni la jurisprudence n'ont répertorié.

Et que ni les interrogatoires, ni les témoignages, ni les expertises n'ont encore seulement effleuré.

Mais une intuition... cela ne peut pas figurer dans un dossier... D'ailleurs, même si son désir est de faire progresser l'instruction, Blom va rencontrer de nombreux obstacles.

En premier lieu, une contre-expertise psychiatrique vient d'être ordonnée. Par le procureur. Surprenant : il devrait être satisfait d'aller au procès, vu que les médecins ont certifié la santé mentale de l'accusé. Avec l'horreur du crime et les aveux, la sentence est assurée ?

Il se trouve que remettre l'affaire Thorwald sur le devant de la scène médiatique, ça ne l'arrange pas, le procureur ! L'opinion publique, mobilisée par plusieurs scandales, met en cause le système judiciaire. L'Europe tente, de façon chaotique, de se constituer. L'autorité d'un ministère ne doit pas être affaiblie.

Et le ministère est informé du discours que Thorwald est déterminé à tenir : il assumera l'homicide, mais il en niera la responsabilité... tout en n'étant pas fou ! « Coupable, mais pas responsable ! »

Une grande première pour la justice. Originale, mais pas opportune. La meilleure stratégie consiste donc à prouver l'aliénation de l'accusé, à lui refuser ce procès qu'il réclame, et à l'expédier vers un asile, où on l'oubliera.

Ce qui n'est pas du goût de la famille de Jennifer Cole. Ses parents, fortunés, sont venus de Denver avec une kyrielle d'hommes de loi. Ils campent dans un bel hôtel et se disent prêts à y rester jusqu'à ce qu'ils obtiennent la condamnation de l'assassin. Ils ont donc requis des experts indépendants.

Comme les Cole sont des gens influents et citoyens des États-Unis, la justice américaine a, bien sûr, exigé d'avoir accès au dossier et d'être tenue au courant de son évolution, « à toute fins utiles ». Voilà qui promet un joli pot au noir.

Promesse largement tenue : entre manœuvres dilatoires des uns et pressions des autres, l'instruction ne peut être clôturée. Elle va s'éterniser pendant deux ans. Des dizaines d'autres affaires sont en attente, Blom se doit de leur accorder son attention. Puis il reçoit une promotion et passe à un tout autre secteur. Ses dossiers en cours sont repris par son successeur.

C'est pourtant Jeronimus Blom qui reçoit, personnellement, l'annonce de la triste conclusion : Pierre-Jean Thorwald s'est suicidé en prison.

Miné par l'attente, il avait sombré dans une profonde dépression. Il a préféré en finir. Il s'est porté volontaire pour le nettoyage. Il a avalé des détergents à base de soude caustique. Une mort particulièrement douloureuse : afin que les gardiens ne soient pas alertés par ses plaintes et n'aient aucune chance d'arriver à temps pour le sauver, le désespéré s'était rempli la bouche d'un gant de toilette, serré par une serviette nouée. Il s'était lié les mains derrière le dos, pour ne pas pouvoir, dans la souffrance, arracher son bâillon.

Il a laissé une lettre. Une seule.

À mon juge.

Monsieur,

Je serai bref. Non que le temps me soit compté : pour les oubliés que nous sommes, ici, il s'étire comme un enfer. Mais je n'ai rien de bien passionnant à vous apprendre. Je vous ai dit tout ce qui pouvait se dire, et plus, entre deux hommes qui ne seront jamais amis.

Je pars, donc. Considérez cela comme une lâcheté. C'est ce que je pense, pour ma part, mais ce sera la première de ma vie.

J'ai conscience que vous me ne me devez rien, et que votre fonction n'inclut pas le « service après-vente » de la justice. Néanmoins, ayant apprécié votre fine approche des personnes, je me permets de solliciter votre truchement, pour une mission de cœur.

Je crois avoir réussi à tenir hors de toute cette horreur ma mère bien-aimée. Je souhaite pourtant qu'elle sache que je ne suis plus de ce monde, afin qu'elle ne m'adresse plus ses pensées en vain. Mais il serait inhumain de lui faire supporter ma déchéance. Voulez-vous faire en sorte qu'elle n'apprenne que ce qui est indispensable ?

Je vous confie cette charge, en me disant, qu'après tout, si vous m'en tenez rigueur… je n'entendrai pas vos reproches !

Sur ce dernier clin d'œil, je vous adresse mes respectueuses, et, avec votre permission, très cordiales salutations.

Thorwald

P.S. Écoutez la bande magnétique ci-jointe : j'espère qu'elle saura, parfois, me rappeler à votre bon souvenir.

Une cassette tombe de l'enveloppe jaune. Blom l'insère aussitôt dans son lecteur. Il s'attendait à une confession tardive. Ce n'est pas la voix de Pierre-Jean Thorwald qui s'élève : c'est une flûte, d'une pureté angélique.

Le reclus, l'oublié, a réussi, du fond de sa cellule, à obtenir de l'Office de radiodiffusion la copie du concert donné par Jean-Pierre Rampal au soir du 14 mai. Ce concert qu'il avait écouté sur les ondes avant d'aller massacrer Jennifer.

Blom n'avait pas cet enregistrement : il n'existe pas dans le commerce.

Le juge ne va pas pouvoir s'acquitter de cette « mission de cœur ». Sa hiérarchie voit ce genre d'implication personnelle d'un assez mauvais œil. Pour autant, il ne va pas laisser ce dernier appel tomber, lui aussi, aux oubliettes.

Son épouse, Katia, est psychologue. De plus, elle se rend souvent à Paris pour des congrès. Et la mère de Thorwald demeure à Paris. Blom peut donc faire de Katia son émissaire de confiance. D'autant plus qu'il tient à éclaircir un détail : avec le retentissement qu'a eu le crime, comment Mme Thorwald a-t-elle pu rester dans l'ignorance ?

Katia Blom va l'éclairer : elle dispose d'une adresse, « Les Terrasses de Babylone, résidence meublée », dans le très chic VIIe arrondissement de la capitale. Décidément, cela semble une coutume dans la famille, venue peut-être de la carrière de diplomate du père : la maman a choisi le même genre de logement que son fils, à Copenhague...

Mais cette résidence-là est un *home* médicalisé pour personnes âgées. Mme Thorwald en a bien besoin : c'est une dame de quatre-vingt-deux ans, aveugle et presque sourde, que l'on déplace en fauteuil roulant. Elle est aussi atteinte d'un début de maladie d'Alzheimer.

Néanmoins, Katia essaie de lui communiquer avec ménagement la disparition de son fils. Parvient-elle à franchir le mur de brouillard ? Ce n'est pas certain, mais le dernier message de Thorwald a été transmis...

Trois ans plus tard. Jeronimus Blom n'a pas cessé de travailler. Il a quelque peu abusé de son énergie et décide de s'accorder un vrai week-end de détente. Entendez par là qu'il n'emporte pas de dossier chez lui. Il va pouvoir s'accorder ce qu'il ne fait plus depuis plusieurs mois : endosser son vieux gilet de laine, dont les coudes maintes fois troués ont été renforcés de cuir, et plonger dans la lecture des revues et lettres spécialisées auxquelles il est abonné. Il s'y plonge donc.

Et, vingt minutes après, il bondit de son fauteuil.

– Chérie ! J'ai un avion à prendre ! Peux-tu m'aider à préparer une valise ? Avec des vêtements chauds, s'il te plaît !

Blom voyage en classe économique : il a payé son billet sur l'argent du ménage. Son administration n'a pas pu lui refuser les quelques jours de congé qu'il a demandés, impromptu : il a une réserve colossale de vacances, qu'il n'a jamais prises. Par contre, pas question de se déplacer aux frais du contribuable, pour une affaire classée depuis belle lurette.

Dans l'interstice entre ses jambes et son siège, il a fourré une grosse serviette, bourrée de photocopies que Blom a réussi à faire passer sur le service... Il compte bien en avoir relu l'essentiel d'ici à l'arrivée.

Pour l'instant, il surligne des passages de l'article qui a provoqué ce départ sur les chapeaux de roues. Il est tombé dessus par hasard, en parcourant en diagonale une revue confidentielle, éditée trois fois l'an par la chaire de criminologie de l'université d'Ottawa. « Signifiants et signifiés corollaires au geste délinquant » : le signataire de l'article en est un certain professeur Peter Hilliard. Il a relevé dans des enquêtes, sur une dizaine d'années, la présence de certains éléments associés à un acte délictueux, de manière consciente ou non, volontaire ou non. Éléments qui semblaient, *a priori*, étrangers à l'acte proprement dit.

Son objectif est de démontrer comment leur analyse peut permettre d'en déduire les motivations réelles du criminel. Il va jusqu'à affirmer que l'interprétation de ces signes annexes pourrait permettre de confondre l'auteur du crime, ou de déterminer si le mobile qu'il a avancé est exact.

Le travail a été mené avec sérieux, et le texte renvoie à des cas spécifiques, anciens ou récents. Les références sont aussi précises que possible. Mais la déontologie impose au rédacteur de ne jamais citer expressément des noms de personnes, de lieux, ou encore des dates, qui pourraient permettre l'identification précise et violer la vie privée.

C'est bien cela qui oblige Blom à essayer de rencontrer, en personne, le professeur Hilliard. Car l'un des cas exposés, survenu au Canada, est *très exactement*, dans le moindre détail… la copie conforme de l'affaire Thorwald !

– Docteur Blum ?

Un timbre de contrebasse. Une carrure éléphantesque. Le professeur Peter Hilliard tangue, appuyé sur une canne d'acier.

Le visiteur ankylosé se déplie. Après cette nuit dans l'avion, il s'est rendu directement à l'université, et cela fait presque une heure qu'il attend, chancelant de sommeil sur la banquette de bois, dans ce hall balayé de courants d'air.

– Blom. Avec un O. Mon nom est Blom, et je suis juge.

– Je sais, mais je croyais que, sur le Vieux Continent, tout le monde tenait au titre de docteur !

– En Allemagne ou en Italie. Chez nous, beaucoup moins.

– Appelez-moi Pete. Et veuillez m'excuser de vous avoir fait attendre : je ne pouvais pas annuler cette réunion. Votre appel urgent d'hier m'a un peu surpris.

– C'est moi qui vous remercie de me recevoir aussi impromptu. Il fallait que je vous demande d'urgence des précisions sur vos travaux.

– Voulez-vous que nous en parlions à la cafétéria ?

Le broc de café brûlant et les *scones* dégoulinants de sirop d'érable ont requinqué le Danois. Hilliard a mis ce temps à profit pour rassembler ses souvenirs.

— Cet article date d'il y a six mois... Pour autant que je me le rappelle, le crime auquel vous faites allusion a été perpétré à Edmonton.

— C'est loin d'ici ?

— Qu'est-ce qui n'est pas loin, au Canada ? Environ deux mille cinq cents kilomètres, à vol d'oiseau. Au-delà du Saskatchewan.

— Comment se nommait l'assassin ? En toute confidentialité, cela va de soi.

— Berryman, Joseph Berryman. Et sa victime, Denise LaBeuf. Une Acadienne... Ici, nous prononçons « Labeouf »... Berryman était manutentionnaire dans une usine de laminage de cuivre. Il souffrait d'alcoolisme. Il a bu, à midi. Résultat : il se blesse à la jambe. Il revient chez lui plus tôt que prévu. Et sans prévenir.

— Chose à ne jamais faire...

— La preuve : une moto stationne devant la maison. Il entre en demandant qui est là. Le type s'enfuit par la fenêtre arrière. Denise est en petite tenue et le lit en désordre.

— Je vois le tableau. Il la tue immédiatement ?

— Non. Au départ, il se serait peut-être contenté d'une scène de jalousie, avec bousculade à la clef. Mais elle tente de le calmer en lui servant un verre. Très mauvaise idée. Il était déjà « chargé ». Elle a la maladresse de plaider sa cause en lui jurant qu'elle ne recommencera pas, que « cette fois, ce sera la dernière ».

— Formule assez peu judicieuse...

— Berryman se rappelle alors toutes sortes d'indices, auxquels il n'avait pas prêté attention : des retards à cause d'une bonne copine qui voulait aller au cinéma, un téléphone avec personne au bout du fil quand c'est lui qui répond... D'un coup, il réalise qu'il est cocu depuis un bon bout de temps ! Pratiquement dès le début de leur union. LaBeuf était sa femme depuis dix-sept mois !

— C'est là que ça devient intéressant.

354

– Oui, puisque c'est le nombre de coups de couteau qu'elle a reçus.

– Quel genre d'arme ?

– Un coutelas de cuisine... Pris sur l'évier. La première chose qui lui est tombée sous la main.

– Dans votre article, ce qui ressort, c'est que, malgré la sauvagerie apparente de ces blessures multiples, Berryman a expliqué chaque geste de façon parfaitement raisonnée.

– Il a dit, dans ses aveux : « Elle m'avait fait du mal, je n'ai fait que le lui rendre. C'était juste ! »

– Les mêmes mots que « mon » Thorwald !

– Le premier coup, Berryman l'a porté au ventre, parce que Denise lui avait promis de lui donner un enfant et que, au contraire, elle avait fait de ce lieu celui de la trahison.

– Thorwald a frappé au ventre aussi, puis à la gorge.

– Pour Berryman, le deuxième coup, à la gorge, marquait la punition des paroles mensongères.

– Au cœur, le troisième ?

– Oui, ce cœur qu'elle lui avait « donné », puis repris pour le brader à n'importe qui. Cela faisait trois impacts. Il en a donné quatorze autres. Dix-sept blessures, une pour chaque mois de tromperie. La pauvre fille était déjà morte, mais il a dit, je cite : « Elle avait laissé d'autres mains se poser sur chaque endroit de son corps ! Je voulais qu'il n'en reste pas un qui ne soit nettoyé par son sang ! »

– Je vous ferai lire ma première audition de Thorwald... Et l'ablation de l'annulaire ?

– Berryman avait sacrifié toutes ses économies pour offrir à Denise une alliance sertie de diamants. Il a tenté de la lui ôter, mais elle était trop serrée. Il l'a reprise... avec le doigt. C'était pour lui le symbole le plus important.

– Thorwald m'a déclaré : « Ce doigt, il me le fallait absolument ! » Mais lui, c'est l'annulaire de la main *droite* qu'il a sectionné...

Hilliard sourit bizarrement.

– LaBeuf était membre d'une congrégation baptiste. Où la coutume veut que l'alliance soit portée à la main droite.

Hallucinant ! Deux crimes jumeaux, à des milliers de kilomètres.

Et au même instant ! Car le professeur a conservé, dans un carton, les copies des archives policières qui lui ont permis de rédiger son article. Il s'avère que Joseph Berryman a assassiné Denise voici cinq ans, le 14 mai. Il était 15 h 30. Le calcul est aisé : avec le décalage horaire de huit heures... 23 h 30 à Copenhague !

La ressemblance ne s'arrête pas là : Hilliard possède une photographie de Jo Berryman. Un très mauvais cliché, transmis par fax ancien modèle : le papier sensible utilisé alors est devenu bistre. De plus, il s'agit d'une photo anthropométrique, prise après l'arrestation du meurtrier. Face et profil raides, sans expression, numéro matricule pendu au cou.

L'homme est tuméfié, probablement suite à l'une de ces « chutes dans l'escalier », si communes dans tous les commissariats du monde... La figure est ravinée par la vie rude et l'alcool. Une grosse moustache western masque la bouche. Le cheveu est rare.

La figure de Pierre-Jean Thorwald était celle d'un individu cultivé, à qui ses bons revenus permettaient d'entretenir une peau soignée. La mine était ascétique, les joues un peu creuses. Les cheveux bruns, taillés au cordeau, séparés par une raie.

Mais à part ces quelques nuances, le papier de fax montre le *même homme !* Le même homme qui aurait traversé deux vies différentes.

Bien entendu, l'universitaire canadien et le juge danois cogitent ferme : crimes jumeaux, pour deux jumeaux ? Oui, ce doit être cela : Thorwald et Berryman étaient jumeaux !

Un détail met à bas cette théorie, fascinante, mais un peu facile : les deux criminels ne sont même pas de la même année ! Thorwald est né le 11 avril 1951, à New York, et Berryman le 16 décembre 1950, à Kamloops, en Colombie-Britannique.

Ses origines sont tout à fait identifiables. Berryman est le nom de sa mère, Molly, ouvrière dans une conserverie, qui menait une existence assez dissolue. Elle a eu ses trois enfants de trois pères différents : deux filles, puis le dernier, Jo. Le géniteur de Jo a été tué dans une rixe, quelques mois avant la naissance du petit. Molly vivait dans une sorte de bidonville insalubre, aux limites de la cité. Plus soucieuse de faire la noce que de pouponner, elle avait confié ses deux filles à une institution charitable. À la naissance de Jo, elle a connu de graves complications de santé, dont elle faillit ne pas réchapper. Avoir frôlé la mort dut constituer une frousse salutaire. Elle occupa un emploi stable, trouva un logement décent, demanda à reprendre la garde de ses filles et réussit, seule, à élever sa nichée. Pas de frère jumeau à l'horizon, donc, pour Joseph Berryman.

Là s'arrêtent les hypothèses que brassent Blom et Hilliard. Lesquelles les auraient aisément entraînés sur des pentes fantaisistes. Mais le juge et le criminologue sont des rationalistes farouches et ni l'un ni l'autre ne sont disposés à se laisser aller à ce genre d'élucubrations.

Reste que, entre le crime de Berryman, justifié avec une macabre cohérence, et celui de Thorwald, toujours inexpliqué, la similitude est saisissante. Mais elle est à classer au domaine de la coïncidence, et non du surnaturel. Bref, halte aux ressemblances. Sauf que…

Sauf que Jeronimus Blom est quand même tenté, c'est naturel, d'amortir ses frais de voyage en allant, tant qu'il est sur place, rencontrer *de visu* Joseph Berryman. Après des aveux complets, il a plaidé coupable. Condamné à la détention à vie, il a été incarcéré au pénitencier de Brooke Lake, au nord du Saskatchewan.

— Pete, pensez-vous pouvoir m'obtenir un droit de visite dans un délai raisonnable ?

— Cela ne va pas être possible, je le crains…

— Vous avez de bonnes relations avec la justice de cette province ?

— Là n'est pas le problème. Je n'en ai pas fait mention dans ma publication, parce que cela n'avait aucun intérêt pour la thèse que j'exposais, mais… Jo Berryman est mort !

— … ?

— Voici trois années, déjà. Tué par un gang de prisonniers, à qui il avait déplu, pour une bêtise, comme toujours… Ils l'ont coincé dans la buanderie, battu comme plâtre, violé... Puis ils lui ont fait avaler de l'eau de Javel. Une mort très douloureuse...

Cette fin dans les méandres du doute vous laisse un goût d'insatisfaction ? Nous en avons bien une autre, la vraie... Mais elle nous emmène vers de tels abysses qu'il serait peut-être préférable de nous arrêter là !

Non ? Vous prenez le risque ? Nous dégageons toute responsabilité : ne lisez que si vous n'êtes pas sujet au vertige !

Katia Blom a gardé des contacts avec le personnel soignant de la maison de retraite parisienne de Mme Thorwald. Cette très vieille dame, seule, sans plus aucune famille, égarée la plupart du temps dans le noir, le silence et l'oubli, a ému l'épouse du juge : peu après sa première visite, Katia a perdu sa propre maman. Bien moins âgée, pourtant. Elle se dit que c'est tellement dommage que Mme Thorwald n'ait pas pu, elle non plus, profiter de ce fils qu'elle a eu sur le tard... Aussi, à chacun de ses déplacements, Katia se rend aux Terrasses de Babylone. Elle y passe parfois plusieurs heures, à tenir la main de Mme Thorwald.

Quelquefois, la communication a pu s'établir. Mme Thorwald a effleuré le visage de Katia, et elle s'est éclairée d'un sourire. Elle a dit :

– Ah... Vous voilà, mon enfant ?

En chevrotant, elle a évoqué sa jeunesse, dans un château. À qui s'adressait-elle réellement ? Katia a voulu imaginer que c'était bien à elle...

Et puis, dans le courant de l'hiver, la dame de compagnie qui s'occupe de Mme Thorwald téléphone à Copenhague : c'est fini. L'octogénaire s'est éteinte, dans son sommeil.

– Quand elle est arrivée ici, on lui a installé deux ou trois objets personnels, qui donnaient un peu l'impression d'être chez elle... Il n'y a personne pour les prendre. Dans ces cas-là, nous donnons à la communauté d'Emmaüs. Mais je crois qu'elle vous aimait bien. Est-ce que cela vous ferait plaisir d'avoir un souvenir d'elle ?

Le colis arrive une semaine plus tard. Un tableautin, de l'École de Fontainebleau, que Katia aimait regarder, en tenant la main parcheminée. Il représente une gentilhommière, dans un paysage paisible. Le château ? La dame de compagnie y a joint une bible familiale, que Mme Thorwald gardait toujours près d'elle, même si, depuis longtemps, elle n'en distinguait plus le texte.

Une lettre, une dizaine de feuilles de papier « par avion », d'une écriture serrée, était pressée dans une poche, ménagée dans la reliure du livre saint. Destinée à être lue par Pierre-Jean, après la mort de sa mère.

Il y aurait de quoi nourrir un feuilleton populaire. Mais nous allons vous la résumer.

Marie-Bénédicte Beaulieu de Cresse a épousé Jürgen Thorwald, séduisant diplomate. La famille de Cresse a attendu l'arrivée de l'héritier. Espoirs déçus pendant de longues années. Résignation : il n'y aurait pas de descendance dans cette branche-là.

Adopter ? Chez les Beaulieu, pas question : une lignée se continue par le sang. Chez les Beaulieu, on ne fait pas entrer de pièce rapportée. Point à la ligne. Or, à un âge où toute idée de maternité est à oublier, voici qu'un miracle vient enfin bénir l'union : à près de quarante-cinq ans, Marie-Bénédicte donne naissance à un fils !

Cela, c'est la version officielle. La lettre, serrée dans la bible, donne du « miracle » une version plus... humaine.

Jürgen est en poste aux États-Unis, délégué par le gouvernement danois comme spécialiste en affaires sociales. Fin 1950, il est en mission sur la côte pacifique, à Portland et Seattle. À l'occasion des fêtes, il accompagne une délégation américaine à Vancouver. Des organisations locales veulent développer, sur le modèle de ce qui existe au Danemark, les processus de prise en charge des familles nécessiteuses. Le groupe d'étude fait une incursion dans l'arrière-pays, vers le nord. En Colombie-Britannique. À Kamloops.

Dans quelles conditions, exactement, Thorwald rencontre-t-il Molly Berryman ? Comment noue-t-il un contact aussi intime avec elle, dans le dos des services officiels pour lesquels il travaille ? La lettre ne le dit pas. Dans son taudis, Molly vient d'accoucher de jumeaux. Dans des conditions d'épouvante, qui mettent sa santé et même sa vie en péril.

Femme en perdition, déjà mère de deux filles qu'elle a abandonnées aux œuvres, elle accepte la proposition de Thorwald : elle n'indique la naissance que *d'un seul* rejeton, Joseph. Un fort « dédommagement » lui permet de se soigner, de rétablir sa situation, et de subvenir aux besoins des trois enfants qui lui restent.

Jürgen Thorwald emporte le bébé anonyme à New York, où sa femme le rejoint. Le 11 mai 1951, avec la complicité d'un ami médecin, Marie-Bénédicte déclare avoir accouché, à domicile, d'un petit Pierre-Jean, après une grossesse qu'elle aurait menée en Europe. Il suffit que les parents aillent signer des formulaires dans un bureau : les fonctionnaires ne vont pas aller contrôler que le poupon a déjà quatre mois ! L'année suivante, le diplomate et son heureuse épouse présentent le nouvel arrivant à la famille Beaulieu de Cresse. Fierté générale : c'est vraiment un beau et fort bébé.

Nous vous avions prévenu : ce n'est pas reluisant. Ce qui dépasse l'entendement, c'est que cet homme cultivé, croyant, ait pu *acheter* cet enfant ! Car, ne nous le cachons pas, c'est bien ce qu'il a fait ! Et surtout, comment a-t-il pu séparer ces deux nouveau-nés ? Et comment sa femme a-t-elle pu accepter ? Comment ce couple a-t-il pu vivre dans la félicité, aussi longtemps, autour d'un tel secret ?

Enfin, vous vouliez la vérité ? Elle est là. Tout humaine, toute matérielle, rien de paranormal.

Mais, au fait, Pierre-Jean Thorwald et Joseph Berryman étaient donc bien jumeaux ? Nous revoici donc face à l'abîme que le juge Blom et le professeur Hilliard voulaient éviter d'affronter. La fameuse « transmission », à travers le temps et la distance, entre deux êtres qui ne se sont jamais rencontrés... Vertige, vertige...

Après qu'il eut pris connaissance de la confession de Marie-Bénédicte, Jeronimus Blom se rappela une phrase de son prévenu. Thorwald cherchait, une fois de plus, à comprendre *qui* il avait été, pendant les minutes atroces où, sans aucune raison, mais avec un sentiment total de justesse, il tuait et mutilait Jennifer Cole. Et il avait dit :

— Je crois que je ne me sentais ni un fou ni un monstre. Juste *quelqu'un d'autre...*

Entre quatre planches

Lorsque nous étions enfants, nous avons tous, un jour ou l'autre, été persuadés que si l'on souhaite très fort voir arriver quelque chose, cela finira par se produire... Ou, au contraire, que si l'on pense très fort à protéger un endroit ou une personne, rien ne pourra lui arriver... Il y a même des adultes qui continuent à croire à cette toute-puissance de la volonté. On nomme cela la « volition ».

Certains sont persuadés que si, pour engendrer les événements, leur propre volition n'est pas assez forte, ils pourront se faire aider par celle, plus exercée, d'un mage ou d'un sorcier quelconque... « C'est ridicule », pensent les gens de bon sens... Infantile !

Mais lorsque de tels phénomènes se produisent quand même, sans aucun trucage possible et devant des témoins, devant des dizaines de témoins dignes de foi... que disent-ils, les gens de bon sens ? Comment expliquent-ils cela ?

Eh bien, ils se contentent de sourire finement, et ils vous lancent un mot, un seul : « Coïncidence... »

Nous vous parions que c'est encore ce mot que l'on vous opposera, si vous racontez à des gens de bon sens l'histoire de Mme Élise Bialek et de sa petite maison, telle que nous l'avons entendue de la bouche d'autres gens, tout autant de bon sens. Mais eux, ils ont vu ce qu'ils ont vu...

La maison de Mme Élise Bialek se dresse – ou plutôt se dressait – au flanc d'une colline, en bordure d'un village de la région champenoise, Saint-André-le-Creux.

Nous avons rencontré Élie Boussereau, un gars longiligne, qui commence à se voûter avec la soixantaine. Son visage est creusé par le vent. Mais il a dû être un magnifique jeune homme : ses yeux bleu d'horizon gardent un charme étonnant.

Il a bien connu Élise et sa maison, puisqu'il est, depuis vingt-cinq ans, à la fois le cantonnier de Saint-André et membre du conseil municipal.

– Moi, je la trouvais jolie, sa maison. À cause du jardin, surtout. Il y avait de la couleur en toutes saisons. Même des plantes d'hiver... Et pourtant, ça descend parfois jusqu'à des moins quinze, par ici ! Élise était très douée pour le jardinage. La maison, évidemment, elle s'en allait en morceaux, les dernières années... Elle avait beau avoir mis des grimpantes tout le tour, de l'ampélopsis sur les pignons, des rosiers à tonnelle entre les fenêtres sur la rue... Ça se voyait quand même que la maison avait fait son temps !

Dans le pays est installé aussi Jacques Millet, un ancien professeur de latin, qui s'intéresse à l'histoire locale. Il a effectué quelques recherches dans les archives. Il a retrouvé les traces du lieudit La Noue.

– Cela signifiait la « terre grasse », en vieux français... Et, à cet emplacement, il est déjà fait mention, en 1763, d'une fermette. Tout me porte à croire qu'il s'agissait du même bâtiment. Elle était partiellement à même le terrain, sans fondations, et une partie sur une cave voûtée, très bonne pour la conservation du vin, d'ailleurs...

Élie Boussereau tempère :

– Oui, joli petit bout de bicoque... Gracieuse, de bonnes proportions... Cela dit, les fissures, on les voyait ! Pas tellement dans la cave, mais surtout sur les deux pignons : on aurait dit qu'elle se coupait en deux dans le sens de la longueur... Ça se répercutait sur la charpente, qui penchait sérieusement... Et le toit, je vous dis pas : les tuiles tombaient aussi bien dans le grenier que vers l'extérieur, sur la chaussée !

Le maire de Saint-André, Jack Randier, n'est là que depuis une quinzaine d'années. Il occupe un poste important à la direction des Douanes, à Paris, mais il descend au village toutes les fins de semaines. Il a acheté une propriété ici pour s'y faire élire : c'est un type énergique, parachuté par son parti sur cette province, pour arracher la mairie à l'ancienne municipalité de notables conservateurs et faire bouger les choses. Dès son premier mandat communal, il a été mis au courant du problème.

— Avec ces chutes de matériaux, les fissures apparentes, elle devenait dangereuse, cette maison ! Pour son occupante et même pour d'éventuels passants. Mon prédécesseur avait d'ailleurs déjà longuement discuté de la chose avec M. Bialek, Stanislas, le défunt mari d'Élise. Il avait répondu qu'il faisait ce qu'il pouvait par lui-même et que, pour les gros travaux, il allait aviser... Malheureusement, il est décédé avant d'avoir avisé !

Une fois veuve, Mme Bialek n'a pas eu les moyens d'entretenir cette maison. Son époux, Stanislas Bialek, était marchand itinérant. Il faisait des tournées de village en village avec son camion, pour vendre des ustensiles de cuisine, de la petite quincaillerie et du linge de maison.

Élise l'a aidé, pendant des années, en tenant ses comptes, en passant les commandes et en gérant les stocks empilés dans la grange. Mais elle a fait cela « parce que c'était normal », et sans jamais de statut officiel, au regard de l'administration...

Lorsque M. Bialek est décédé, Élise s'est aperçue que, seule, elle n'avait pas droit à une retraite décente.

— Ils avaient mal préparé leurs vieux jours, c'est le moins qu'on puisse dire : Élise n'avait même pas le permis de conduire, pas les moyens de le passer, ni d'acheter une voiture...

Lorsque sa minuscule pension était versée sur son compte postal, elle se faisait emmener par un voisin au supermarché, à vingt-cinq kilomètres, et elle en rapportait ce qu'il lui fallait pour survivre pendant un mois.

— Avec ce qu'elle pouvait se permettre de dépenser, il n'y avait pas de quoi nourrir un oiseau...

Sans aucun entretien, la maison se débrouillait comme elle pouvait. Pourtant, Élise a vraiment eu peur le jour où toute la maçonnerie de sa fenêtre a failli lui tomber dessus... Boussereau passait par là.

— Un matin, elle ouvre les volets d'en bas, elle va pour me lancer le bonjour, et crac : le linteau et un bon bout de la façade dégringolent ! Heureusement, elle a juste reçu une brique sur le coude. J'ai quand même dû faire venir le toubib !

Pendant que le médecin lui posait un pansement, Élise lui a dit :

— Cette fois, c'est le commencement de la fin...

— Allons, madame Bialek ! Vous n'allez pas vous mettre à devenir douillette ! Vous avez juste un gros bleu ! Ce sera passé dans une semaine !

— Oh, mon petit docteur, c'est pas pour mon bras que je dis ça... C'est pour ma pauvre maison !

Le maire a missionné le cantonnier pour effectuer un premier état des lieux.

— J'ai supposé que c'était le terrain, qui avait une faiblesse. Vous savez, le sol par ici, c'est un soubassement calcaire, avec des trous comme du gruyère, à cause du ravinement. Et par-dessus, c'est de l'argile... Alors, des fois, les couches glissent... La maison commençait à ressembler à une pièce montée qui aurait reçu un coup de pelle à tarte par le milieu... Les deux moitiés se séparaient par le sommet...

Sous le faîte du toit, la fente devenait plus qu'alarmante : elle bâillait si grand que l'on pouvait maintenant y entrer le bras. Le maire a insisté pour que cette pauvre Élise fasse effectuer un minimum de réparations, vu le péril. Sans oublier que, par son ancienneté et son style, le bâtiment représentait un témoignage historique de l'architecture typique de la région.

— Alors, vous savez comment elle m'a répondu ? Elle a fait irruption à la mairie, en pleine séance du conseil municipal. Nous lui avons signalé que son cas n'était pas inscrit à l'ordre du jour. Elle a dit : « Eh bien, inscrivez-le ! De toute façon, ce ne sera pas long ! » Elle a sorti de son sac son carnet d'épargne, elle l'a fait glisser sur la table, jusqu'à moi. Effectivement, je n'ai pas eu besoin de longues explications pour comprendre : elle était ric-rac. Et même en dessous de ça ! Je ne sais pas comment elle faisait pour vivre décemment… J'ai été surpris : jamais elle n'avait demandé l'aide sociale. Question de dignité, je pense…

Tous les membres du conseil se rappellent parfaitement cette scène. Ainsi que la façon calme dont Élise Bialek a conclu :

– Si ma maison représente un patrimoine historique pour la commune, la commune n'a qu'à payer les travaux… Autrement, moi, je m'en accommode très bien !

Et elle a ajouté cette petite phrase, passée inaperçue sur le moment, mais qui allait faire date :

– Cette maison a tenu debout trois cents ans. Tout ce que je demande, c'est qu'elle tienne encore autant que moi… jusqu'à ce que je sois logée entre quatre planches.

Élie Boussereau, qui fait partie du conseil, a bien demandé le vote d'une subvention. Mais Stanislas Bialek avait été partisan déclaré de la municipalité précédente, que Randier avait combattue. Et puis, la commune n'est pas très riche, il y avait d'autres priorités.

Il y a eu de nombreuses oppositions, de vieilles querelles de village : « Si on donne à elle, pourquoi pas à moi ? » Trop d'embrouillaminis à dépatouiller. Le budget a été refusé. Élie en garde encore de l'amertume :

– Tout ce qu'ils ont su faire, c'est de suggérer à cette pauvre Élise de prendre une hypothèque… Mais le bien était déjà hypothéqué jusqu'à l'os du vivant de son mari ! Et vous en connaissez, vous, des banques qui prêtent à une vieille dame dans ces conditions ?

Élise Bialek continue donc à vivre dans sa maison, à s'occuper de son jardin et à ne rien demander à personne… Et puis l'inhabituel, l'*extra-ordinaire*, au sens littéral du terme, va faire irruption dans cette petite vie silencieuse et discrète. Une succession d'événements auxquels Élise va se trouver mêlée.

Tout d'abord, le village a été troublé par l'arrivée imprévue d'une caravane de gens du voyage, en route vers leur grand rassemblement des Saintes-Maries-de-la-Mer. Le cantonnier, comme toute la population, a eu des craintes.

— Les autres années, ils stationnent en masse à Nogent. C'est à vingt kilomètres, on avait relativement peu d'embêtements… Quoique… ils rayonnent, il y a toujours des cambriolages, des bagarres dans les bals… Mais quand ils restent groupés, la gendarmerie peut relativement les surveiller. Là, il fallait prévoir le pire : avec le chantier de la centrale électrique, les terrains vagues étaient occupés par des machines et des matériaux. Le campement habituel des manouches était fermé… Ils se sont répartis dans toutes les communes alentour, par petits groupes.

Le maire a dû faire face.

— La loi oblige chaque commune à les accueillir un temps limité, mais là… ils étaient presque aussi nombreux que nos résidents ! Nous ne sommes pas équipés en sanitaires publics pour une telle affluence, et ça a créé des tensions… Cependant, nous avons reçu une directive de la préfecture, et nous avons été contraints de nous soumettre. Vu leur nombre, le seul lieu où ils pouvaient accéder à de l'eau courante, de l'électricité et des toilettes, c'était la place de la Mairie ! Juste sous mes fenêtres. Bon… Il faut savoir se montrer accueillant, n'est-ce pas ?

Élie était pessimiste, mais à l'expérience, il a constaté que ce ne fut pas la calamité redoutée.

— Ils étaient gouvernés par une sorte de… je ne sais comment ils l'appelaient : un chef de famille, un responsable… Un bonhomme très âgé, mais qui avait sur eux une drôle d'autorité ! Il les tenait en ordre, ça, c'est sûr ! Pas question qu'ils viennent semer la zizanie au bistrot : bonjour, au revoir, merci… Il leur avait bougrement fait la leçon, pour que ça se passe bien avec nous autres ! On avait entendu dire que ces tribus, quand ça reste quelque part, ça cague partout… Là, pas un pet de travers, si vous me permettez l'expression ! Même les déchets, les emballages, ils les mettaient dans les containers que j'avais disposés sur la place ! Et quand il y en avait trop, ils les portaient eux-mêmes à la décharge ! J'aurais jamais cru ça possible !

Le séjour des nomades sur le territoire de Saint-André se déroule donc sans troubles majeurs. Le gros de la troupe finit par repartir. Mais plusieurs caravanes restent sur la place. Élie, le premier, en a connu les raisons.

– Vous savez, on entend dire partout que ces gens-là roulent sur l'or. Je peux vous dire que, pour ceux-là, ce n'était pas le cas ! Leur ancien, leur chef, il avait une Mercedes vieille de vingt-cinq ans, même plus ! Un dinosaure, cette bagnole ! Le moteur avait grillé. Il en avait commandé un chez des spécialistes en modèles anciens, à cent bornes d'ici... Et le temps qu'ils en repèrent, je ne sais où, un de rechange encore en état de marche pour cette antiquité, et qu'ils le fassent venir... En plus, deux femmes de la tribu avaient accouché. Là encore, n'allez pas croire qu'elles font ça comme des sauvages, dans un coin de roulotte ! Elles étaient allées à la maternité de l'hôpital de Nogent. Et l'un des gosses avait je ne sais quoi qui n'allait pas. Le pédiatre a conseillé qu'il reste dans le service, jusqu'à ce qu'il soit tiré d'affaire...

Une quinzaine de gens du voyage et trois caravanes demeurent donc sur la place du village. Et cela pour une durée indéfinie. Ce qui n'est pas du goût des Andrésiens : malgré la relative bonne tenue des « envahisseurs », voilà des semaines que l'on se sent obligé de boucler les habitations à double tour, de laisser les chiens dehors pour la nuit et d'interdire à la jeunesse d'aller boire ou danser ! Jack Randier reçoit une délégation de mécontents.

– Ils m'ont fait remarquer que les délais fixés par la circulaire préfectorale étaient dépassés. Je pouvais donc prendre un arrêté municipal, et, selon eux, je le devais ! Et rapidement. Ils avaient fait circuler une pétition et, je dois le dire, pratiquement tous mes administrés avaient signé... Ce qui gênait, surtout, c'était la présence de ces gens en plein centre, sur la place. Je suis allé m'entretenir avec leur porte-parole (un homme fort pondéré, d'ailleurs). Il m'a fait valoir qu'ils obtempéreraient bien volontiers, mais qu'ils avaient d'impérieux empêchements. J'ai donc voulu trouver un terrain d'entente.

En fait, c'est un terrain, au sens littéral du terme, qu'il convient de trouver d'urgence : le village ne possède aucun emplacement de camping viabilisé. Entre ses électeurs en colère et les Roms qui s'incrustent pour cas de force majeure, le maire essaie de ménager la chèvre et le chou.

Le voici donc à faire du porte-à-porte, pour demander qui voudrait bien mettre à la disposition des « visiteurs » un lopin de terre, doté au moins de l'eau courante, et de la possibilité d'y évacuer les déchets ménagers… Vous devinez les réactions ?

— Tout le monde protestait contre leur présence sur la place, mais tout le monde se défilait pour leur prêter un bout de terrain !

— C'est-à-dire tout le monde… sauf Élise Bialek ! Et elle les a accueillis dans son jardin ! Je ne sais pas ce qui lui a pris. Sur le moment, personne n'a compris…

Pour comprendre, il eût fallu connaître un peu le passé d'Élise.

Bialek était son nom de femme mariée. Elle était née Élise Bonnet. Bonne vieille famille du terroir français. À seize ans, elle a rencontré son premier amour, qui devait rester le seul. L'homme de sa vie : *son* Stanislas… Stanislas Bialek, un Polonais, un « Polak », avec son accent à couper au couteau, son caractère soupe au lait et cette manie qu'il avait de chanter et de danser dès qu'il était content !

— Un homme qui danse, comme ça, tout seul ! Vous imaginez ? Le père Bonnet leur a fait un scandale du diable ! Tout le pays les a regardés de travers. Élise a dû se battre pendant cinq ans, contre tout le monde, pour arriver à l'épouser, son Polak !

Alors, soixante ans plus tard, quand elle a vu que l'attitude des villageois de Saint-André envers ces étrangers-là était exactement la même, elle a ouvert la grille de son petit jardin, pour y laisser s'installer deux caravanes et une troupe de Roms dont personne ne voulait.

— Plus d'un mois qu'elle les a gardés sur son terrain !

— Et pas seulement : elle les laissait même entrer dans la maison pour se laver ! On disait tous que la vieille voulait nous narguer, ou qu'elle n'avait plus toute sa tête, mais qu'elle finirait par le regretter.

Élise ne semble prise d'aucun regret. Au contraire.

— Quand ces gens-là ont dit qu'ils repartaient, elle aurait pu les laisser filer discrètement. Je t'en fiche : elle a donné une fête !

Une fête d'adieu, oui, messieurs ! Elle a tenu table ouverte dans son jardin : pouvait venir qui voulait...

– Elle n'a pas attiré grand monde : la plupart de nos concitoyens se sont abstenus ! En gros, les signataires de la pétition...

– On a été quand même quelques-uns à y aller. Moi et ma femme, on avait cuit deux tartes aux prunes. Histoire de bien montrer qu'on soutenait Élise, et qu'on n'est pas racistes.

– Nous avons eu de la chance : un soleil magnifique...

– Ils ont joué de leur musique de romanichels. Et vas-y que je te gratte, et que je te gratte encore, pendant des heures !

– Des gens formidables, finalement... La joie de vivre, bien que ce ne soit pas drôle tous les jours.

– C'est là que le vieux, vous savez, celui dont je vous ai parlé... Il avait toujours une barbe d'une semaine, et un chapeau crasseux, que même mon épouvantail n'en voudrait pas... Ce vieux, donc, il s'est levé devant le peu de monde qui était là, il s'est mis à faire un petit discours et il a dit... il a dit *texto*, je l'ai entendu comme je vous vois : « Madame Élise, je voudrais vous faire un cadeau. Mais comme je ne possède rien, j'ai pour vous une chose qui ne se voit pas, mais plus précieux : je peux réaliser un vœu... »

– C'est exact. Ce sont bien les termes qu'il a employés !

– Réaliser un vœu, non, mais vous vous rendez compte ? C'est pas parce qu'on est de la campagne qu'il faut nous prendre pour des naïfs ! Mais on a vite vu qu'il s'attendait à ce qu'on rigole de lui, parce qu'il a tout de suite ajouté, avec un clin d'œil : « Évidemment, ne me demandez pas de vous faire gagner au Loto... Si j'étais capable de faire ça, je l'aurais fait depuis longtemps pour ma famille ! »

Mais cette belle intention, ces remerciements en public touchent Élise Bialek droit au cœur. À cette émotion viennent s'ajouter la musique, le soleil, plus une ou deux coupes de champagne, dont elle avait depuis longtemps perdu l'habitude... Elle est prise d'un léger malaise. C'est le cantonnier Élie Boussereau et sa femme qui la rattrapent juste à temps...

– On l'a raccompagnée au frais, dans sa salle à manger. Le vieux gitan s'est assis avec nous. Il a dit que ce serait rien, qu'il suffisait de mettre une serviette mouillée sur la tête...

— Élise a repris la plaisanterie, pour montrer qu'elle allait bien. Elle a dit au vieux : « Avec ce turban, je suis presque des vôtres ! Alors, je vais accepter votre cadeau ! »

— Elle a demandé au manouche quelle sorte de souhait il savait réaliser... sans trop se fatiguer ! Il a répondu : « Je peux vous apporter la protection... C'est un don que j'ai reçu de Dieu... »

— Oui, « la protection », c'est ce qu'il a dit, sérieux comme un pape ! Alors Élise s'est penchée vers lui, et elle a fait son vœu, avec le même sérieux...

Cet épisode, plutôt folklorique, va disparaître des mémoires dans les deux années qui suivent, au profit d'un événement considérable pour une si petite commune.

En effet, le Département a libéré une subvention pour la construction d'une résidence pour personnes âgées. Le maire dispose de nombreuses relations, et il obtient que cet établissement soit installé au centre de Saint-André. Le village s'enorgueillit désormais de la présence de ces bâtiments de béton, qui jurent odieusement avec le fameux « style régional », mais rapportent des impôts locaux. Pour compenser, peut-être, cette aberration d'urbanisme, on a baptisé cette laideur : le « Chemin des Lilas ».

L'une des premières personnes à en bénéficier sera Élise Bialek, mais, hélas, dans des conditions tragiques...

Élise est victime d'un accident vasculaire cérébral, malheureusement suivi d'une hémiplégie. Ce qui fait que, à sa sortie d'hôpital, elle ne dispose plus de son autonomie. Les médecins s'opposent à ce qu'elle retourne vivre seule dans une maison jugée insalubre, mal chauffée et pas du tout aménagée pour une personne handicapée.

— Elle était paralysée de tout son côté gauche. Remarquez, ça ne l'avait pas changée. C'était toujours notre Élise : une moitié de sa figure était gelée, mais de l'autre, elle continuait à nous sourire !

Il n'empêche : à avoir vécu comme l'oiseau sur la branche, elle se retrouve cette fois dans une situation dramatique.

– Elle ne pouvait vraiment plus vivre chez elle, et ses revenus ne suffisaient pas à payer son séjour au Chemin des Lilas. Notre assistante sociale a obtenu le complément par le Département. Bien entendu, il nous a fallu mettre en vente les biens de Mme Bialek...

Les meubles et objets personnels sont partis en salle des ventes, pour trois francs, six sous. Et en ce qui concerne la maison, il y en a tant qui sont à vendre aux alentours, en tellement meilleur état... Les acheteurs ne se sont pas précipités...

Alors, sagement, Élise intègre la toute nouvelle résidence de retraite, le Chemin des Lilas... Au moins, elle n'a pas à quitter son village.

– Elle disait que, rien que pour cela, elle se jugeait privilégiée, par rapport à tant de vieilles personnes qui sont loin de tout ce qu'elles ont aimé...

De plus, la situation dégagée de ce bâtiment moderne fait que, depuis la terrasse, Élise peut apercevoir la colline de La Noue, et sa maison. Elle se fait donc conduire là-haut, lorsque le vent ne souffle pas trop, et elle reste des heures à regarder... chez elle.

Elle va passer ainsi deux années au Chemin des Lilas. Son état de santé s'est stabilisé. Et puis un jour, pendant le déjeuner, une aide-soignante lui demande si elle veut du dessert. Élise répond :

– Non, merci... Je n'aurai plus besoin de rien...

Et sa tête bascule tranquillement en avant... Élise Bialek a quitté ce monde dans un sourire.

C'est lors de ses funérailles que vont se produire – devant des gens comme vous et nous, des gens de bon sens – les événements sans lesquels cette histoire... ne serait pas une histoire.

– Oui, c'est aux funérailles que c'est arrivé... On a mis cette pauvre Mme Bialek en bière. À la sortie des Lilas, ça m'a étonné : j'ai vu que pas mal de monde était venu pour l'accompagner.

– Dame, on la connaissait depuis toujours !

– Le corbillard a démarré… Depuis la résidence, vous avez deux chemins possibles pour aller au cimetière : tout droit à travers le village ou en faisant le détour par la colline…

– J'ai dit au chauffeur : « Prends donc par La Noue, on va faire passer cette pauvre Élise une dernière fois devant chez elle… » Et c'est ce qu'il a fait.

– Et nous voilà, elle devant, nous derrière, à longer son jardin, avec un rayon de soleil, juste au bon moment.

– Seulement, on n'a pas plutôt dépassé le bout de son terrain qu'on entend ce craquement !

– Plus qu'un craquement ! Ça craque, et ça tonne en même temps, comme qui dirait !

– C'est ça : crac, et braoum !

– On se retourne, et on voit la maison qui se recroqueville sur elle-même !

– Comme si on l'aspirait vers l'intérieur !

– Elle se replie par le milieu, et elle s'effondre ! Comme un château de cartes !

– Un tas de gravats, dans un nuage de poussière ! Il n'en restait plus pierre sur pierre, de la maison d'Élise !

Alors, bien sûr, les langues commencent à trotter. Car les mémoires se réveillent et tout le monde se rappelle l'épisode de la fête champêtre offerte par Élise Bialek au départ des gitans… le « cadeau magique ». Certains s'interrogent sous cape : serait-il possible que… ?

Néanmoins, tous ceux qui ont la tête bien vissée sur les épaules rient ouvertement. On ne se moque pas d'Élise, qu'on aimait bien, et, de toute manière, on ne rit pas d'une morte !

– Mais entre nous, avouez qu'il y a de quoi se marrer : entendre des sottises pareilles à Saint-André ! On a eu la télévision, qui est passée avec le Tour de France ! Bientôt, on va nous installer, sur les hauteurs, un relais pour les téléphones mobiles ! Et il y a encore des gogos pour marcher à fond dans les superstitions qui entourent ces gens-là ?

– Et puis, son romano en chapeau de feutre… C'est bien la protection, qu'il lui avait promise ? Cette pauvre femme est tombée paralysée, elle a fini ses jours en chaise roulante, elle n'a jamais plus remis les pieds chez elle !

— Et, pour faire bonne mesure, sa chère maison qui s'effondre ! Si c'est ça, être protégée... il peut aller se jouer un air de guitare, le sorcier !

Effectivement, voici apparemment un cinglant démenti pour les amateurs de merveilleux : au lieu de la protection promise, une suite de malheurs... Apparemment.

Alors, vous vous demandez pourquoi avoir choisi de vous faire connaître cette histoire. Tout simplement pour ce qui va suivre : écoutez jusqu'au bout le témoignage de notre cantonnier et de son épouse.

— Ils avaient tort de rigoler, tous autant qu'ils sont... Ma femme et moi, on s'est pas moqués du tout. Parce que nous, on savait que le cadeau du vieux monsieur, il avait vraiment fonctionné !

— Nous, on était avec eux dans la salle à manger, quand il lui a fait sa magie ! Quand elle s'est penchée vers lui pour faire son vœu, on a entendu *exactement* ce qu'Élise lui a demandé...

— D'ailleurs, elle a employé les mêmes mots que devant le conseil municipal... Elle a dit *texto* (et là, je vous rapporte ni plus ni moins ce que j'ai entendu !), elle lui a dit, à ce vieux : « Pour moi, je ne m'en fais pas... Je n'ai rien à demander... Mais si j'ai un souhait à faire, ce serait pour ma maison. Je voudrais qu'elle tienne pierre sur pierre, *jusqu'au jour où je serai logée entre quatre planches* »...

Élise s'écroule. Sa maison s'effondre. Jusqu'à sa mort, la fermette, si chère au cœur de Mme Bialek, a tenu bon. Tant qu'Élise a pu la regarder, depuis la terrasse des Lilas...

Protection magique ? « Fadaises », diront les rationalistes... « Coïncidence », diront les gens de bon sens : il s'agit tout au plus d'*autosuggestion* chez une vieille personne naïve et diminuée !

Dans ce cas, permettez-nous juste une question : comment cette vieille dame, recluse dans une résidence de retraite, s'est-elle autosuggéré de décéder exactement à la date requise pour partir entre quatre planches... *à l'instant où sa maison allait s'effondrer ?*

Le puits et la vérité

Le jour où vous tenez enfin en main un objet qui témoigne de l'incroyable, deux attitudes s'offrent à vous : vous mettre à croire à l'incroyable ou hausser les épaules et conclure que les objets, ça raconte vraiment n'importe quoi.

Mais il y a des circonstances où vouloir douter à tout prix tiendrait de la plus inutile mauvaise foi...

Longtemps, alors que nous faisions des émissions de radio, nous avons eu nos bureaux tout près de l'Élysée. Aux fêtes importantes pour la nation, la Garde républicaine à cheval stationnait sous nos fenêtres pour jouer les musiques martiales en l'honneur du chef de l'État. Lorsque la télévision a pris son essor, nous avons déménagé vers des locaux plus proches de ceux des chaînes.

Dix ans plus tard, environ, un après-midi de soleil propice à la flânerie, nous avons eu envie de revenir vers ce quartier où nous avions passé de si bons moments. Près de « notre » porte cochère, une plaque de cuivre, austère et imposante, nous donne à savoir que nous avons été remplacés par des gens importants, de l'univers de la finance. Ce genre de choses est prévisible : nous n'avons été que de passage dans ces locaux. N'empêche, cela provoque toujours un petit pincement...

Heureusement, une présence familière nous redonne le sourire : le « monsieur des tapis » est toujours là ! M. Vourian tenait un commerce de tapis anciens, à cinquante mètres de « chez nous ». Lorsque nous étions du coin, il n'était pas rare que, fatigués d'avoir cherché des idées nouvelles, nous entrions passer un moment avec lui. Il nous a appris des milliers d'anecdotes sur les origines et la symbolique des tissages anciens, l'existence des peuples quelquefois disparus qui les avaient créés.

M. Vourian (nous n'avons jamais su son prénom) est présent, fidèle à lui-même. Il se tient sur le pas de sa porte, été comme hiver, dans un costume obstinément gris, comme pour ne pas gâter l'éclat des merveilles dont il est entouré. Il nous a tout de suite reconnus, malgré les années, et nous invite, comme avant, à entrer dans l'ombre du magasin, où règne en permanence une odeur de thé parfumé et de vieux tissus.

C'est un curieux bonhomme tout rond, qui a gardé de ses origines arméniennes une ombre d'accent : il roule un *r* sur deux, ce qui donne quelque chose dans le style :

– Je suis très *honolé* de votre *plésence* !

Noyés dans des fauteuils de cuir avachi, drapés de kilims princiers, nous retrouvons le rituel de nos après-midi :

– Eh oui… déjà dix ans. On ne rajeunit pas… Et le fils ?

– Il a fini ses études en Amérique et il a ouvert un magasin. Dans le Marais, le lieu qui va devenir branché. Il a le nez pour prévoir le succès…

Aux regards que nous lance Vourian par-dessus sa tasse, nous sentons qu'il nous jauge. Au-delà de la conversation de retrouvailles entre voisins, il brûle de s'ouvrir à nous, et, à la fois, il hésite. Exprès, nous laissons le silence s'installer. L'Arménien potelé a croisé les mains, les index dressés, posés à la hauteur des lèvres qui dessinent en permanence un demi-sourire… Il plisse les yeux :

– Je me demandais… maintenant que vous avez du succès dans les médias… avez-vous perdu votre faculté à vous émerveiller ? Êtes-vous encore capables de croire à quelque chose… d'impossible ?

– On peut le souhaiter !

– J'ai peut-être quelque chose pour vous…

Il s'est levé, souple et bondissant comme une balle de caout-chouc. À sa ceinture, au bout d'une chaîne, un lourd trousseau de clefs. Il ouvre une vitrine et y cueille une coupe d'argent.

– Regardez bien, je vous prie.

C'est une pièce très légère, très fine. Au fond, repoussée dans le métal, l'image naïve d'un petit mouton, la patte avant passée sur la hampe d'un drapeau. Une bannière, plutôt, avec sa pointe bifide, qui flotte avec des plis trop raides : l'Agneau de Dieu. Sur le bord intérieur de la coupe, une frise circulaire faite de caractères arméniens. Difficile de dater un tel objet... Un siè-cle ? Deux ? Bien davantage ?

Le petit homme tout rond attend, debout, que nous ayons terminé l'examen :

– Vous croyez au destin ? Je veux dire : à la prédestination ? Est-ce que le mot existe, en français ? Sinon, il va vous falloir l'inventer ! Parce que cette coupe en est l'instrument. Un destin secret, qui s'est dénoué voilà quelques jours. Juste à l'endroit où vous êtes assis ! Permettez-moi : je raconte...

– Votre attention s'il vous plaît ! Vol 812 à destination d'Istanbul... Embarquement immédiat, porte 24 !

On voit toutes sortes de gens, dans un hall d'aéroport, mais en ce jour de mai 1983, voici deux silhouettes inattendues. Elles sont là depuis longtemps, sagement assises sur les chaises de plastique. Elles ont accompli depuis une heure au moins les for-malités d'enregistrement et de douane, et elles attendent.

Deux grands-mamans en tenue coloniale, ou presque. Les deux mêmes tailleurs, façon saharienne, beige. Deux chapeaux de paille identiques, à mi-chemin entre safari et jardinage en banlieue. Sac à main sur les genoux : *idem*. Deux apparitions cocasses qui se lèvent d'un bond au premier appel des haut-parleurs.

Ces respectables personnes se prénomment Odette et Hen-riette. Petits noms bien français. Mais leur patronyme, leur nom de jeunes filles, explique leur présence ici : Achdjamian. Un nom d'origine arménienne, et c'est à la recherche de leurs origi-nes que s'envolent aujourd'hui les sœurs Odette et Henriette

Achdjamian. Notez bien leurs âges : soixante-douze et soixante-huit ans.

Odette a été mariée, elle est veuve et plusieurs fois grand-mère. Henriette est restée demoiselle. La solitude de l'une… Les distances prises par les enfants de l'autre… Elles ont décidé que cela ne les empêcherait pas d'avoir un heureux troisième âge, tant que le bon Dieu leur laisserait la santé.

C'est la première fois qu'elles prennent l'avion, qu'elles vont si loin… Du moins pour Henriette, la plus jeune.

Odette, elle, est née là-bas. Elle en est partie à quatre ans, en 1915, chassée par le génocide. Odette n'est d'ailleurs pas son vrai prénom. Elle en a eu un autre… Mais lorsque, après avoir erré durant cinq années dans une Europe déchirée par la guerre, ses parents ont trouvé une terre d'asile en France, ils ont voulu une identité française pour la petite fugitive. Entre-temps, à peine engagés sur les routes de l'exil, ils avaient donné naissance à une autre fillette, conçue sur leur terre d'origine, mais qui fut prénommée Henriette.

Seulement, la vie a beau vous secouer ou vous choyer, elle a beau vous jeter dans les jambes tous les ennuis qui font oublier, on n'oublie pas… On reste un déraciné, orphelin de son pays, et on meurt comme un vieil enfant de là-bas…

Là-bas, pour Odette Achdjamian, c'est Bursa, une petite bourgade à cent cinquante kilomètres d'Istanbul. Une ville thermale. C'est un souvenir ténu, parce qu'elle n'était qu'une petite fille, mais jusqu'au bout, jusqu'à leur mort, ses parents ont entretenu sa mémoire… Ils lui ont appris leur langue, à la parler et non pas à l'écrire… Notez cela : c'est important pour l'étrange dénouement de cette histoire.

Odette, à soixante-douze ans, se rappelle donc des morceaux de son pays, comme un puzzle qui aurait traîné dans les tiroirs, et dont il manquerait des pièces… Par exemple, depuis toujours, elle rêve non pas en couleurs, mais en odeurs… Une odeur forte de mouton qui cuit… le suif fondu… Une odeur si présente dans ses songes qu'elle la réveille parfois…

Et puis une image, comme une vieille photo, qui peut s'estomper pendant des mois et, d'un coup, revient plus nette. L'image d'une maison… Une maison fraîche, refermée autour d'une cour... Une cour, avec un puits pas tout à fait au centre... Cette cour est bordée par un mur, un mur percé d'une porte de bois épais, dont le haut est arrondi... Et, devant la porte, trois marches... Oui, trois marches exactement, qui donnent sur une rue semée de cailloux jaunes...

Trois marches assez hautes, elle s'en souvient Odette, parce que c'est amusant de se risquer à sauter ces trois marches quand on a de petites jambes de quatre ans, cela fait battre le cœur... Et aussi, presque en face de la maison, se dresse une église... Une église de quartier... C'est un souvenir dont Odette connaît la provenance : un cliché découpé dans un magazine, et que son père gardait plié dans son portefeuille, avant la guerre, avant 1939.

Voilà, c'est pour tenter de donner un sens à ces bribes, à ces morceaux d'une vie disparue, à ces débris émouvants et dérisoires, que ces deux grands-mères prennent l'avion pour la première fois de leur vie, un jour de mai 1983.

– Vol 812 pour Istanbul ! Dernier appel !

Elles sont déjà installées, près d'un hublot. Un creux à l'estomac. Normal.

Pendant tout le vol, hôtesses, steward, chef de cabine, vont se relayer, aux petits soins. L'équipage a tout de suite repéré ces deux mamies qui font leur baptême de l'air. Henriette est ravie. Odette aussi. Au début. C'est qu'elle aimerait parler à sa sœur, tranquillement. Et ce qu'elle a à dire n'est pas facile. Alors, être interrompue sans cesse par les attentions du personnel finit par l'agacer.

– Henriette... tu sais... enfin, non, tu ne sais pas, justement... Lorsque papa est mort, il voulait... Non, merci, mademoiselle ! Plus de champagne ! Non, ma sœur non plus, merci... Où en étais-je ? Ah oui ! Il y a quelque chose que nos parents ne t'ont jamais dit... Papa est mort avant d'avoir eu le temps... Mais c'était délicat... tu étais la cadette...

– Odette... J'avais cinquante ans quand il est mort !

– Oui, bien sûr... Mais tu étais toujours « la petite » pour lui... Ah ! comment te dire cela ? Nous... nous n'étions pas seules... Enfin...

Henriette lui prend le bras :

– Tu veux parler de nos autres frères et sœur ? Ceux qui sont morts là-bas en 1915 ?

Odette a pâli :

– Tu... tu savais ? Mais qui est-ce qui... Et depuis quand ?

– C'est maman qui m'a révélé leur existence. En 1950 ou 51. Je l'ai trouvée en larmes dans la cuisine. Elle m'a tout dit... Elle m'a parlé de nos deux frères et de notre sœur... Elle m'a dit qu'ils étaient chez des cousins en ville quand les massacres ont commencé... Ce quartier qui a été détruit, personne n'en a réchappé... Dans leur fuite, nos parents n'ont pu emmener que toi, ma petite Odette. Et moi, évidemment, dans le ventre de maman... Elle m'a demandé de ne pas dire à papa que j'étais au courant. Et lui n'en parlait jamais, à cause de toi. Il croyait que tu avais oublié... Tu étais si jeune...

– Eh bien, non, tu vois... Je n'ai jamais oublié. Mes rêves, depuis toujours... Je rêve comme si j'avais encore cet âge-là ! Je vois, je sens... Oh ! J'invente aussi, sûrement... Comme par exemple... tu vas rire, mais... tu sais, ce puits, pas tout à fait au milieu de la cour... je rêve souvent d'un homme, vieux je crois... Oui, un vieil homme, qui descend dans ce puits, accroché à une corde ! Tu crois que ça a une signification ?

– Rien de logique, sûrement... Mais souvent, dans les songes, les scènes revêtent un caractère symbolique... Il y a des spécialistes pour les interpréter !

– Il faudra que j'en consulte un... Un homme qui descend dans un puits... surtout un homme si vieux... ça doit vraiment avoir un sens caché... Enfin, pour nos malheureux frères et sœur, je suis contente que tu saches... Pour moi, c'étaient des images enfouies, dont je n'ai jamais parlé à personne... Sauf une fois, à notre père : je voulais savoir qui étaient ces autres enfants qui jouaient avec moi, que je me rappelais si fortement... Je n'ai osé poser la question à papa que quelques mois seulement avant sa mort... Il a pleuré...

Odette est soulagée. Leur grand voyage n'aurait pas été parfait avec ce secret entre elles. Maintenant, tout est clair. Mais elle ne se doute pas que cet aveu n'efface rien. Le destin est au rendez-vous. Là-bas.

Elles sont à Bursa, maintenant. Le Tchélik Palace, un hôtel à l'ancienne, un établissement de station thermale comme du temps des colonies. Mais elles n'y restent guère. Elles partent en prospection au long des rues...

Odette est désorientée ; elle s'était imaginé que cela allait se passer comme par un coup de baguette magique : elle allait se diriger, guidée par une sorte de radar, et elle arriverait droit à la maison... Mais elle ne reconnaît rien... Des couleurs, peut-être... Parfois une bribe de conversation qui réveille un écho... Mais rien d'autre.

Et elles n'osent pas demander. À qui ? Et comment ? Elles ne savent pas le turc et elles ne vont surtout pas se mettre à parler arménien ! Pas ici ! Leurs trois mots d'anglais sont insuffisants. En plus, ce sont des femmes. Des femmes européennes, seules. Elles ont un peu peur de certains regards hostiles, des phrases brèves qu'elles entendent dans leur dos. Au bout de quelques jours, pourtant...

Elles se sont écartées du centre. Ici, les rues sont encore plus étroites, pas très propres. Odette sursaute, renifle :

– C'est l'odeur... Henriette ! L'odeur, dans mon rêve ! L'odeur du mouton !

– Oh ! Tu sais, du mouton, il en cuit partout.

– Mais regarde ! L'église !

Le bâtiment que désigne Odette n'a plus que l'aspect extérieur d'une église. Une maison de Dieu qui s'en va en petits morceaux. À l'intérieur, on remise de la paille, du fourrage pour les ânes et du grain. Des poules nichent sur ce qui fut jadis l'autel, et les vitraux sont remplacés par des planches grossièrement clouées.

– C'est bien notre église, j'en suis sûre ! La photo, sur la page de journal usée, dans le portefeuille de papa, avant la guerre !

Alors la maison, ce doit être celle d'en face ? Henriette secoue la tête :

– Non, Odette ! Tu m'avais parlé de *trois* marches... devant la porte... Elles n'y sont pas !

C'est vrai. De l'autre côté de la rue, il y a bien un mur blanc, surmonté de tuiles... Une porte de bois, peinte en bleu vif, arrondie en haut... Mais elle se trouve de plain-pied avec la chaussée ! Pourtant les deux sœurs s'approchent. Elles passent, repassent.

— Vous cherchez quelqu'un ?

La phrase brève a été lancée en turc. Mais à l'intonation, elles ont compris. Un vieil homme est apparu sur le seuil. Il est coiffé du chèche jaune du *hadj*, le musulman pieux qui a accompli le pèlerinage à La Mecque. Une moustache blanche lui cache la bouche. Pantalon râpé et gilet noir. L'air pas aimable, il attend une réponse à sa question. C'est maintenant ou jamais... Odette risque le tout pour le tout : elle ose parler en arménien.

— Votre maison... ici... il y avait trois marches ?

Mais avant que l'homme n'ait eu le temps de répondre, une femme est arrivée derrière lui. Elle crie quelque chose d'une voix aiguë. Le vieux essaie de la calmer. Il a l'air de dire : « Oui, oui, d'accord. » Et il fait signe aux deux sœurs d'un geste impératif de la main, un geste international qui signifie : « Fichez le camp. » Mais en même temps, il leur parle. Vite.

— Revenez demain !

Et le vieux *hadj* vient de s'exprimer... en arménien !

Inutile de vous dire toutes les suppositions que peuvent écha-fauder les deux sœurs pendant ces vingt-quatre heures ! Mais aucune ne sera aussi fantastique que la réalité.

Le lendemain, devant la porte bleue, Odette a soulevé le heurtoir, timidement. Avant que la boule de fonte ne retombe, la porte s'ouvre. Le vieux Turc est là :

— Entrez vite !

Elles y sont : elles sont dans *leur* maison !

Sur la façade, la loggia de bois accrochée à hauteur du pre-mier étage. La cour intérieure. Et le puits ! Le puits, pas tout à fait au centre !

C'est trop d'émotions, à soixante-douze ans. Le Turc, vivement, avance un tabouret à l'ombre. Pendant qu'Odette se reprend, il explique, à nouveau en arménien :

— Ma femme... partie chez mon fils, aujourd'hui. Elle ne veut pas que je parle cette langue.. N'aime pas les étrangers... Européens... Français... Elle dit : « Ils ont envoyé leurs soldats contre nous aux Dardanelles... » Vieille famille turque, ma femme ! N'oublie pas...

Alors Odette explique que, elle non plus, n'oublie pas. Et elle raconte tout, très vite. Son enfance, ses parents, la fuite, la France... Elle s'emmêle un peu... L'église, les trois marches... ? Le Turc reste de marbre.

Odette enchaîne, pêle-mêle : ses frères et sœur massacrés chez leurs cousins, en ville... Ses rêves... l'odeur de mouton grillé, le vieillard dans le puits...

Le vieux *hadj* ne dit rien. Il écoute. Puis il désigne la sortie :

– Assez, maintenant... Pas rester plus longtemps, vous... Ma femme en colère... Les voisins voir vous... Pas bon avec femme turque...

Odette et Henriette sursautent. Déjà ? Non ! C'est trop peu ! Elles auraient, au moins, voulu voir l'intérieur de la maison !

– Attendez ! Vous devez connaître les gens, ici ! Est-ce que nous aurions encore de la famille, même éloignée ? Est-ce que... ?

– Partir, maintenant !

– S'il vous plaît, monsieur... Si votre femme reste absente quelques jours, est-ce que nous pourrions revenir ? Pour parler un peu, essayer de...

– Non... Tout est faux... Votre voyage... c'était pour un mensonge !

– Mais qu'est-ce que vous dites ?

– Un mensonge... Vos rêves... c'est faux, ils sont seulement mensonges ! Vous croyez que ces rêves sont à vous ? Qu'ils rappellent des souvenirs qui sont à vous ? C'est faux ! Pas des choses de votre vie, que vous vous rappelez ! Seulement ce que vos parents vous ont raconté ! Et vos parents... ce sont des menteurs ! Des menteurs !

Il les a poussées dehors. Elles se retrouvent au soleil, sous les regards curieux des passants. Elles n'osent pas refrapper à la porte. Alors elles rentrent à l'hôtel. Que faire d'autre ? Imaginez ces deux vieilles dames, dans cet endroit où elles ne connaissent personne et après cette scène qui, pour elles, a été terrible...

Odette est très éprouvée. Elle doit s'aliter. Sa sœur lui tient la main et, ensemble, elles tentent de passer en revue le moindre détail, le moindre mot de cet entretien, pour essayer d'y voir clair...

Est-il possible que le Turc ait raison ? Que toutes ces images qu'Odette a fait partager à sa sœur soient de *faux* souvenirs, imaginés uniquement à partir des récits de leurs parents ?

Mais alors pourquoi ce mot de « mensonge » ? Ont-elles bien compris ?

– Peut-être voulait-il dire « illusion » ?

– Non, il a bien dit « mensonge » !

Elles ne parlent qu'un arménien approximatif, et le vieux aussi... Tant de questions...

Cela dure trois jours. Au quatrième matin, la réception appelle : il y a un visiteur pour elles. C'est lui, le vieux de la maison à la porte bleue.

Lui, si hautain sur son seuil, presque arrogant quand il les a éconduites, le voici tout emprunté, minuscule dans le hall somptueux du Tchélik Palace. Il a mis son costume noir des grandes occasions et un chapeau. Il transporte un cabas de plastique rose.

Les deux sœurs l'invitent à s'asseoir dans le coin salon. Il se pose en biais dans un fauteuil trop bas et mordille sa moustache :

– Avec ma femme j'ai parlé... La vérité, je vais vous dire... Mais après, partez-vous-en ! Pour toujours. Je veux.

Il est impératif. Henriette et Odette n'osent même pas ouvrir la bouche. Le vieux continue, et on sent, dans ses phrases plus claires, qu'il a mûrement réfléchi ce qu'il dit :

– Il y avait bien, devant la maison, trois marches. À cause des voitures, la rue on a comblée, avec du goudron. Alors ont disparu les marches. Votre maison ce fut. Avant. C'est la mienne aussi. Depuis toujours. Votre frère je suis !

Oui, il est bien leur frère, retrouvé après soixante-huit ans ! Lorsque les troubles et les massacres ont commencé, il se trouvait chez des cousins, avec les deux aînés. Seule Odette, la benjamine, était restée avec les parents. Le danger se rapprochait. La rumeur relayait la destruction du quartier où les cousins habitaient : tout le monde avait été massacré ! Ils ont dû prendre, en quelques minutes, la décision de tout quitter, et, dans leur fuite éperdue, ils n'ont emmené qu'Odette. Et le bébé dont sa mère était enceinte, Henriette.

Ont-ils *cru* réellement ou seulement *voulu croire* au décès des trois autres enfants, pour ne pas s'avouer qu'ils les abandonnaient ? On ne le saura jamais.

L'homme qui est là est le seul survivant. Il a été adopté par une famille turque, il s'est converti à l'islam, et il est devenu turc à part entière. Il se nomme maintenant Hamet.

Il s'est marié à une Turque, du peuple profond, d'éducation traditionnelle. Elle porte le voile et refuse de s'ouvrir à l'Occident, estimant que de là vient le danger pour sa civilisation.

L'abandon qui a frappé Hamet, enfant, lui a rendu facile de partager la haine de sa femme pour tout ce que ces deux Françaises lui rappellent : des parents qui l'ont lâché dans la tourmente.

Et la maison ? Il a économisé toute sa vie pour la racheter.

Odette et Henriette pleurent. Le vieux est gêné. Il se lève. Il répète qu'il ne veut plus les voir, à cause de son épouse. Et puis, avant de partir, il tire de son cabas rose un paquet enveloppé de toile cirée :

– Tenez. Dans le puits, je l'ai trouvé.

Après la visite des deux sœurs, il a été intrigué par ce rêve récurrent qu'Odette lui avait confié. Alors, dans ce puits, pas tout à fait au centre de la cour, il est descendu.

Un vieillard, descendant dans un puits... Exactement comme dans le songe « sans signification » qui obsédait Odette !

À mi-hauteur, une pierre était déplacée. Une cache était aménagée derrière.

– Pour vous cela était, je pense. Prenez.

Quand elles se sont retrouvées seules, les deux sœurs ont ouvert le paquet. Il contenait pour des milliers et des milliers de francs d'objets précieux : des bijoux, de l'argenterie.

Odette avait-elle reçu en rêve, à l'avance, la vision de son frère inconnu, plongeant dans le puits de leur maison retrouvée ? Ou bien avait-elle seulement conservé le souvenir de leur grand-père qu'elle avait bel et bien vu, petite fille, y descendre à l'annonce des troubles, pour cacher les trésors de la famille, afin de les protéger des pillards ? Qui pourra le dire ? Ce n'était qu'un rêve, de toute manière... Mais le vrai mystère, lui, est porté par un objet bien plus matériel.

Les deux sœurs n'ont pas voulu s'avouer vaincues, même par tant d'années de confusion, de secrets familiaux. Ce frère, miraculeusement retrouvé, elles ne voulaient pas se résoudre à le reperdre aussitôt. Maintenant qu'elles le savaient de ce monde, le silence et l'oubli leur seraient insupportables.

Alors elles sont allées demander audience au patriarche arménien. Elles l'ont prié d'intercéder auprès de leur frère, de sa femme... Qu'ils acceptent au moins un échange de correspondance... avec l'espoir que la compréhension naîtrait.

Elles ont aussi confié les objets précieux au patriarche. Elles estimaient que cela serait plus utile à leur frère et à sa famille qu'à elles, qui avaient tout ce qu'il leur fallait.

Le patriarche a promis de faire son possible, mais, de leur trésor, il a extrait une coupe. Une petite coupe d'argent, avec des lettres gravées sur le pourtour, en écriture ancienne. Il a insisté :

— Emportez cela, au moins. Vous *devez* la garder.

Cette coupe, elle est entre nos mains. Nous nous la passons, la faisons tourner entre nos doigts, comme si elle devait encore nous révéler un pan caché de cette aventure.

Le petit monsieur tout rond nous laisse réfléchir, faire virevolter des suppositions.

— Cette semaine, les dames Achdjamian sont venues me visiter. Elles se sont assises exactement où vous êtes... Elles avaient reçu la première lettre du patriarche. Il est entré en relation avec l'imam de la mosquée où le frère va prier.

Judicieuse diplomatie : cet homme est un *hadj*, n'est-ce pas ? Un vrai croyant ? Si la foi peut soulever des montagnes, elle peut sûrement lever la barrière de la rancœur ? À la lettre du patriarche, une carte était jointe. Quelques mots de Hamet, au crayon, sur une carte publicitaire pour une boisson gazeuse locale, au jus de cerises... Était-ce spontané ? Son imam lui a-t-il tenu la main ? Quelques mots de salutation, un peu formels. Mais Hamet a nommé les destinataires « mes sœurs » !

– C'était écrit en turc... Puisqu'il est turc, n'est-ce pas ? Elles m'ont demandé de traduire, et elles m'ont confié aussi cette coupe... Elles la regardaient tout comme vous, en se demandant pourquoi cet objet *devait* absolument leur revenir. Je me suis penché dessus... Votre estimation était juste : elle a deux cents ans, à peu près. Ce n'est pas une pièce très extraordinaire... Par contre, j'ai réussi à lire les caractères anciens gravés... Le patriarche avait dû les lire aussi, ce qui explique son insistance à ce qu'elles l'emportent...

Sur cette coupe, qui était restée murée dans le puits depuis l'éclatement de la famille, l'artiste avait inscrit deux siècles à l'avance, autour de l'Agneau de Dieu, une phrase, que l'on peut supposer tirée de la tradition de l'Église d'Orient. Une de ces sentences qui peuvent prendre des tas de significations...

Sur cette coupe, cachée derrière une pierre, dans le puits, pas tout à fait au centre de la cour, dans la maison à la porte bleue, la maison de cette famille éclatée, il se trouve que (par le plus grand hasard, bien sûr !), on peut lire : « Je vous réunirai lorsque je verrai la lumière. »

M. Vourian nous ôte des mains la fine coupe, la replace dans la vitrine. Il la caresse légèrement et se retourne vers nous, les yeux plissés, malicieux.

– Voilà : ce que je vous ai raconté, les sœurs Achdjamian l'ont vécu. Indiscutablement, c'est arrivé. Mais à votre avis... est-ce possible ?

La femme du Grand Ferrero

*Parmi les auteurs de « prodiges », certains nous sont particulière-
ment sympathiques. Ceux qui en font honnêtement un métier : les
magiciens de music-hall. Nous en connaissons parmi les plus talentueux de ce monde de paillettes, nous les avons souvent invités dans
nos émissions de radio et de télé.*

*Nous les aimons parce que, loin des charlatans qui veulent abuser de
notre crédulité, ceux-là annoncent la couleur : « Tout ce que vous allez
voir n'est qu'illusion, pure illusion ! Et pourtant, vous le verrez ! ». Et
c'est justement parce que nous le savons que, tels de grands mômes, nous
en restons bouche bée. Et, bon public, nous en redemandons !*

*Parmi ces champions magiques, il en est une catégorie assez
mal connue en Europe jusqu'à ces dernières années. À la limite de
l'étrange, ce sont les « mentalistes ». Utilisant peu les ressources de
la prestidigitation, les accessoires truqués et les décors, ils semblent
capables de faire agir les spectateurs d'une manière programmée…
et même de leur faire penser ce qu'ils leur commandent de penser !*

*Bien entendu, ils en conviennent : leur art est aussi une illusion.
Mais quelques-uns d'entre eux nous l'ont confié : ils se sentent parfois dépassés par la puissance de cette illusion. Reposerait-elle,
quand même, sur un « pouvoir » qui défie leur propre raison ?*

– Maman, maman ! Viens vite ! Ça va être à lui ! Tu vas
manquer le début !

Kathrin Ferrero jaillit de la cuisine avec, dans chaque main, une assiette fumante. Elle en pose une sur les genoux de son fils, Tommy, assis en tailleur sur le tapis du salon, les yeux rivés sur la télévision :

– Tiens ! Goûte-moi ça, tu m'en diras des nouvelles !

– Berk ! Encore du risotto !

– Dis donc, d'habitude, c'est celui à la milanaise que tu n'aimes pas ! Celui-là, c'est du noir, avec de l'encre de seiche, la recette de ta grand-mère ! Et de toute manière, c'est tout ce que j'avais sous la main !

La jeune femme s'installe en tailleur elle aussi, mais sur le canapé, absorbée par ce qui se déroule sur l'écran. C'est la fin des publicités. La caméra revient dans un immense restaurant, tables rondes recouvertes de nappes blanches, derrière lesquelles on devine une scène, pour l'instant plongée dans la pénombre. La voix off d'un présentateur commente :

– Eh bien, nous sommes toujours en direct du Golden Bucket, le casino géant de Las Vegas, pour le grand show offert par Frank Sinatra. Je vous rappelle que les sommes, déjà impressionnantes, qui seront recueillies ce soir auprès des prestigieux invités serviront intégralement à la construction d'un hôpital modèle pour les enfants !

La caméra fait un saut un peu brusque pour cadrer la scène. Le célébrissime crooner est entré discrètement devant la rampe, presque comme un figurant, regardant ses chaussures vernies. Très au point, son numéro de fausse modestie. Il va vers le micro, adresse un clin d'œil à sa tablée :

– OK… Je vous avais prévenus, mais j'en vois qui ne se sont pas assez dépêchés d'engouffrer leur caviar ? Dommage pour vous, les copains : vous allez devoir oublier tout ce qu'il y a dans vos assiettes… Car ce à quoi vous allez assister maintenant défie littéralement la raison… Il s'agit, je suis fier de le dire, de quelqu'un que j'ai découvert moi-même au cours d'un de mes voyages… J'ai tenu à ce que, ce soir, l'Amérique entière le découvre aussi… Mesdames et messieurs, je vous demande de me faire confiance et d'offrir, à l'avance, un triomphe à cet homme du mystère…

Frankie retire le micro de son support, recule vers la coulisse :

– Mesdames et messieurs, pour la première fois en diffusion *coast to coast... le Grand Ferrero* !

Kathrin frissonne et Tommy lâche sa cuillère lorsqu'un projecteur va chercher à l'autre bout de la scène une silhouette familière : pour eux, le Grand Ferrero se nomme Marco, le mari tendrement aimé, ou papa, tout simplement.

Applaudissements. L'orchestre entame une valse très lente, sur laquelle l'artiste semble glisser avec une fluidité irréelle. Seul devant le rideau de fond, sans aucun accessoire, il fait surgir de nulle part des colombes, des fleurs, des étoffes légères comme des nuages, un lapin qui s'enfuit vers les coulisses... Un léger flottement dans le public... Quelques claquements de paumes très modérés saluent ce début. Déception : c'est joli, comme numéro, mais bien classique, en regard des merveilles promises par Sinatra... Et puis, tout à coup, le magicien semble étonné de ce qui lui arrive : voici qu'il tient à bout de bras une télévision, qui clignote. Une image en couleur se précise. Ferrero, vivement, manipule un bouton et c'est lui-même, ou plutôt son double, qui surgit à l'écran :

– Oups ! Désolé... Vous étiez branchés sur une chaîne concurrente... Mais notre programme, ce soir au Golden Bucket, est bien meilleur que ces vieilleries !

La salle éclate de rire. Kathrin et Tommy applaudissent aussi :

– Ça y est, maman : il les tient !

Effectivement, la lumière change, la musique prend un tempo de jazz et les tours se succèdent à un rythme tellement soutenu que les bravos s'enchaînent sans une seconde de silence. C'est du beau, du très beau spectacle ! Et Ferrero domine chacun de ses effets avec un demi-sourire qui semble dire : « C'est tellement facile ! »

Voici maintenant qu'il semble saisi d'une inspiration impromptue : il fait signe à la caméra de le suivre, comme s'il improvisait.

– Si, si, venez par là ! Je voudrais descendre dans la salle ! Est-ce que... ? Excusez-moi, là-haut en régie... est-ce que je pourrais avoir un peu de lumière ?

Un projecteur solitaire épingle sa silhouette au centre d'un cercle jaune et suit ses premiers pas hésitants. Droite ? Gauche ? Il porte sa main en visière, gêné par la lumière. Il passe entre les tables où l'on reconnaît Jessica Lange, la blonde vedette de *King Kong*, Sammy Davis Junior, un sénateur et quelques businessmen qui ont fait la une du *Times*. Mais il semble chercher quelque chose, ou quelqu'un… Ah, voilà : il avise un serveur qui porte, sur un plateau, six ou sept verres et une carafe d'eau transparente :

— Je peux vous emprunter ça ?

Il s'empare du plateau et s'approche d'une table. Un micro tendu au bout d'une perche saisit ses paroles :

— Mademoiselle, me permettez-vous de vous offrir quelque chose ?

Une brune endiamantée, qui a trente ans de trop pour être demoiselle, glousse, prise de court. Ferrero avise la carafe :

— Ah, oui, je comprends : j'ai l'air un peu radin ! De l'eau, ce n'est pas l'idéal pour une rencontre… Alors, dites-moi franchement : qu'est-ce qui vous ferait réellement plaisir ?

Nouveau gloussement de la brune :

— J'ai commencé au bourbon…

— Eh bien, je ne connais pas votre marque favorite, mais… essayons celle-ci !

Et il remplit un verre avec de l'eau. Juste de l'eau. Il le tend à la dame. Rires dans la salle.

— Allons, ne me vexez pas devant tout ce beau monde : c'est du vingt ans d'âge, vieilli en fût de chêne ! Buvez-le, je vous prie !

La brune avale une grande gorgée… et s'étrangle !

— Mais c'est… *c'est* du bourbon !

— Vos désirs sont des ordres, mademoiselle !

Tonnerre d'acclamations. Ferrero continue sa tournée : à chaque personne rencontrée, il demande ce qu'elle souhaite boire, il verse un simple verre d'eau, et chacun affirme déguster effectivement ce qu'il a commandé ! Pour le dernier verre, le magicien se trouve face à Dean Martin, qui s'est taillé une solide réputation de « gentleman alcoolique ». Avec humour, le chanteur annonce :

— Pour moi, ce soir, ce sera comme d'habitude… Juste un sirop d'orgeat !

Il vide son verre. Claquement de langue du connaisseur :

– Waow… Pour de l'orgeat… il titre au moins quarante-cinq degrés !

C'est le triomphe. Avec ce qui reste dans la carafe, le Grand Ferrero arrose une plante verte, lui caresse les feuilles :

– Ne crains rien, ma belle, ce n'est que de l'eau ! De l'eau toute pure !

Puis il écarte les bras et lance vers la salle :

– Car c'est cela… l'illusion !

L'orchestre se lève en jouant le final. Le magicien court vers la scène et monte rejoindre Frank Sinatra qui lui passe un bras autour des épaules :

– Voilà, chers amis, je vous avais promis du grand art, et la promesse a été tenue ! Je suis heureux d'avoir pu vous présenter cet artiste unique et j'ai une grande, une très grande nouvelle à lui annoncer : regardez ce papier, Marco… C'est le contrat que la direction du Golden Bucket vous propose… Un engagement en exclusivité pour une année ! Il ne manque plus que votre signature ! Alors ?

Ferrero se gratte le menton. Sinatra cherche dans son smoking :

– Ah, je vois ! C'est mon stylo que vous voulez ? Je sais : il est en or… Vous comptez le faire disparaître ? Vous pouvez : ce sera mon cadeau pour célébrer votre engagement. Mais avant, je veux que tout le monde vous voie signer !

La caméra montre en gros plan la main du magicien. Et le stylo se volatilise ! Applaudissements.

– Excusez-moi, Frankie, je vous remercie pour votre cadeau et je remercie la direction pour la confiance qu'elle me porte, mais à cette seconde, toutes mes pensées s'envolent vers Lutry, une petite ville dans l'État du Maine, que bien peu d'entre vous connaissent, j'imagine… Il y a, là-bas, deux personnes à qui je dois tout : Kathrin, ma femme, et Tommy, mon fils de huit ans… Ils ont supporté de vivre avec un magicien, et ce n'est pas facile… Tom, Kathy, je vous aime ! Avec votre permission, Frank, je vais d'abord consulter ma famille sur la merveilleuse opportunité qui m'est proposée ici ce soir. Mais j'espère que la réponse sera oui et que nous nous retrouverons tous ici pour la prochaine saison !

Tandis que les projecteurs raccompagnent le Grand Ferrero vers le rideau, dans une envolée de musique, on écrase quelques larmes dans bien des foyers, à travers l'Amérique.

Dans le petit salon de Lutry, on s'embrasse, on pleure, on rit, on ne sait plus très bien :

— Maman ! On va déménager pour Las Vegas ?

— Je crois bien, mon chéri !

— Tu vois, on n'a pas pu accompagner papa cette fois-ci à cause de mon école, mais maintenant on sera tous les jours avec lui !

— Oui ! Et nous aurons enfin une vraie maison, avec un jardin ! Et un jet d'eau en plein désert !

— Et un chien, 'man ! Dis, on aura un chien ?

Ce soir-là, petit Tommy a bien du mal à s'endormir. Il faut que sa maman lui raconte encore son histoire préférée, celle qui lui a valu de venir au monde. Et Kathrin ouvre l'album des souvenirs : alors qu'elle était étudiante, promise selon sa famille à un avenir bien bourgeois, elle a rencontré ce beau jeune homme, un tantinet ténébreux. Celui qui n'était pas encore le Grand Ferrero, mais juste Magic Marco, un illusionniste inconnu, qui rôdait son numéro en faisant les premières parties de tournées pas très brillantes. La jeune femme a cru en son talent et l'a aidé à y croire lui-même… Elle raconte comment elle a bravé les interdits familiaux en abandonnant ses études pour commettre une pure folie : devenir danseuse dans la modeste troupe et suivre son Marco.

— Tu étais sur scène avec lui, 'mam ?

— Parfaitement ! J'avais un beau maillot argenté et un diadème et il me faisait entrer dans une boîte toute petite, il plantait des épées partout. Il prononçait sa parole magique, « zim, zam, zoum ! » et… pouf ! je disparaissais !

— Et comment tu faisais pour réapparaître ?

— Ça, c'est mon secret !

— Tu es magicienne aussi, alors ?

— Non, le seul grand magicien, c'est ton papa !

— Alors, ça veut dire quoi « avoir un don » ?

— Quelle drôle de question ! D'où tiens-tu ce mot ?

– C'est papa ! Un jour, il m'a dit que tu avais le don et que tu aurais pu devenir plus forte que lui !

– Tiens, tiens ? Il t'a dit ça ?

– Parfaitement ! Et il avait l'air très sérieux ! Pourquoi tu n'as pas fait la magicienne ?

– Mais si, j'ai fait quelque chose de très magique… Seulement, tout le monde ne s'en rend pas compte.

– C'est vrai ? C'est quoi ?

– C'est très spécial et ça occupe tout mon temps : j'ai fabriqué un petit lapin, qui bouge beaucoup, qui pose dix mille questions… et qui, d'ailleurs, devrait dormir depuis longtemps déjà ! Tiens, je vais te montrer ma magie : zim, zam, zoum… lapin, dormez !

Et petit Tommy s'est endormi. Un peu plus tard, lorsque Marco a enfin réussi à fausser compagnie à ses admirateurs, il téléphone. Un long appel, très tendre, où se mêlent promesses et projets. Kathrin va se coucher à son tour et plonge en souriant dans le sommeil, en murmurant pour elle-même :

– Zim, zam, zoum… madame Ferrero… dormez !

Elle a l'impression de suffoquer. Quelque chose lui appuie durement sur les lèvres, écrase à demi ses narines. Elle ouvre les yeux dans le noir et, aussitôt, une lumière brutale l'aveugle.

– Bouge pas ! N'essaie pas de crier, pouffiasse ! Il y a un de mes copains qui tient ton gosse !

Une voix rauque juste dans son oreille. Une haleine chargée. Kathrin comprend que quelqu'un lui a plaqué une main sur le bas du visage et braque sur elle une torche électrique. Le genou de l'inconnu pèse sur sa poitrine. Elle cesse de se débattre. Le plafonnier s'allume.

Le premier détail qu'elle distingue, c'est un crotale aux crocs saillants. Un crotale bleu. Un tatouage. Un tatouage vulgaire et agressif. Sur une épaule velue, dépassant d'un maillot débardeur. Odeur de sueur. Elle élargit son champ de vision : son agresseur est au-dessus d'elle. Un type baraqué, aux allures de camionneur. Bruit de pleurs, du côté de la porte : c'est Tommy, poussé par un autre homme, plus mince, jeune encore, mais le crâne dégarni, les pupilles comme des trous noirs. Kathrin pense tout de suite : « Celui-là, c'est un junkie ! Il est dangereux ! » Tommy fonce soudain, se précipite vers sa mère et essaie d'écarter celui qui la bâillonne toujours :

– C'est ma maman ! Laissez-la, sale brute !

Il tire tant et si bien sur le maillot que l'homme doit lâcher prise. Son poing garni de bagues dorées balaie l'air et manque d'un centimètre le gamin. Kathrin se redresse et hurle. Le bras du petit chauve enserre le cou de Tommy :

– Arrête ta gueulante, la pouffe ! Tout de suite, ou je brise la nuque de ton nain !

Kathrin s'interrompt à la seconde et réussit à afficher un sourire :

– Ça va, ça va ! Lâchez-le, je vous en prie ! Excusez-moi ! Je vais bien, mon chéri ! Sois sage ! Ils ne nous feront pas de mal : c'est de l'argent qu'ils veulent ! C'est ça, hein ? Je vais vous donner tout ce que j'ai ! Il n'y a que quelques dizaines de dollars… Mais j'ai aussi des bijoux…

Le camionneur ricane, et le petit chauve susurre :

– Votre pacotille, vous pouvez vous la garder, m'ame ! Mon copain et moi, on a de grosses dépenses… Et vous et votre gosse, vous représentez une grosse source de revenus, pour des petits artisans comme nous !

Kathrin se demande si elle a bien compris : ces types comptent les enlever, elle et son fils, pour… pour demander une rançon ?

– Attendez… Vous vous trompez sûrement de personnes ! On est une famille modeste !

– La famille d'une gloire nationale, depuis hier soir ! Eh oui, m'ame : on se tient au courant de l'actualité ! Quand on a vu votre mari à côté de Frankie, qu'il a causé de son gentil foyer dans cette jolie petite ville du Maine… on a été vachement fiers d'entendre parler à la télé d'un patelin qu'on connaissait. Et on s'est dit comme ça qu'on allait vous rendre une petite visite, en voisins. On est les plus grands fans du Grand Ferrero, nous deux !

– Ça n'a pas de sens : nous n'avons pas un sou sur notre compte ! Un artiste ne devient pas millionnaire en un jour !

— Hé, vous nous prenez pour des branques ? On sait tout ça, m'ame ! Votre mari n'est peut-être pas *riche*, seulement, moi et mon copain, on a une *riche* idée ! Pas vrai, Bernie ? Allez, maintenant, vous vous habillez vite fait !

Cinq minutes plus tard, ils se trouvent tous les quatre dans une vieille Chevrolet qui sent le tabac froid et la bière renversée. Le chauve est monté à l'arrière, avec Tommy et Kathrin. Il les a forcés à s'allonger au pied de la banquette :

— Vous gardez le nez par terre ! Un geste de trop, et c'est le môme qui prend la première balle !

Il jette sur eux une couverture graisseuse et, dans l'obscurité la plus totale, blottis l'un contre l'autre, les otages tremblants se sentent emportés sur une route qui n'en finit pas. Les ravisseurs sifflotent, confiants : que peuvent contre eux ces deux êtres désarmés ?

Désarmés ? Pas totalement : Kathrin possède une arme. Une arme étonnante, qui défie la raison.

Mais la jeune femme elle-même ne le sait pas encore.

Kathrin et Tommy ont eu l'impression de rouler pendant des heures. Sous la couverture, Tommy a senti le visage de sa maman tout contre son oreille. Elle lui soufflait des mots rassurants, si doucement que même lui n'entendait pas tout. Elle lui enjoignait de ne pas pleurer, de ne pas parler et, s'il avait peur, de ne surtout pas le montrer.

Maintenant, ils sont dans une sorte de hangar, un endroit qui résonne au moindre bruit. Un entrepôt désaffecté, peut-être. Dehors, le jour doit commencer à poindre, mais, ici, aucune fenêtre. Une lumière jaune émane d'une ampoule, pendue au bout d'un fil qui se perd dans les poutrelles d'acier, loin au-dessus. Des matelas douteux sont posés à même le sol de ciment. Une table, quelques chaises dépareillées, un réchaud sur une bouteille de gaz, une pile de caisses en carton, éventrées, qui semblent contenir les provisions alimentaires. Assez pour plusieurs jours, note Kathrin...

Le petit junkie est reparti, presque aussitôt arrivé. Le gros, Bernie, semble somnoler sur une chaise, bras croisés. Mais, au plus léger changement de respiration de l'un des prisonniers, ses yeux s'ouvrent comme ceux d'un chien de garde. Sous son aisselle, sa main ne quitte jamais la crosse de son revolver.

Tommy a fini par s'endormir sur l'un des matelas. Kathrin n'ose pas en faire autant, malgré son épuisement. Elle guette la moindre occasion d'agir. Mais quoi faire, sans risquer le pire ?

Elle est taraudée par l'inquiétude. À fleur de peau, d'abord : pour l'instant, à part l'épisode brutal de son réveil et la réaction de Tommy qui a failli mal tourner, pas de brutalité. Mais pour combien de temps ? Elle se sait jolie, ces deux truands ont-ils l'intention d'abuser d'elle ? Dans ce cas, vont-ils éloigner le petit au moment de mettre leur projet à exécution ? Et puis, ils ont parlé d'argent, en sachant parfaitement que les Ferrero n'en ont pas... Une « riche idée ». Quelle idée ?

Le véritable souci de Kathrin vient du fait que les ravisseurs ont agi à visage découvert. Or, récemment, des affaires d'enlèvement ont mobilisé l'actualité, et les journalistes ont donné des précisions sur les méthodes employées : seules quelques victimes ont été retrouvées vivantes, après paiement de la rançon. Il s'agissait de chefs d'entreprise et de personnalités, voire de leurs proches. Le point commun de ces rapts : ils étaient le fait de puissantes organisations mafieuses, professionnelles. Aucune prise de risque, pas de piège possible. Aucun contact avec les victimes, qui étaient maintenues yeux bandés et même casque musical sur les oreilles, saturés de son, pour empêcher toute identification des voix de leurs gardiens ou du lieu de détention... Des plans parfaitement minutés, des caches hermétiques, des négociations à haut niveau, des connexions politiques ou financières permettant le versement de sommes importantes sur des comptes à l'étranger.

Dans tous les autres cas, les auteurs de rapts « indépendants » se sont fait coincer au moment de récupérer les fonds. Mais auparavant, ils avaient, par précaution, abattu les personnes enlevées.

Kathrin a la sinistre impression de se trouver dans le second cas de figure : ses ravisseurs n'ont pris aucune précaution, elle pourrait parfaitement les décrire. Elle connaît déjà le prénom de l'un d'eux, celui qui monte la garde, Bernie. Si ses déductions ne la trompent pas, cela signifie que Tommy et elle n'ont plus que quelques heures à vivre...

Un peu plus tard, Bernie se lève pour aller fouiller un carton. Il rapporte quelques oignons, qu'il entreprend de croquer avec un plaisir manifeste. Il en fait rouler un vers Kathrin. Comme elle ne le ramasse pas, il hausse les épaules en riant. Encouragée par ce geste, elle tente d'engager la communication :

– Dites... Votre tatouage, ça fait longtemps que vous l'avez ?

– Il est beau, hein ? C'est du temps que j'étais sur le ring. Ma gauche était si rapide qu'on m'appelait « le Naja ». Mais je dois pas vous causer, m'ame.

Il a dû recevoir des consignes de son complice. C'est l'autre qui commande, le dangereux...

Kathrin a néanmoins obtenu une réponse. Hélas, la pire qu'elle pouvait attendre : elle est bien entre les pattes de francs-tireurs. Ils se soucient peu des informations livrées à leurs victimes : ils ne laisseront pas de témoins derrière eux...

Kathrin Ferrero a vu juste : les deux brutes qui viennent de faire irruption dans son existence se nomment Bernard Latimer, dit « Bernie le boxeur », ex-détenteur par quatre fois du titre de champion poids mi-lourds du Michigan, et Louis Christofi, dit « Lou le dingue ». Lui n'a jamais exercé de profession. Ils ont tous deux effectué plusieurs séjours en prison. Actuellement, ils sont recherchés pour plusieurs attaques à main armée, dont une ayant causé la mort d'un pompiste.

Par contre, en matière d'enlèvement, ils débutent cette nuit. Ils ont agi sans aucune préparation, dans l'improvisation la plus totale : c'est Lou le dingue qui a eu cette inspiration en regardant le show dans une chambre de motel. Il était sous l'emprise de la drogue.

Cela dit, tout dingue qu'il soit, il a quand même eu une idée novatrice qui va surprendre l'Amérique...

Kathrin sursaute : elle s'était assoupie quelques secondes sans s'en rendre compte. C'est un bruit de moteur qui l'a réveillée. Tommy s'est redressé, lui aussi. La grande porte du hangar coulisse sur un rail. Le soleil, un instant, blanc, éclatant. En clignant des paupières, Kathrin aperçoit des champs de maïs, à perte de vue. Puis la voiture entre, la porte se referme. À nouveau, pénombre et lumière jaune. Le petit chauve arrive, démarche chaloupée, l'air particulièrement satisfait :

— Salut, les enfants ! Tonton Lou est allé en ville, et il rapporte un cadeau !

Il désigne le coffre de la voiture. Bernie va en extraire un poste de télévision, le pose sur la table, cherche une prise. Le nommé Lou jubile littéralement :

— Notre instrument de travail ! Vous allez admirer le boulot, mes agneaux ! Nous sommes riches et célèbres ! Enfin… toi, la pétasse, et ton nabot, *vous* êtes célèbres. Et *nous*, on est riches ! C'est ça, le travail en équipe !

Kathrin comprend la plaisanterie quelques minutes plus tard : au bulletin d'informations, derrière le journaliste, la première image qui apparaît est une photo d'elle et de Tommy :

— Bonjour. Toujours rien de nouveau dans l'enlèvement de la femme et du fils de l'illusionniste Marco Ferrero, dit « le Grand Ferrero ». Je vous rappelle qu'hier soir l'artiste connaissait un triomphe en direct, dans le gala de charité de Frank Sinatra, et que, ce matin, l'Amérique découvrait la tragédie qui frappe sa nouvelle vedette. Les ravisseurs ont fait preuve d'un sens aigu de l'opportunité et ont procédé à une innovation étonnante, qui a ouvert ce que la police qualifie déjà de « voie nouvelle et inquiétante à la criminalité ». En effet, au lieu d'exiger, comme dans un rapt classique, le silence dans l'entourage des otages, ces kidnappeurs de la nouvelle génération ont, au contraire, alerté eux-mêmes les médias ! Tôt ce matin, la rédaction de notre chaîne recevait un coup de téléphone anonyme. Une voix déguisée réclamait une rançon de deux millions de dollars, disant qu'elle indiquerait plus tard où et comment la somme devrait être versée. D'autres confrères de la presse écrite ont reçu par la suite des appels semblables. Mais l'innovation criminelle, qui inquiète la police, tient sur le dernier point : la voix ne nous demandait pas de transmettre la demande au malheureux père et mari des otages, le magicien Ferrero… mais à son *employeur*, le casino du Golden Bucket à Las Vegas ! Ainsi, maintenant, même si les personnalités en vue et les personnes riches sont protégées par des escortes et des alarmes, les criminels disposent d'un immense champ d'action : il suffit d'enlever n'importe quel citoyen ordinaire et de réclamer le plus bruyamment possible une rançon à la grande société qui l'emploie ! On pourrait appeler cela le « chantage à l'image de marque » !

Lou le chauve exulte, applaudit son propre exploit :

– C'est pas du génie, ça ? Je suis pas un grand artiste, moi aussi ? Votre mari, il a peut-être pas de fric, mais le casino, qui s'est fait tant de publicité hier soir, il est bourré à milliards ! Maintenant que la nouvelle est lancée partout, ils ne peuvent pas refuser de cracher le pognon ! Et tous les braves gens qui se sont fait lessiver leur paye aux tables de jeu les attendent au tournant ! Le Golden Bucket fait reluire son enseigne en organisant des galas de charité pour les enfants démunis... Ça la foutrait plutôt mal que, dès le lendemain, il porte la responsabilité de la mort de la femme et du môme de sa nouvelle vedette, croyez pas ? Pour le coup, elle serait drôlement refaite, leur pub ! Le « chantage à l'image de marque »... c'est bien trouvé ! Je devrais peut-être déposer le brevet ?

Le système, effectivement, semble imparable. Pour preuve, l'écran montre maintenant deux hommes, surpris par les reporters à la descente de leur limousine blanche aux vitres teintées. Ils ont des allures d'héritiers d'Al Capone, mais ils font partie de la direction du casino :

– Messieurs ! Allez-vous payer ?

– Écoutez... Le plus important était de savoir si, pour la sécurité de cette femme et de cet enfant, il fallait se plier aux exigences des malfaiteurs ou refuser... Nous venons de nous entretenir avec la police et le FBI à ce sujet...

Là aussi, grande première : « entretien » entre ces messieurs en costard crème et policiers... Pour une fois que ce n'est pas un interrogatoire ! Tension dans le hangar.

– L'avis des experts de la police est... qu'il vaut mieux verser la rançon.

Bernie et Lou explosent :

– Ouaaais ! On les a eus ! On a eu ces enfoirés ! Écoute ! Écoute ce qu'il dit !

L'homme du casino retire ses lunettes noires et fait face à la caméra :

— Nous soutenons toujours nos artistes. La somme est intégralement prête dans l'une de nos banques. Nous attendons maintenant les consignes des ravisseurs. Nous les assurons qu'il ne sera rien tenté contre eux. Nous leur demandons surtout de ne faire aucun mal aux deux innocents, dont, pour nous, la vie compte plus que tout !

Lou ricane :

— Bande de faux culs ! S'ils pouvaient balancer une bombe ici, ils le feraient sans hésiter, pour garder leurs biffetons ! Mais ils sont coincés ! Coincés, qu'ils sont ! Maintenant, on va les laisser mariner un peu, pour que les journaleux leur mettent bien le feu aux miches et qu'ils soient cuits à point quand on les rappellera !

Kathrin a le courage de prendre Tommy sur ses genoux et de lui dire :

— Tu vois ! Ça va bien se passer ! Bientôt, nous allons retrouver papa !

Mais le reste du bulletin se passe pour elle dans une sorte de brouillard : ce fou aux pupilles dilatées a évoqué leur mort possible, tout à l'heure...

— Hé, faut pas trembler comme ça, la petite dame ! On va rien vous faire ! Enfin... pas pour l'instant, si vous continuez à bien vous tenir et à coopérer : j'aurai besoin de vous pour m'enregistrer une cassette... Juste deux-trois mots, pour rassurer au téléphone tous ces braves gens qui ont notre fric ! Alors, vous voyez, on va pas vous manger... Tiens, à propos de manger, vous n'auriez pas comme une petite faim, vous ? Je suis sûr que si. Vous voulez bien nous préparer un petit quelque chose, avec les moyens du bord ? C'est pas tous les jours qu'on a une femme dans notre palace ! Allez, soyez mignonne, lancez-vous ! Ça nous changera de la tambouille de l'ami Bernie et de ses nouilles à l'eau !

Kathrin va mécaniquement vers les cartons de provisions, fouille, dispose devant elle ce qui peut lui servir. Elle indique à Lou :

— Il me faut de l'eau.

— Bernie, accompagne-la au lavabo. Profitez-en pour faire pisser votre mouflet ! Et, si je peux me permettre, vous devriez en faire autant : ça nous évitera de nous déplacer plusieurs fois.

Au retour, Kathrin se met à cuisiner. Cuisiner pour ses ravisseurs, qui ont l'intention de la tuer, avec son fils : c'est presque surréaliste. Bientôt, un fumet appétissant s'élève dans le hangar. Bernie renifle :

— Ça a l'air rudement bon ! C'est quoi ?

— Du risotto à la milanaise. J'ai pris ce que j'avais sous la main…

Tommy tape du pied :

— Oh non, 'man ! Zut, alors ! J'en ai marre, du risotto !

Kathrin, l'air excédé, lui envoie une gifle :

— Tu n'auras rien d'autre ! Va te recoucher !

Le petit reste cloué sur place : jamais sa mère n'a eu de réaction aussi brutale. Bouche bée, il se demande une seconde s'il va faire un caprice, mais devant le regard flamboyant de Kathrin, il baisse le nez et retourne sur le matelas. Lou applaudit :

— Bravo ! Vous avez raison : faut les tenir, sans ça, le respect se perd ! Moi, c'est à coups de ceinturon que mon paternel m'a appris la politesse. Et je lui donne raison : c'est grâce à lui que je suis devenu un homme !

— Hé, Lou, tu raconteras tes mémoires un autre jour, j'ai la dalle, moi !

Les deux malfrats commencent à s'empiffrer avec des bruits peu ragoûtants, mais qui expriment clairement leur satisfaction. Kathrin va s'asseoir près de Tommy, prend la tête du petit contre son épaule.

— Il ne faut pas m'en vouloir, mon chéri. Je me suis énervée, mais tu dois comprendre que nous sommes en danger.

— J'ai compris, 'man. Je serai sage, je te promets.

Elle ajoute, dans un souffle :

— Quoi qu'il arrive, je ne veux pas que tu bouges ni que tu parles. Et si je te dis de faire quelque chose, tu le fais immédiatement. C'est d'accord ?

Là-bas, sous la lumière jaune, les malfrats en sont presque à la fin de leur assiette lorsque Bernie remarque :

— Eh ben, la petite dame ? Vous avez pas faim ?

– Pas vraiment, non… Dans ma situation, je n'ai pas tellement la tête à ça…

– Vous avez tort ! Moi, je dis toujours : quitte à mourir, autant que ça soye le ventre plein !

Riant de sa fine plaisanterie, il attrape la casserole :

– Hé, Lou, il y a du rab ! T'en veux la moitié ? Tiens, je te sers : moi, j'ai toujours adoré racler le fond des plats, même en tôle !

Lou lèche sa cuiller :

– Compliments, m'ame ! Réussir un tel régal avec trois fois rien… Votre mari, il a une sacrée veine ! Tiens, puisque vous avez fini avant nous, vous allez nous faire un bon café à l'italienne, après ce festin !

– Non.

– Pardon ? J'ai pas bien entendu, là !

– J'ai dit : non. Après ce festin, c'est vous qui allez faire quelque chose pour moi !

– Si c'est ce à quoi je pense quand je vous vois de dos, ce sera pas de refus !

– Non, je crains qu'on ne soit pas tout à fait sur la même longueur d'onde… En fait, vous allez me donner les clefs de la voiture !

Lou regarde Bernie. Kathrin enchaîne :

– Je dois passer un coup de téléphone.

Bernie regarde Lou. Kathrin précise :

– Un coup de fil urgent.

Lou et Bernie regardent Kathrin.

– Vous… vous avez le cœur à rigoler ?

La jeune femme n'en a en tout cas pas l'air : elle s'approche, le visage glacial, écarte les assiettes et déverse au centre de la table le contenu de son petit sac à main. Elle prend entre le pouce et l'index une enveloppe au format carte de visite. Un silence. Le regard de Bernie et Lou sur l'enveloppe.

– Vous avez bien dit que vous préféreriez mourir le ventre plein ? Vos désirs sont des ordres ! C'est exactement ce que vous allez faire. Pour être exacte, vous avez *déjà* commencé à mourir. Et vous serez tout à fait morts dans un petit moment… sauf si je sors d'ici très vite avec mon fils !

Lou saisit l'enveloppe :

– C'est quoi, cette embrouille ?

– Ouvrez.

– Il y a rien, là-dedans !

– Presque plus rien. Mais regardez bien au fond.

Au fond de l'enveloppe, effectivement, il reste un peu de poudre. Une poudre d'un mauvais jaune verdâtre. Lou y trempe le bout du doigt, le pose sur sa langue, crache :

– Merde ! Ça pique ! Qu'est-ce que c'est ?

– Cela s'appelle du ferro-cyanure de calcium. Figurez-vous que j'ai fait des études de chimie. Et j'ai gardé l'habitude de fabriquer moi-même les produits ménagers. C'est aussi amusant que de cuisiner. Réussir une bonne mort-aux-rats, par exemple... J'avais complètement oublié, mais il se trouve que j'ai acheté ça hier au drugstore, avec l'intention de le diluer à un pour mille. Mais c'est la dose pour les petits animaux. Pour vous, mes porcs, j'ai *tout* mis ! Tout ! Avec beaucoup d'oignons. Vous aimez les oignons, hein, Bernie ?

Le boxeur blêmit, mais Lou bondit et empoigne Kathrin par le chemisier :

– C'est pas vrai ! Vous avez pas fait ça ! Vous avez pas osé !

– Oh, si, je l'ai fait ! Vous ne nous voulez pas de bien ? Je ne vous en veux pas non plus !

– Vous auriez pas risqué de vous empoisonner, vous et votre gosse !

– Je n'ai pris aucun risque : Tommy a horreur du risotto. Vous l'avez vu ? Je l'ai même giflé pour qu'il n'y goûte pas ! Quant à moi, je n'ai pas touché à mon assiette !

– J'aurais pu vous forcer à manger ?

– Qu'est-ce que j'avais à perdre ? De toute façon, vous aviez l'intention de nous supprimer !

– Je vais le faire tout de suite !

Il la frappe au visage. Elle gémit à peine et le regarde au fond des yeux :

– Allez-y. Tuez-moi. Et vous crevez comme des rats !

Bernie retient la main de Lou :

– Attends ! Écoute ce qu'elle dit ! Si elle a mis une saloperie dans la bouffe, il y a sûrement un remède !

Kathrin essuie sa lèvre tuméfiée :

– Oui. Il en existe un. Ce sont des injections. Mais il faut commencer par un lavage d'estomac. Seule une équipe médicale spécialisée peut vous tirer d'affaire. À condition d'agir vite. Maintenant, votre seule chance, c'est de me laisser appeler un centre anti-poison, pour que je leur donne l'adresse de cet endroit et des instructions précises. S'ils interviennent dans la demi-heure, vous survivrez !

Bernie est blême :

– Lou, je me sens pas bien ! Tant pis pour le fric, tant pis si on va en taule ! File-lui les clefs !

– Tu rigoles ? Je la liquide, avec son môme, et on file à l'hosto ! On dira qu'on a avalé le produit par accident !

– Le temps que vous arriviez au bon service, si vous y arrivez... Le temps qu'ils trouvent le bon antidote... vous serez morts deux fois ! Et vous aurez beaucoup souffert avant, faites-moi confiance ! Il y a encore une autre possibilité : vous tirer une balle dans la tête, tant que vous en avez la force. Ça fait beaucoup moins mal... Décidez-vous vite, Lou ! Chaque minute perdue, c'est une chance en moins. Regardez ! Regardez votre copain Bernie...

Le boxeur hoquette, tente de se faire vomir, deux doigts enfoncés dans le gosier.

– Vous n'arriverez à rien comme ça. La seule méthode, c'est de vous allonger, de ne pas remuer et de respirer le plus lentement possible. Je vous explique : plus vous bougez, plus votre sang circule, et plus il répand le poison. Plus vous bougez, plus le poison approche chaque centre vital de votre corps. Seconde après seconde, en ce moment, il commence à le paralyser. Dans chacun de ces centres, la vie commence à s'en aller... Vous sentez, Lou ? Oui, vous sentez cette crispation à l'estomac... Et maintenant, cette sorte de chaleur sur le visage, dans le cou ? Cette chaleur qui monte dans le cuir chevelu ? Bernie est un peu en avance sur vous, parce qu'il a commencé à manger le premier... Bernie en est déjà aux picotements, à la transpiration le long du dos, n'est-ce pas, Bernie ?

Le boxeur s'est un peu éloigné, on entend ses hoquets pénibles. Kathrin continue à décrire impitoyablement les symptômes de la mort qui approche :

– La chaleur monte vers la tête, tandis qu'au contraire vos pieds et l'extrémité de vos doigts deviennent froids, de plus en plus froids, d'un froid de glace... Et toujours cette nausée, cette envie de vomir, de vomir ce poison que vous avez en vous. Vous vomissez, Bernie, mais vous ne recrachez que la nourriture. Le poison continue à circuler dans votre sang... Les jambes commencent à vous manquer...

Lou se laisse glisser sur une chaise. Il pointe son revolver sur Kathrin :

– C'est dégueulasse ! Des méthodes de gonzesse !

Et il laisse tomber l'arme, lance un trousseau de clefs sur la table :

– Allez-y, mais le gosse reste avec nous !

Kathrin ne fait pas un geste pour prendre les clefs :

– Non. Ce sera Tommy et moi, ou rien du tout. Vous perdez du temps, Lou.

– Et qu'est-ce qui me garantit que vous allez envoyer des secours ?

– Votre sale gueule, Lou. Je suis chrétienne, je ne tiens pas à avoir votre mort sur la conscience. Et, surtout, j'ai envie de savoir que votre sale gueule va passer des années derrière les barreaux ! Décidez-vous : plus vous attendez, plus votre estomac s'abîme. Et plus les chirurgiens vont devoir vous en enlever... Et plus ils en enlèveront, plus la nourriture de la prison sera difficile à digérer ! Décidez-vous !

– OK, OK. Je vous explique : ici, c'est l'ancien aéroclub ! Devant, à deux cents mètres, c'est la route ! Sur la gauche, à un kilomètre vous trouverez une cabine téléphonique ! Dites aux toubibs de se magner et d'apporter le bon matériel !

Lou Christofi et Bernie Latimer furent retrouvés, immobiles, sur les matelas au centre du hangar de l'ancien aéroclub. Morts ? De peur seulement. Pour calmer leur état de choc, on dut les faire transiter par le service neurologique de l'hôpital.

Après avoir, avec son fils, rejoint Marco Ferrero à l'hôtel de police et fait sa déposition, Kathrin accepta de raconter à la presse l'aventure, telle qu'elle l'avait vécue. Lorsqu'elle décrivit le moment du renversement de situation, un journaliste demanda :

— Vous transportez souvent des poisons violents dans des enveloppes ?

— Jamais. Cette enveloppe accompagnait les fleurs que mon mari m'a fait porter à son arrivée à Vegas. Elle contenait un mot d'amour, alors je l'ai gardée sur moi...

— Mais... ce poison ?

— Lorsque je suis allée aux toilettes, dans le cagibi, j'ai remarqué que, derrière la cuvette, avec l'humidité, le salpêtre envahissait le bas des murs. Nous avons le même problème dans notre cave. Alors, j'ai pensé : « Cave, rats... rats, poison. » Et, en y retournant chercher de l'eau pour cuisiner, je me suis arrangée pour emporter l'enveloppe, gratter un peu de salpêtre avec l'ongle, et j'ai replacé l'enveloppe dans ma pochette. Je l'ai ressortie au bon moment, de manière assez... théâtrale.

— Alors, dans ce risotto, il n'y avait pas de... ?

— En fait, je n'avais rien mis d'autre que des condiments ordinaires et des oignons ! Beaucoup d'oignons. J'avais remarqué que Bernie les appréciait. Je voulais qu'il mange le plus possible.

— Mais... ces douleurs, ces troubles ? Vos « victimes » les ont réellement éprouvés ! D'ailleurs, lorsque les deux gangsters ont été appréhendés, ils présentaient des symptômes alarmants ! Les médecins ont parfaitement identifié l'empoisonnement !

— Je n'avais pas imaginé que cela irait aussi loin : c'est ma propre conviction qui a joué, je pense. Vous comprenez : je les détestais tellement pour ce qu'ils voulaient faire à mon Tommy, j'aurais *vraiment* voulu qu'ils meurent ! Je jouais le tout pour le tout, j'étais dans un état second. Je ne me souviens pas de tout, mais je me disais qu'ils *devaient* souffrir, qu'ils *devaient* avoir peur ! En remuant le riz, je déchargeais sur eux toute cette haine ! C'est elle que j'ai mêlée à ce riz ! Ensuite, il fallait que ces deux hommes commencent à imaginer que j'avais pu les empoisonner... Je pense avoir eu l'attitude qu'il fallait, parce que, au plus profond de moi, *je les avais empoisonnés* ! Dès qu'ils ont commencé à admettre que quelque chose était en eux, ils ont fait *eux-mêmes* le travail. J'ai observé les signes qu'ils me montraient, ceux de leur propre peur... Il me suffisait de les leur décrire : ils pouvaient alors les voir, et donc c'était vrai ! Puis je les amenais à prendre conscience qu'ils les éprouvaient. Et ils ont eu réellement, comme l'on dit, peur à en crever !

– On pourrait presque appeler cela de la magie ? Votre mari affirme très sérieusement que vous avez un don !

– Oh, il exagère ! Lui fait cela à chaque représentation, depuis quinze ans. Mais allez savoir... Je suis tout de même la femme du Grand Ferrero !

Qui dort... tue

Le sommeil n'a rien de fantastique. Il est un état naturel, indispensable à notre récupération physique, tout comme à notre équilibre psychologique. C'est pourtant l'une des facettes humaines restées les plus mystérieuses, les plus mal connues.

La nature exacte de l'activité onirique reste encore à définir. Ouvre-t-elle l'accès à un monde inexploré ? Quel est son rapport avec l'univers réel ?

La sagesse populaire nous enseigne qu'en faisant un bon somme, on s'octroie l'équivalent d'un bon repas : qui dort dîne. Mais serait-il possible que nous profitions de notre sommeil pour commettre des actes beaucoup moins innocents ?

Il n'y a personne derrière le comptoir de réception de la gendarmerie de Manfurt-am-Rhein. Il n'est pas 6 heures du matin, c'est encore le service de nuit. Les machines à écrire se devinent sous les housses de plastique gris. Trois armoires en métal kaki, fermées. Sur leurs portes, on a collé des photos de sommets enneigés et de chiens policiers, provenant sûrement d'un calendrier. Pour faire plus gai.

Une odeur tenace et composite flotte dans le local désert. Senteur d'encaustique, passé deux fois par semaine, réglementairement, sur le lino beige. Relents discrets d'une gamelle qu'un gendarme de garde a fait réchauffer dans le vestiaire. Tra-

413

ces de fumée froide. Effluves des humains qui se croisent ici : ceintures et chaussures de cuir, transpiration, capotes de drap, mouillées par le brouillard.

Quelque part, derrière une cloison, on entend un flot continu de paroles incompréhensibles. Des phrases brèves, nasillardes, artificielles, entrecoupées de brusques chuintements : la radio sur ondes courtes.

L'homme qui vient d'entrer est gêné. Il triture sa casquette, va s'asseoir sur une banquette recouverte d'un plastique vert, glissant, piqueté de plusieurs trous noirâtres. Des marques de cigarette. L'homme hoche la tête : une belle banquette comme ça ! Il y a des vandales, tout de même...

Sur un panneau de contreplaqué protégé par un grillage, une affiche en couleurs montre un motard, souriant, dents blanches, haleine fraîche, pommettes rouges de fierté : « Toi aussi, rejoins la gendarmerie ! Une carrière, un honneur, un avenir ! »

Sur la banquette, l'homme touche machinalement sa jambe gauche, étendue raide devant lui. Saleté de patte folle ! Avec ça, il n'aurait pas pu, lui, avoir droit à la carrière, à l'honneur, à l'avenir... Ça ne les a pas empêchés de l'expédier au casse-pipe, sur le front russe... C'est vrai que là-bas, même une patte folle, ça suffisait pour la chair à canon...

– Ça fait longtemps que vous êtes là ?

Derrière le comptoir, un gendarme est apparu. Rien de commun avec le jeune premier sur la moto de la pub... Le vrai représentant de la carrière, de l'honneur et de l'avenir est un petit gros, chauve, la vareuse ouverte. Le visiteur se lève aussi vite qu'il le peut :

– Non, non ! Pas longtemps... Cinq minutes !

– Eh ben, fallait sonner ! La sonnette, là, sur le comptoir ! C'est fait pour ça ! Bon... Qu'est-ce qui vous amène si tôt ? Vol ? Agression ?

– Ma femme... Un cauchemar... J'ai... j'ai rêvé que je tuais ma femme !

Le gendarme plaque violemment ses mains sur le formica du comptoir :

– Non, mais... C'est pour ça que vous venez ici, juste à la fin de mon service, quand on a trois cambriolages sur le secteur ? Vous faites un cauchemar et vous venez à la gendarmerie ?

– Oui… j'ai… C'est ça, sauf que… quand je me suis réveillé… ma femme… elle était morte !

Le gendarme pousse sur ses coudes pour reculer de trente centimètres. Il considère le type, planté sur le lino avec sa jambe raide… Le type qui triture sa casquette graisseuse… Ce type est en pyjama rayé, sous son manteau râpé.

– Vous… vous voulez bien répéter ça, monsieur ?

– J'ai rêvé que je tuais ma femme. Ma femme est morte… Alors je suis venu pour me constituer !

– Pour vous *quoi* ?

– Ben, pour avouer… J'ai cru que c'était à vous qu'il fallait venir le dire…

– Oui, oui, bien sûr, c'est à nous…

Le gendarme boutonne sa vareuse, boucle son ceinturon, cherche sous le comptoir :

– Mon képi, bon sang… Pour un meurtre, il faut le képi… Et les autres qui sont encore dehors… Dites, votre femme, où est-elle ?

– Heu… dans son lit… Je n'ai touché à rien…

– Oui, mais son lit, où est-il ? Je veux dire : l'adresse ? C'est loin ?

L'homme indique l'une des allées dans le lotissement ouvrier, au nord de Manfurt.

– Ah oui, je vois où c'est… Je vais dans la cabine radio, appeler la patrouille !

– Bon. Et moi ? Je fais quoi ?

– Ah, c'est vrai, ça… Je ne dois pas vous laisser seul un instant.

Le gendarme soulève la portion de comptoir qui permet le passage. Réglementairement, il agrippe l'homme, avec fermeté, par l'étoffe de sa manche.

– Hé là ! Pas trop fort ! Il y a mon bras, là-dessous ! Et puis je ne vais pas me sauver, puisque je suis venu me constituer…

Le gendarme le pousse devant lui, vexé :

– Bon, d'accord, d'accord… Mais c'est mon premier crime.

Et l'autre a cette réplique, parfaitement spontanée :

— Je vous comprends : moi aussi, c'est mon premier.

Après avoir prévenu ses collègues qui foncent vers le lieu du crime, le gendarme change d'attitude. Il extirpe de sa poche son carnet à couverture noire.

— Alors ! Nom-prénom-âge-qualité ?

— Diesman, Hans, cinquante et un ans…

— Je t'écoute, Diesman !

— Bon, ben… Ce matin, je me réveille à 5 heures, comme d'habitude, pour l'usine…

— Quelle usine ?

— La KGR, les pièces pour machines-outils. Je suis tourneur-fraiseur.

— C'est noté. Alors ?

— Alors je me sentais pas bien… Mal au cœur, la tête lourde… J'avais fait un sale rêve…

— Sale comment ?

— Je me rappelais pas tout mais, à un moment, je tuais Ursula… ma femme…

— En rêve ?

— Oui, puisque je dormais… Et j'avais pas du tout aimé ça. Alors je me lève… Ça tournait un peu… Et juste comme ça, pour pas commencer la journée sur un mauvais souvenir, je vais la regarder dormir… Je me suis arrêté sur le pas de la porte, parce que j'ai vu le sang sur les draps…

— Attends, attends… Ça veut dire que vous avez des chambres séparées ?

— Oui… enfin, c'est-à-dire… c'est depuis notre divorce qu'on a pris cette habitude…

— Je ne comprends pas ! Vous êtes divorcés ?

— Oui… enfin, non… maintenant, on est mariés…

— Oh là là ! Mais qu'est-ce que c'est que cette embrouille ?

À cet instant, la pendule marque 7 heures et le chef de poste, un jeune lieutenant arrive, ainsi que les quatre hommes de l'équipe de jour. Le gendarme bondit dans un claquement de talons :

– Bonjour, chef ! Un crime, chef ! Je me suis assuré de la personne de l'assassin et j'ai envoyé la patrouille sur les lieux, chef !

– Non, mais ça ne tourne pas rond, mon vieux ? Vous deviez me prévenir immédiatement !...

– Oui, chef !

– ... Et me permettre de faire le premier constat pour ces messieurs de la criminelle !

– Oui, chef !

– Je vais vous soigner dans mon rapport, faites-moi confiance !... Alors, quelles sont les circonstances du crime ?

– C'est-à-dire, chef... je n'ai pas bien saisi... C'est sa femme, mais il est divorcé et il l'a assassinée pendant son sommeil...

– Ah ! Elle dormait, la malheureuse ?

– Non, chef... C'est *lui* qui dormait !

– Bon... Restons calmes... Il y aurait peut-être avantage à prendre les choses dans l'ordre... Alors, monsieur ?

Et Hans Diesman commence le récit d'une vie comme on en imagine mal derrière les murs d'une banale maison d'ouvrier. Le récit, également, d'un mystère dont la solution est sûrement à mille lieues de ce que vous pouvez imaginer.

– Voilà... vous voyez ma jambe raide ? Eh bien, je crois que tout est venu de là... Je traîne ça depuis tout petit...

Diesman dresse le tableau d'une famille pauvre.

– Douze enfants, qu'on était...

Lui, mal formé à la naissance, déjà condamné par un monde impitoyable... Et il survit... Et il fait la guerre... Il survit... Il apprend un métier où ce sont les mains qui travaillent... Il veut devenir le meilleur... Bien sûr, avec les filles, ça ne va pas très fort :

– Je les comprends, remarquez... Je suis pas terrible ! Et pourtant, j'ai épousé la plus belle de toutes ! Ursula. J'y croyais pas, quand elle a dit oui... À moi... Oh, elle était bien un peu enceinte, d'un gars qui voulait pas s'encombrer d'un gosse, mais je lui ai dit : « Si tu me maries tout de suite, les mauvaises langues auront qu'à se taire ! » Voilà ce que je lui ai dit ! Alors elle a pleuré, elle a dit qu'elle serait la meilleure des épouses... Et c'était vrai, vous pouvez demander à tout le monde ! Tenez, quand on a construit la maison… oui, tous les deux on l'a faite… j'avais économisé pour le bout de terrain dans le lotissement, et pour acheter les matériaux. Eh ben, le soir et le dimanche, on s'y mettait, et elle faisait sa part, comme un brave maçon, vous pouvez demander… Cette maison, c'était toute notre vie !

– Certainement, monsieur Diesman, certainement… Mais quel rapport avec ce qui s'est passé ?

– Le rapport ? C'est la maison, justement. C'est pour ça qu'on est toujours ensemble. Parce que, après notre second enfant, elle ne… enfin, quand je l'approchais… elle voulait plus… Elle disait que, elle et moi, c'était plus possible pour… vous voyez de quoi je parle ?

– Je vois, monsieur Diesman. Et alors ?

– Alors, je lui ai dit : « Si c'est comme ça, je veux pas que tu te sentes obligée de quoi que ce soit. On n'a qu'à divorcer. » Et c'est ce qu'on a fait. Mais c'est après qu'on s'est rendu compte que c'était une erreur, vu que les hommes de loi, ils nous ont dit : « Tout ce que vous possédez, c'est votre maison. Ou bien l'un des deux la garde et paie à l'autre la moitié de la valeur, ou bien vous la vendez et vous partagez ! » Ursula et moi, on a pensé : qu'est-ce que c'est que ces complications ? On va s'arranger autrement. Et moi, je suis resté habiter là… Elle dormait dans la chambre, moi sur un canapé dans la salle à manger. J'en demandais pas plus : Ursula, mes gosses, ma maison… Elle a trouvé un travail. Bien sûr, elle, elle s'est mise à sortir, comme quand elle était jeune fille. C'était son droit, puisqu'on n'était plus mariés. C'est bien pour ça qu'on avait divorcé, non ? Alors, elle sortait de son côté. Et je gardais les enfants…

Les gendarmes se regardent, gênés. Diesman comprend leur coup d'œil en coin :

– Oh, je sais ce que vous pensez, allez… Mais il faut pas croire qu'elle profitait de moi. Des fois, elle disait : « Sors donc un peu, Hans, ce soir, c'est mon tour de rester ici ! » Moi, je haussais les épaules : que je sorte ? Avec qui ? Des gars de l'usine ? Leurs têtes, je les voyais déjà trop ! Et puis, dépenser ma paye dans la bière ? J'ai jamais aimé boire, j'avais trop vu mon père…

Et l'argent, je préférais le mettre de côté pour arranger la maison.

– Et ce... célibat forcé, ça ne vous pesait pas ?

– C'est ce qu'elle pensait, Ursula. Elle disait même : « Hans, trouve-toi donc une bonne amie. Un homme, ça peut pas rester comme ça ! » Alors je lui répondais toujours : « Moi, j'ai pas envie d'une autre femme que toi. Je t'attends. » Je sais que ça en aurait faire rire plus d'un, mais ils auraient eu tort. Parce qu'elle est revenue vers moi.

– Spontanément ?

– C'est quand elle a perdu son travail. Elle pleurait, alors moi, je lui ai proposé de faire comme avant, de partager ma paye... Elle a reniflé, elle a dit en rigolant : « Si c'est comme ça, on n'a plus qu'à se remarier ! » J'ai pas pris ça pour une plaisanterie. Un mois après, c'était fait.

– Écoutez, monsieur Diesman... Si nous en venions à la nuit dernière, vous voulez bien ? Si j'ai bien compris, bien que remariés, vous faisiez toujours chambre à part ?

– Oui... Ursula en avait pris l'habitude. Elle disait qu'elle dormait mieux toute seule. Maintenant, si c'est pour ce que vous pensez... elle voulait bien, mais une fois de temps en temps.

– Votre couple était harmonieux ?

– Après notre remariage, elle m'avait dit qu'elle avait quelqu'un d'autre, et que ça durait encore... Ça, j'ai mal supporté ! J'étais de nouveau son mari, non ? C'est la seule fois que je me suis mis en colère ! Elle m'a promis de rompre.

– Elle vous a promis... mais êtes-vous sûr qu'elle l'a fait ?

– Évidemment, si elle l'a dit...

– Aviez-vous d'autres motifs de discorde ?

– Non... Ça allait très bien !

– Mais alors pourquoi l'avez-vous tuée, cette nuit ?

– Mais je ne l'ai pas tuée ! J'ai *rêvé* que je le faisais... C'était un rêve, juste un rêve !

– Allons, monsieur Diesman... Ne dites pas de bêtises ! Vous êtes allé dans sa chambre ?

– Je ne me souviens pas. Ça se passait... nulle part ! Je lui donnais un coup de couteau... c'est tout... Après je me suis réveillé, sur le canapé. Et elle... elle...

— Bon. Vous avez eu une querelle, hier soir ?

— Non, au contraire.

— Comment ça « au contraire » ?

— Quand on a eu couché les enfants, Ursula nous a servi deux verres de schnaps. Après, j'ai eu sommeil. C'est toujours comme ça, quand je bois le soir : je supporte mal l'alcool. Alors elle m'a fait mon lit, elle m'a aidé à me coucher, elle m'a embrassé... comme une mère... Vous voyez bien qu'on se disputait pas... Seulement, il y a eu ce rêve !

À ce moment, la voiture de patrouille appelle par radio. Les hommes sont bouleversés : lorsqu'ils sont arrivés, ils sont tombés sur les deux enfants qui mangeaient leur tartine avant de partir à l'école. Ils croyaient leur père à l'usine et leur mère encore endormie, comme chaque jour. Ils ne s'étaient aperçus de rien.

Après les avoir éloignés, les gendarmes sont entrés dans la chambre. Ils ont trouvé le corps d'Ursula Diesman. Elle a été tuée de trois coups de poignard au cœur. La patrouille a prévenu le médecin, qui est sur place. Selon lui, la mort remonte aux alentours de 4 heures du matin.

— Allô, chef ? Il n'y a qu'un détail qui nous embête... On n'arrive pas à trouver l'arme du crime... Vous pourriez pas demander au gars ce qu'il en a fait ?

— D'accord... Monsieur Diesman, de quelle arme vous êtes-vous servi ?

— Dans mon rêve, vous voulez dire ?

— Oui, c'est ça, dans votre rêve...

— Eh bien... Maintenant que vous me posez la question... l'image me revient. C'était un beau couteau... grand... comme pour la chasse... avec une poignée en corne... Oui, c'est ça... en corne... Et qui tenait bien dans la main...

— Parfait... Et vous l'avez mis où, ce couteau ?

— Je l'ai pas mis où que ce soit ! C'était pas un vrai couteau ! Juste un couteau... en rêve !

Dès que l'on veut le replonger dans un semblant de réalité, sa conscience s'y refuse, il s'emporte. Si on ne veut pas qu'il craque et se renferme, il faut entrer en douceur dans son jeu.

— Donc, vous étiez dans ce « nulle part ».

– C'est ça.

– Vous vous êtes approché de votre femme ?

– Approché ? Je ne sais pas. Sûrement. Peut-être. J'étais près d'elle, quand je l'ai…

– Mais vous avez vu votre geste ?

– Oui. C'était horrible !

– Et ensuite ? Le couteau ? Ce grand couteau à manche de corne ?

– Ensuite, je me suis réveillé. Je ne l'avais plus.

– Depuis quand possédiez-vous ce couteau, monsieur Diesman ?

– Mais je ne le *possédais* pas ! Il n'était pas à moi !

– Alors, qui vous l'a donné, ou prêté ?

– Mais personne ! *Il n'existe pas*, ce couteau ! Alors, j'ai pu le mettre nulle part !

À partir de cette réponse, quelque chose chez Hans Diesman semble se briser. Jusqu'à présent, il s'est comporté de manière, il faut bien le dire, anormalement calme. Et totalement paradoxale : il avait vu le cadavre ensanglanté de sa femme, il s'était rendu à la gendarmerie pour répondre de son acte… Mais il persistait à croire, avec une sincérité troublante, que ce geste affreux n'avait été commis qu'en rêve ! Rupture avec la réalité d'un esprit qui se protège pour ne pas affronter l'horreur ? Et là, placé devant sa contradiction par la question sur l'arme du crime, il s'effondre. Il se rend compte de ce qui lui arrive, et tous les interrogatoires n'amèneront plus qu'une réponse : il ne sait pas, il a rêvé, c'est tout.

Ensuite intervient la police criminelle qui déplace deux inspecteurs de la préfecture voisine. C'est la règle, quand il y a mort d'homme. Et c'est ce qui va entraîner le dénouement tout à fait étonnant.

En effet, la criminelle procède de manière beaucoup plus méthodique. L'un des inspecteurs passe la maison au peigne fin et dresse un inventaire minutieux de tout ce qui s'y trouve. Pas de poignard ni de couteau dont la lame puisse avoir provoqué les blessures profondes. Alors, on refait pas à pas le parcours entre la maison et la gendarmerie. Toujours rien.

Pendant ce temps, sachant que toute question trop précise amène une crise de larmes chez Diesman, le deuxième inspecteur entame, sous prétexte de préciser la description des lieux, une sorte de conversation à bâtons rompus :

— Il paraît que c'est vous-même qui avez construit votre maison, monsieur Diesman. Elle est bien… très bien !

— Vous trouvez ? Ça me fait plaisir…

— Même les cheminées fonctionnent ?

— Oui. Mais c'était devenu surtout décoratif. Au début, on aimait bien, Ursula et moi, passer une soirée devant une flambée… Mais depuis notre divorce, c'était plus pareil. On avait arrêté. On évitait le feu, à cause des enfants. Pour chauffer, on a la chaudière. Ça suffit bien.

— Et ces temps-ci ? Vous refaisiez souvent des flambées ?

— Oh non… Ma femme ne voulait plus qu'on allume de feu, à cause des enfants.

— Ah bon ? Alors pourquoi y avait-il des cendres dans la cheminée de sa chambre ?

— Ah ? Il y avait des cendres ?…. J'avais pas remarqué…

— Ça ne fait rien… Maintenant, répondez-moi franchement…

L'enquêteur suspend un instant sa phrase… Pour parvenir à la surprenante vérité qu'il pressent, il va devoir blesser cet homme sans malice, sur son point le plus sensible :

— Entre nous, depuis quand votre femme était-elle alcoolique ?

— Quoi ? Vous avez pas le droit ! Oser parler comme ça d'une morte ! Je vais vous…

— Oh là ! Du calme, Diesman ! Elle forçait bien sur la bouteille, non ? La preuve : elle vous a même entraîné à vous enivrer, le soir !

— À me soûler ? Vous dites n'importe quoi ! Un verre de schnaps, ici ou là, pour trinquer…

— Ouais… Vous vidiez la bouteille tous les soirs, quoi ?

— Mais non ! Un petit verre, je ne supporte pas plus… Et juste une ou deux fois la semaine… Elle appelait ça « notre petite fête à nous deux »... C'était depuis que... depuis qu'on s'était vraiment retrouvés, quoi...

– Vous voulez dire : depuis qu'à votre demande elle avait rompu avec son amant ?

– Oui... oui, c'est ça...

– Autre chose, monsieur Diesman... aucun rapport, mais... avez-vous entendu le chien de vos voisins, les Graber, cette nuit ?

– Pas du tout... Mais pourquoi toutes ces questions ?

– Parce que nos hommes ont interrogé le voisinage. C'est la routine, vous voyez... Et la vieille Mme Birn... Vous la connaissez ?

– Bien sûr : elle habite deux maisons plus loin !

– Exact ! Eh bien, malgré la distance, elle, le chien des Graber... elle l'a entendu ! Vers les 4 heures du matin ! Et pas vous ?

– Mme Birn, elle a quatre-vingts ans ! Ça dort pas, à cet âge-là...

– Et vous ? Vous dormez bien ?

– Comme un bébé ! Vous savez, après une journée d'usine...

– Ah bon ! Alors c'est votre femme qui souffrait d'insomnie ?

– Pas du tout... Surtout depuis qu'elle avait la chambre pour elle toute seule...

– Ah bon ? Parce que figurez-vous que mon collègue a trouvé ces petits sachets dans la boîte à farine, dans la cuisine... Vous les connaissez, n'est-ce pas ?

– Pas du tout... Qu'est-ce que c'est ?

– Une poudre somnifère.

– Oh... Alors, c'est à Ursula... Elle a dû avoir des soucis et demander à la pharmacie, et puis cacher ça au milieu des provisions, sans me le dire, pour que je ne m'inquiète pas...

Le policier regarde Diesman écraser une larme. Pauvre homme ! Il est tellement brave et naïf qu'il n'est capable d'imaginer que le meilleur chez les autres.

Et pourtant, la vérité approche, qui va faire tomber de son piédestal la belle Ursula...

En fouillant dans ses papiers, on retrouve le nom de son amant, un certain Peter Borst... Un bellâtre, don Juan de quartier, buveur, querelleur, mais pas très brillant. Les agents vont devoir le tirer de force de sous son lit, où il s'est réfugié dès qu'il a vu les uniformes dans la cour.

Tout de suite, en sanglotant, il avoue : Ursula continuait à le fréquenter, malgré la promesse faite à son mari.

– Pourtant, Diesman nous a certifié que sa femme ne sortait plus.

– C'est vrai. Mais… on se débrouillait !

L'adultère à domicile est un sport délicat. Borst, petit trafiquant, n'avait aucune difficulté à se procurer des barbituriques. C'est son Ursula qui les faisait avaler à son mari, dilués dans un alcool fort, deux soirs par semaine.

La « divorcée remariée » avait tenu à disposer seule de sa chambre. Borst entrait par la fenêtre et ressortait par le même chemin, vers 4 heures du matin.

– Le cocu, il était dans les vapes… Ses mômes pionçaient… Il n'y a jamais que le clébard des Graber qui m'a entendu passer, une ou deux fois !

Et puis Ursula en a eu assez. Le caractère sordide de ce manège lui est enfin apparu, et Hans était vraiment un trop brave type pour qu'elle lui inflige cela, même s'il l'ignorait.

– Elle m'avait annoncé qu'elle voulait rompre. Je suis venu quand même : elle m'avait déjà dit ça, mais elle ne savait pas me résister ! Seulement, là, elle m'a dit que, cette fois, c'était pour de bon. La preuve : elle avait brûlé toutes mes lettres dans sa cheminée !

Borst est arrivé ivre, pour se donner le courage d'affronter la scène… Il avait même apporté son couteau, mais juste histoire de convaincre la traîtresse qu'il était prêt à tout…

– Elle a eu peur, elle voulait hurler…

Il lui a plaqué l'oreiller sur la figure, et il a frappé trois fois…

Hans Diesman était hors de cause. Simplement, lors du procès et à l'attention des journalistes, on lui a demandé… d'oublier discrètement son rêve étrange, lors de son témoignage devant le tribunal, et de bien vouloir s'en tenir à cette version : abruti par le somnifère, à son réveil, il avait trouvé sa femme morte. Ce qui, au fond, était vrai.

Ce souci de circonspection se comprend, remarquez : la société tenait le coupable, la justice avait ses aveux. Personne ne tenait à compliquer les choses en mentionnant ce songe… insolite.

Un songe devenu suprêmement dérangeant, avec tous ses détails, depuis que l'arme du crime avait été retrouvée, dans l'égout où son propriétaire, le meurtrier, Borst, l'avait jetée dans sa fuite.

Car cette arme, c'était un beau poignard de chasse. Avec un manche en corne, qui tient bien dans la main.

Le village de l'éternel hiver

Vous serez probablement surpris par l'écriture particulière de ce dossier. C'est la transcription d'un « pilote », c'est-à-dire du premier film d'une série, que nous avions l'intention de proposer à une chaîne de télévision.

Comme il s'agissait, au départ, d'une maquette tournée avec peu de moyens, les interviews avaient été réalisés par Grégory Frank, à l'aide d'une caméra vidéo légère. Cette transcription a été effectuée par la script de notre équipe. Elle reprend les interventions des différentes personnes que nous avons rencontrées.

Voici donc un petit « mode d'emploi », pour vous faciliter la lecture. Les commentaires de liaison étaient dits par la voix de Pierre Bellemare. Ils sont donc précédés des initiales PB. De même, les autres intervenants sont désignés par leurs initiales.

Leurs propos étaient montés en alternance, pour la vivacité du document. Ils ont été relevés littéralement, avec leurs hésitations, leurs répétitions, qui donnent une idée de l'état d'esprit des protagonistes.

Une dernière précision : vous n'avez jamais pu voir ce court-métrage sur vos écrans. Nous vous dirons pourquoi, à la fin.

PB *(seul, face à l'objectif, assis sur le coin de son bureau)* : La série que nous vous présentons a pour ambition de relever des témoignages fiables sur des phénomènes dits « paranormaux », et de les confronter à votre jugement, pour en déterminer la vraisemblance.

Vous allez entendre plusieurs personnes, notamment les deux principaux témoins... Je devrais dire : les deux seuls véritables témoins, puisque les péripéties qui sont à la base de cette histoire n'ont été vécues que par ce couple.

Cependant, ce que nous avons approché, dans cette première affaire, va nous obliger aussi à poser une autre question, plus inquiétante : en admettant que ces manifestations soient bel et bien une réalité, existe-t-il aussi, en parallèle, une « organisation » structurée... pour nous empêcher de savoir ?

La caméra se trouve ensuite chez Carole et Philippe Josserand. (CJ et PJ).

Environnement de gens aisés, urbains. Décor style « bobo » : nombreux objets et tissus ethniques, voisinant avec de l'électronique de pointe, dans un mobilier moderne.

Nous les avons interrogés séparément, afin de recouper leurs déclarations.

Dans le salon, Carole, quarante-cinq ans, cheveux auburn, sportive, tailleur bleu avec une jupe large. Dans le bureau, sous les poutres du grenier, Philippe, quarante-sept ans, front dégarni, lunettes d'écaille, pull beige sur chemise à petits carreaux, pantalon de velours.

PJ : Ça va faire dix-sept ans cette année.

CJ : Heu... seize ans... Pardon... dix-sept... Ça fera dix-sept ans le 23 juin...

PJ : Le 23 juin, oui... Non, je n'en ai jamais parlé avant... Enfin si... Mais jamais à des journalistes, je veux dire...

CJ : Eh bien, parce que... Ah non, ce n'est pas par manque de certitude... C'est que... la crainte de paraître un peu... (*Elle vrille un index sur la tempe.*)

PJ : Non, je n'avais pas peur du ridicule. Pas du tout. Je sais parfaitement que ça s'est *vraiment* passé. Mais simplement je ne ressentais pas le besoin de convaincre qui que ce soit. (*Il rit.*)

Je n'ai pas de livre à vendre et, si c'était le cas, aujourd'hui j'irais plutôt dans une émission de télé-réalité !

CJ : Tout ce que nous aurions souhaité, à l'époque, c'était de trouver une explication qui tienne debout… Ce n'était pas de rameuter l'opinion… Nous, on apprécie plutôt la tranquillité…

PJ : La tranquillité, oui, c'est essentiel, pour ma femme comme pour moi. Tout est d'ailleurs parti de là : la recherche de la tranquillité…

CJ : Non, matériellement, l'avenir se présentait plutôt bien… Mais marre des téléphones, des week-ends de séminaires, des bagarres pour un fauteuil de direction !

PJ : Moi ? Cadre technico-commercial chez (*sifflement pour dissimuler la marque*)… L'informatique démarrait à fond : tout le monde voulait s'équiper en même temps. C'était pratiquement nous qui choisissions nos clients. On était les rois !

CJ : Eh bien, j'avais terminé une licence en psycho, orientée sur la pédiatrie. Mais comme j'adorais les chiffres, j'étais entrée dans une grosse boîte de marketing, et je m'occupais des produits pour enfants. Rien à voir avec ma vocation, mais ça avait le mérite de payer immédiatement. Et plutôt bien…

PJ : C'est moi qui ai freiné des quatre fers sur le « toujours plus ». Nous avions vu la génération de nos parents se tuer à la tâche sans avoir le temps d'en profiter… J'ai réalisé que nous étions partis dans la même voie qu'eux !

CJ : Nous voulions des enfants. C'était prévu depuis nos fiançailles, mais nous ne voulions pas être des parents absents. Nous en avions trop souffert nous-mêmes… Nous ne voulions pas répéter le schéma… Phil m'a téléphoné un après-midi, il m'a demandé de le retrouver à 16 heures dans un café. Alors que nous ne quittions jamais nos entreprises avant 19 ou 20 heures ! Vous imaginez la surprise ? J'étais même inquiète.

PJ : J'ai demandé à Carole de me rejoindre dans un troquet, boulevard Saint-Michel, où on se rencontrait quand nous faisions nos études…

CJ : Il a posé une pile de feuillets sur la table. Il avait tout préparé sur son ordinateur. Et c'était du solide ! Je ne sais pas si vous avez pu vous en rendre compte, mais Phil n'est pas… Il ne fait pas dans l'abstraction !

PJ : Eh bien, j'avais réparti en deux colonnes : aspects positifs de l'opération à gauche, aspects négatifs à droite... J'avais même commencé à chiffrer la majeure partie des postes.

CJ : Il me proposait de tout changer ! De partir en province, et de nous construire une existence qui ressemblerait plus à ce dont nous avions envie, au lieu de continuer l'espèce de fuite en avant que la vie à Paris nous imposait...

PJ : Il a fallu que je la rassure. Je n'étais pas en train de faire un *burn-out* et de griller un fusible ! Le trip baba-cool, genre « la ferme et le fromage de chèvre », ce n'était pas le genre de la maison !

CJ : Nous en avions vu, des couples de post-soixante-huitards tout lâcher, pour partir tout feu, tout flammes ! Pour reprendre une ferme, élever du bétail, faire de la poterie et retrouver le sens de la fête ! Ils étaient revenus au bout de trois ans, sans un sou ! En essayant, comme des lapins affolés, de se refaire une place dans cette bonne vieille société de consommation !

PJ : Là, j'avais une véritable opportunité. Du sérieux : un de nos gros clients réorganisait une unité de production dans le Centre. Plutôt le Centre sud... Il m'avait fait quelques appels du pied : je serais patron ! C'était du costaud.

PB : Nous avons voulu vous laisser entendre cette partie de l'entretien avec Carole et Philippe pour que vous vous fassiez une idée des personnalités auxquelles nous avons affaire : ce sont des gens qui ont une solide formation, les pieds bien sur terre et qui ne se lancent pas à la légère... C'est important que vous le gardiez en tête, avant de plonger dans les faits pour le moins bizarres qui vont suivre... Philippe a déjà eu des entretiens discrets avec son futur employeur et effectué deux voyages éclairs : tout est verrouillé, sérieux. Reste la question de l'agrément possible de cette nouvelle vie. Ils décident d'aller en exploration pour vérifier sur place la viabilité de leur projet et l'attrait de la région.

PJ : Pour prendre quelques jours en juin, nous nous sommes inventé une obligation familiale. Eh oui, nous avons menti à nos entreprises respectives !

CJ : C'était de bonne guerre : ils ne prenaient pas de gants avec nous pour nous sucrer nos week-ends !

PJ : Donc, les deux premiers jours, nous avons visité plusieurs maisons avec l'agence immobilière... Sur l'ensemble, deux correspondaient à ce que nous voulions...

CJ : Nous avions tous les deux un coup de cœur pour la dernière. Seulement, nous nous méfions des emballements et, le lendemain, nous avons voulu notre journée en tête à tête, pour rayonner aux alentours, voir s'il n'y avait pas de contre-indications... C'était le 23 juin, donc...

PJ : Le 23 juin, comme je vous l'ai dit... Carole avait préparé un pique-nique dans le sac à dos.

CJ : Nous sommes allés renifler autour de la maison, bavarder avec les voisins... Le coin semblait idéal, ensoleillé à longueur d'année, le chemin carrossable jusque devant la porte... Ça se présentait bien.

PJ : Ensuite, nous avons pris la route pour visiter les environs. Le syndicat d'initiative nous promettait des balades grandioses en forêt, la nature préservée, de la varappe et des rivières. Nous avons voulu vérifier *de visu*...

CJ : La forêt était effectivement majestueuse. Des étendues magnifiques, des arbres centenaires... Nous avons roulé au ralenti, sans nous lasser. Quand Phil a eu une petite faim, il était déjà 2 heures de l'après-midi. Nous avons arrêté la voiture à l'entrée d'un chemin.

PJ : J'ai pris le sac à pique-nique. Je précise, pour la suite, parce que vous allez forcément me le demander, que nous n'avions ni carte ni appareil photo : tout cela était resté dans la voiture... Nous nous sommes éloignés de... je dirais deux cents mètres ? Nous avons trouvé une petite clairière à l'écart. Un tronc d'arbre couché qui n'attendait que nous...

CJ : On a saucissonné sur ce tronc. Le soleil qui faisait des rais de lumière à travers les feuilles, la fraîcheur sur nous... On est bien restés là une heure ! Moi, j'aurais bien aimé continuer par une petite sieste... Enfin... (*rosissante*) une grande. En amoureux ! Tout était tellement idyllique...

PJ : La collation terminée, j'ai eu envie de marcher : trois jours que je n'arrêtais pas de conduire...

CJ : Et puis nous n'avions pas la couverture… Monsieur aimait déjà son confort ! Donc, va pour la marche !

PJ : Nous avons continué dans la même direction, mais par des chemins plus étroits. J'ai un assez bon sens de l'orientation…

CJ : Non, nous n'étions pas égarés ! Phil a un bon sens de l'orientation… Nous savions *grosso modo* que la voiture était dans notre dos…

PJ : Et là, sans transition, la forêt a disparu…

CJ : Il a dit « disparu » ? Non, c'est une façon de parler ! Elle n'a pas disparu d'un coup de baguette magique !

PJ : « Disparu » est effectivement un mot inadéquat. Pourtant, la forêt n'a pas diminué *progressivement* de densité… Simplement, comment dire… nous n'avons *plus été* dans de la forêt. Je ne peux pas vous dire autrement. Nous étions dans un village.

CJ : Eh bien, c'est comme ça : nous marchons dans le bois et, d'un coup, nous *sommes* dans un village !

PJ : Je me souviens que nous nous sommes regardés assez étonnés : ni l'un ni l'autre, nous ne nous souvenions de l'avoir vu de loin, ni y être entrés…

CJ : Nous n'avons pas non plus le souvenir d'être passés devant les premières maisons… Je sais bien que ça n'a rien de logique ! Nous avons beau nous repasser le film dans notre tête… Vous pensez bien, depuis dix-sept ans, nous ne cessons de nous questionner !

PJ : Nous marchons dans la rue d'un village. Une rue pas très large… Pas de trottoirs, des pavés.

CJ : Des maisons avec des façades qui… (*geste au-dessus de la tête : bras levés, mains réunies en flèche*) se rapprochent, plus on va vers le haut !

PJ : Des façades à colombages, avec de petites fenêtres. Très touristique… C'est ce que j'ai dit à Carole.

CJ : Très touristique, peut-être, mais moi, je ne voyais personne ! Rien qui bouge ! Et ça, ça a été mon premier sentiment de trouble…

PJ : Je l'ai vue toute pâle, je lui ai demandé : « Tu ne te sens pas bien ? » Elle m'a répondu : « Je n'aime pas cet endroit ! »

CJ : Un malaise… Un sentiment de détresse…

PJ : Je lui ai pris le bras, elle tremblait. Je lui demande : « Tu as froid ? » Elle me dit : « Oui, j'ai froid partout… »

CJ : Je sens encore cette sensation : froid jusque dans le ventre, comme quand on a peur… D'ailleurs, je commençais aussi à avoir peur, je crois !

PJ : C'est là que je me suis aperçu que, moi aussi, j'avais froid ! Et c'est là que j'ai regardé par terre ! Je n'arrive encore pas à croire que j'aie vraiment vu *ça* !

CJ : « Regarde ! qu'il me disait. Regarde ça ! » Et il me montrait le sol, la chaussée ! C'était du pavé…

PJ : La rue était… (*geste des deux mains ouvertes, réunies par la tranche*) en déclivité, vers le centre… Une chaussée en V, avec une rigole au centre… De l'eau, qui stagnait là, pas très propre, apparemment… Mais elle commençait à geler !

CJ : Au milieu des pavés, un petit filet d'eau… mais gelé !

PJ : Une mince pellicule, par endroits… De la glace en formation !

CJ : J'ai dit… Enfin, je pouvais à peine parler, mais j'ai dit : « C'est l'hiver, Phil ! C'est l'hiver, dans ce village ! »

(*Ici, une question a été coupée au montage. CJ répond*) : Gris… Il faisait gris… J'ai juste jeté un coup d'œil entre les toits : la petite bande de ciel était gris plombé !

PJ : Elle avait une voix tout étranglée… « C'est l'hiver dans ce village, il va neiger ! » J'ai répondu machinalement : « Non, il fait trop froid pour neiger ! » Et j'ai trouvé ça tellement… stupide ! Pas de dire ça, parce que c'est vrai que la neige ne tombe pas quand il fait trop froid ! Mais de m'entendre constater que l'hiver soit si froid… alors que je savais bien que nous étions en été !

CJ : Nous savions tous les deux que c'était impossible ! Vous savez, nous nous comprenons souvent sans parler…

PJ : On a relevé le col de nos blousons, et on s'est mis à courir !

CJ : Nous n'avions sur le dos que des blousons de randonnée, en toile de chemise… On claquait des dents !

PJ : Je claquais des dents ! De frousse, aussi, je l'avoue… Mais le froid était devenu transperçant, très vite.

CJ : On a couru… droit devant…

PJ : La logique aurait voulu que nous revenions sur nos pas…
Mais où est la logique, dans un moment pareil ? Nous avons
foncé droit devant, si je peux dire, parce que les ruelles tour-
naient… Je me souviens vaguement que nous sommes passés
devant une petite église, ou une chapelle. Ce qui m'a frappé,
c'est que la porte était superbe, massive, avec des carrés taillés en
tête de diamant, mais *toute neuve*… Nous ne l'avions pas remarquée à l'aller, c'est donc bien que nous n'étions pas revenus sur
nos pas… Je tenais Carole par la main…

CJ : Et là, nous nous sommes retrouvés dans la forêt…
Pareil : à un moment, nous étions dans une rue et, l'instant
d'après, au milieu des arbres !

PJ : Je vais vous répondre avant que vous ne me posiez la
question : là non plus, je n'ai pas vu la transition ! Pas plus en
sortant du village que lorsque nous y étions arrivés !

(Une question coupée au montage. PJ répond) : Ah, non, je n'ai
pas noté si les maisons étaient collées à la forêt ou non ! Mais là, je
peux vous dire pourquoi : tout simplement, nous n'avons pas eu
l'idée de nous retourner ! Nous courions comme des dératés, avec
la peur aux fesses, si vous me passez l'expression, et nous avons
continué à courir au milieu des taillis un bon moment encore !

CJ : Je ne saurais pas vous dire si le temps a changé, ni si le
froid a diminué ou pas… Enfin, si : parce que nous avons été
en nage, à force de courir… Nous nous sommes arrêtés pour
souffler. Il faisait encore clair…

PJ : « Qu'est-ce que c'était que ce truc-là ? » j'ai demandé.
Carole m'a dit : « On se posera la question plus tard, mais on
s'en va le plus loin possible ! Tu sais où est la voiture ? »

CJ : En fait, c'est à ce moment-là que nous nous sommes
perdus ! Nous faisions souvent des randonnées, mais c'était bien
la première fois que je voyais Phil perdre le nord !

PJ : Ah oui ! désorienté, au sens propre ! Aucune idée de
l'endroit où nous étions ! Et plus j'essayais de faire intervenir la
logique, moins je retombais sur mes pieds ! Parce que… *(il
hésite longuement, cherche ses mots)* c'est-à-dire que, pour déterminer dans quelle direction nous étions sortis, il fallait que
j'imagine quel chemin nous avions pu faire dans ce… ce village… Et il y avait quelque chose qui m'empêchait de… Rien

que d'essayer de revoir cet endroit en imagination, ça me... *(Émotion visible. Il masque l'objectif avec sa paume.)*

CJ : Phil a suggéré que nous décrivions des cercles, des spirales... De plus en plus larges. Nous finirions bien par retomber sur une route.

PJ : Pas facile, avec les taillis ! Mais nous avons fini par croiser une route... J'ai tiré à pile ou face, nous sommes partis à gauche.

CJ : Coup de chance : nous avons retrouvé la voiture, après deux ou trois kilomètres !

PB : Ce qui renforce le malaise des Josserand, c'est que, sur la carte détaillée des environs, qu'ils avaient dans la voiture... ils ne trouvent pas de village ! Sur une grande étendue, il n'y a que de la forêt !

Ce trouble reste si présent qu'ils annulent leur rendez-vous du lendemain avec l'agence immobilière, et qu'ils rentrent sur Paris.

Là, une bonne surprise les attend : l'entreprise qui emploie Philippe a eu vent de la tentative pour le débaucher. Elle lui offre une promotion et un plan de carrière. Il accepte.

Son nouveau revenu est suffisant pour deux. Il lui permet de louer un appartement dans une banlieue bourgeoise, avec, au rez-de-chaussée, un local qui servira de cabinet à Carole : elle peut revenir à sa vocation première, la psychopédiatrie...

Ils n'auront le temps – et peut-être, le courage – de retourner sur les lieux de leur aventure qu'à l'automne de l'année suivante. En cette saison, la nature offre un visage tout différent. Ils ont beau faire des kilomètres dans cette forêt, ils n'y croisent que des arbres.

Pourtant, ils ont bel et bien vécu cette aventure, puisqu'ils l'ont relatée à un ami très proche... Écoutons-le.

Extérieur, jour. Assis sur le capot d'une voiture de sport jaune vif, un homme assez fort, costume rayé, un peu fanfaron : Bernard Lasset (BL), collègue de Philippe Josserand.

BL : Oui, Carole et Philippe m'avaient confié leur… Oh, environ quinze jours après que ça leur était arrivé ! Philippe avait l'air absent, mal fichu… Je lui ai demandé ce qui le tracassait. Il m'a raconté leur randonnée, en me faisant promettre de garder cela pour moi… Dans la boîte, ce genre de délire aurait été assez mal vu, surtout de la part d'un nouveau directeur de secteur !

PB : Vous avez remarqué que nous avons interrogé les Josserand séparément, pour vérifier la concordance de leurs récits ? Bien que, après dix-sept ans, chacun ait largement eu le temps de confondre ses souvenirs personnels véritables avec ceux que l'autre lui a racontés…

Vous allez maintenant noter un nouveau détail : nous avons volontairement évité de montrer à l'écran certains objets, ou certains visages… Cela à la demande des personnes que nous allons entendre. Leur témoignage nous était indispensable, et, comme souvent, elles n'ont accepté sa diffusion que si elle ne permettait pas de les identifier…

Intérieur, soir. Dans un bureau de mairie, devant des cartes murales, passées au flou, Gérard Nodin (GN), soixante ans, premier adjoint au maire. Visage osseux, pas rasé de près. Cheveux débordant sur le col de chemise.

GN : À leur premier passage, ils ne m'ont pas parlé de leur mésaventure. Ils étaient venus consulter les plans et, pour être tout à fait franc, ils m'ont assailli de questions… Un village dans la forêt domaniale ? Vraiment, je n'avais jamais entendu parler d'un quelconque village dans ce secteur ! Mais je leur ai promis de me renseigner…

Un mois après, je suis passé en préfecture pour des formalités. J'en ai profité pour m'entretenir avec l'archiviste du département, Mme … (*sifflement, pour masquer le nom*). Elle se souvenait d'avoir parcouru un manuscrit du XVIᵉ siècle, ou du XVIIᵉ, faisant état de l'existence d'un hameau qui aurait été frappé par la peste et dont tous les habitants seraient morts…

Intérieur, soir. Dans une salle d'attente de la préfecture. Au bout d'une rangée de chaises en plastique. Denise R. (DR), archiviste à la préfecture, cinquante-cinq ans. Visage passé au flou, voix déformée.

DR : Effectivement, ce texte m'était passé entre les mains... Mais c'était pour moi un souvenir très imprécis ! Ce document faisait partie d'un livre comptable... Depuis le Moyen Âge, il était courant de compléter les états des finances par le résumé, dans la marge, des événements liés aux dépenses...

(Question coupée au montage. DR répond) : Pas dans le détail, je l'ai précisé à M. Nodin... Mais si je me souvenais bien, le seigneur du lieu aurait fait détruire tout le village par le feu.

(Question coupée. DR répond) : L'année ? Absolument pas ! Mais j'étais certaine que cela se passait au cœur d'un hiver !

(Question coupée. DR répond) : Pourquoi ? Parce que la comptabilité mentionnait qu'il avait fallu mobiliser toute la population du canton pour livrer du bois ! Pour alimenter ce bûcher gigantesque...

(Question coupée. DR répond) : Ensuite ? Il fut ordonné qu'on efface toute trace de ce lieu, puisqu'il devait être, j'imagine, considéré comme frappé de malédiction ?

PB : Un manuscrit ancien, un village frappé de malédiction au cœur de l'hiver, et qui se manifeste dans cet état des siècles plus tard... Un passage à travers le temps ? C'était déjà assez bizarre... Mais c'est lorsque nous avons voulu essayer d'aller plus loin que nous avons ouvert une porte sur une question plus inquiétante. Nous avions juste demandé, c'est normal, à *voir* ce manuscrit. Et là, voici les réponses...

GN : Attendez... Ce n'est pas vers moi qu'il faut vous tourner ! Moi, je ne l'ai pas, je ne l'ai même jamais vu ! Après que Mme ... *(sifflement)* m'en a eu parlé, je lui ai demandé de le retrouver, pour en transmettre copie aux Josserand. Et puis, à eux, je leur ai téléphoné, pour leur signaler que je tenais ma promesse, que la recherche donnait un premier résultat, et qu'ils auraient des nouvelles incessamment...

DR : J'avais planifié de m'occuper de cela... Mais il s'agissait d'une demande officieuse, pour des particuliers : j'avais d'autres priorités ! Et maintenant, c'est impossible, puisque toutes les archives datant de cette époque ont brûlé...

(Question coupée. DR répond) : Mais oui ! Vous n'êtes pas au courant ? Pourtant, c'est passé à la télévision, aux nouvelles ! Un incendie... Oh, il y a une quinzaine d'années...

Enfin, un début d'incendie, vite maîtrisé ! Le bâtiment n'a pratiquement pas été touché, fort heureusement ! Par contre, tout le secteur contenant les archives de cette époque a brûlé...

(Question coupée. DR répond) : Oui, on a soupçonné un geste intentionnel... Mais on n'a jamais pu retrouver les deux visiteurs...

(Plusieurs questions et relances coupées. DR répond) : Eh bien, deux messieurs, qui se sont présentés dans l'après-midi... Oui, ils avaient une carte accréditive... De documentaliste, je crois ? Ils participaient à la rédaction d'une encyclopédie...

Pour quel éditeur ? Je ne sais même pas s'ils me l'ont dit...

Oh non, pas d'inscription préalable ! Chez nous, c'est très simple : on entre, on laisse les sacs à l'entrée, pour éviter les vols, et on va consulter... Je n'interviens que si on me le demande, autrement, je laisse les gens travailler tranquilles...

Deux heures. Ils sont restés deux heures... Je crois...

GN : Oui, quelques jours avant... Ils étaient venus aussi me voir... Probablement les mêmes personnes, oui !

(Plusieurs relances coupées. GN répond) : Neutres, très neutres... Le genre qu'on oublie dès qu'ils ont repassé la porte !

J'ai été surpris de les entendre me questionner sur l'emplacement de ce village... La seconde fois en peu de temps. Ce n'est pas un sujet très courant !

Bien sûr... c'est moi qui leur ai signalé l'existence de ce manuscrit.

Oui, je leur ai aussi donné les coordonnées de Mme Denise R. *(sifflement)* aux archives.

Je n'avais aucune raison d'en faire mystère : ces messieurs travaillaient à l'écriture d'un guide sur la région, et c'est toujours bénéfique pour notre tourisme !

Ah, non… Je n'ai pas noté leur nom… Des noms très courants, je crois… Comme Bernard, ou Martin…

Séquence finale : la caméra retourne très rapidement chez chacun des témoins.

Les Josserand, ensemble, dans leur salon :

CJ : Nous, ça nous a un peu effrayés, cette coïncidence de l'incendie des archives. D'autant plus que nous n'avons plus rien à vous montrer, maintenant…

PJ : Nous nous sommes dit qu'il avait dû y avoir une fuite ! Des gens qui ne voulaient pas que… Je ne sais pas pourquoi, d'ailleurs… Mais s'il y avait eu une fuite, ça ne pouvait venir que d'une personne…

Bernard Lasset, dans un bar :

BL : Bon, c'est vrai… J'admets… J'en ai parlé…

Je sais que j'avais promis à Philippe de la boucler, mais ce n'était pas dans l'entreprise… Je ne mettais pas sa crédibilité en jeu ! C'était à titre privé…

Un soir, chez des amis… on était un peu gais… une panne d'électricité… des bougies, vous voyez le tableau ? On a joué à se faire peur : chacun racontait l'histoire la plus effrayante qui lui était arrivée ! Moi, je n'en avais pas, j'ai raconté celle de Philippe et Carole…

Ce type, qui était là ? Très, mais vraiment *très* sympa ! Il admirait beaucoup ma façon de raconter… Il est vrai que… je m'en tire assez bien, paraît-il !

Cette histoire ? Ça l'a littéralement scotché ! Il m'a pris à part pendant deux heures, il m'a tout fait répéter dix fois ! Passionné…

Oh, non… Aucune idée ! Il a dû me le dire, son nom, mais dans le brouhaha… Un ami d'amis, vous savez ce que c'est…

Pourtant, maintenant que vous m'y faites penser, c'est marrant : je suis un bon commercial, et j'ai l'entraînement pour retenir les noms et les visages ! Le relationnel, c'est un peu mon fonds de commerce ! Mais là, néant ! Un type complètement neutre... Même si je le revoyais, je ne le reconnaîtrais sûrement pas.

PB : Qui sont ces hommes qui *auraient*... employons prudemment le conditionnel... qui auraient voulu faire disparaître un début de preuve ? Pour quelle raison ? Pour obéir à quelle consigne ? donnée par qui ?

Toutes ces questions vous inquiètent ? Dormez tranquilles : ce qui n'existe pas ne peut pas nous inquiéter... Et ce qui ne laisse aucune trace... *ne peut pas exister*, n'est-ce pas ?

Sur ces mots, dits par Pierre Bellemare, se terminait ce court-métrage, cette maquette d'une série d'émissions prometteuses. Nous avions travaillé pendant des mois, et réuni la matière pour plusieurs autres sujets, tout aussi énigmatiques...

Nous parlons au passé : si vous n'avez jamais eu l'occasion de voir ces films, c'est que nous avons eu un léger embêtement. Daniel, notre chauffeur, emportait tout le matériel visuel et sonore de cette série vers un entrepôt sécurisé, en grande banlieue : ce sont des supports fragiles, qui craignent les variations de température, l'humidité, le magnétisme, et autres pollutions... Daniel a fait une légitime pause de midi, dans une brasserie de Nogent-sur-Marne. La camionnette a été dérobée sur le parking. On l'a retrouvée, vide et carbonisée, sur une aire d'autoroute, en direction de Lyon. Dommage...

« Et ce qui ne laisse aucune trace... » Mais... il nous semble avoir déjà entendu cela, non ?

Quelque chose, dans le brouillard...

À vrai dire, nous ne savons plus d'où nous tenons ce récit.

L'un de nous deux l'a-t-il lu quelque part, voici très longtemps ? Si c'est le cas, que son auteur nous excuse de ce « pillage », bien involontaire. Et qu'il soit remercié de nous avoir planté cette histoire dans le cœur.

Car elle fait tellement partie de notre patrimoine affectif, elle transmet tant de rêves, que nous voulions absolument vous la faire partager, à notre manière : elle vient merveilleusement clore ce recueil, même si, pour une fois... nous n'avons pas de dossier !

D'où vient cette histoire ? S'était-elle logée dans l'un des sinueux et imprévisibles replis de la mémoire, auprès de ces grandes frayeurs que l'on cache, enfant, et qui n'attendent qu'un soir de solitude pour resurgir ? Elles vous surprennent au contour d'une rue mal éclairée, rendue plus sombre encore par les brumes d'un verre de schiedam, dont on savait pourtant que l'on n'aurait pas dû le boire : le verre en trop. Le verre d'après le dernier verre, avalé avec une hâte coupable, pendant que les lumières s'éteignent, que des serveuses fatiguées empilent les chaises sur les tables poisseuses.

Oui, à bien y réfléchir, c'est une histoire juste pour un soir de ce genre... Un épisode que l'on croyait conjuré pour toujours, oublié, écrasé entre les pages du livre quand on l'a refermé. Mais ces histoires-là ne s enterrent pas si facilement. C'est comme le Huriglure.

Le Huriglure ? C'est cette chose visqueuse, totalement imaginaire, dont vous seul connaissez le nom, et qui habite pour de bon dans le placard au pied de votre lit, quand vous avez cinq ans. (Pourquoi met-on toujours le lit des enfants en face d'un placard ?)

Les soirs de fièvre, vous voyez la clenche frémir, et le souffle du Huriglure s'insinue par la serrure, vous pleurez. Et votre père arrive, il prend votre main brûlante dans la sienne, large et ferme. Il vous guide vers ce maudit placard. D'un trait de sa lampe de poche, il vous démontre qu'il n'y a que des habits, là-dedans...

Vous savez bien qu'il ne suffira pas de refermer une porte pour que le Huriglure disparaisse. Au contraire : plus vous refermez les portes et plus, derrière, la chose recommence à exister, à être encore plus là, à vous attendre. Elle attendra vingt, trente ans s'il le faut. Vous en refermerez, des portes, pour ne pas savoir. Mais, un soir, elle plantera ses yeux jaunes dans les vôtres et ne vous lâchera plus.

Comme cette histoire, qui attendait depuis... trop longtemps.

Mais, au fond, nous divaguons peut-être... Nous avons dû l'entendre beaucoup plus récemment. Dans un port où nous ne faisions que passer, au nord de la Norvège, au nord du Nord, au nord de tout. Oui, c'est sûrement là que nous l'avons entendue, disons cela.

C'était un soir où les vapeurs du genièvre vous servent de refuge illusoire contre d'autres brumes, celles qui traînent en nappes sur les pavés des quais... Celles qui changent un stupide hangar en montagne, une grue en squelette de dinosaure, un bananier à l'amarrage en baleine endormie.

Ces soirs-là, vous retardez le moment de rentrer à votre hôtel, le moment d'affronter le brouillard, la nuit. Car, vous le savez, c'est là que vous risquez de rencontrer la vérité.

Cette simple vérité : vous avez bourlingué, affronté les mille morts qui guettent le voyageur, pris des risques inouïs pour une poignée d'or, assumé de colossales responsabilités dans des entreprises, vous avez fait avancer des foules, au nom de belles idées, et trouvé le moyen de vous faire admirer pour cela, vous avez tué, peut-être... Mais un soir comme celui-là vous avez cinq ans. Et il n'y a plus la main large et ferme d'un père où vous puissiez blottir la vôtre et la laisser vous guider dans ce sacré brouillard, de réverbère en réverbère, jusqu'à la chaleur rassurante de votre lit.

La voilà, la vérité. Pas reluisante, mais elle est la même pour tous. Et chacun la cache aux autres, parce qu'il se croit seul dans son cas. Alors, on se serre le plus possible dans la lumière jaune d'un café du port. On parle fort et l'on boit, puisqu'il faut bien payer le droit de rester au chaud.

Ce soir-là, avouons-le, nous avions intercalé un godet de genièvre entre deux bières, ainsi que nous l'avaient conseillé deux robustes quartiers-maîtres. N'y voyez pas d'excès alcoolique de notre part. Nous ne buvons guère. De genièvre, il n'y en avait qu'une gorgée, dans ces verres trompeurs, au fond épais.

Les quartiers-maîtres appréciaient la bière, le genièvre et les Français. Ils nous avaient offert la première tournée. Le savoir-vivre de bistrot nous imposait de leur rendre la politesse. La seconde *stout* chambrait doucement entre nos mains : nous attendions, pour la siroter, que « la mousse descende au fond », comme l'on dit là-bas.

Précisons-le : nous comprenons assez mal le norvégien. Aussi nos compagnons de zinc prenaient-ils la peine de réunir tout l'anglais et l'allemand qu'ils connaissaient, à notre intention. Touchés de cette amabilité, nous faisions tous nos efforts pour ne pas piquer du nez dans nos chopes et saisir vraiment ce que l'on nous racontait. C'est qu'il fallait réagir juste et à propos : un rire, un acquiescement complices, cela ne se distribue pas au hasard.

Les visages luisants, les haleines pesantes, l'âcre tabac des pipes en terre, l'odeur humide du drap bleu des cabans imbibés d'embruns... Nous flottions dans un état second. Comme si notre corps restait assis à ce comptoir, ce verre d'une lourde bière orange entre les mains, alors que la partie de nous-mêmes capable de comprendre s'était discrètement retirée, en observation, quelque part vers le plafond.

Nos matelots se débattaient en pleine controverse. Il était question des origines véritables de l'aventure effarante survenue à un certain type que chacun se vantait d'avoir mieux connu…

— C'est à cause de sa jambe ! Il ne pouvait plus naviguer ! disait le quartier-maître de gauche.

— Mais non ! répondait le quartier-maître de droite. Je te dis que non : il s'était recasé là où il pouvait, parce que, s'il avait repris du service comme navigant, les assurances n'auraient plus rien versé ! Tandis que là, avec son salaire, la prime d'isolement et la pension en plus, il se faisait une belle pelote pour sa retraite !

— N'empêche ! N'empêche que sa jambe, elle était bel et bien raide ! Et elle lui faisait un mal de chien juste avant les grandes marées ! Et n'empêche que, de ne plus naviguer, ça lui avait fichu un drôle de coup de vieux, à Sven !

— Penses-tu ! On n'est pas vieux à quarante ans ! Moi, je suis sûr que c'était tout du chiqué ! Pour faire casquer les assurances !

— Je te fiche mon billet, moi, qu'il était miné, à cause de sa patte folle ! Et je sais qu'il s'était sérieusement mis à la bouteille !

— Tu rigoles ? Pour ça, ils ne laissent rien passer, à la Surveillance des côtes ! Tu imagines un peu ? Un type tout seul, sur son rocher, avec une telle responsabilité, et qui picolerait toute la sainte journée ? Non, pour ça, à la Surveillance, ils ont des toubibs qui vérifient tous les antécédents… À la loupe, ils te passent, avant de t'accepter… Sven, il biberonnait pas ! C'est pour ça que son histoire, on peut y croire dur comme fer… Ça s'est passé comme il l'a dit, pour sûr !

Sur ce point, nos raconteurs tombent d'accord, sans aucun doute possible. Ils hochent la tête, gravement, et s'octroient quelques généreuses lampées. Nous en profitons pour nous enquérir discrètement : de quoi et de qui s'agit-il ? Le quartier-maître de gauche éructe, entre deux gorgées :

— Ah ! Tu vois ! Les Français ne sont pas au courant ! Explique-leur donc !

444

Le quartier-maître de droite, d'un revers de main, débarrasse sa moustache de la mousse :

– Sven, il s'appelait, ce gars. Pas de chez nous. Un Suédois, avec un prénom pareil. Suédois, mais brave tout de même. Quinze ans qu'il vivait ici, quand il mettait sac à terre. Un bon bosco, rien à dire là-dessus. Et puis il y a eu la collision entre le *Chien des mers*, sur lequel il naviguait, et le *Santa Cruz*, un Panaméen... Sale histoire, jamais vraiment tirée au clair... Les assurances des armateurs se sont arrangées entre elles, et elles ont enterré l'affaire...

Le quartier-maître de gauche complète :

– Le Sven, lui, il dormait dans sa carrée, au moment de l'abordage. L'étrave du *Santa Cruz* a pulvérisé les tôles... Elle est entrée droit devant, juste à l'endroit de la couchette de Sven... Il n'a jamais compris comment il a pu s'en tirer. On l'a retrouvé littéralement plié en quatre, comme dans une boîte de conserve de soixante centimètres sur soixante.

– Authentique : pas une blessure, et plié en quatre ! Idéal.

– Sauf que sa jambe gauche était pliée dans le mauvais sens...

De bière en bière, nos deux matafs se relaient pour poursuivre le récit. Ils nous apprennent tout, absolument tout sur ce Sven. Combien de broches on lui a vissées dans les os, en combien de fragments sa rotule était brisée... Jusques et y compris (horrible détail) la performance à laquelle il se livra, devant quelques privilégiés, en sortant de l'hôpital pour gens de mer :

– Il a empoigné fermement à deux mains sa cuisse, juste au-dessus du genou. Il a déboîté d'un coup sec l'articulation. Et, comme s'il avait été une simple poupée de son, il a fait accomplir à la jambe et au pied... un tour. Un tour complet !

Les matelots présents, pourtant durs, se mordirent les lèvres. L'un d'eux, pour détendre l'atmosphère, crut bon d'applaudir comme à un exploit. Sven eut un sourire glacé :

– T'as raison d'applaudir l'artiste, mon gars. J'ai de l'avenir, avec ce numéro. Dans un cirque. Parce que comme marin... je suis foutu.

Il tourna le dos et s'éloigna en claudiquant. L'avenir de Sven, ceux qui assistèrent à la scène n'en auraient pas donné cher.

Loin de la mer, le Suédois semblait promis à une déchéance rapide. Dilapider sa pension d'invalide en mauvais alcool fut effectivement sa première porte de sortie. La descente vers l'état de déchet social fut brutale.

Pourtant, un événement stoppa la glissade. Un jour, on revit Sven reprendre figure humaine. La barbe taillée, une chemise propre, un caban neuf. Il n'était plus précédé par l'épouvantable odeur de crasse qui lui était devenue habituelle : il avait fait répandre sur sa personne une double dose de cette lotion à la violette qui, selon le coiffeur, assure aux marins en bordée le charme irrésistible des aristocrates.

— Alors, Sven, on s'est fait beau ?

— Content que vous le remarquiez, les gars !

— T'as trouvé une nouvelle fiancée ?

— Non, j'en ai retrouvé une ancienne... La plus belle de toutes... La mer...

— Sans blague ? Tu rembarques ? Quel est le capitaine qui a accepté de t'embarquer avec...

— Avec ma patte folle ? Aucun. Mais j'ai mieux que ça : maître à bord après Dieu, qu'il va être, le vieux Sven ! La Surveillance côtière me confie un phare !

Quel subtil tissu de relations occultes, quelles anciennes complicités nouées par d'obscurs trafics au cours de longues campagnes de navigation en Orient avaient permis cet engagement malgré son handicap ? Cela, Sven n'en laissa jamais rien savoir. Mais son affectation, à un tel poste, laisse supposer quelque part une certaine complaisance... Placer un type en perdition aux commandes d'un phare, avec ses escaliers, la solitude en cas de défaillance...

D'un autre côté, il faut reconnaître que l'exceptionnelle vigueur de Sven, son refus d'être un infirme, tout cela s'était conjugué pour déjouer les pièges de la dépression, du laisser-aller. En quelques mois, il était devenu un homme nouveau, sobre, rajeuni presque. Pour ce qui est de la vigueur, il en aurait remontré à de prétendus valides : il fallait être vraiment au fait de son accident, et particulièrement attentif, pour déceler le moindre boitillement dans sa démarche. Tout juste un peu trop chaloupée, mais quoi de plus naturel pour un marin ?

Il lui fallut cependant une vigilance de tous les instants. Car il fut surveillé de près par des regards sans indulgence : ceux de ses futurs collègues.

Sven effectua des stages, des séjours auprès de gardiens chevronnés. Aucun ne lui trouva de défaut majeur. Allons plus loin : aucun ne put s'empêcher d'éprouver une pointe de jalousie. Ce garçon était fait pour ce métier. Il avait la vocation. Il ne connaîtrait même pas les angoisses, les creux, les doutes, les peurs que tous avaient, plus ou moins intensément, éprouvés à leurs débuts. Non, ce type-là était né pour devenir gardien de phare.

Ce stagiaire en étonna plus d'un : non seulement il acquérait toutes les connaissances imposées par le règlement, mais il accumulait, à titre personnel, une culture détaillée sur les phares.

Il savait, par exemple, que le premier du genre fut construit à Pharos, petite île face à Alexandrie, sous le règne de Ptolémée II. C'était une colonne de marbre couronnée de bûchers, entretenus par des veilleurs. Il savait que l'évolution fut très lente jusqu'à la fin du XVIIIe siècle. Seul le combustible changea : charbon, huile de colza, huile de baleine. Pas grand-chose à en dire. Mais sur les changements ultérieurs, Sven était intarissable : il pouvait parler pendant des heures des « réverbères de Sangrain ».

– Un Français, ce Sangrain. En 1770, il inventa son système : une tige de fer, portant deux cercles superposés en forme de lustres, et garnis chacun d'un jeu de seize lampes. Chaque lampe était munie d'un *réverbère*, c'est-à-dire d'un miroir sphérique en cuivre argenté, qui réverbérait, en l'amplifiant, la lumière d'une lampe à huile. Astucieux, non ? D'ailleurs ce sont les Français qui ont presque tout inventé dans ce domaine !

Et Sven partait en longues tirades admiratives sur Joseph Teulère, qui eut le premier l'idée de faire tourner le système à réflecteur parabolique, par un mouvement d'horlogerie, afin que chaque point de l'horizon puisse bénéficier d'un éclat maximal !

Et Lemoyne, qui codifia les ellipses et les cadences de ces feux pour les rendre identifiables ! Et d'Argand, mettant au point la lampe à double courant d'air, qui évitait l'accumulation des fumées !

Et Augustin Fresnel, reprenant les travaux de Buffon et Condorcet (toujours la France !). Fresnel concevant la lentille de verre portant son nom, formée d'anneaux catadioptriques combinant réflexion et réfraction de la lumière !

– 1823, phare de Cordouan, première installation d'un éclairage à lentilles Fresnel ! Et ça ne pouvait être qu'un succès, car savez-vous, les gars, comment s'appelait l'opticien qui les réalisa ? M. Soleil !

Et Sven faisait pour ses interlocuteurs sidérés la traduction de ce nom français. Et il enchaînait sur la nature de la lumière.

– L'unité d'intensité du faisceau se mesurait en carcels. Carcel, inventeur de la lampe Carcel. Une lampe dont la mèche de trente millimètres de diamètre, avec une flamme réglée à quarante millimètres de hauteur, brûle quarante-deux grammes d'huile pure de colza par heure. Un phare de cinq millions de carcels était donc l'équivalent de cinq millions de lampes brûlant au cœur de la nuit !

Mais plus personne ne sait tout cela ! Et on s'en fout !

L'enthousiasme naïf de Sven pour sa nouvelle profession fit sourire au début, mais lassa rapidement. De tels discours n'amusaient plus du tout les piliers de bistrot, davantage enclins à écouter des histoires de conquêtes amoureuses au Brésil, ou de fortunes fabuleuses aux tables de jeu de Macao !

On fut donc assez heureux lorsque, enfin, Sven reçut son affectation définitive : on allait être débarrassé de ce raseur pour un bon moment !

Nous serions, quant à nous, bien incapables de vous dire quoi que ce soit à propos de la technique des lanternes et des lentilles ! Mais nous savons un détail révélateur : les gardiens classent les phares en trois catégories, « paradis », ceux qui bordent le continent, « purgatoires », ceux des îles et « enfers », ceux qui sont au large.

Infernal parmi les enfers, celui qui fut confié à Sven n'offrait aucune distraction, aucune possibilité de se détendre alentour. Son phare était le plus au nord de tout le système de protection maritime : une tour blanche à bandes noires et rouges, agrippée comme une bernicle sur un bout de rocher, recouvert presque en permanence par une mer furieuse.

Même à la saison la plus calme, les vagues venaient battre le pied de la tour. Certaines nuits, la mer se réveillait sans prévenir et montait cogner à la porte étanche, parfois même jusqu'aux premières vitres.

Tous les deux mois, un petit chalutier, ballotté comme une coque de noix, prenait le risque de s'approcher à moins de trente brasses. On lançait un câble, terminé par un grappin. Sven l'amarrait à un anneau près de l'entrée et, par un jeu de poulies, on faisait glisser vers lui des provisions, des journaux déjà périmés, le tout ficelé dans des bâches de toile cirée.

L'équipage et le gardien échangeaient quelques phrases incompréhensibles, hachées par le vent. Les rares mots qui parvenaient intacts, appuyés par des gestes optimistes, signifiaient *grosso modo* que tout allait bien. De toute manière, il y avait le contact quotidien par radio avec le central. Alors, si quelque chose avait cloché, on l'aurait su.

L'approvisionnement terminé, Sven larguait le bout, qu'un treuil rappelait à bord. On agitait encore le bras et, tandis que l'hélice faisait bouillonner l'eau pour une énergique machine arrière, les hommes en cirés jaunes disparaissaient vivement dans la cabine. Ce seraient les seuls humains que Sven pourrait apercevoir d'ici plusieurs semaines.

Mais il n'avait pas le moindre serrement de cœur. Il n'essayait pas de les suivre des yeux une seconde de plus. Dès le câble relâché, il tournait les talons, poussait à l'abri les paquets trempés, et tirait sur lui la porte métallique peinte en noir, la refermait d'un double tour du volant de sécurité.

Car le Suédois était heureux, seul. « Seul maître après Dieu ! » avait-il annoncé à ses amis. Et, de fait, il se sentait capitaine d'une sorte de vaisseau immobile. Sept pièces rondes, superposées, un peu plus étroites les unes que les autres à mesure que l'on s'élevait. Un escalier en spirale de quatre cent vingt-deux marches les reliait, et aboutissait à la lanterne qui coiffait la tour. Pour Sven, c'était comme un soleil au sommet de son univers.

Imaginez une installation d'éclairage datant encore de l'époque héroïque. Les services officiels ne s'étaient pas décidés à la rénover, vu la fiabilité douteuse des techniques nouvelles face aux conditions extrêmes. Au moins le vieux système avait-il fait ses preuves. C'était donc un ensemble de douze lentilles de fort diamètre, tenu dans une immense cage de cuivre jaune. Ce dispositif, pesant plus de trente tonnes, flottait sur une cuve de mercure. Ainsi, entraîné par un mouvement d'horlogerie à contrepoids, le bloc optique pouvait tourner régulièrement et sans aucun frottement autour de la source de lumière.

Celle-ci était encore basée sur le principe des lampes de campeur : un manchon porté à l'incandescence par un brûleur à mazout pressurisé. Le réservoir, enterré dans le roc au pied de la tour, n'était réapprovisionné que trois fois l'an, lorsque la mer était assez calme pour permettre à un navire-citerne d'approcher et de pulser le combustible, sans risquer l'arrachage des tuyaux à chaque ressac. En son temps, cette machinerie archaïque eût peut-être excité l'imagination d'un Jules Verne ? En son temps...

Sven l'entretenait avec un soin maniaque, briquait les réflecteurs où son image se déformait comme à la foire, lavait à grande eau les lentilles, les débarrassait chaque matin des plumes et du sang collés dessus car, durant la nuit, des dizaines d'oiseaux marins éblouis venaient s'y fracasser le crâne.

Le Suédois contemplait cette merveille de technologie du XIXᵉ siècle comme un trésor précieux. Par les hasards de la vie, il se retrouvait responsable du dernier de ces phares de légende, qu'il s'était pris à aimer dans ses lectures d'autodidacte. Le dernier de ceux où l'on voyait vraiment à l'œuvre le génie de ces grands inventeurs français qu'il vénérait.

Et petit à petit, comme chez bien des hommes simples mais passionnés, il vint à Sven des envies, non de devenir l'égal de ces génies (il était bien trop modeste pour cela), mais de marcher sur leurs traces glorieuses. L'ambition d'apporter, dans l'humble mesure de ses moyens, sa contribution à la sécurité en mer. Lui-même ne gardait-il pas douloureusement dans sa chair les traces de ces dangers qui guettent le marin ?

Certes, Sven n'était pas un savant, ni un technicien spécialisé. Mais il avait l'instinct naturel de survie. Et, de la survie, ce phare en était le symbole : techniquement dépassé, mais toujours efficace. Théoriquement rendu obsolète par le radiobalisage, qui faisait son apparition en ces années-là. Mais incroyablement plus rassurant pour les hommes, même à bord des bâtiments les plus modernes. Pour longtemps encore, les marins aimeront à confirmer, par leurs sens humains, ce que les yeux et les oreilles électroniques leur transmettent sur des écrans.

Cela, Sven ne cessait d'y songer : si, cette nuit de malheur, quelques secondes avant que le *Santa Cruz* n'éperonne le *Chien des mers*... si seulement ses yeux et ses oreilles l'avaient averti, il n'aurait pas été écrasé dans une cabine sans issue. Si les yeux et les oreilles de l'homme de quart avaient reçu un signal à temps...

Les yeux et les oreilles... Sven trouvait que, pour alerter les yeux, il n'y avait rien à faire de mieux que les formidables lentilles de M. Fresnel. Mais pour les oreilles... Ah oui, Sven savait comme les marins tendent l'oreille pour distinguer, à travers la couche cotonneuse du brouillard, le son de la corne de brume.

Chaque phare possède la sienne, qui beugle à intervalles réguliers dès que la visibilité se réduit. Et lorsqu'on ne voit plus rien, lorsque l'on est si désorienté par les vieilles peurs que l'on hésite à se fier aux écrans... on sort sur le pont et on se guide à la corne. Elle rassure, elle est une présence tangible, un signe humain, instinctivement compréhensible au plus profond de soi. Sven, en bon marin, savait cela. Et il restait insatisfait.

En gardien consciencieux, il procédait réglementairement à l'essai du dispositif. Un quart d'heure avant le coucher du soleil, il gravissait les quatre cent vingt-deux marches. Il allumait le bec, se protégeait derrière sa main pendant que le manchon de filaments grisâtres, chauffé par le mazout pulsé, passait au rouge sombre, au rouge vif, à l'orange, au jaune presque blanc. Puis il réduisait l'injection de carburant au débit juste nécessaire pour entretenir l'incandescence. Il poussait le levier qui débloquait le contrepoids. Le mécanisme d'horlogerie cliquetait, et les trente tonnes de la lanterne se mettaient à tourner sur leur coussin de mercure.

Alors, Sven tirait une poignée au bout d'une chaîne, sortant d'un conduit au plafond, et la corne retentissait, prouvant qu'elle était prête à toute éventualité. Ce contrôle dûment opéré, Sven pouvait redescendre un niveau plus bas dans la salle de radio et appeler le nodal. Il s'annonçait par son indicatif et déclarait invariablement :

– Tout va bien. Rien à signaler. À demain, les gars. Terminé.

Il posait le micro et se mettait à réfléchir, vaguement mécontent : non, décidément non, ces cornes de brume n'étaient pas arrivées au point de perfection des lentilles ! On n'avait pas fait, pour les oreilles, les mêmes progrès que pour les yeux. Le son, puissant certes, mais trop régulier, trop rond, trop joli, trop *attendu*, n'était pas, selon Sven... comment dire ? pas « imagé », pas représentatif du danger qu'il était censé annoncer : la scie impitoyable et traîtresse des brisants, le roc massif, hérissé, invisible sous la crête des vagues...

Et Sven se disait :

– Si j'arrivais à reproduire, *dans le son* de la corne de brume, ce sentiment de danger... Si je pouvais générer une sonorité inhabituelle et capable de percer toutes les épaisseurs ouatées des brouillards... ça, ce serait un progrès décisif ! Un son nouveau... Un cri d'alarme... Les marins l'entendraient de plus loin. Cela saurait les tirer des somnolences qui les saisissent parfois, dans la monotonie des brumes ! Cela pourrait éviter à des dizaines de pauvres bougres de se réveiller dans le choc et la panique de l'abordage, comme moi à bord du *Santa Cruz*... Là, on peut encore inventer, perfectionner !

Alors Sven se mit au travail. Le temps refroidissait, mais se maintenait au beau. Seul le signal lumineux était utile, par ces nuits claires. Mais le Suédois étudiait. Il examinait le circuit à pression, les embouchures qui font naître le son, les cornes qui le modulent.

Parallèlement, il essayait de se remémorer l'horreur, la peur viscérale qu'il avait ressentie pendant la collision. Il fallait *traduire* cela. Comme un musicien.

Chaque jour, il modifiait un peu l'installation et jugeait du résultat en tirant la poignée pour le bref essai réglementaire. Le son de la corne évoluait, mais ce n'était pas encore ce qu'il avait en tête...

C'est une nuit que cela lui revint. *Le* cri.

Lorsqu'il avait poussé ce cri, lors de l'éperonnage, Sven dormait encore. Une fraction de seconde *avant* de prendre vraiment conscience du choc.

Une part inconnue de lui avait dû palper physiquement le danger qui approchait. Assez violemment pour qu'il se jette hors de sa couchette, le plus loin possible de la coque.

Oui, indiscutablement : une fraction de seconde *avant*, la part inconnue avait été avertie que la coque allait éclater sous l'impact de l'étrave du *Chien des mers*.

Il avait poussé *le* cri. Le cri venu de trop loin pour oser y songer. Le cri d'avant l'enfance, d'avant la naissance, même. Le cri du fin fond des temps. Le cri du refus de la mort, le rejet absolu du néant qui cherche à vous engloutir.

Sven comprit que toutes ses tentatives l'avaient poussé à retrouver ce cri-là. Qui venait de lui revenir exactement en mémoire. Mais la mémoire est si fragile... S'il attendait le lendemain, le délicat tissu sonore allait encore lui échapper !

Tant pis pour les horaires, pour le règlement... Et puis, à tout prendre, une brume légère ne glissait-elle pas autour du phare ? Mais oui, assez de brume pour justifier un essai supplémentaire de la corne. Nul ne pourrait en vouloir à un gardien pour un excès de prudence...

Et voilà notre Sven, clef à molette en main, grimpant ses quatre cent vingt-deux marches. Le voilà ouvrant d'un cran une commande de débit, serrant de deux crans l'ouverture d'un goulet. Ouvrir ici pour la puissance, étrangler encore là pour la tonalité.

Prêt ? Un geste décidé pour tirer la poignée.

Et au-dessus de sa tête, au sommet du phare, huit trompes libèrent vers tous les points de l'horizon quelque chose que jamais personne n'a entendu ! Aucune oreille humaine n'a reçu, avant cet instant, ce mélange inconcevable de vibrations, de métal raclé, d'air brassé, torturé !

À travers les bouchons de cire qu'il porte, selon le règlement, Sven est saisi, transporté ! Quelle force, quel avertissement irrésistible ! Cette fois, il a trouvé ! Il va faire un rapport à la Surveillance des côtes ! Il va faire constater ses résultats ! D'ailleurs on a dû l'entendre. À des milles à la ronde ! Des cargos, des pêcheurs… Peut-être jusque là-bas, sur le continent lointain ! Jusqu'à l'horizon, pourquoi pas ?

Sven rit, tout seul ! Le voilà aux côtés de Carcel, Fresnel, des grands Français !

Sven se suspend une fois encore à la poignée ! Tant pis pour le règlement ! Il faut fêter ça ! Une fois encore, l'insupportable composition sonore va se répercuter de crête en crête, rebondir, plus loin, plus fort, plus terrible !

Sven rit toujours en descendant l'escalier en vrille. Il ôte les tampons de cire. Il va pouvoir dormir quelques heures et demain, sans attendre, il fera son rapport.

Et c'est à ce moment que cela arrive.

La tour entière qui vibre.

L'escalier qui semble se dérober sous les pieds. Se met à ballotter, à flotter.

Immédiatement, Sven pense à un tremblement de terre. Mais non, c'est un choc.

Un iceberg ? Trop tôt dans la saison ! Les premiers ne devraient descendre que dans deux semaines au minimum. Et, de là-haut, Sven l'aurait vu pendant son tour d'horizon, à l'heure de l'allumage.

Peut-être un *groller*, une de ces plaques de glace mal fondues, qui dérivent juste entre deux eaux, et auxquelles même les marins les plus experts se heurtent parfois ? Alors il faudrait qu'il soit énorme, pour bousculer pareillement les assises du…

Non, pas un *groller* : il y a eu un second choc. Plus violent, semble-t-il. Sven se rattrape à la main courante. Il faut remonter, regarder dehors !

À mi-étage, une fenêtre donne vers l'ouest. Un semblant de fenêtre, plutôt. Une étroite meurtrière, engoncée dans l'épaisse maçonnerie et close d'un verre épais, terni par les embruns, que l'on n'ouvre jamais. Sven doit se dresser sur la pointe des pieds, au bord d'une marche, appuyer son ventre contre le rebord et, le bras tendu, décoincer la poignée qui résiste, tirer vers lui l'espèce de hublot rectangulaire, qui se fait prier. La fenêtre s'ouvre juste au moment où le troisième choc ébranle la tour.

De plein fouet, Sven reçoit l'odeur. C'est elle qui le frappe en premier : l'air de l'extérieur qui s'engouffre dans le goulet étroit draine cette odeur, ce remugle. Pour Sven, cette odeur a une couleur. C'est une odeur vert et brun, une odeur de vase remontée des grands fonds où jamais le soleil n'arrive. Une odeur vieille et violente. C'est tout ce que Sven perçoit.

Imaginez, dans l'escalier en colimaçon, cette ouverture entre deux étages, étroite et profonde, dans le mur circulaire, qui est épais à cet endroit de plus d'un mètre. Au bout de ce goulet, la petite fenêtre qui ne laisse passer qu'un bout de nuit. Un bout de nuit et cette odeur.

Sven se hisse, serre les épaules, rampe dans le passage de pierre. Son visage passe maintenant par la fenêtre qui donne sur un à-pic de plus de vingt mètres.

Et vingt mètres en dessous, *quelque chose* cogne à nouveau. Cogne, furieusement, sur l'embase de rochers ! Le faisceau de la lanterne, braqué à l'horizontale, n'accroche qu'à cinquante mètres, au moins, les reflets de l'eau, brassée en écume blanche. Et donc là, au pied du phare, c'est le noir.

L'odeur de vase prend à la gorge. *Quelque chose* a plongé. Une accalmie…

Le choc suivant arrive côté est, derrière Sven, dans la position où il se trouve.

Ce qui cogne doit… oui, ça *tourne* autour du rocher !

Sven se dit qu'il faut monter : depuis le belvédère, il pourra voir à trois cent soixante degrés ! C'est pendant qu'il essaie de s'extirper de la meurtrière que la chose se montre.

L'eau noire semble se gonfler, éclater. La forme luisante se frotte contre la roche, se déchire, se frotte encore, désespérément. Sven en jurerait : à la senteur d'algues et de vase se mêle maintenant l'odeur caractéristique, fade, du sang.

C'est impossible : quelle quantité de sang faudrait-il pour toucher l'odorat, à cette distance, dans ces éclaboussures iodées ?

Mais lorsque la chose se racle contre la roche, la vibration se répercute dans tout le bâtiment, passe dans le corps de Sven. Sven qui pense à toute allure que ça *ne peut pas* exister, que ça *ne peut pas* être vivant !... Rien de vivant ne peut être assez gros pour bousculer un phare et son rocher !

Alors, comme en réponse, une colonne fuselée se dresse, sombre, couverte d'algues et... oui, plus de doute : couverte aussi de sang !

Une colonne ondulante, souple, qui n'est qu'une partie de ce qui bouge là-dessous. Un cou ? Son extrémité plus épaisse (une tête ?) passe... non, Sven ne peut pas le croire... La *tête* passe dans la lumière du phare ! Elle atteint le faisceau éclatant qui tourne... à trente mètres au-dessus de l'eau !

Sven dira plus tard :

— C'est comme si... comme s'*il* avait cherché un regard, là-haut. Je suppose que la puissance de la lanterne a dû *lui* faire mal... *Il* devait vivre dans des profondeurs si obscures... Ça a dû *lui* faire mal, parce que, d'un coup, *il* a reculé. J'ai cessé de tenter de ramper en arrière pour sortir de cette fenêtre, parce que je me suis dit que je n'aurais pas le temps d'atteindre le haut de la tour et qu'entre-temps, dans l'escalier, je n'aurais plus aucune vue sur l'extérieur... Tout ce qui me restait à faire, c'était de regarder... Regarder aussi longtemps que possible. *Il* s'est éloigné, pas très vite. Son cou a laissé derrière *lui* un sillage en V, comme un petit chalutier. *Il* a plongé à deux encablures du phare, à peu près. Le lendemain, j'ai essayé de voir des traces, mais la mer s'était levée pendant la nuit et couvrait les rochers jusqu'à la porte... Sans ça, j'aurais trouvé du sang, j'en suis certain...

Voilà. Telle est l'histoire de Sven et de sa bête. Peut-être l'avons-nous lue il y a longtemps... Peut-être nous fut-elle confiée par deux quartiers-maîtres, un soir de brume et de bière, en Norvège... Nous ne savons plus.

Mais nous savons que Sven, désormais, ne quittera plus la terre ferme. Ses cheveux ont blanchi et, lorsque l'alcool lui joue des tours, il se bouche brusquement les oreilles.

Mais il n'y peut rien : planté dans sa tête pour toujours, il y a *le* cri. Le cri venu de si loin.

Le cri pour refuser la mort et le néant.

C'est ce cri ultime qu'il avait réussi à faire hurler par son phare. Et ce cri, Sven l'a entendu, lorsque la bête lui a *répondu*. Car elle l'a lancé une fois. Une seule fois, avant de replonger vers la solitude.

Et nous, nous pensons sans cesse à cette bête qui cherche, dans les eaux noires et glacées. Cette pauvre bête, qui cherche et qui ne comprend pas : pourquoi n'y a-t-il que des rochers, de la pierre et cette lumière brutale, à l'endroit où enfin, après des millénaires, elle a entendu résonner à nouveau l'appel, refusant la mort et le néant ?

L'appel de son espèce éteinte.

Table

L'Empreinte de la bête
50 histoires où l'animal a le premier rôle

Je me vengerai
40 rancunes mortelles

Survivront-ils ?
45 suspenses où la vie se joue à pile ou face

Sans laisser d'adresse
Enquêtes sur des disparitions et des réapparitions extraordinaires

Destins sur ordonnance
40 histoires où la médecine va du meilleur au pire

Crimes dans la soie
30 histoires de milliardaires assassins

Ils ont osé
40 exploits incroyables

Complots
Quand ils s'entendent pour tuer

Mort ou vif
Les chasses à l'homme les plus extraordinaires

www.pierre-bellemare.com

Composition : Nord Compo
Impression : Firmin-Didot, mars 2008
Éditions Albin Michel
22, rue Huyghens, 75014 Paris
www.albin-michel.fr
ISBN 978-2-226-18088-9
N° d'édition : 25870 – N° d'impression : 89476
Dépôt légal : avril 2008
Imprimé en France